首批国家级一流本科（线上）课程　配套教材

新编21世纪心理学系列教材

运动心理学

第2版

Sport Psychology

毛志雄　迟立忠　主编

中国人民大学出版社
·北京·

图书在版编目（CIP）数据

运动心理学/毛志雄，迟立忠主编．-- 2 版．-- 北京：中国人民大学出版社，2021.1
新编 21 世纪心理学系列教材
ISBN 978-7-300-28788-1

Ⅰ．①运… Ⅱ．①毛… ②迟… Ⅲ．①体育心理学-高等学校-教材
Ⅳ．①G804.8

中国版本图书馆 CIP 数据核字（2020）第 225968 号

首批国家级一流本科（线上）课程　配套教材
新编 21 世纪心理学系列教材
运动心理学（第 2 版）
毛志雄　迟立忠　主编
Yundong Xinlixue

出版发行	中国人民大学出版社		
社　　址	北京中关村大街 31 号	**邮政编码**	100080
电　　话	010－62511242（总编室）		010－62511770（质管部）
	010－82501766（邮购部）		010－62514148（门市部）
	010－62515195（发行公司）		010－62515275（盗版举报）
网　　址	http://www.crup.com.cn		
经　　销	新华书店		
印　　刷	北京宏伟双华印刷有限公司	**版　　次**	2015 年 3 月第 1 版
开　　本	787 mm×1092 mm　1/16		2021 年 1 月第 2 版
印　　张	17.75	**印　　次**	2025 年 5 月第 7 次印刷
字　　数	399 000	**定　　价**	45.00 元

主编简介

毛志雄，教育学博士，北京体育大学运动心理学教授、博士研究生导师、心理学科负责人。1986年毕业于北京师范大学心理学系，毕业后担任运动心理学教师至今，具有30多年运动心理学教学、科研和社会服务工作经验。任中国心理学会第十二届理事会理事，中国心理学会体育运动心理专业委员会副主任委员，中国体育科学学会运动心理学分会委员。主要研究方向为锻炼心理学，主要从事身体活动与心理健康、身体活动的心理干预研究，并对体育运动中的社会心理问题具有浓厚兴趣。迄今已发表学术论文60余篇，主编、参编各类教材、学术著作10余部，主持、参与国家级、省部级科研课题10余项，并获得霍英东青年教师奖、中国体育科学学会科学技术奖、国家体育总局雅典奥运会科技服务奖等多项奖励。

迟立忠，教育学博士，北京体育大学运动心理学教授、博士研究生导师。1988年毕业于北京大学心理学系，毕业后一直从事心理学的教学、科研工作。1997年入职北京体育大学，开始从事运动心理学的教学、科研与运动队科技服务工作。现任中国心理学会体育运动心理专业委员会委员兼秘书。研究方向为竞技运动心理，主要从事运动员的判断与决策、情绪与认知、心理训练与调节方面的研究。迄今主持参与国家级科研课题5项，主持省部级科研课题10余项，发表学术论文30余篇，主编、参编教材、学术著作10余部。2001年至2010年，主持国家射箭队心理科技服务工作，参加了3届夏季奥运会的赛前心理准备工作，并获国家体育总局2004年雅典奥运会科技攻关二等奖，2008年北京奥运会科技攻关一等奖、三等奖。

内容简介

本书在吸纳国内外同类教材长处的基础上，围绕如何增强运动表现以及与追求卓越表现相伴随的身心健康问题来组织内容，尝试建立更能反映最新应用研究成果和更容易为大学生理解的运动心理学框架体系。

全书包含四篇、13 章内容：第一篇运动心理学概论（第一章），介绍运动心理学的学科性质、发展简史及与邻近学科的关系；第二篇（第二至六章）个体心理与运动表现，分别讨论运动动机、唤醒与焦虑、注意、自信心以及人格与运动表现的关系。第三篇（第七至十一章）心理调节与健康，分别阐释心理技能训练，比赛心理调节，运动心理疲劳，运动损伤心理，以及运动中的攻击、药物滥用及饮食失调等不良行为。第四篇运动团体动力（第十二至十三章），介绍团体的沟通及凝聚力、教练员的领导与管理问题等。

本书在介绍基础知识和稳定的研究成果的同时，还通过专栏、文献导读的形式，促进读者对相关问题的深入理解与思考。书末的名词解释可供读者进一步查阅与学习。本书既可作为国内普通高校心理学、应用心理学、体育学专业本科生的教材，也可供相关专业的学生参考使用。

第 2 版前言

编写或更新一部专业课教材，某种意义上对作者也是一个考验甚至挑战。章节作者需要自问："我是否向读者介绍了最新的知识?""我对知识结构的组织是否合理?""我提出了哪些问题，是否回答了其中的大部分?""我是否启发了读者进行深入思考?"主编需要反思："本教材的框架结构是否合理?"

竞技运动心理学属于表现心理学（performance psychology）的范畴，因此本书主要围绕如何增强运动表现，以及与追求卓越表现相伴随的身心健康问题来组织各章的内容。全书具体包含四篇，共 13 章：第一篇，运动心理学概论，仅包含第一章，主要介绍运动心理学的学科性质、发展简史及与邻近学科的关系。第二篇，个体心理与运动表现，包含第二至六章，分别讨论运动动机、唤醒与焦虑、注意、自信心以及人格与运动表现的关系。第三篇，心理调节与健康，包含第七至十一章，分别讨论心理技能训练，比赛心理调节，运动心理疲劳，运动损伤心理，以及运动中的攻击、药物滥用及饮食失调等不良行为。第四篇，运动团体动力，包括第十二至十三章，分别讨论团体的沟通及凝聚力、教练员的领导与管理问题。

本书在介绍基础知识和稳定的研究成果的同时，还通过专栏的方式，结合最新资料或经典案例，促进读者对一些问题的深入理解或进一步的思考。

第 2 版仍由第 1 版的原班人马负责修订，优化了部分文字表述，追加了部分新案例，以使知识更为新近；同时，更新了部分参考文献，以及推荐阅读文献，力图使学生更加接近研究的前沿。修订工作具体撰写分工是：毛志雄（第一、十三章），王英春（第二、三、六章），姜媛（第四、九、十章），郭璐（第五、十一、十二章），迟立忠（第七、八章）。全书由两位主编负责统稿。

本书内容按照 32～36 个学时安排设计。为方便学生自学和复习，每章后面均有内容提要与思考题。为启发学生深入学习并产生研究兴趣，章末不仅设有文献导读，而且思考题中至少含有一道促进文献查阅和综述撰写的题目。全书末尾有全书名词解释供读者索引和查阅。

感谢广大读者，你们的厚爱使这本书得以存续；感谢张厚粲、孙健敏教授对本书的提携；感谢中国人民大学出版社给予的出版机会，以及张宏学编辑为此书付出的辛勤劳动。

运动心理学虽然是改革开放之初最早恢复的心理学分支学科，但其成熟程度与发展水平与其他许多心理学分支相比尚有差距。囿于水平和局限，本书错漏或不当之处在所难免，恳请广大读者和专家批评指正。

毛志雄　迟立忠

2020年6月谨识于北京体育大学心理学院

第1版前言

本书试图为应用心理学专业的本科生提供一部专用教材或教学参考。

自从美国学者科尔曼·格里菲斯（Coleman Griffith）1925年在伊利诺伊大学建立第一个运动心理学实验室开始，运动心理学无论是作为体育科学还是心理科学的一门重要应用分支，其对竞技运动、体育教育和大众健身的贡献和作用都越发突出，逐渐成为影响运动员、教练员、体育教师的工作，以及大众生活方式的教育性知识。它不仅有助于增强运动表现，形成和提升运动技能，而且有助于增进运动员、运动队辅助人员以及公众的心理健康。

广义的运动心理学也称“运动与锻炼心理学”（sport and exercise psychology），包含竞技运动、体育教育和大众健身中的心理学问题。考虑到本书的篇幅，以及许多应用（运动）心理学专业的课程设置中有专门的“锻炼心理学”（exercise psychology）课程，本书主要讨论“竞技运动心理学”（competitive sport psychology）问题。

本书分为四篇，共13章。第一篇，运动心理学概论，仅包含一章内容，即绪论。它主要介绍运动心理学的学科性质、发展简史及其与邻近学科的关系。第二篇，个体心理与运动表现，包含第二至六章，分别讨论运动动机、唤醒与焦虑、注意、自信心以及人格与运动表现的关系。第三篇，心理调节与健康，包含第七至十一章，分别讨论心理技能训练，比赛心理调节，运动心理疲劳，运动损伤心理以及运动中的攻击、药物滥用及饮食失调等不良行为。第四篇，运动团体动力，包含第十二至十三章，分别讨论团体的沟通及凝聚力、教练员的领导与管理问题。

本书力求简明扼要，在介绍基础知识和稳定的研究成果的同时，还通过专栏的方式，结合最新资料或经典案例，促进读者对一些问题的深入理解或进一步的思考。

本书作者均是北京体育大学的一线专业教师，具有良好的专业基础和丰富的教学、研究或运动队科技服务经验。具体撰写分工如下：毛志雄（第一和十三章），王英春（第二、三和六章），姜媛（第四、九和十章），郭璐（第五、十一和十二章），迟立忠（第七和八章）。各位作者在撰写时，反复提醒自己以下四个问题：第一，是否对每个概念的内涵和外延都进行了清晰的界定，对每个理论的提出者、主要观点和评价都进行了完整的阐述；第二，是否区别了科学与经验；第三，是否明确地区分了自己和他人的观点；第四，是否注意了新近的研究成果。

本书内容按照32～36个学时安排设计。为方便学生自学和复习，每章后面均有本章要点与复习思考题。为诱发学生深入学习并产生研究兴趣，章末不仅设有推荐阅读，而且复习思考题中至少含有一道促进文献查阅和综述撰写的题目。全书末尾有全书名词解释供读者索引和查阅。

感谢中国人民大学出版社给予的出版机会，感谢我的老师张厚粲教授对此书的精心指导，感谢张宏学编辑为此书付出的辛勤劳动。

珍妮特·布克沃斯（Janet Buckworth）在她的《锻炼心理学》前言中曾说过："一本教科书的价值，取决于它为教学工作服务的好坏。一本入门级的教科书应该提出许多问题，并且能够回答其中的大部分。"另一位学者理查德·考克斯（Richard H. Cox）的《运动心理学：概念与应用》，自2005年至2013年已经再版6次。其中文献更新是其突出特征之一。本书以这两位学者的质量标准追求卓越，差距如何，恳请同行专家和广大读者评说。

毛志雄　迟立忠

2014年3月于北京体育大学

目　录

第一篇　运动心理学概论

第二篇　个体心理与运动表现

第三篇　心理调节与健康

第四篇　运动团体动力

第一篇

运动心理学概论

本篇包含一章，介绍运动心理学的学科性质、发展简史及与邻近学科的关系。

第一章

绪　论

内容提要和学习指导

本章将介绍运动心理学的学科性质、研究对象、研究领域和发展简史。通过本章学习，你可以对运动心理学这门学科有个初步完整的认识，为其后各章的学习打下基础。

体育运动中，心理现象无处不在。竞技运动、体育教学、大众健身活动中的绝大部分行为背后，都有其心理动因。人在体育运动中的心理活动，与其在日常生活状态下的心理活动既有区别，又相联系。把握体育运动中的心理活动规律，可以有效地解释、预测和调节运动行为，使其积极有效，从而对增强个人和团队的运动表现，更快更好地掌握或提升运动技能，促进心理健康，形成良好的生活态度，建立健康和谐的生活方式，完善人格，以及促进个人的全面发展等，均具有重要的意义。

运动心理学是研究和回答体育运动中的心理问题的科学。它既是心理学的应用性分支学科，也是体育科学的分支。

第一节　什么是运动心理学

一、运动心理学的性质与任务

运动心理学（sport psychology）是研究人在体育运动中心理活动的特点及其规律的科学（马启伟，张力为，1996）。体育运动实践及整个社会发展的需要促成运动心理学的产生与发展，运动心理学作为心理学的分支学科，是阐明体育运动的心理学基础。运动心理学的主要任务有（姜媛，2011a）：

第一，研究人在体育运动中心理过程的特点和规律以及人的个性差异与体育运动的关系。例如：比赛时的用力感觉和训练中一样吗？射击运动员都是内向型的吗？

第二，研究体育活动对人的心理过程和个性特征产生的短期和长期影响。例如：长期参加体育锻炼会增强锻炼者的记忆力吗？长期的运动训练会改变运动员的性格吗？

第三，研究掌握运动知识、形成运动技能、进行技能训练的心理学规律。例如：什么样的练习方法能够使人更快更好地掌握一项运动技能？比赛间歇将技术动作在脑中“过电影”（运动表象）能够帮助减少动作的失误吗？

第四，研究运动竞赛中人的心理状态问题。例如：比赛中是立足于自己跟自己比，还是立足于与对手比，才能使情绪更稳定？在比赛中达到的最佳兴奋水平是多少才合适？如何区分和评定运动员的心理疲劳和生理疲劳？在比赛的关键时刻优秀运动员进行判断和决策的依据是什么？

美国学者考克斯（Cox，2007）对运动心理学提出了一个更为简洁的定义：运动心理学是研究心理和情绪因素对运动和锻炼表现的影响，并研究参加运动与锻炼所产生的心理和情绪效益。

二、运动心理学的研究领域

运动心理学有三大研究领域：竞技运动领域、体育教育领域和大众健身领域。

（一）竞技运动领域

竞技运动领域的心理学研究（竞技运动心理学，competitive sport psychology或狭义的运动心理学）主要是围绕着运动队和运动员的心理服务展开的。通过运动心理学的研究，可以了解影响竞技运动表现心理、情绪和行为的因素；通过心理测量、心理咨询和心理训练，可以了解运动员的训练和比赛的心理状态，或者帮助进行运动员的选拔，或者帮助监控和改善运动员的心理状态，或者帮助提升运动队的动机气氛和凝聚力，促进运动员与辅助人员之间的理解和沟通，从而增强运动表现和心理健康。上述工作还可能使运动员（包括辅助人员）终生受益，健康、全面地发展。

专栏1-1

运动心理学工作者的职业道德

应用运动心理促进学会（Association for the Advancement of Applied Sport Psychology，AAASP）和加拿大运动心理学会，参照美国心理学会（APA）1992年的职业道德标准，提出了一套运动心理学工作者的道德标准。该职业道德标准的核心，是运动心理学咨询人员应尊重运动员的个人尊严与价值、保证基本人权以及为其保密等，其基本精神是把运动员的幸福（well-being）放在首位。

在AAASP的道德标准中，列有6项一般原则：

第一，能力。这是运动心理学工作者在工作中努力追求的最高目标，同时运动心理学工作者应该分清他们的专业领域和工作范围。如果一个运动心理学工作者对团队形成和团体动力学了解不多的话，而希望别人相信他正在或者将要和一支队伍一起工作，这是不道德的！

第二，正直。运动心理学工作者在科研、教育和咨询方面都应该表现出高度的正直。他们不做虚假的报告，并且能向队伍或组织分清自己的角色（例如告诉选手他们将参与队员的选拔)。

第三，职业和科学责任感。运动心理学工作者应该把当事人的最大利益放在首位。例如，为了研究竞技运动中的攻击性行为，而故意教导一组被试攻击另一组被试，即使被试可以从中学到更多东西，这也是不道德的。

第四，尊重他人的人权和尊严。运动心理学工作者尊重咨询对象的基本人权(例如隐私)。不论当事人的种族、性别、社会地位，除非经过当事人的同意，否则决不能公开咨询对象的有关事宜。

第五，关心他人的幸福。运动心理学工作者必须充分考虑当事人的幸福。因此，运动员的心理、生理健康较比赛的胜负更重要。

第六，社会责任。运动心理学工作者在关心人类幸福的同时，应绝对保障参与者的利益。例如一个运动心理学工作者只提供给实验组可以减少沮丧的运动处方，而在实验结束后不愿意把同样的处方提供给控制组的被试，这不仅违反了社会责任，实际上也是不道德的。

资料来源：张力为，2007a，14 页。

(二) 体育教育领域

体育教育领域的心理学(体育心理学，psychology of physical education) 研究主要是围绕如何帮助学生掌握运动技能和增进心理健康这两个问题进行的，而掌握运动技能和增进心理健康都是人们适应社会变化和发展生存能力的必要条件(姜媛，2011a)。

人们适应自然、改造自然和享有自然的活动，始于大脑的想法，终于肢体的活动。敲击键盘、驾驶汽车、跳跃、游泳都是运动技能的表现，具有广泛的适应意义。有关运动技能形成、保持和发展的研究在国外已经成为单独的学科，叫运动技能学习(motor learning)，所研究的问题包括肌肉系统与神经系统的联系、运动技能的记忆、运动技能在不同肢体间的迁移、运动技能自动化的特征等等问题。了解和掌握运动技能学习和发展的规律，有助于人们更加有效地学习和掌握那些生存技能(如跳跃、游泳)和发展技能(如敲击键盘、驾驶汽车)。

学校体育教育有着重要的心理建设功能(张力为，任未多 主编，2000，3－4 页)，其表现为以下三个方面：

第一，诱发运动兴趣，培养锻炼习惯。例如，学校体育课程和课外体育活动将引导学生在运动活动中享受人际交往的乐趣和肌肉运动的乐趣，培养锻炼需要，形成健康的生活方式。

第二，欣赏体育文化，享受身体活动。例如，学校体育课程和课外体育活动将引导学生亲身体验更高、更快、更强的活力，亲身体验身体美与心灵美交织形成的快感。

第三，发展健康人格，增强社会适应能力。例如，学校体育课程和课外体育活动将帮助学生亲身体验竞争中的合作和合作中的竞争，亲身体验制定和遵守游戏规则的重要性，亲身体验吃苦耐劳、坚忍不拔、顽强奋斗、向既定目标不懈努力的拼搏过程。

体育教育领域是运动心理学研究的重要领域之一，体育教育领域的心理学研究对于促进体育教育的发展具有重要意义。

（三）大众健身领域

大众健身领域的心理学研究主要是围绕参加体育锻炼的动机和体育锻炼与心理健康的关系这两个方面进行的。前者的研究涉及参与或退出体育锻炼的原因和影响体育锻炼动机的因素两个问题；后者的研究涉及一次性体育锻炼对心理状态的影响、长期体育锻炼对健康人心理特征的影响、长期体育锻炼对患者心理疾病的治疗作用、体育锻炼促进心理健康的机制等问题。这一研究领域与健康心理学和行为医学的关系密切。

大众健身领域是运动心理学研究的重要领域之一，大众健身领域的心理学研究对于促进大众健身的发展具有重要意义。

第二节　运动心理学的发展简史

一、国际运动心理学发展的回顾

对于心理学的发展，赫尔曼·艾宾浩斯曾经说过："心理学有一个长期的过去，但只有一个短暂的历史。"（引自波林，1981）前半句话指的是心理学源远流长，对心理学问题的探讨可追溯至古代中国、古代希腊的哲人，如孔子、孟子、亚里士多德等；后半句话指的是心理学作为一门科学从哲学中脱胎出来，不过才有100多年的历史，其标志一般认为是威廉·冯特于1879年在德国的莱比锡建立了世界上第一个心理学实验室。而运动心理学作为心理学的分支学科，则更显年轻。

图1-1　印第安纳大学的特里普里特

1897年，印第安纳大学的诺曼·特里普里特（Norman Triplett，1861—1931；见图1-1）发表在《美国心理学杂志》上的一篇论文，是最早出现的运动心理学研究。当时，作者开展了一项实验以研究社会促进效应（effect of social facilitation）问题，观察观众在场对运动技能表现的影响。结果发现，当有人在场或进行比赛时，自行车运动员的骑行成绩要比自己单独骑自行车时更快。这项经典研究，既开了社会心理学研究之路，也创了运动心理学研究之先。

1913年，现代奥运会创始人皮埃尔·德·顾拜旦撰写了一本名为《运动心理学浅谈》（*Essays in Sport Psychology*）的小册子，首次提出了"sport psychology"的概念，并于同年在国际奥委会的洛桑会议上明确提出了运动心理学的研究问题，推动了心理学与体育运动相互结合的科学历程。

1923年，被称为“美国运动心理学之父”的科尔曼·罗伯茨·格里菲斯（Coleman Roberts Griffith，1893—1966；见图1-2）在伊利诺伊大学开设了世界上第一个运动心理学课程；1925年，他建立了北美洲第一个运动心理学实验室，系统地进行了一系列的运动心理学实验。格里菲斯的主要研究领域包括运动技能学习（motor learning）、动作表现（motor performance）以及体育运动中的个性问题。1938年，他作为运动心理学家，受聘于职业棒球俱乐部——芝加哥小熊队，对运动员进行了一系列运动测验和纸笔测验，以确定运动员的心理状态和心理潜力（Anshel，1990；Cox，2007）。格里菲斯与运动队的合作虽未获得成功，但他的科学手段成为了当代运动心理学家与职业运动队合作的模式（Cox，2007）。

图1-2　建立第一个运动心理学实验室的格里菲斯

由于格里菲斯建立运动心理学实验室的工作在运动心理学发展史上起到了划时代的作用，因此这一事件被后人看作是运动心理学学科建立的标志。自此，在体育教育——这个跨学科体系中便有了运动心理学的一席之地（Cox，2011）。

1966年，美国学者布鲁斯·奥吉尔维（Bruce Ogilvie，1920—2003；见图1-3）和汤姆·图科（Tom Tutko）的著作《问题运动员及如何应对他们》（*Problem Athletes and How to Handle Them*），引起了教练员和运动员的注意。这本书及作者研制的运动员人格问卷——《运动动机调查表》（Athletic Motivation Inventory，AMI）受到教练员和运动员的欢迎。虽然他们当时并没有得到运动心理学界的普遍认可，但因为奥吉尔维在人格领域和应用运动心理学领域所做的开创性工作，他被称为“北美应用运动心理学之父”（Cox，2011）。

如果说格里菲斯是“北美运动心理学之父”，奥吉尔维是“北美应用运动心理学之父”，那么美国学者雷纳·马腾斯（Rainer Martens；见图1-4）被尊为“北美现代运动心理学之父”。马腾斯是伊利诺伊大学的前运动心理学教授，也是人体运动出版社（HumanKinetics Publishers）的创始人。他在任教期间为运动心理学做出了突出的研究贡献，他培养的许多学生已成为当今世界各地的运动心理学领军人物（Cox，2011）。

图1-3　北美应用运动心理学之父：奥吉尔维

图1-4　北美现代运动心理学之父：马腾斯

德国是欧洲最早进行运动心理学教学和研究的国家。1920年，罗伯特·沃纳·舒尔特（Robert Werner Schulte，1898—1933）在柏林附近的夏洛滕堡建立了德国体育学院（Deutsche College of Physical Education），并向体育系学生作关于运动心理学的讲座。同年，在他的指导下，卡尔·迪姆（Carl Diem）建立了世界上第一个运动心理学实验室（Adling，2017）。该实验室的任务是发明心理技术设备（psychotechnical apparatuses），以便客观衡量与运动有关的能力。1921年，舒尔特出版了第一本有关运动心理学的书：《运动中的身体和心灵》（*Body and Mind in Sport*）。在之后的几年中，他还撰写了其他几本关于运动心理学的书籍和许多文章（Bäumler，2009）。这个时代甚至早于格里菲斯。

苏联的运动心理学几乎与美国同步。20世纪20年代，阿夫森蒂·塞扎雷维奇·普尼（Avksenty Cezarevich Puni，1898—1986）在列宁格勒的莱斯加夫特体育学院（Lesgaft Institute of Physical Culture）创建了运动心理学系，建立了运动心理学学科；普尼的同事彼得·安东诺维奇·鲁吉克（Piotr Antonovich Roudik，1893—1983）于1925年在莫斯科中央体育学院的心理学系建立了第一个运动心理学实验室（Ryba et al.，2005）。其中普尼在20世纪60年代末70年代初提出的"比赛心理准备模型"（model of Psychological Preparation for Competition），被认为有助于苏联运动员在这一时期取得优异成绩（Stambulova et al.，2006）。

20世纪40年代和50年代，有许多运动技能学习实验室相继建立，使得研究人员在对体育活动中的运动行为进行研究时有了更为复杂和更为科学的方法。通过这种研究，体育运动领域的科学家们在研究设计、仪器研制和使用、统计技术等方面也得到很大提高，论及运动技能学习、动作表现之机制的文章数量也在增加（Anshel，1990）。

20世纪60年代和70年代，运动心理学得到了前所未有的迅速发展，其重要标志有：

第一，1965年，由意大利运动医学联盟倡议，在罗马召开了第一届世界运动心理学大会，成立了国际运动心理学会（International Society of Sport Psychology，ISSP）。意大利人费卢西奥·安东内利（Ferruccio Antonelli，1927—2000；见图1-5）担任主席。此后，每4年召开一次世界运动心理学大会（见表1-1）。

图1-5 国际运动心理学会首任主席安东内利

第二，1970年，国际运动心理学会刊物《国际运动心理学杂志》（*International Journal of Sport Psychology*）创刊，2003年改版为《国际运动与锻炼心理学杂志》（*International Journal of Sport and Exercise Psychology*）。它沟通了世界各国运动心理学研究的信息，推动了运动心理学的科学研究。

表1-1 历届世界运动心理学大会情况

届次	年份	地点
第一届	1965	罗马
第二届	1968	华盛顿
第三届	1973	马德里

续前表

届次	年份	地点
第四届	1977	布拉格
第五届	1981	渥太华
第六届	1985	哥本哈根
第七届	1989	新加坡
第八届	1993	里斯本
第九届	1997	特拉维夫
第十届	2001	斯吉亚索斯（希腊）
第十一届	2005	悉尼
第十二届	2009	马拉喀什（摩洛哥）
第十三届	2013	北京
第十四届	2017	塞维利亚（西班牙）

世界各国体育界都积极支持运动心理学科学研究的开展，相继成立了有关的学术团体。例如：美国于1967年成立北美运动及身体活动心理学会（North American Society for the Psychology of Sport and Physical Activity，NASPSPA）；应用运动心理促进学会（Association for the Advancement of Applied Sport Psychology，AAASP）于1985年成立；美国心理学会第47分会——竞技与健身运动心理学会（APA Division 47：Exercise and Sport Psychology）于1986年成立。苏联于二战后成立了运动心理委员会。日本于1950年在体育学会内成立了体育运动心理专科分会。1969年，欧洲运动心理学联合会（European Federation of Sport Psychology，FEPSAC）成立。1991年，亚洲及南太平洋地区运动心理学会（Asian South Pacific Association of Sport Psychology，ASPASP）成立。

另外，目前全世界至少有5种专门的运动心理学专业学术期刊（见表1-2），它们标志着运动心理学作为科学的独立性，也从理论与应用两个方面推动着运动心理学的发展。

表1-2　5种运动心理学专业学术期刊

期刊名称	出版单位	创刊年份	专业倾向
《运动与锻炼心理学杂志》(*JSEP*) *Journal of Sport and Exercise Psychology*	北美运动及身体活动心理学会	1979	范围广泛的综合性内容
《国际运动与锻炼心理学杂志》(*IJSEP*) *International Journal of Sport and Exercise Psychology*	国际运动心理学学会	1970	范围广泛的综合性内容
《运动心理学家》(*TSP*) *The Sport Psychologist*	人体运动出版社	1987	心理训练、心理咨询
《应用运动心理学杂志》(*JASP*) *Journal of Applied Sport Psychology*	应用运动心理促进学会	1989	应用性运动心理学研究
《运动与锻炼的心理学》(*PSE*) *Psychology of Sport and Exercise*	欧洲运动心理学联合会	2000	运动心理学研究与综述

二、中国运动心理学发展的回顾

（一）早期和近代的发展

一些同体育运动活动有关的心理学思想早在中国古代就已经开始萌发了，这些思想散见于《礼记》《庄子》《史记》《吕氏春秋》《梦溪笔谈》等著作中，包含着运动发展心理、运动保健心理、技能形成心理、运动竞赛心理、运动战术心理、心理训练等方面的论述，闪烁着中国运动心理学史前时期的火花，对中国运动心理学的发展有着积极的影响（柴文袖，1991）。

1926年，我国著名体育教育家马约翰撰写了题为《体育的迁移价值》的论文，被认为是中国现代运动心理学最早的专论。1942年，国立国术体育专科学校的萧忠国、吴文忠编译出版了我国第一部《体育心理学》教材（重庆：正中书局）。

1957年，苏联运动心理学家鲁吉克的《心理学》被介绍到中国；1958年，苏联运动心理学家切尔尼科娃（O. A. Chernikova）的《运动心理学问题》（*Issues in Sport Psychology*）被译为中文。中国各体育院系逐渐开设运动心理学的课程，而这两部著作也成为该课程的主要依据（Ma，1989）。

（二）20世纪80年代和90年代的发展

进入20世纪60年代，中国心理学由于政治原因沉寂多年，直至70年代后期才有所发展。1979年，中国心理学会体育运动心理专业委员会成立；1980年，中国体育科学学会运动心理学分会成立。这两个学会的首任主任委员是北京体育大学马启伟教授（1919—2003；见图1-6），他对中国运动心理学的发展做出了奠基性贡献。“两会”的建立，标志着中国运动心理学开始走向迅速发展的道路。1989年，邱宜均教授（1929—2015；见图1-7）在武汉体育学院创建了新中国第一个运动心理学系，为中国运动心理学的学科建设奠定了扎实的基础。

1986年，“两会”以“中国运动心理学会”（China Sport Psychology Association，CSPA）的名义成为国际运动心理学会（ISSP）的团体会员。1991年，中国运动心理学会作为发起者之一，组织建立了区域性学术组织：亚洲及南太平洋运动心理学会（ASPASP）。1999年，武汉体育学院承办了第三届ASPASP国际运动心理学大会。

图1-6　第一届中国心理学会体育运动心理专业委员会和第一届中国体育科学学会运动心理学分会的主任委员马启伟

图1-7　新中国首个运动心理学系的创建者邱宜均

"两会"自成立以来，至今已联合举办了 11 次全国学术会议（见表 1－3；图 1－8 为第十一届会议开幕式）。20 世纪 80 年代和 90 年代，中国运动心理学在运动员心理测量（psychological measurement）/心理选材（talent identification by psychology）和运动员心理训练（mental/psychological training）/心理咨询（psychological counseling）两大方面做了大量研究工作和实践工作，取得了丰硕的成果。

表 1－3　历届全国运动心理学学术会议情况

届次	年份	地点	会议名称
第一届	1983	云南昆明	全国运动心理学学术论文报告会
第二届	1986	四川成都	"心理学在运动训练中的应用"专题论文报告会
第三届	1989	山东蓬莱	全国运动心理学学术论文报告会
第四届	1993	广东广州	全国奇星运动心理学学术论文报告会
第五届	1996	河南郑州	第五届全国（竹林胺）运动心理学学术会议
第六届	1998	云南昆明	栢溢第六届全国运动心理学学术会议
第七届	2002	北京	汉殷第七届全国运动心理学学术会议
第八届	2006	湖北武汉	第八届全国运动心理学学术会议
第九届	2010	上海	第九届全国运动心理学学术会议
第十届	2014	广东深圳	第十届全国运动心理学学术会议
第十一届	2018	北京	第十一届全国运动心理学学术会议

图 1－8　第十一届全国运动心理学学术会议开幕式
于 2018 年 8 月 23 日在北京体育大学举行

运动员心理测量是心理选材和心理训练的第一步。1980 年至 1982 年，武汉体育学院承担了国家体委重点科研课题"优秀运动员心理特征研究"，在这一课题的研究过程中，课题研究人员开发了一批适用于体育运动要求的专门仪器和测试方法，通过对 2 719 人的测试，搜集了短跑、体操、游泳、排球运动员心理特征的大量资料，为更好地理解运动员的心理特征奠定了研究基础。自此以后，有关运动员心理特征的研究层出不穷，成为研究的热点领域。

运动员选材是训练的起点。原国家体委（国家体育总局）长期以来都将选材作为一项战略任务来抓，从 1980 年就组织了大型综合性科研课题“优秀青少年运动员科学选材”的研究，其中的心理选材即是整个课题的重要组成部分。一般来说，心理选材需要解决以下问题：首先要确定出某个专项运动员的关键性心理特征，方法有专家评判、多元回归分析和因子分析等；然后再确定出关键性心理特征中受遗传因素影响较大的供选材使用的心理特征，方法有双生子研究、不同血缘关系的研究和纵向追踪研究等；进而以各级高水平运动员为参照体，制定选材模式，包括少年运动员的常模；最后，对根据以上模式选出的运动员进行跟踪研究，以检验选材模式的有效性，并发现问题，进一步完善选材模式，但目前还很少有能够完成以上全过程的系统研究，心理选材工作的效益也有待进一步提高。

20 世纪 80 年代初开始了中国运动员的心理训练和心理咨询工作。起初，有几位运动心理学家应中国射击队和中国射箭队的邀请，开始对几名运动员进行心理训练和心理咨询的大胆尝试，其中一名双向飞碟运动员在调整心理状态之后参加比赛，创造了世界纪录。于是，更多的运动队（如中国跳水、游泳、体操、田径、排球、乒乓球等队）也相继要求接受心理学家的帮助，优秀运动员的心理训练进一步广泛开展起来。

1987 年，中国体育科学学会运动心理学分会承担了原国家体委的重点科研课题“我国优秀运动员心理咨询和心理品质的调查研究”，根据课题的计划，在第六届全国运动会的比赛场地设立了心理咨询中心。咨询服务过程中使用的主要方法包括认知调节、按摩放松、音乐放松、表象训练等。这种临场的运动心理咨询服务受到运动员和教练员的普遍欢迎，共有 15 个省市区的 288 名运动员在临比赛前和比赛期间前往心理咨询中心寻求运动心理学工作者的帮助，并收到良好效果。

自 1996 年亚特兰大奥运会开始，中国体育科学学会运动心理学分会开始以组织方式介入奥运科技服务工作，如组织了部分专家为中国奥运代表团撰写了心理辅导系列文章《运动心理学寄语奥运健儿》，这些文章于 1996 年 6 月 26 日至 7 月 10 日在《中国体育报》上连续专栏刊载后，被印发给参赛运动员。

（三）2000 年以后的发展

2000 年以后，优秀运动员的心理训练范围由小到大，其方法也正在由单一到多样，一步一步深入发展起来。心理训练的效果日益明显，并为越来越多的运动队所认识和承认。在单项运动的世界锦标赛、世界杯赛以及亚洲运动会和奥林匹克运动会之前，不断有国家队寻求运动心理学的帮助。

在中国体育代表团备战 2000 年悉尼奥运会期间，中国体育科学学会运动心理学分会组织会员撰写了《中国体育代表团参加悉尼奥运会心理咨询手册》。该手册以“口袋书”的方式发放到全体运动员及辅助人员手中。

自中国代表团备战 2004 年雅典奥运会开始，中国运动心理学家经由国家体育总局科教司统一组织，国家体育总局体育科学研究所牵头，系统安排运动心理学工作者进入各运动队进行心理科技服务。国家体育总局还建立了专门的运动员心理服务网站，现场为备战、参赛的运动员答疑解惑。奥运会结束后，国家体育总局开始公开表彰和奖励奥运科技攻关与服务的先进集体和个人，我国多名运动心理学者获得此项荣誉。

自雅典奥运会之后，国家体育总局科教司开始联合各运动项目管理中心，以课题招标的形式，组织包括运动心理学在内的体育科学工作者为国家队备战和参加奥运会进行科技攻关与服务。组织措施的进一步完善，为我国运动心理学工作者长期、系统并更具针对性的奥运科技服务提供了保障。在备战、参赛 2006 年都灵冬奥会及之后各届奥运会、冬奥会的过程中，中国运动心理学者为乒乓球、射击、跳水、蹦床、帆船帆板、网球、射箭、艺术体操、柔道、拳击、体操、花样滑冰、自由式滑雪空中技巧、短道速滑、单板滑雪 U 形槽等多支国家队开展了心理训练和心理咨询工作，取得显著成效。同时，越来越多的运动心理学者出现在奥运会、残奥会、亚运会、全运会等大型赛事的科技保障团甚至体育代表团之中。

在运动员心理训练和心理咨询过程中运动心理学家涉及的主要问题有动机、自信、注意、情绪、人际关系、心理疲劳等。为了帮助运动员做好赛前的心理准备和赛中的心理调整所采取的主要方法有认知调节（如目标设置、表象练习、自我暗示、理性情绪疗法等)、生理调节（如放松练习、生物反馈练习等）和环境调节（如提供社会支持等)，这些方法对于运动员充分发挥竞技水平具有积极作用。

中国运动心理学会注重运动队科技服务的经验交流和总结，并于 2007 年开始对“运动心理咨询师”进行注册认证（Schinke et al.，2018)。2008 年北京奥运会之后，组织了三届奥运会中国运动员心理训练论坛（图 1－9 是伦敦奥运会中国运动员心理训练学术论坛的召开情况)。

图 1－9 伦敦奥运会中国运动员心理训练学术论坛于 2012 年 10 月 20 日在北京召开

21 世纪的前 20 年，中国运动心理学发展的另一主要特点是研究领域明显扩大。从 20 世纪 90 年代后半期开始，受社会发展多元化、科学研究多元化以及科学教育国际化的影响，中国运动心理学除了在竞技运动领域一如既往地投入之外，在体育教育和大众健身方面的研究明显增多。自 2002 年起，大众锻炼领域的心理学问题（包括锻炼的参与动机和锻炼的心理效益等)、体育教育领域的心理学问题（包括体育课程和课外体育的参与动机和心理效益、运动技能学习、学生个体差异等)，以及运动心理学的研究方法问题（包括心理统计、测量工具、实验设计、仪器开发等）研究数量的增加，显示了中国运动心理学在各个领域强劲的发展势头。

21世纪前20年，中国运动心理学的国际影响力进一步提升，表现为以下三件大事：第一，2013年，国际运动心理学会第十三届世界运动心理学大会在北京体育大学举办；第二，2013—2017年，姒刚彦当选并担任国际运动心理学会主席；第三，2014—2018年，张力为当选并担任亚洲及南太平洋运动心理学会主席。

第三节　运动心理学、体育心理学和锻炼心理学

运动心理学、体育心理学、锻炼心理学三大研究领域的侧重点并不相同。目前，研究内容虽有交叉重叠，但随着各自的不断深入，自成体系的趋势已初步显现。

一、运动心理学与体育心理学

运动心理学侧重研究竞技运动训练和比赛中的心理现象，特别是运动员在训练和比赛过程中的心理状态和变化。专项运动技能水平和比赛成绩，不仅受技战术训练的影响，还受心理因素的影响。运动心理学集中研究心理因素（如动机、个性、情绪、认知等）对运动成绩的影响，不但研究运动员的心理和行为，还研究教练员、观众的心理和行为。

体育心理学侧重研究体育教育教学过程中的心理现象，特别是学生在学习过程中的心理特点和变化，体育心理学强调研究体育教育教学对学生心理成长和发展的作用。体育教育教学的主要目标是通过身体练习促进学生整体健康的发展，并达到培养人的目的。体育心理学集中研究如何通过体育教学的手段和方法增强学生参与体育学习和活动的动机，激发学生的运动兴趣，培养学生的意志品质，提高学生的自尊心和自信心，调节学生的情绪状态，培养学生的合作精神和竞争意识，并且研究选择教学内容、采用教学方法、进行教学设计等的心理学依据。

运动心理学与体育心理学在研究对象和研究内容上既相互交叉，又有所不同，两者的关系源于体育和运动的相互关系。任未多（1996）指出：体育心理学和运动心理学研究的对象都是身体运动活动条件下人的心理现象。但同时也应该认识到，前者所涉及的是体育教学和参与体育活动中一般人的心理现象，而后者则局限于以运动员为主的竞技运动参与者的心理现象。体育的核心部分是通过体育教学和身体活动达到教育和培养的目的。竞技运动的运动训练过程也包括教学的成分，也含有培养人的目标。但体育教学的目的主要是使学生学会和掌握一般运动技能，而运动训练过程中的教学则是竞技运动专项技能的教学，是以大运动量甚至是极限运动量的高强度、高密度身体负荷为特征，以技术动作高度自动化和达到高水平竞技运动能力为目标。因此，两者在与教学有关的心理过程、教学方法的心理学依据以及学习者的动机结构等方面既有相同之处，又有不同之点。又如竞赛是竞技运动的主要存在和表现形式，学校体育和群众体育也有竞赛活动，在竞赛项目和规则上也与竞技运动基本一样，都有相同形式上的胜负，对参加者都会产生应激，都需进行一定的心理准备。但两者在对参加者的意义、要求及比赛的激烈

程度等方面也有一定差异，因此，参加者所表现出的心理现象也不尽相同。

体育教育是整个教育系统中的重要组成部分，关系到人的全面发展，其中心理学问题的研究具有重要意义。中国运动心理学的发展偏重以高水平运动员为中心的竞技运动，对学校体育教育中心理学问题的关注虽有所增加，但仍显薄弱。已有多种版本的体育心理学内容与运动心理学的内容有较多重复，主要原因是以体育教育问题为研究对象的研究成果较少。祝蓓里（1986）指出，世界运动心理学研究的一个新动向就是要求体育心理学和运动心理学逐渐分家，成为两门独立的学科。现在已有一些体育心理学教科书（例如马启伟，张力为，1996；祝蓓里 主编，1995）显现出这种发展势头。

二、运动心理学与锻炼心理学

锻炼心理学侧重研究体育锻炼过程中的心理现象。大众参与体育锻炼与学生的体育学习、运动员的训练和比赛显著不同，大众参与体育锻炼并不太关注运动成绩，而学生参与体育学习、运动员参与训练和比赛比较重视运动成绩。锻炼心理学集中研究体育锻炼对参与者心理健康的作用。锻炼心理学所涉及的领域主要是大众健身方面的心理学问题，如参与体育锻炼的动机、进行体育锻炼的坚持性、体育锻炼与心理健康的关系、体育锻炼群体的社会心理等问题。

1988 年，北美运动及身体活动心理学会的官方刊物更名为《运动与锻炼心理学杂志》，表明锻炼心理学的地位已经得到提高，过去的运动心理学已经难以涵盖锻炼心理学的内容，两者需要向不同方向发展并最终构建独立体系。1992 年，威利斯和坎贝尔（Willis & Campbell，1992）出版了《锻炼心理学》，体现了该领域受到重视的程度及其研究的进展。

运动心理学与锻炼心理学在研究目的方面表现出明显的差异，运动心理学研究心理变量对运动成绩的影响，例如赛前焦虑对运动成绩的影响。锻炼心理学研究锻炼活动对各种心理变量的影响，例如锻炼活动对焦虑和抑郁的影响（张力为，任未多 主编，2000，5－7 页）。两者在研究同样的因果关系时的侧重点也表现出较大的差异，例如关于动机对运动活动的影响问题，运动心理学主要关注的是运动员追求卓越的成就动机，而锻炼心理学则主要关注的是体育活动兴趣和体育锻炼习惯。

运动心理学与体育心理学、锻炼心理学的关系问题，实际上是研究对象的界定与扩展问题。表 1－4 列出了运动心理学、体育心理学和锻炼心理学在研究重点上的差异。

表 1－4　运动心理学、体育心理学和锻炼心理学部分主题的研究侧重

领域	运动心理学	体育心理学	锻炼心理学
动机	运动员成就动机 目标设置的成效	学生的兴趣、习惯、坚持性 目标设置的成效	大众的兴趣、习惯、坚持性
情绪	竞赛焦虑对运动成绩的影响 赛前、赛中的应激控制	体育活动对情绪的影响	锻炼活动对焦虑和抑郁的影响 锻炼产生的特殊愉快感受

续前表

领域	运动心理学	体育心理学	锻炼心理学
人格	运动员人格对运动成绩的影响 运动训练对运动员人格的影响	体育教育对人格的影响	体育活动对人格的影响
技能学习	高水平技能学习	低水平技能学习	—
归因	运动员的归因特点 归因对运动训练的影响	学生的归因特点 归因对学习成绩的影响	—
自我观念	整体自我观念 独立自我与互联自我	身体能力自我观念 外观体貌自我观念	身体能力自我观念 外观体貌自我观念
群体凝聚力	群体凝聚力与运动成绩的关系	—	—

资料来源：张力为，任未多 主编，2000，5-6页。

也许可以这样理解：运动心理学有“广义”和“狭义”之分。“广义的运动心理学”可理解为竞技-体育教育-身体锻炼“三位一体”的心理学，而“狭义的运动心理学”即是“竞技运动心理学”。竞技运动心理学、体育心理学和锻炼心理学各自独立成为专门的学科，或许是未来运动心理学发展的趋势。

本章要点

1. 运动心理学作为心理学的分支学科，是阐明体育运动的心理学基础、研究人在体育运动中心理活动的特点及其规律的应用科学。

2. 运动心理学的主要研究任务是：研究人在体育运动中心理过程的特点和规律以及人的个性差异与体育运动的关系；研究体育运动对人的心理过程和个性特征产生的影响；研究掌握运动知识、形成运动技能、进行技能训练的心理学规律；研究运动竞赛中人的心理状态。

3. 从研究内容分析，运动心理学有三大研究领域，即竞技运动心理学、体育教育心理学和大众锻炼心理学。

4. 特里普里特于1897年进行的社会促进效应实验，既开社会心理学研究之路，也创运动心理学研究之先。

5. 1925年，格里菲斯在美国伊利诺伊大学建立的运动心理学实验室，可被视为运动心理学学科建立的标志。

6. 1965年，国际运动心理学会成立，推动了运动心理学在全世界范围内迅速发展。

7. 1979年，中国心理学会体育运动心理专业委员会成立；1980年，中国体育科学学会运动心理学分会成立。自此，中国运动心理学开始走向迅速发展的道路。

8. 20世纪80年代和90年代，中国运动心理学在竞技运动心理方面进行了大量的研究工作和实践工作；2000年以后，研究领域明显扩大，表现为体育教育心理、大众锻炼心理，以及方法学的研究明显增加。

复习思考题

1. 运动心理学在竞技运动中有哪些作用?
2. 如何看待运动心理学与心理科学、体育科学的关系?
3. 你对体育运动中哪些心理现象感兴趣?
4. 美国运动心理学的发展可以划分阶段吗?

推荐阅读

张力为，任未多．(2000)．发展中的运动心理学．见张力为，任未多(主编)．*体育运动心理学研究进展*(1－43页)．北京：高等教育出版社．

Cox，R. H. (2007). Foundations of sport psychology. In *Sport psychology*：*Concepts and applications* (6th ed.，pp. 3－19). New York，NY：McGraw-Hill.

Silva，J. M. (2001). Current trends and future directions in sport psychology. In R. N. Singer，H. A. Hausenblas，& C. M. Janelle (Eds.)，*Handbook of sport psychology* (2nd ed.，pp. 823－832). New York：Wiley.

第二篇

个体心理与运动表现

本篇包含五章，分别讨论个体的运动动机、唤醒与焦虑、注意、自信心以及人格与运动表现的关系。上述内容都是影响运动员运动表现的最直接因素，运动心理学对此有专门的研究成果。

第二章 运动动机

内容提要和学习指导

运动动机是运动员训练和比赛的主要动力源泉。本章将介绍运动动机的定义与功能、运动动机的相关理论，以及培养和激发运动动机的方法。学习本章时，你可以了解到运动动机的基本内容，在此基础上，借鉴相关理论的观点，学会在实践中如何培养和激发运动动机。

运动动机是运动心理学长期关注、经久不衰的研究课题。为什么运动员能够忍受长期枯燥的训练？失败之后如何归因有利于运动员保持运动动机？如何使用物质奖励更好地激发运动员的运动动机？这些问题都与人们的运动动机有关。

第一节　运动动机概述

一、运动动机的概念

动机（motivation）是推动一个人进行活动的心理动因或内部动力。其基本含义是：能引起并维持人的活动，并将该活动导向一定目标，以满足个体需要的念头、愿望或理想等（毛志雄，2003）。运动动机被定义为推动人们参与体育运动的内部动力。可以看出，运动动机是一种内部心理过程，行为是这种内在过程的结果。

运动动机的产生有两个必要条件：一是机体内部的因素，即需要；二是机体外部的因素，即诱因。需要是人们因对某种东西的缺乏而引起的内部紧张状态和不舒服感。当某种需要没有获得满足时，人们自身的平衡状态便会遭到破坏，造成生理或心理上的压力或紧张。为了解除这些压力或紧张，人们便会去寻找满足需要的对象，从而产生活动的动机。强身健体、情绪宣泄、获得团体认同等都是人们参与体育运动的需要。诱因是激发动机的外部因素，即人们自身之外的各种刺激，包括各种生物性的和社会性的因素。如高额奖金、舒适的运动场馆等都是促使人们参与体育运动的外部因素。运动动机常常取决于需要和诱因的相互作用，其中内因是主要的，外因通过内因起作用。

二、运动动机的功能

运动动机与运动员的良好发展具有密切关系，有研究者（Ryan & Deci，2000）指出："动机与活力、方向、坚持等都有关系。动机是生理、认知和社会规则的核心。也许最重要的是，在现实生活中，因为有动机产品，动机被赋予高度的价值。"动机可以推动运动员进行必要的准备。具有高运动动机的运动员能够准时参加训练，能够达到教练设定的目标。他们有良好的饮食和生活习惯，能够杜绝酒精和毒品的诱惑，遇到问题时，能够有效地解决问题。具体来看，运动动机具有如下三大功能（毛志雄，2003）。

（一）始发功能

运动动机可以引起和发动人们的体育活动，使他们由静止状态转向活动状态。如为了获得教练的赞扬而刻苦训练，为了退役后的生涯规划而努力学习其他专业知识等。

（二）指向或选择功能

运动动机不仅可以激发行为，而且可以指引活动向某一目标进行或选择活动的方向。如在成就动机的支配下，运动员主动选择高难度且具有挑战性的任务。

（三）维持和调整功能

当动机激发起某种活动后，活动能否持续下去，同样受到动机的调节和支配。如运动动机与坚持时间的长短有关。当参加自己感兴趣的活动时，运动员会坚持很长的时间，即使遇到困难也会设法克服。而当从事不喜欢的活动，没有较强的运动动机时，运动员坚持的时间就会比较短。在遭遇逆境或处于低潮期时，运动员是否能够依然为目标而坚持奋斗，在很大程度上都取决于其动机水平。

三、动机的分类

根据不同的标准，可以将动机划分为不同的种类。

（一）生物性动机和社会性动机

根据动机的性质，可以将动机分为生物性动机和社会性动机。

生物性动机（biological motivation）也称驱力，是以有机体自身的生物学需要为基础，如因饥饿、口渴、疼痛、睡眠、性欲等生理需要产生的动机。社会性动机（social motivation）是以人的社会性需要为基础，如因交往、成就、尊重等需要而产生的动机。运动员可以通过与他人交往获得认同、发展友谊或赢得荣誉。这些动机会推动他们参与体育活动，当需要得到满足时，社会性动机才会缓解下来。

（二）直接动机和间接动机

根据需要的特点，可以将动机分为直接动机和间接动机。

直接动机（direct motivation）是以直接兴趣为基础、指向活动过程的动机。如出于对自己所从事的运动专项的热爱，运动员在训练过程中最大限度地发挥自身的潜力。间接动机（indirect motivation）是以间接兴趣为基础、指向活动结果的动机。如中国足球运动员不喜欢体能消耗极大的折返跑训练，但是因为它有助于在“YoYo 间歇耐力测试”中达标，从而获得在中国顶级联赛中上场的资格，于是他们也会努力训练。运动员会同时受到直接动机和间接动机的驱使。相比而言，直接动机对行为的推动作用更为有效。但当运动任务具有一定难度且要付出较大努力时，直接动机就表现出局限性。此时间接动机因为与行为的目的和意义相联系，因此就成为运动员参与运动的主要推动力量。

（三）外部动机和内部动机

根据心理动因来自自身需要还是由外界条件诱发，可以将动机分为外部动机和内部动机。

外部动机（extrinsic motivation）是指来源于外部原因的动机。如为了获得高额的奖金、公众的赞誉而努力训练。内部动机（intrinsic motivation）是来自个体内在需要的动机。如渴望从体育活动中获得身体上的快感、刺激，以及满足自尊心、归属感和自我实现等心理需要。内部动机的推动力量更大，维持的时间也较长。但内部动机主导的运动员可能会缺少成为冠军的竞争力，因为他们更享受掌握任务，缺少强烈的竞争意识。外部动机对运动员的推动力量相对较小，持续作用的时间也较短。但由外部动机主导的运动员在达不到预期的目标时常会泄气。一般来说，运动员可能同时受到两种动机的影响，同时具有内部动机和外部动机的运动员发展最好，如具有较强的坚持性、积极的态度、坚定不移的专注等。

以上分类方法对于我们深入理解运动动机均具有重要的作用。在运动心理学研究中使用最多的分类方法是内部动机和外部动机的划分方法。

第二节　动机与运动表现的关系

归因理论、自我效能理论、认知评价理论和目标定向理论是关于动机与运动表现的公认的四大理论。

一、归因理论

（一）归因理论的基本观点

归因（attribution）是指人们对自己或他人行为原因的推论过程（章志光 主编，1996）。归因广泛存在于社会生活的各个领域，是人们自然而然、随时随地进行的一种心理活动。归因理论是关于判断和解释他人或自己的行为结果的原因的一种动机理论。

伯纳德·韦纳对归因理论进行了详尽的论述。韦纳认为，在遇到事情时，个体通常会做出如下类型之一的归因：能力、努力、运气和任务难度。四种归因可以归纳为三个维度：第一，控制点。成败是由内在（internal）因素还是外在（external）因素决定。能力和努力属于内在因素，运气和任务难度属于外在因素。第二，稳定性。成败是相对稳定还是随时间发生变化。能力和任务难度是稳定的，努力和运气是变化的。第三，可控性。成败是可以控制还是不可控制的。努力是可以控制的，而能力、任务难度和运气是不可控制的，具体划分如表 2－1 所示。

表 2－1　韦纳的归因理论划分框架

	控制点			
	内在		外在	
可控性	稳定	不稳定	稳定	不稳定
可控	稳定的努力	不稳定的努力	他人稳定的努力	他人不稳定的努力
不可控	能力	心情	任务难度	运气

归因理论关注人们对行为发生原因的解释。人们对于成功和失败的归因会影响努力和坚持，以及对于成功的思考和感受，可以在很大程度上影响人们的运动动机。研究者探讨了三个维度与个体发展之间的关系，主要结论如下：控制点与自豪和羞愧的情绪体验相关。与外在归因相比，内在归因会带来更为强烈的情绪体验，对于成功的内在归因可以显著预测积极情感（Vlachopoulos et al.，1996）。另有研究者指出，对成功进行内在归因的个体因自尊的增强，体验到更多积极情绪，从而对表现更为满意。但将失败进行内在归因会体验到更多的内疚与羞愧，从而影响任务表现（Behzadi & Sanatjoo，2019）。稳定性与对未来的期望相关，稳定归因下我们期望相类似的结果，不稳定归因下期望变化的结果。可控性与道德评价以及他人反应相关。我们会根据努力和可控的成功表扬他人，根据不努力和可控的失败批评他人。格雷厄姆等（Graham et al.，2002）发现，对于青少年足球运动员，积极的情感与稳定的可控归因呈正相关，消极的情感与稳定的可控归因呈负相关，但这种关系比较微弱，且没有证据表明归因会影响情绪。

（二）归因理论在体育运动中的运用

对运动表现的正确的归因是激励个体积极主动学习、训练并不断取得成功的重要条件。尽管有关归因理论的研究结果并不一致，如有研究表明，与失败者相比，成功者做出更多稳定、可控和内在的归因（Hamilton & Jordan，2000），也有研究者发现，成功者会做出更为稳定、可控但非内在的归因（Grove et al.，1991），但根据归因理论对运动员进行指导还是具有重要意义的。对于成功的运动员，教练员应鼓励他们进行内在且稳定的归因，例如将成功归因于能力。内在归因可以提高自我效能感，而稳定的归因可以使个体预测成功的再次发生。对于失败的运动员，教练员则要训练他们进行内在但不稳定的归因，内在归因有助于个体对自己的行为结果负责，而归因于不稳定因素则可以使个体明白失败并非不可避免。

有计划的归因训练既可以改变运动员认识成绩的方式，也可以改变运动员的实际表现（Miserandino，1998；Orbach et al.，1999；Parker et al.，2018）。奥巴赫等（Orbach et al.，1999）考察了归因训练对网球新手的影响。研究将参与者进行分组。一组对于不良表现进行更为适应的归因，他们被告知较差的表现是因为可以控制的不稳定的因素，如努力或比赛策略，因此其表现是可以提高的。另一组采用更为不适应的归因，他们被告知其表现是因为不可控的稳定因素，如能力等。结果表明，学习更为适应归因的被试对于成功有更高的期望，且体验到更为积极的情感。而且，他们会将这种归因方式应用于其他任务，在实验之后的至少三周都会使用适应性的归因。国内研究者朱磊（2010）对126名体育网球课学生进行了为期9个月的归因训练和教学干预。干预组实施替代法、强化法、情感交流法等进行归因训练，对照组则进行正常的网球教学。结果表明，归因模式训练能够提高学生的成就动机水平，减弱避免失败的动机，并能提高网球教学的质量，优化教学的效率。另外，作者提出，在网球教学的归因训练中加入其他技能训练方法，将会大幅度提高归因训练的效果。

专栏 2-1

习得性无助

习得性无助（learned helplessness）是指一个人经历了挫折和失败后，面对问题时产生的无能为力的心理状态和行为，由美国心理学家塞利格曼于1967年提出。塞利格曼用狗做了一项经典实验：起初把狗关在笼子里，只要蜂音器一响，就给以难受的电击，狗关在笼子里逃避不了电击，多次实验后，蜂音器一响，在给电击前，先把笼门打开，此时狗不逃跑，而是在电击出现之前就先倒在地开始呻吟和颤抖，本来可以主动地逃避却绝望地等待痛苦的来临，塞利格曼将其称为“习得性无助”。

如果一个人对某事件的出现或消失（通常是不愉快的事件）感到根本无能为力，就会产生习得性无助。儿童或青少年运动员若在多次努力之后仍是遭受失败，那就有可能产生习得性无助。对于这些人，可以鼓励他们将失败归因于不稳定的、可控的因素，如努力、策略、练习、技术等可以改变的因素。

二、自我效能理论

（一）自我效能理论的基本观点

自我效能（self-efficacy）由美国心理学家班杜拉（Bandura，1977）提出，指一个人对自己能否成功地完成一项任务所持的信心和期望，或者对自己成功地完成一项任务所具备的潜能的认识。自我效能也可称作“自我效能感”“自我信念”“自我效能期望”等。

自我效能理论（theory of self-efficacy）是关于自我效能影响因素和重要作用的理论（见图2-1）。该理论认为，自我效能的形成受四种信息影响，即成功的表现（直接经验，指自己已有的成功经验和优异表现）、替代经验（间接经验，指通过参照榜样的表现与结果所获得的自己能否成功的判断）、言语说服（指他人利用鼓励性话语或正向反馈，使个体相信自己具有完成任务的能力）和情绪唤醒（指情绪是否积极和情绪的强度）。

自我效能影响人们的行为选择，决定人们在遇到困难时付出多大的努力来克服困难，并且会影响人们的思维模式（张鼎昆 等，1999）。

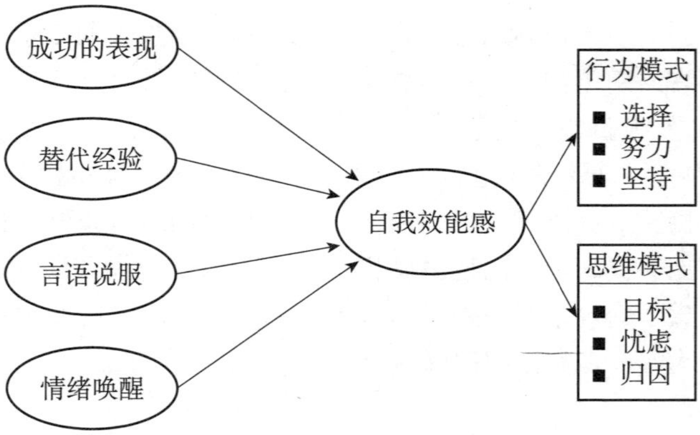

图 2－1 自我效能理论模型

（二）自我效能理论在体育运动中的运用

竞技体育领域主要关注自我效能与运动成绩之间的关系。研究者指出，运动员的自我效能越高，焦虑水平就越低，努力程度就越高，运动成绩就越好（Weinberg et al.，1979；Weiss et al.，1989）。教练员的自我效能也是运动员训练成绩好坏的重要预测指标（杨艳芳 等，2006）。教练员的自我效能是指教练员相信自己有能力对运动员的训练产生积极影响的一种知觉和信念。它不仅直接影响教练员工作的主动性和积极性，以及遇到困难时的坚持程度，同时还会通过自身表现间接影响运动员的自我效能，从而影响运动员的运动表现。关于自我效能理论对竞技运动的作用，将在本书第五章“运动自信”中做进一步的讨论。

运动员的自我效能受多种因素的影响。湛慧（2016）对花样游泳教练员的研究发现，教练员领导行为的多个维度可以有效预测运动员的一般自我效能；同时，会通过影响运动员的性格对运动员的一般自我效能感产生间接影响。考虑到自我效能对运动成绩的重要作用，可以采取一些方法提高运动员的自我效能，如观看提高自我效能的录像片、进行鼓励性的自我暗示、表象训练等（毛志雄，2003）。

三、认知评价理论

（一）认知评价理论的基本观点

认知评价理论（cognitive evaluation theory）是内部和外部动机整合理论的分支理论，由德西和莱恩（Deci，1975；Deci & Ryan，1980）提出。该理论主要观点如下：

（1）任何一个事件均具有控制性和信息性两种功能。

（2）事件的控制性功能（controlling function）影响人的自我决策。

若事件的控制性很高，人们会感到自我决策的可能性很小，感到因果关系是由外部因素决定的，感到自己的行为是无能为力的。如果事件的控制性很低，人们就会感到自我决策的可能性很大，感到因果关系是由内部因素决定的，感到自己的行为取决于自己的动机和目标。早期的研究发现，像金钱、食物和奖品这类外部奖励均使内部动机下降，究其原因，可能在于这些外部奖励常用来控制人，因此人们对这些事件的控制性功能体验得很深刻，从而感到自身的决策权是极其有限的。根据上述推理，可以预测，当一种奖励的控制性表现得十分显著、十分强烈时，运动员的内部动机将会下降（Orlick & Mosher，1978）。

（3）事件的信息性功能（information function）影响人的能力感。

如果某一事件所包含的信息可以标志人们从事某种活动的能力，并使人们体验到进行自我决策的因果性，我们就说这一事件的信息性很强。积极信息可以让参与者增强自我价值感和自我决定感，可以促进内部动机。但如果一个运动员实际较少贡献但仍得到了丰厚的物质奖励，该运动员接受了与其能力和价值完全不匹配的信息，其参与就有可能受到外部奖赏的影响。

教练员和队友的口头反馈是体育活动中表现信息的主要来源，积极的反馈（如“你完成得很好”）可以提高运动员的内部动机，而消极的反馈（如“你完成得不好”）则会降低内部动机。另外，反馈的数量并不重要，反馈的意义才是关键性的因素（Vallerand，1983）。

（4）控制性功能和信息性功能不是独立的，它们的交互作用影响运动动机。

低控制性的积极信息可以提高人的内部动机；高控制性的积极信息可以提高人的外部动机；消极信息则会损害内部动机和外部动机。奖励的控制和信息特征不是相互独立的，而是交互影响内部动机。例如，一个篮球运动员参与运动是因为家人期望和朋友压力，尽管开始打球是为了取悦他人，但当他打得很好时，就会得到有关自己的正面信息。因此，可以预计如果由此增加外部动机的重要性，内部动机就会降低，外部奖励的重要性就会增加。

（5）一个事件对一个人来说控制性和信息性究竟如何，取决于他/她对此事件的认知评价。

认知评价理论强调奖励和反馈等事件对于承受者的意义。相关研究发现（Boggiano & Barrett，1985），反馈对内外部动机定向不同的儿童有不同的影响。积极反馈使内部动机定向儿童的内部动机提高得更多，但使外部动机定向儿童的内部动机提高得较少。还有一个有趣发现是，尽管消极反馈降低了外部动机定向儿童的内部动机，但对内部动机定向儿童来说代表着一种挑战，它使内部动机定向儿童的内部动机保持不变。另外，对于不同控制点的儿童来说，模糊信息所代表的意义也不同。曾有研究者给内部控制点和外部控制点儿童提供模糊的奖励信息，使奖励的信息性和控制性特征都不是很清楚。结果发现，这些模糊的奖励信息使内控组儿童的内部动机提高，使外控组儿童的内部动机下降。或许是因为具有内部控制倾向的人将奖励解释为信息性的，而具有外部控制倾向的人则往往将奖励解释为控制性的。

早期研究似乎表明享受奖学金的大学生运动员受到失去内部动机的困扰，因为他们的比赛是有报酬的（Fortier et al.，1995；Ryan，1977，1980）。然而，财政资助运动员参加比赛时，向运动员提供关于胜任感与自我决策的建设性信息，这样，并不是享受奖学金的运动员就一定比无奖学金的运动员内部动机低。如果运动员把外部奖励视为对优异成绩的奖赏和对继续参与的激励，就会增强内部动机。研究者探讨了美式足球、冰球、游泳等不同专项的一级大学生运动员的动机（Amorose & Horn，2000）。这些大学生分为享受全额奖学金、部分奖学金和无奖学金三组。结果表明，有奖学金的运动员比无奖学金的运动员显示了更高层次的内部动机。奖学金实际上可以通过传递更高能力水平的积极信息来提高内部动机。

（二）认知评价理论在体育运动中的运用

在竞技运动领域，如果唯一的目标是取胜，那么强烈的外部定向可能是达到该目标的必要且有效的途径。如可以为运动员提供高额奖励，或施加比赛压力。但即便是优秀的职业运动员，也不应将争取获胜作为唯一的目标，他还应注意如何通过比赛提升自我，并希望其他人也能从体育活动中获得乐趣。只有坚持这种体育精神，才会使人们从体育运动中获得更多的乐趣。

教练员的定向也会影响运动员的内部动机。如果教练员倾向于控制运动员，以高度控制的方式训练运动员，那么运动员的内部动机和自尊程度都会较低；如果教练员倾向于支持运动员独立自主，给他们提供更多自主的机会，那么运动员的内部动机和自尊程度都会比较高（Deci et al.，1981）。大量研究结果表明，教练自主性支持是影响教练与运动员关系和团队效能的重要因素（Cho & Baek，2020），教练员的自主性支持与运动员的心理弹性呈正相关（Pedro & Veloso，2018），缺乏自主性支持可能会破坏需求满足和动机（Reynolds & McDonough，2015）。

综上所述，认知评价理论注重认知特征对动机的直接作用，为运动动机的培养和激发提供了重要的理论依据，具有指导意义。该理论注重内部动机的积极作用，主张从内部激发动机。但是，该理论用对立的观点看待内部动机与外部动机的关系，忽视了外部动机的作用。

四、目标定向理论

（一）目标定向理论的基本观点

目标定向理论（goal orientation theory）由杜达和尼克尔斯（Duda & Nicholls，1992）提出。该理论认为，目标定向可以分为任务定向和自我定向两类。任务定向（task orientation）是强调纵向的自己与自己相比，注重个人努力，以掌握技能、完成任务为目标的心理定向。它有助于内部动机的维持和提高。自我定向（ego orientation）是强调横向的自己与他人相比，注重社会参照，以超过他人为目标的心理定向。它对内部动机有损害作用。任务定向有助于培养和提高人的主观能力感（Elliott & Dweck，1988），而自我定向更有可能使人们产生能力不足感（Duda，1992）。

相关研究表明，任务定向与更有动力的适应模式相关，与努力工作就会获得成功的信念以及体育能够促进工作的信念相关，与适应性的学习策略，如练习相关，与积极的情感，如享受、满足、兴趣相关，与动力性行为，如坚持、努力和表现相关。自我定向与人们有较高的能力所以能够达到目标的信念相关，与追求社会地位为主要目标相关，与使用更有能力的表现策略相关，但与积极或消极的情绪或动机行为不相关（Biddle et al.，2003；Duda，2005）。人们可能在两种动机上均得分较高，或者是在一种动机上得分较高，在另外一种上得分较低。不管自我定向得分是高还是低，如果能够在任务定向上有较高得分，那个体就会表现出适应的结果（Standage & Treasure，2002；Wang & Biddle，2001）。斯坦伯格（Steinberg，1996）考察了高尔夫新手的表现，发现在自我和任务定向上均得分较高的运动员比在任务定向或自我定向上高的运动员表现出高享受、高坚持和熟练技能。另有研究者指出，高自我和高任务定向的个体与低自我和高任务定向的个体表现出同样的成就行为（Roberts et al.，1996）。同上所述，由于在运动时，人们通常不是受某一个单一的目标定向影响，常常是两种目标的混合，有学者进行了类型划分，将目标定向分为高任务定向/高自我定向、高任务定向/低自我定向、低任务定向/高自我定向和低任务定向/低自我定向四种类型（朱为民，2006）。有研究者指出，运动员的任务定向是在竞技体育中获得流畅状态的重要因素，而低自我和低任务定向的运动员缺乏这种快速进入流畅状态的能力。高任务-高自我定向和高任务-低自我定向的运动员能够体验到最积极的心理状态（Stavrou et al.，2015）。

专栏 2-2

目标定向的阶段性

从发展的角度来看，个体的成熟可以以他们区分努力、能力以及成果等概念的程度来衡量。按照尼克尔斯的观点，个体会经过4个发展阶段，从而逐渐完全理解这些概念。

第一阶段：孩子们把努力、能力以及成果看作相同的事物。这一阶段的孩子被认为不区分目标定向，对他们来说，努力和能力或获得成功都是一样的，而且他们对于运气和能力的差异，以及一项任务可能会比另一项更难的情况没有概念。

第二阶段：孩子们开始意识到努力和能力有所不同，但是他们仍相信努力付出是获得成功的主要决定因素。

第三阶段：从开始区别能力和努力的意义上说，这是一个过渡期。有时候孩子们能够认识到两者是有区别的，有时候又会回到不加区分的状态。

第四阶段：12岁左右，孩子们会区分能力、努力、运气以及成果的概念，他们也清楚地理解了任务难度的概念，并意识到一些任务比另外一些更有难度。

资料来源：考克斯，2003，45-47页。

（二）目标定向理论在体育运动中的运用

同认知评价理论一样，目标定向理论也极其重视人的认知过程对动机的重要作用，重视内部动机的维持与增强，但目标定向理论更强调目标定向对动机的影响。

具体来看，任务定向会激发人们对任务的直接兴趣，而自我定向则会导致内部动机的下降。有较强任务定向的运动员会为了成功而更加努力，对体育运动有内在兴趣，喜欢挑战性的任务，敢于冒险，使用有效的学习手段和解决问题的策略。而自我定向的运动员则与之相反（Xiang & Lee，1998）。因此，教练员及体育管理人员应当尽力创造并维持一种积极气氛，帮助运动员建立一种高度的任务定向（Duda & Nicholls，1992）。但竞技体育领域无法回避自我定向的问题，因为运动员总是在与其他运动员的比较中生存的。

第三节　运动动机的培养与激发

结合运动动机的相关理论及现实情况，可以考虑从以下几个方面培养与激发运动动机。

一、满足运动员的各种需要

满足运动员的需要是有效激发运动动机的关键。运动员主要有四种需要：追求乐趣、胜任感、归属感和自主的需要。

（一）追求乐趣的需要

有研究者对运动员进行调查，在问及为什么要参与体育运动时，最普遍的答案是好玩（Ewing & Seefeldt，1989；Seefeldt et al.，1992）。当被问及为什么离开体育运动时，代表性的回答如“运动不再有趣”“我对运动厌倦了”“我发现其他活动更有趣”等。体育运动的魅力之一就是具有强烈的挑战性与趣味性，并集身心于一体。刚刚开始运动生涯时，很多运动员都会感受到项目所带来的乐趣，从而产生了强烈的内部动机。为此，教练员应尽量变换训练方式，不能让训练变得枯燥无味，从而剥夺了运动员训练的乐趣，导致内部动机的下降。

（二）胜任感的需要

胜任感是指个体对自己的技术和能力有积极的认知，并认为有能力在运动中取得成功。胜任感是体育运动中最普遍、最强烈的需要，是所有运动员最为珍惜和悉心保护的精神财产。作为教练员，必须尽可能去保护运动员，不要使他们失去自我价值感。

挑战任务的成功、教练员的积极反馈以及父母的鼓励等都可以提升运动员的胜任感。在训练过程中，教练员应该花精力组织活动，让每一位运动员都有获得成功的可能，让运动员对自己的技术水平和能力产生积极认知。对于那些屡受挫折、自尊心受到极大伤害的运动员，应帮助他们重新确定切实可行的目标，积极创设经努力而成功的训练环境，引导他们将成功归因于能力，提高其自我价值感，保护运动员的自尊心。

（三）归属感的需要

归属感是从属于一个集体的需要，是人特有的心理需要。只有产生了自己归属于某一团体的感觉，才能免于孤独的恐惧感，获得心理上的安全感。体育活动使人们有了更多归属团体，满足了人们的归属需要。甚至有少数人，他们参加体育运动就是希望能成为运动集体中的一员，成为团队的一部分。教练员应该将此作为一个有利的激励因素，安排一些活动让运动员彼此相互了解，营造和谐的氛围，进行团队建设，增强团队凝聚力，确保所有运动员都认为自己是团队中重要的一员，他们在团队中的角色是重要的、有价值的。另外，寻找一位训练同伴也可以满足运动员的归属感。训练同伴可以让双方相互交换观点、分享快乐、分担痛苦、互相帮助，还可以增加队友之间的友好竞争，进一步提高训练水平。当然，寻找到一位合适的训练同伴需要时间和耐心。

（四）自主的需要

发展自主性是个体成长过程中最基本的需求之一，尤其是从青少年向成人转型时更为重要。为此，应该给予运动员适当的自主权，让他们能够掌控自己的生活，并能决定自己的行为举止。一旦掌握了自主权，运动员就会感到有义务完成训练、比赛。大量研究表明，否定个人控制自己生活的权利，会损害运动员的内部动机，而给予运动员掌控自己生活的机会，并鼓励他们个人发展，运动员就会获得满足，并能为自己负责。在具体实施过程中，教练员可以让运动员自己制订训练计划，鼓励他们承担更多的责任。

二、合理运用强化手段

强化（reinforcement）是指出现可接受的行为时，给予奖励或撤除消极刺激的过程。强化常用来改变或塑造行为，使某一行为符合人们的期望。强化可分为两种：第一，积极强化（positive reinforcement），出现特定的行为时就给予奖励。例如，教练员的表扬、关注等精神奖励，以及奖金等物质奖励。第二，消极强化（negative reinforcement），通过撤除消极的结果鼓励特定行为。例如，足球比赛的负方应按惯例在赛后罚跑 2 000 米，但由于负方队员表现出色，决定免除罚跑。当积极强化物失去效力时，使用消极强化物常常是行之有效的方法。

体育运动中，强化广泛存在。既有有形的奖励，如奖金、奖杯，也有无形的奖励，如公众赞誉、教练认可。利用强化提升内部动机是一门艺术。强化对内部动机的影响取决于所表达的信息。如果奖励给人提供反馈，并且提高个体的胜任感和自我决定感，最终就会增强内部动机，将运动员置于统帅的位置。使用强化时，应该明确行为和结果之间的联系，增加强化的信息性功能，同时鼓励运动员之间的互相强化。强化物的选择应该根据运动员的实际情况，既可以是对个体有意义的物质，如金钱、食物等，也可以是积极关注、言语表扬或群体认同等。

专栏 2-3

自我激励

自我激励（self-motivation）是相对稳定和持久的人格的一部分。自我激励是指个体能够坚持多久，有多么的顽强，尤其是在没有他人鼓励和外在刺激（如金钱、奖杯）或公众赞誉的情况下。高水平运动员一般都有较强的自我激励。他们能够克服运动中的各种逆境，如受伤、生病、疲劳、突然失利或者是输给较弱的对手。尽管心理学家认为自我激励是相对稳定的，但也有一些运动员曾经几乎在一夜之间改变了他们的行为，从而登上了运动项目的顶峰。这些态度和日常习惯的改变可以对运动表现产生难以想象的作用。

资料来源：Karageorghis & Terry，2010a，p. 30。

三、训练方式和环境的多样性

常用改变训练方式和训练环境来激发运动员的运动动机。训练方式的多样性有助于内部动机的产生。当训练不再有趣时，人们常会放弃或仅仅为了外部奖励而坚持。组织心理学的研究表明，当工人的工作环境改变后，他们的动机和工作效率都会提高。相类似，当运动员感到无趣时，让他们做一些完全不同的事情，之后运动动机就会增强。例如，变换练习场地、改善练习设备等物质环境。又如，改变运动员分组、改变传统的练习方法、使用鼓励的话语等改变练习的心理环境。体育教师和教练员应当精心安排每一次训练和比赛，使之具有趣味性和启发性，以满足运动员接受刺激、追求乐趣的需要，进而培养和激发内部动机。

专栏 2－4

改变动机的方法

依从方法（compliance method）指利用外部奖励和惩罚的作用来激发运动动机的方法。例如，教练员对运动员说："如果你这个赛季拿到第一，就会有一大笔奖金。"该方法是激发动机的有效手段，特别是对于那些没有建立起良好的行为习惯、自我观念很淡薄的运动员来说，尤其如此。

认同方法（identification method）指利用教练员与运动员之间的关系来激发运动动机的方法。它是依从方法的隐蔽形式。例如，教练员对运动员说："如果你关心全队，为全队尽力，那你也是在为我做这件事，帮了我的忙。"要成功地利用认同方法来激发运动动机，教练员必须与运动员保持良好关系，使运动员觉得自己应该按照教练员的要求去做。

内化方法（internalization method）指通过启发信念和价值观来激发内部动机的方法。如教练员对运动员说："为了准备这次比赛，你的确练得很努力。你应当对准备工作感到满意，我相信你肯定能充分发挥出自己的水平。我想，你一定知道，无论比赛结果如何，我都会为你感到骄傲。"在技能训练的不同阶段，根据运动员心理成熟的程度，可以有选择性地使用不同的方法。

四、营造适当的动机气氛

动机气氛是指在一个特定的环境中，重要人物所表现出来的行为和态度（Roberts et

al.，1996）。如果团队中充满激烈的竞争、队员间相互比较、教练强调成功等，我们就可以说存在表现动机气氛，个体容易自我定向。如果个体按照自己的节奏学习、强调技能的掌握、教练鼓励队员尽最大努力等，那就是一种掌握动机气氛，在这种环境中，个体容易任务定向。自我定向的个体容易将运动表现与个体评价以及感知的社会地位相联系，他们希望超越他人成为第一。而任务定向的运动员则将运动表现与所付出的努力和合作程度相联系，他们关注自我提高和成为团队的一部分。

到底营造哪种动机气氛更有利于运动员的发展？由目标定向理论可知，掌握气氛可以促进对运动的目标定向和积极的态度。当教练员强调个人提高目标，提供给运动员更好的选择、合作和健康相关行为以及团队合作等机会，避免竞争性目标时，运动员能够更多地目标定向，对所参与的项目有更为积极的态度。另外，掌握气氛与积极的情绪，如享受、满足、内在动机、表现坚持性、参与性、积极的应对策略、努力工作就会成功的信念等呈显著正相关。相反，表现气氛与高焦虑、认为能力是成功的必需的信念以及容易放弃等呈显著正相关（Duda，2005）。

实践过程中，教练员应该根据运动员或队伍的发展水平营造适当的动机气氛。比如，当一个运动员学习新技能或巩固已经掌握的技能时，掌握气氛能够帮助运动员增强持久性，尤其是对于年幼的运动员更为适用。如果是对于发展到高水平阶段的运动员，自我定向就会非常重要。但研究者同时指出，优秀运动员在自我定向和任务定向上都有较高得分（Duda & Whitehead，1998）。

有研究者提供了身体锻炼领域创造掌握气氛的干预，这也可以为竞技运动领域提供参考。运用该原理的干预被称为“TARGET”（Treasure，2001），运用这些原理可以创造出掌握气氛：

- 设计有挑战和多样的任务（task，任务）。
- 提供参与者领导和做决定的机会（authority，自主）。
- 识别学生的个人进步（recognition，识别）。
- 提供给学生团队和合作学习的机会（grouping，团体化）。
- 根据学生的掌握和个人提高评价学生（evaluation，评价）。
- 提供给参与者足够的学习时间（time，时间）。

所罗门（Solomon，1996）为上述原理提供了支持，她发现，学生在一个掌握气氛中能够比表现气氛中有更好的表现。掌握气氛中，教师强调个人挑战，奖励努力、提高和坚持性，鼓励学生按照自己的节奏学习和提高。而处于表现氛围的学生则通过竞争中的表现获得奖励，强调获胜或成为班级最好的。

五、给予自主权和培养责任

研究表明，给予控制自己生活的权利，可以加强动机，提高成就，促进责任感和自我价值感的发展。运动员对来自教练的自主性支持（以及参与程度或提供的社会支持）的感知能正向预测运动员的基本需求的满足和主观幸福感（Adie et al.，2012）。教练员应根据运动员的能力和水平，在有组织的范围内下放权力，培养运动员的责任心、自觉性以及在有限的条件下做出正确决策的能力。这样不仅能培养和激发内部动机，而且会使运动员在将来的生活和工作中受益。当然，在下放自主权的过程中应注意以下问题：一是考虑运动员的实际能力和水平，有选择地下放；二是耐心指导运动员决策，不急于求成；三是教练员应培养共情能力，即能站在运动员的角度思考问题。

运动动机的培养与激发没有同时适合所有人、所有情况的方法。教练员应该从实际出发，因人制宜，创造性地运用各种方法以取得良好的效果。由于运动员在家庭背景、个性特征、需要、归因特点、文化程度等方面存在差异，因此在培养和激发运动动机的过程中应充分考虑这些差异，做到因材施教。如果一味教条式地生搬硬套，就会适得其反。

本章要点

1. 动机是推动一个人进行活动的心理动因或内部动力。其基本含义是：能引起并维持人的活动，将该活动导向一定目标，以满足个体的念头、愿望或理想等。运动动机被定义为推动人们参与体育运动的内部动力。

2. 运动动机的产生取决于两个必要条件：一是机体内部的因素，即需要；二是机体外部的因素，即诱因。

3. 运动动机具有始发功能、指向或选择功能、维持和调整功能。

4. 根据不同的划分标准，可以将动机划分为不同的类型，如生物性动机和社会性动机、直接动机和间接动机、外部动机和内部动机等。

5. 归因是指人们对自己或他人行为原因的推论过程。归因理论是关于判断和解释他人或自己的行为结果的原因的一种动机理论。

6. 自我效能指一个人对自己能否成功地完成一项任务所持的信心和期望，或者对自己成功地完成一项任务所具备的潜能的认识。

7. 自我效能作用如下：影响人们的行为选择，决定人们将会付出多大的努力来克服困难，影响人们的思维模式。

8. 自我效能主要有四个影响因素：成功的表现、替代经验、言语说服和情绪唤醒。

9. 认知评价理论由德西和莱恩提出。该理论认为，任何一个事件均具有两种功能：控制性功能和信息性功能。控制性功能影响人的自我决策，信息性功能影响人的能力感；控制性功能和信息性功能不是独立的，它们的交互作用影响动机。低控制性的积极信息可以提高人的内部动机，高控制性的积极信息可以提高人的外部动机，消极信息损害内部动机和外部动机。一个事件对一个人来说，控制性和信息性究竟如何，取决于他/她对此事件的认知评价。

10. 目标定向理论由杜达和尼克尔斯提出。该理论认为，目标定向分为任务定向和自我定向两类。任务定向强调纵向的自己与自己相比，注重个人努力，是以掌握技能、完成任务为目标的心理定向。它有助于内部动机的维持和提高。自我定向强调横向的自己与他人相比，注重社会参照，是以超过他人为目标的心理定向。它对内部动机有损害作用。

11. 培养和激发运动员的动机主要有以下方法：满足运动员各种需要、合理运用强化手段、训练方式和环境的多样性、营造适当的动机气氛、给予自主权和培养责任。

复习思考题

1. 什么是动机和运动动机?

2. 了解归因理论、自我效能理论、认知评价理论和目标定向理论的主要观点，并结合实际分析四个理论对体育运动实践的意义。

3. 结合实际，思考如何培养和激发运动动机。

4. 请查阅文献，综述有关运动动机的最新研究进展。

推荐阅读

弗兰肯．(2005). *人类动机*(第 5 版，郭本禹等译). 西安：陕西师范大学出版社．

莱茵贝格．(2012). *动机心理学*(第 7 版，王晚蕾译). 上海：上海社会科学院出版社．

张连成，张力为，刘嘉蕙，刘浩．(2010). 运动员心理疲劳与运动动机之间的关系．*北京体育大学学报*，*33* (11)，74－76.

Brunet，J.，Sabiston，C.，Castonguay，A.，Ferguson，L.，& Bessette，N. (2012). The association between physical self-discrepancies and women's physical activity: The mediating role of motivation. *Journal of Sport & Exercise Psychology*，*34* (1)，102－123.

Martens，M. P.，& Webber，S. N. (2002). Psychometric properties of the Sport Motivation Scale: An evaluation with college varsity athletes from the U. S. *Journal of Sport & Exercise Psychology*，*24* (3)，254－270.

第三章
唤醒、焦虑与运动表现

内容提要和学习指导

唤醒和焦虑是影响运动员运动表现的重要因素。本章将介绍唤醒和焦虑的概念、分类和测量等基础知识，以及运动竞赛过程中唤醒和焦虑如何影响运动表现的理论。通过学习本章，你可以了解到唤醒和焦虑的基础知识和相关理论，在此基础上，增强在运动实践中运用相关理论的能力。

人们的所有活动，从深沉的睡眠到极度的恐惧，都伴随着不同程度的唤醒。在体育运动中，唤醒与运动员的运动表现有着密切的关系。焦虑作为体育运动中普遍存在的现象，也会在一定范围内影响运动员水平的发挥。因此，唤醒、焦虑和运动表现的关系一直是体育运动心理学领域重要的研究课题之一。

第一节　唤醒和焦虑概述

一、唤醒和焦虑的定义

唤醒和焦虑都与应激联系紧密。在了解唤醒和焦虑的概念之前，先介绍应激过程。应激（stress）指有机体在遇到干扰自己平衡状态或超越自己应对能力的刺激事件时，表现出来的特定性的或非特定性的反应过程。它包括应激刺激、对威胁的知觉评价以及应激反应三种主要成分（赖斯，2000）。应激刺激指对有机体形成威胁并引起有机体产生变化的各种内在及外在的影响因素。体育运动中有多种应激刺激，如精疲力竭时继续坚持、与几乎不可能战胜的对手竞争等。应激反应指有机体对应激刺激做出的适应性变化，包括生理的、行为的、情绪的以及认知上的改变。应激是一个十分复杂的心理和生理过程，它引起的生理反应会使个体的唤醒水平提高，引起的心理反应会使个体的焦虑水平提高。

唤醒（arousal）指有机体总的生理性激活（或者兴奋）的不同状态或不同程度。唤醒有三种表现，即脑电唤醒、行为唤醒和植物性唤醒。三者可以同时存在，也可以单独存在。唤醒对维持与改变大脑皮层的兴奋性、保持觉醒状态有重要作用，并为保持和集中注意力提供能量。唤醒是整体的生理和心理的活跃状态，其强度由低到高呈现连续性，自沉睡到高度亢奋。

焦虑（anxiety）指由于不能克服障碍或不能实现目标，而体验到身体和心理的平衡状态受到威胁，形成的一种紧张、担忧并带有恐惧的情绪状态（朱智贤 主编，1989）。焦虑状态含三种主要成分，分别为生理唤醒、情绪体验，以及威胁、不确定性和担忧的认知表征（Hackfort & Spielberger，1989）。在体育运动中，焦虑指运动员在训练或比赛中，对当前的或预计到的具有潜在威胁的情境产生的担忧倾向（张力为，符明秋，2000）。体育运动中，焦虑常被认为是“公众的敌人”，高焦虑通常会导致运动员无法表现出正常的水平。

唤醒和焦虑之间的重要区别在于，唤醒只有程度之分，积极或消极的情绪都有可能伴随着高唤醒，而焦虑一般则被视作引起强烈负面反应的情绪状态。焦虑往往与结果的消极性有关，或与结果的不确定性有关，即不知道即将发生什么，不知道别人期望自己做什么，也不知道最好的行动方针是什么。如果运动员不知道比赛对手将采用何种战术，不了解教练对自己的期望，或者不知道自己该如何扭转比赛中的被动局面，就可能产生焦虑。

专栏 3-1

焦虑的性别差异

性别是与竞赛焦虑相关的重要变量。研究表明，几乎在所有年龄阶段的群体中，女性都比男性有更多的焦虑。当然，不能否定存在非常自信的女运动员以及有些男运动员也会被焦虑所困。但总体上看，在应对焦虑时，女运动员比男性运动员需要更大的社会支持。心理学家提出的一种解释是女性比男性承担了更多的社会角色（如养育子女、照料儿童、承担家庭事务）。因此，她们有更多的事情需要考虑。另外，女运动员会进行更多、更激烈的社会比较。这种社会比较会受到大众传媒中对于女性苗条、漂亮、女人味等因素的影响。有些心理学家认为，让女性参与诸如举重之类的运动可引发其焦虑反应。

资料来源：Karageorghis & Terry，2010b，p. 91。

竞赛焦虑（competition anxiety）指运动员在比赛前和比赛中，对当前的或预计到的具有潜在威胁的情境产生的担忧倾向。它与运动成绩关系密切，受到教练员的高度重视，因而成为运动心理学工作者的重要研究领域。英国学者琼斯（Jones，1995）提出了竞赛焦虑的模型（见图 3-1）。该模型具有逻辑性且容易理解，已经在教练员中得到广泛认同。根据琼斯的观点，我们对自己能否控制环境和自我控制的感知会决定压力反应。因此，如果你坚信自己能够应对环境，就会带着对成功的积极的期望努力达到目标。持有积极的期望可以帮助个体获得更多的信心，从而更有可能获得良好的表现。

如图 3-1 所示，如果运动员感觉能够应对特定压力源的挑战，如难缠的对手、糟糕的天气，就会认为焦虑症状（如心跳较快、出汗）可以促进运动表现。相反，如果认为自己不能控制情境，对手太强大了，或者是天气干扰了比赛，就会将同样的焦虑症状解释为阻碍比赛。

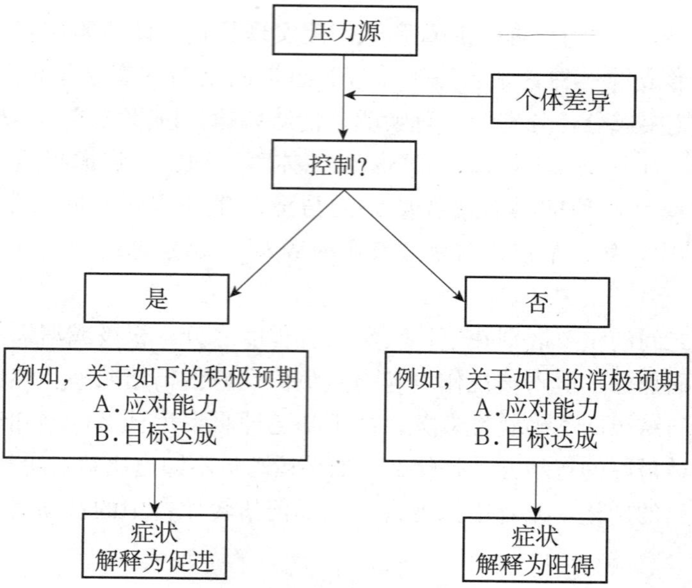

图3-1　琼斯的竞赛焦虑模型

资料来源：Karageorghis & Terry，2010b，p. 92。

焦虑依赖于个体的感知，因此是一个非常个人化和不可预测的现象。如果运动员认为任务的要求增加了或者是自身的能力降低了，焦虑将有可能产生。比赛越重要，压力就会越大，就越有可能感到焦虑。焦虑还受到很多因素的影响，如比赛的重要性、观众、对于伤病的担心、对于成功的期待等。个体自身的因素，如大五人格中的神经质（Balyan et al.，2016）、以往经验等都会让个体的焦虑水平发生变化。

二、焦虑的类型

根据不同的标准，可以将焦虑划分为不同的种类。

（一）状态焦虑和特质焦虑

根据焦虑的稳定性，可以将焦虑分为状态焦虑和特质焦虑。

状态焦虑（state anxiety）指个人在特定的情境和特定的时间内所直接表现出来的，并带有明显的外显行为的焦虑情绪。它是一种暂时波动的情绪状态。状态焦虑与生理上的应激反应有着密切联系：高水平的焦虑状态有明显的生理反应，如心率与血压升高、呼吸表浅、口干舌燥等。比如：第一次参加国际比赛的短跑运动员站在起跑线前所体验到的紧张、不安，就属于比赛前的状态焦虑；从未参加过温布尔登公开赛的职业网球运动员可能会被中央球场的观众吓倒，从而对比赛表现产生不利的影响。状态焦虑与情境相关，所有的人都会出现。

特质焦虑（trait anxiety）是人格的一部分，即在各种情境中产生焦虑反应的情绪倾向和行为倾向。特质焦虑具有动机的作用，是一个人无论在何种情境中都预先具有一种以特殊的焦虑反应方式和焦虑反应程度来对待事物的倾向。比如，某运动员无论是在训练、比赛中，还是在平时待人接物中，都具有情绪紧张、焦躁不安、忧心忡忡的倾向，他的特质焦虑程度就是较高的。

特质焦虑比状态焦虑更为持久（Spielberger，1972）。具有高特质焦虑的运动员认为大量的生活情境都有威胁性，他们可能会被一些无足轻重的琐事所困扰。在最极端的情况中，特质焦虑可能使运动员的机能受到阻碍，完全无力做出反应。关于状态焦虑与特质焦虑之间的关系，张珂（2005）以优秀艺术体操运动员为被试，对个人项目和集体项目运动员的特质焦虑和状态焦虑分别做了相关性检验，结果表明对于个人项目艺术体操运动员来说，特质焦虑与状态焦虑相关不显著，而集体项目运动员中，两者出现强相关。

（二）躯体焦虑与认知焦虑

根据个体的反应特征，可以将焦虑分为躯体焦虑和认知焦虑。

躯体焦虑（somatic anxiety）是焦虑的生理成分，直接由自发的唤醒引起，通过心跳加快、呼吸急促、手心出汗、肠胃痉挛以及肌肉紧张表现出来。认知焦虑（cognitive anxiety）是焦虑的心理成分，由对内外刺激的评价引起，是含有担忧和干扰性视觉表象成分的一种不愉快感受（姒刚彦，1990）。躯体焦虑和认知焦虑在概念上具有独立性，但在应激情境中两者可能会有共变关系。

将焦虑分为躯体焦虑和认知焦虑可以帮助我们更为深入地探讨焦虑与运动表现之间的关系。有研究表明（Sarason，1984），和躯体焦虑相比，认知焦虑与完成认知任务的成绩呈现出较强的负相关，这提示我们认知焦虑对认知任务影响更大。另一些研究指出（Burton，1988；Gould et al.，1987），躯体焦虑与运动任务的成绩呈现曲线相关关系，提示躯体焦虑对运动任务有更为复杂的影响。

三、焦虑的测量

运动员的焦虑从主观体验（认知）、生理变化和行为反应三个方面表现出来，主要表现如表 3－1 所示。

表 3－1　焦虑的认知、生理和行为表现

认知的	生理的	行为的
优柔寡断	血压升高	咬手指甲
感到困惑	心跳加快	运动迟缓
沉重的感觉	呼吸频率增加	抑制
消极思维	出汗	稳扎稳打
难以集中精力	手脚出汗	走过场
健忘	胃痉挛	内向
失去信心	肾上腺素激增	异常的外向
想象失败	口干	异常的攻击
失败主义的自我谈话	有尿意	避免目光接触

续前表

认知的	生理的	行为的
鲁莽的感觉	肌肉紧张	以手掩面
虚伪的感觉	颈部和肩膀发紧	持续交谈
持续的不满意	发抖	踱来踱去
不能接受指示	脸红	
回避想法	视力模糊	
	抽搐	
	打哈欠	
	语音失真	
	恶心	
	呕吐	
	腹泻	
	食欲缺乏	
	失眠	
	性欲减退	

资料来源：Karageorghis & Terry，2010b，p. 107。

在对焦虑进行测量时，研究者也分别从认知、生理和行为方面进行了测量。

（一）认知反应的测量

测量焦虑的认知反应常采用纸笔测验的方法，即编制出标准化的问卷，由运动员按问卷的要求自行陈述。目前，运动竞赛焦虑测验已经成为非常普遍的评定工具，主要有特质焦虑量表和状态焦虑量表。

早期研究者编制量表对焦虑进行测量。泰勒（Taylor，1953）根据《明尼苏达多相人格调查表》（MMPI）的题目编制了《泰勒显性焦虑量表》（Taylor Manifest Anxiety Scale，TMAS），用来测量特质焦虑，这是20世纪50年代使用最为普遍的焦虑量表。施瓦茨等（Schwartz et al.，1978）编制了《认知-躯体焦虑问卷》（Cognitive-Somatic Anxiety Questionnaire，CSAQ），用来测量认知焦虑和躯体焦虑。斯皮尔伯格等（Spielberger et al.，1970）编制的《状态-特质焦虑调查表》（State-Trait Anxiety Inventory，STAI）由两个分问卷构成，分别测量状态焦虑和特质焦虑，较好地刻画了焦虑的强度。

之后，研究者对竞技领域内的焦虑进行了深入探讨。史密斯等（Smith et al.，1990）编制了《运动焦虑量表》（Sport Anxiety Scale，SAS），主要考察焦虑的认知和躯体因素。其中认知焦虑分量表被划分为“忧虑”和“注意干扰”两个成分。马腾斯在运动焦虑的测量领域做了大量工作。马腾斯及其助手（Martens，1977；Martens et al.，1990）借助斯皮尔伯格的概念和研究，编制了《运动竞赛焦虑测验》（Sport Competition Anxiety Test，SCAT）。该量表偏重于对焦虑特质的测量，已经成为一个非常普遍的评定工具。自问世以来到1990年，至少在217项研究中被运用。我国学者祝蓓里等于1993年修订出中国常模。《竞赛状态焦虑调查表》（Competitive State Anxiety Inventory，CSAI）是马腾斯研制的另一个量表（Martens，1977），之后进行了修订，形成《竞赛状态焦虑调查表》（第二版）（CSAI-2；Martens et al.，1990）。CSAI是对与竞赛联系在一起的状态焦虑的单维度测量，而 CSAI-2 是评定躯体焦虑、认知焦虑和状态自信的多维量表。我国学者张力为（2007b）认为，多维焦虑理论以及 SCAT 和 CSAI-2 有忽视社会焦虑的倾向，而运动员在赛前经历的社会焦虑，常会对比赛发挥产生重要影响，在集体主义文化的国家，这种影响更为明显。根据运动员成就动机和运动情绪的社会定向特征，研制了《赛前情绪量表（特质）》（Pre-competition Emotion Scale-Trait，PEST）及其简表，将运动员的赛前情绪作为特质来测量。

纸笔测验易于施测，便于计分，方便进行统计分析，但可能存在社会赞许性问题，这就会导致不能了解到运动员的真实想法，从而获得不准确的结论。另外，研究者为了得到某个结论必须进行大样本的施测，而在现实情况中由于运动员人数较少，可能难以得出有价值的结论。

（二）生理反应的测量

运动心理学工作者至少采用以下 6 种方法测量焦虑的生理指标：脑电图、皮肤电特性、心率、血压、肌电图和肾上腺素、去甲肾上腺素或皮质醇的浓度。这些指标与人类有机体的肌肉系统、自主神经系统和中枢神经系统相关。脑电图重点在于对脑波进行评定，脑电图中的 δ 波与睡眠有关，θ 波与困倦有关，α 波与觉醒有关，β 波与激动有关。脑电图上的 α 波活动的受阻，可以考虑是高唤醒水平的指标；皮肤电特性测量的是皮肤对电流的传导性与电阻。唤醒导致出汗增加，汗水增加影响皮肤导电性。心率的增加或改变的方式可能意味着唤醒。血压的升高与唤醒相联系。肌电图可用来测量肌肉的紧张度，从而了解其唤醒水平。肾上腺素、去甲肾上腺素或皮质醇等在应激情况下会被释放出来。

生理反应的测量具有一定的优势，如不受言语表达能力的影响，几乎适用于任何人群。但也存在一定的局限，如不同测量手段之间的相关性不高，生态学效度低，无法确定情绪的性质等。

（三）行为观察

体育运动中，通过行为观察了解运动员的焦虑状况也是常用方法。如观察运动员的睡眠情况、食量变化、饮水次数、上厕所次数等，在此基础上，根据经验推断运动员的焦虑水平或强度等。运动员表现得坐立不安、舔嘴唇、在衣服上擦手等都可以当作是焦虑的行为信号。

总体来看，三种测量方法各有优缺点，应用场合有所不同，并没有一种理想的测量方法，应该根据实际情况选择一种或者是三种方法结合使用。

第二节　唤醒与运动表现的关系

有两个理论探讨了唤醒水平与运动表现的关系，分别是倒 U 形假说和内驱力理论（张力为，2007b）。

一、倒U形假说

倒U形假说（inverted U hypothesis）由耶克斯和多德森（Yerkes & Dodson，1908）提出。

该理论的第一个假设为：个体的唤醒水平与运动表现呈现倒U形的关系，即：当个体处于较低的唤醒水平时，运动表现较低；处于中等唤醒水平时，运动表现最高；当唤醒水平超过中等水平的临界点后继续发展时，运动表现将会逐渐恶化（见图3-2）。

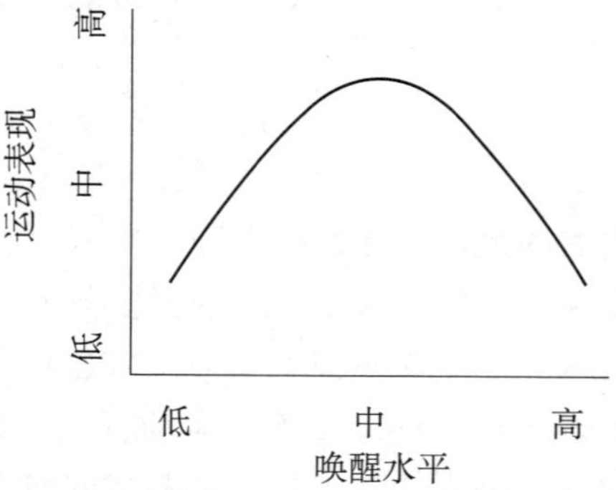

图3-2　唤醒水平与运动表现的关系

倒U形假说的第二个理论假设为：不同性质的运动任务需要不同的唤醒水平。每种行为都有一个最适宜的唤醒水平，在这个水平之上或之下都有可能使成绩不理想。体育运动中，唤醒的最佳适宜点作为任务特征的一个函数不断变化，因此，不同的运动项目要求不同的唤醒水平才能发挥出最好的成绩。有研究者（Mahoney，1979）提出，单一力量性任务，如举重，可从高水平的唤醒或焦虑中获益，而许多认知性任务，像高尔夫球，精细动作行为的要求很高，即使是中等水平的焦虑体验也会造成不利影响。

专栏3-2

耶德二氏定律

耶克斯和多德森以小鼠为被试，探讨了唤醒和任务难度对行为的影响。研究中监测小鼠需要多少次尝试才能选中两个格子中较亮的一个，根据尝试次数检测其行为。唤醒水平包括高、中、低三个强度的电击，任务难度通过两个格子的亮度差别来控制。结果表明，随着两个格子的亮度差别逐渐减少，小鼠要辨别任务差异需要的实践量也在增加。这些发现促成了耶德二氏定律：一种习惯如不要求很强的感官辨别力或复杂的联想就可以习得的话，在强力刺激下，就可以很快形成；而一种难习得的习惯，只有在相对较弱的刺激下才容易形成。

资料来源：考克斯，2003，256页。

由此我们可以推论，在完成短跑等以体能成分为主的任务时，最佳唤醒水平要求处于较高位置；而在完成射击、高尔夫球等典型的技能型项目时，最佳唤醒水平要求处于较低的位置。但无论完成何种技能，都需要遵循倒U形假说，如图3-3所示。

倒U形假说同时关注技能水平与最佳唤醒水平之间的关系。同一项目中技能水平不同的运动员也有不同的最佳唤醒水平。对于刚刚从事运动的运动员来说，最佳的适宜范围比同样情况下的高级运动员的最适宜范围要低一些。对于他们来说，即便是中等水平

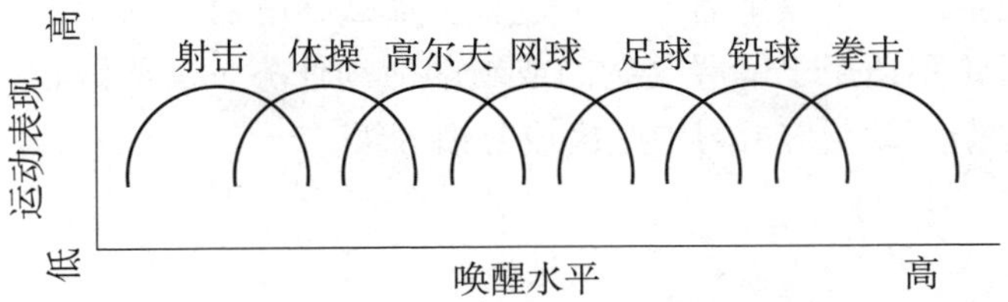

图 3-3 不同体育项目的最佳唤醒水平参考点

资料来源：马启伟，张力为，1996，99 页。

的焦虑体验也会造成不利影响。比如，射击比赛中，如果运动员是新手，高度的兴奋可能会使其分心而干扰成绩，从而使得维持一个恒定的目标也变得困难。而对于一位高水平运动员来说，同样水平的唤醒可能会引导其集中注意力。该理论可以解释为什么技术好的运动员在比赛时会比新手发挥得更好（Oxendine，1970）。

倒 U 形假说反映了唤醒与运动表现之间的总体趋势，而且基于实验研究，因而具有重要的价值。其主要问题是：第一，现实中无法准确地测量唤醒水平。也就是说唤醒水平的“高”和“低”均没有明确的测量标准，一个成功的运动员既可以把自己的唤醒水平归结为“高”，也可以归结为“低”。第二，该理论没有考虑运动员的个体差异（Neiss，1988）。第三，影响运动表现的因素很多，只简单地考虑唤醒水平是远远不够的（Woodman & Hardy，2001）。

二、内驱力理论

内驱力理论（drive theory）最初是由赫尔（Hull，1943）提出的，后来得到了斯彭斯夫妇（Spence & Spence，1966）的修正。该理论是关于动机和学习的复杂的刺激-反应理论，推测操作成绩（performance，P）是内驱力（drive，D）与习惯强度（habit，H）的乘积，即 $P=D\times H$。内驱力（drive）是所有行为普遍的和非特定的活动冲动，习惯则与正确的和错误的反应所占的优势情况有关，习惯强度是完成专门技能任务时正确反应与错误反应的等级序列。根据这一理论，内驱力的增强将使优势反应出现的可能性增大。优势反应（dominant response）是指那些习惯性的、唤醒水平升高时极易诱发出的行为反应。见图 3-4。

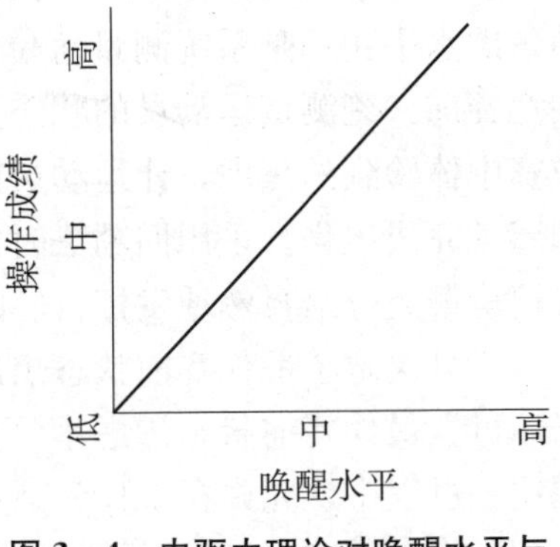

图 3-4 内驱力理论对唤醒水平与操作成绩关系的预测

从该理论的公式 $P=D\times H$ 可以看出，内驱力与操作成绩之间实质上是一种线性关系，但内驱力提高时，操作成绩是提高还是下降，要取决于习惯强度。如果习惯强度为正（习惯是正确的），则操作成绩提高；如果习惯强度为负（习惯是错误的），则操作成绩下降。

内驱力理论可以解释学习与唤醒之间以及运动表现与唤醒之间的关系。许多年轻运动员刚刚起步，要成为一个熟手需要一个过程。那么唤醒对于新手的影响就不同于对于高手的影响。该理论不适用于解释复杂的或新的活动任务。其原因在于，很多时候我们难以清楚地确定复杂运动反应的习惯强度或习惯等级。

第三节 焦虑与运动表现的关系

有四个理论探讨了焦虑水平与运动表现的关系，分别是个人最佳功能区理论、突变模型、多维焦虑理论和焦虑方向理论（张力为，2007b）。

一、个人最佳功能区理论

最佳功能区理论由苏联学者汉宁（Hanin，1989）提出。该理论认为，运动员在执行动作的过程中存在着一个理论上的理想机能区段，当焦虑水平处于这一区段内时，可以获得最佳的成绩。在以后的研究中，汉宁认为不同的运动员存在各自不同的最佳焦虑水平，并引入"个人"一词，从而形成个人最佳功能区理论（individual zone of optimal function，IZOF）。该理论与倒 U 形假说有两点不同。第一，最适当的唤醒水平因人而异，有些运动员的最佳功能区偏低，有的在中间区域，也有的会偏高。第二，最佳唤醒水平不是处于特定的某个点，而是处于某个范围。

根据汉宁的论断，如果可以确定一个运动员的最佳赛前状态焦虑水平，我们就可以通过唤醒控制技巧来帮助运动员达到最佳竞技水平。两种方法可以测量运动员的最佳赛前焦虑水平：一是系统测量每位运动员赛前的操作活动焦虑水平和赛中实际发挥水平，在竞赛前一刻测量运动员的状态焦虑水平。二是采用回溯法，即在赛后测量运动员赛前或赛中体验到的焦虑，让运动员回忆运动经历，并根据他们所记得的在最佳行为前一刻的感觉完成报告。采用回溯法时，需要指导运动员评价在最成功的比赛之前的感受，或者评价最充分最自然地发挥自己的竞技水平时的感受。

一旦决定了最佳赛前状态焦虑水平，在这一水平线周围就形成了一个置信区间，可以通过在最佳赛前状态焦虑水平值上加 4 分和减 4 分而得到最佳功能区的上限和下限。在这一过程中，允许在选择和确定最佳焦虑水平的时候存在误差。

例如，图 3-5 显示了两名划艇运动员赛前、赛中状态焦虑的分数。赛前状态焦虑的测量在比赛前一周进行，目的是将测得的分数与最佳的状态焦虑水平（IZOF）比较。尽管两名划艇运动员的状态焦虑大致相同，但教练员却面临完全不同的任务，即设法提高一名运动员的赛前焦虑水平，降低另一名运动员的焦虑水平。

个人最佳功能区理论注重个体差异，能够进行定量研究，且具有较好的生态学效度。该理论已经得到大量实证研究的支持（Jokela & Hanin，1999；Prapavessis & Grove，1991；Turner & Raglin，1996）。安内西（Annesi，1998）在实践中应用了个人最佳功能区理论。研究者确定了 3 位优秀青少年网球选手的个人最佳功能区，之后每位选手都

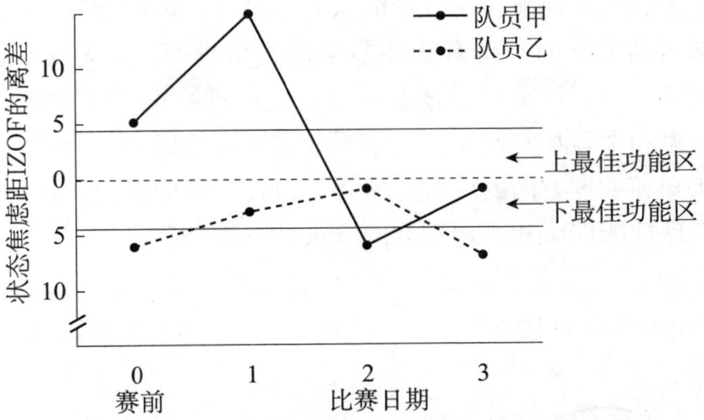

图 3-5　赛前赛中的状态焦虑同最佳功能区的比较

资料来源：Hanin，1989，p. 23。

得到了调整焦虑水平的技术指导。研究的第二阶段，运动员在比赛前自测焦虑水平，并运用所学到的焦虑调整技巧将焦虑值调整到预先确定的个人最佳功能区范围。研究结果表明，这种自我干预成功地使他们的网球水平明显高于使用干预前的水平。后来，汉宁等将单纯的焦虑研究转向了积极和消极的情感因素两方面的研究（Hanin & Syrjä，1995；Raglin & Hanin，2000）。由此可以推论，相对于单纯的焦虑这种负面情绪来说，积极的和消极的两方面情感因素应该是处于最佳功能区范围内。拉塞尔和考克斯（Russell & Cox，2000）的研究表明，在篮球投篮和美式足球传球时，最佳积极情感和积极发挥有关，最佳功能区的消极情感只在进行篮球投篮时和最佳发挥有关。

二、突变模型

哈迪和法齐（Hardy & Fazey，1987）在突变理论的数学模型的启发下，提出了一个关于操作成绩的突变模型（the catastrophe model）。模型的基本变量有认知焦虑、生理唤醒和行为表现。该理论认为，在升高的唤醒和操作成绩之间不存在光滑的二次曲线关系。当认知焦虑水平较低时，生理唤醒和操作成绩之间的关系类似于一条柔和的倒 U 形曲线。但当认知焦虑水平升高时，生理唤醒和操作成绩之间的关系变得复杂。当认知焦虑处于高水平时，行为表现会随着生理唤醒的增高而呈倒 U 形上升。此时如果唤醒继续升高，在某一点上行为表现就会出现突变式的下降。

突变模型认为，生理唤醒并不一定对成绩不利。在低认知焦虑水平时，生理唤醒和运动表现之间呈现出平滑的倒 U 形曲线；在适度的认知焦虑水平时，生理唤醒和运动表现之间呈现出略有变形的倒 U 形曲线，即认知焦虑水平适度时，随着生理唤醒水平的升高，运动表现也会更好，但如果生理唤醒太高了，运动表现就会显著下降；在高认知焦虑水平时，生理唤醒和运动表现之间呈现出严重变形的倒 U 形关系，即在高认知焦虑水平下，随着生理唤醒升高，运动表现也在升高，但当生理唤醒过高时，运动表现会出现“突变性”下降。

如图 3-6 所示，认知焦虑和生理唤醒共同影响运动表现。因此，教练员应该严格控制运动员的认知焦虑和生理唤醒。在较低的认知焦虑下，可以适当地提高生理唤醒水平。而当认知焦虑水平居高不下时，就有必要紧密监控生理唤醒，避免引起行为上的突变。如果真的出现了突变，最好让运动员休息一下，让生理唤醒回复到较低的水平。事实证明，善于将认知焦虑和生理唤醒调至适宜水平的人才可能成功。因此，就运动领域而言，运动员必须掌握认知和生理方面的应对策略和放松技术（庄锦彪，1992），这也是当前运动心理学家进行心理技能训练和心理咨询的重点。

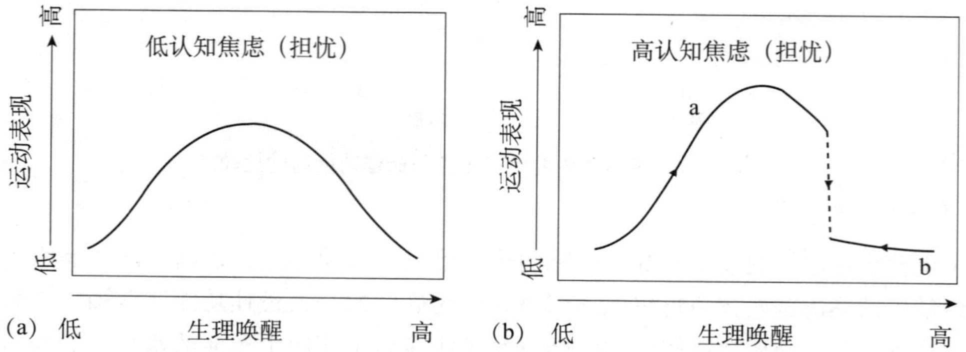

图 3-6　认知焦虑、生理唤醒与运动表现的关系

资料来源：温伯格，古尔德，2012，4章，14页。

突变模型相对比较复杂，尽管已得到一些科学研究的支持，但实际检验它的真实性并不是件容易的工作（Hardy，1996；Woodman & Hardy，2001）。该理论要得到普遍的承认，还需获得更多的证据（张力为，符明秋，2000）。近些年，研究者进一步拓展了突变模型的研究内容，哈迪强调了自信在避免运动表现中焦虑消极影响的重要作用。他指出，自信的运动员更有可能在较长一段时间避免竞赛焦虑的突变影响（引自 Karageorghis & Terry，2010b）。

专栏 3-3

"Choking"现象及其理论解释

Choking 是指在比赛中由于外在的或内在的各种压力，运动成绩出人意料地低于预期效果的现象（汪如锋，杨斌，2007）。研究者常用 Choking 描述运动表现的突然下降。关于"Choking"现象的解释主要有如下理论：

干扰模式（distraction model）认为，Choking 是由干扰环境使注意转向无关任务引起的。无关信息消耗了注意，没有给主任务取得最佳表现留下足够的处理容量。但事实上大部分易于 Choking 的运动技能都是自动化的，这些任务在很大程度上不受干扰模式的注意要求的影响。自我关注模式（self-focus model）认为，Choking 是由执行压力增加了自我意识引起的，自我意识增加导致更加关注动作的一步步的进程，注意转向动作的细节破坏了熟练掌握的动作的自动化，导致绩效破坏。过程模式（process model）则认为，干扰模式和自我关注模式单独呈现时不能充分解释 Choking，过程模式包含干扰模式和自我关注模式中的独立部分。过程模式指出，初始过程为认知阶段，稳定因素和非稳定因素作用于认知压力，一旦运动员感知到压力，自我感知和比赛焦虑将相互作用，增加对比赛结果重要性的认知。同时，对比赛结果重要性的认知的增加反过来会强化自我感知和焦虑状态，形成循环链。在这个阶段中，认知的压力被视为发起始端，而比赛结果重要性的认知被视为终端，主要过程包括摄取和信息加工。在下一阶段中，比赛结果重要性的认知成为发起始端，之后链群向多维延伸，主要取决于压力应对策略、任务特征和技能水平。该阶段主要过程包括决策和任务执行。整个过程由始到终，形成阶段发展，反映认知-执行的单项发展模式，揭示 Choking 的发生机制（刘运洲，张忠秋，2009；王进，2004）。国内研究者段再复和张力为（2017）从心智游移的角度对 Choking 进行了分析，指出运动员在比赛中发生的心智游移导致其外部注意力下降，使之转向独立于外部任务的内源性意识加工，从而引起“Choking”。作者同时指出，对于自动化程度高的闭锁性运动技能，心智游移的产生可能会降低运动员对动作的过度关注，因此任务性质是一个调节变量。

三、多维焦虑理论

莫里斯等（Morris et al.，1981）提出了关于测验焦虑的多维理论。他们认为，认知焦虑和躯体焦虑的不同特点和不同变化模式，使得认知焦虑对操作成绩的影响比躯体焦虑更为经常，也更为严重。马腾斯等（Martens et al.，1982）迅速将此思路移植到运动领域，提出将竞赛中的焦虑分为认知状态焦虑、躯体状态焦虑和状态自信心三个方面。

认知状态焦虑（state cognitive anxiety）是指在竞赛时或竞赛前后即刻存在的主观上所认知到有某种危险或威胁情境的担忧。它是由对自己能力的消极评价或对比赛结果的消极期望引起的焦虑，主要以担忧失败、对自己讲一些消极的话以及不愉快的视觉想象为特征。躯体状态焦虑（state somatic anxiety）是指在竞赛时或竞赛前后即刻存在的对自主神经系统的激活或唤醒状态的情绪体验。它是直接由自主神经系统的唤醒所引起的焦虑。它通过心率加快、呼吸短促、手心冰凉而潮湿、胃部不舒服、头脑不清晰或者肌肉紧张感的提高而表现出来。状态自信心（state confidence）是指在竞赛时或竞赛前后运动员对自己的运动行为所抱有的能否取得成功的信念。

多维焦虑理论（multidimensional anxiety theory）对每一个维度与操作成绩的关系做出了不同的解释（见图 3-7），包括：认知焦虑和操作成绩之间存在负线性关系。当认知焦虑增加时，操作成绩水平相应降低［见图 3-7（a）］。自信心和操作成绩之间为正线性关系。随着自信心的增强，操作成绩水平相应提高［见图 3-7（b）］。躯体焦虑和操作成绩之间存在倒 U 形关系［见图 3-7（c）］。

按照多维焦虑理论的设想，躯体状态焦虑、认知状态焦虑和自信心可能对运动成绩产生不同的影响。因此，在训练与比赛时需采取不同的措施：躯体状态焦虑与运动表现呈现倒 U 形关系，因此，针对不同的运动员可以激发不同的唤醒水平，以激发适宜的躯体焦虑水平。认知状态焦虑直接影响比赛中水平的正常发挥，因此，在任何情况下都应该尽量降低认知状态焦虑。对自信心来说，当积极的成功期望增加时，自信心会逐步增

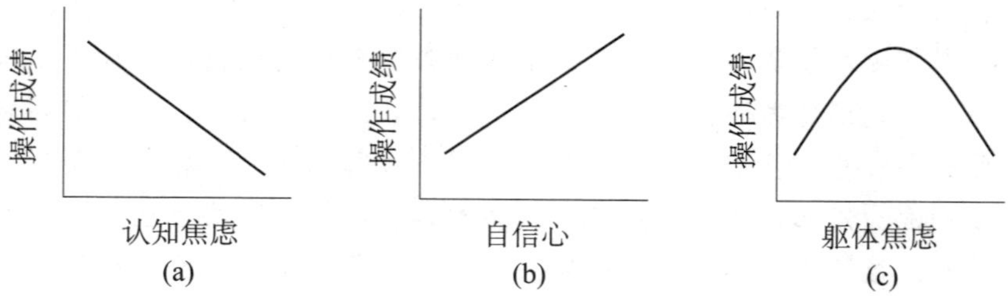

图 3-7　多维理论对认知焦虑、自信心、躯体焦虑与操作成绩关系的不同预测

加，从而间接提高运动表现。因此，当运动员的比赛信心受挫时，可以通过认知训练帮助运动员充分看到自己的优势，给予鼓励和动员，并用各种积极的手段帮助运动员恢复信心。概括来看，运动员要争取保持适度的躯体焦虑、较低的认知焦虑，以及较高的状态自信心。

虽然有些研究证实了认知状态焦虑和躯体状态焦虑对运动表现有不同的预测力，但是研究结果也不一致（Arent & Landers，2003；Craft et al.，2003；Gould et al.，2002；Hardy et al.，1996）。如杰罗姆和威廉姆斯（Jerome & Williams，2000）研究了半职业和业余的保龄球手，发现他们的赛前认知状态焦虑和投球行为之间存在倒U形关系，而躯体状态焦虑和投球行为之间存在负线性关系，这和该理论观点所阐释的关系几乎完全相反。其原因可能在于不同的运动项目中焦虑和行为的关系会有不同，也可能与焦虑量表的使用时间有关。另外，测量时仅仅记录一次行为的结果也可能会导致结果的偏颇。

多维焦虑理论提示，认知焦虑和躯体焦虑可能会对运动成绩产生不同的影响，但若一个运动员表现出较高的认知状态焦虑和中等的躯体状态焦虑，那其运动表现如何？如果根据认知状态焦虑的预测线进行估计的话，那就会有较低的运动表现。但若根据躯体状态焦虑预测的话，就会有较高的运动表现。那如何解释两种不同的结果？因此，认知状态焦虑和躯体状态焦虑一定是相互作用来对行为发生影响，这一观点在突变模型中得到很好的阐述。

四、焦虑方向理论

20世纪90年代，英国运动心理学家琼斯及其同事提出，为了明确焦虑和运动表现之间的关系，探讨个人对焦虑症状的主观解释相当重要。为此，琼斯和斯温在多维焦虑理论的基础上提出焦虑方向理论（anxiety direction theory）（Jones & Swain，1992；Swain & Jones，1993）。该理论认为，运动员对焦虑会有不同的解释，有运动员将焦虑解释为积极的，也有运动员将其解释为消极的。积极的和消极的解释对运动成绩会有不同的作用。另外，还应重视运动员焦虑体验的发生频率，即某种强度的焦虑体验是经常出现还是不经常出现。他们假设：运动员不但在竞赛焦虑体验的强度上具有差异，而且在方向和频率上也具有差异，且后两种差异更为重要，与操作成绩和运动水平的关系更为密切。

为检验焦虑方向理论，琼斯和斯温（Jones & Swain，1995）修订了《竞赛状态焦虑调查表》（第二版），把焦虑的方向因素包含进来。研究显示，根据焦虑方向分数而不是强度分数，可以把优秀运动员和非优秀运动员分开（Jones & Hanton，1996）。佩里和威廉姆斯（Perry & Williams，1998）研究显示，网球初学者和熟练选手可以根据焦虑方向分数进行区分，焦虑强度分数也可以对两组人进行区分。焦虑强度和方向分数是相关的。也有研究只发现了对于焦虑方向理论的较微弱的支持性数据（Jerome & Williams，2000）。

既然焦虑方向可以预测运动成绩，那是否可以通过改变对于焦虑的认知从而提高运动成绩？研究者进行了尝试。有研究者探讨了赛前焦虑的消极感知是否可以通过表象练习得到改变。结果发现，经过五周的表象练习之后，大学生游泳选手对于焦虑的消极感知可以转化得比较积极（Page et al.，1999）。汉顿和琼斯（Hanton & Jones，1999）采用了多模式单一被试的实验设计，一人为控制组，其他三人接受了干预策略，学会使用心理技巧和感受赛前焦虑症状的积极作用，之后参与了10场计时比赛。结果发现，在10场比赛中，实验组的被试都在不同的时间开始使用干预策略，他们的定向分数从消极转为积极，控制组的被试则没有变化。同时，所有实验组的被试在接受了干预训练后，运动表现都得到了提高。

根据焦虑方向理论的观点，教练员或教师了解运动员或学生的焦虑水平很重要，但同时也应该了解他们对焦虑是积极的还是消极的看法，这样可以掌握更有价值的信息，以帮助运动员更好地做好比赛准备。焦虑方向理论将焦虑本身看作比马腾斯所设想的更为复杂的多维构念（张力为，符明秋，2000）。当然，这并不是说将焦虑看得越复杂越好，或从焦虑引出的维度越多越好，任何复杂性都应该有理论基础，并能经得起实证检验。

总体来看，上述理论均有一定的实证研究结果的支持，但是在运用这些理论指导运动竞赛的实践中各有利弊。现在还没有充分的证据说明哪种理论更好，哪种理论可以取代另一种理论。或许，在解释某一种运动现象时，采用某一个理论会更合理。

本章要点

1. 应激指有机体在遇到干扰自己平衡状态或超越自己应对能力的刺激事件时，表现出来的特定的或非特定性的反应过程，包括应激刺激、对威胁的知觉评价和应激反应三种主要成分。

2. 唤醒指有机体总的生理性激活（或者兴奋）的不同状态或不同程度。唤醒有三种表现，即脑电唤醒、行为唤醒和植物性唤醒。三者可以同时存在，也可以单独存在。

3. 焦虑指由于不能克服障碍或不能达到目标，而体验到身体和心理的平衡状态受到威胁，形成的一种紧张、担忧并带有恐惧的情绪状态。焦虑状态含三种主要成分，分别为生理唤醒、情绪体验，以及威胁、不确定性和担忧的认知表征。

4. 焦虑有不同的种类，其中状态焦虑和特质焦虑、躯体焦虑和认知焦虑这两种分类系统在体育运动中具有特殊意义。

5. 运动员的焦虑是从主观体验（认知）、生理变化和行为反应三个方面表现出来的，因此，对唤醒和焦虑的测量主要有三种方法，即认知的、生理的和行为的。

6. 倒U形假说由耶克斯和多德森提出。有两个理论假设：一是认为个体的唤醒水平与运动表现呈现倒U形的关系，即当个体处于较低的唤醒水平时，运动表现较差；处于中等唤醒水平时，运动表现最好；当唤醒水平超过中等水平的临界点后继续发展时，运动表现将会逐渐恶化。二是认为不同性质的运动任务需要不同的唤醒水平。每种行为都有一个最适宜的唤醒水平，在这个水平之上或之下都有可能使成绩不理想。倒U形假说存在以下问题：第一，现实中无法准确地测量唤醒水平；第二，该理论没有考虑运动员的个体差异；第三，影响运动表现的因素很多，只简单地考虑唤醒水平是远远不够的。

7. 内驱力理论推测操作成绩（performance，P）是内驱力（drive，D）与习惯强度（habit，H）的乘积，即 $P=D\times H$。该理论可以解释学习与唤醒之间以及运动表现与唤醒之间的关系。但很多时候难以清楚地确定复杂运动反应的习惯强度或习惯等级，因此，该理论不适用于解释复杂的或新的活动任务。

8. 个人最佳功能区理论由苏联学者汉宁提出。该理论认为，每个运动员在操作过程中都存在着一个理论上的理想机能区段，当焦虑水平处于这一区段内时，可以获得最佳的成绩。个人最佳功能区理论注重个体差异，能够进行定量研究，且具有较好的生态学效度。

9. 突变模型是1987年哈迪和法齐在突变理论的数学模型的启发下提出的关于行为和唤醒之间关系的理论。该理论认为在升高的唤醒和操作成绩之间不存在光滑的二次曲线关系。当认知焦虑水平较低时，生理唤醒和操作成绩之间的关系类似于一条柔和的倒U形曲线。但当认知焦虑水平升高时，生理唤醒和操作成绩之间的关系变得复杂。当认知焦虑处于高水平时，行为表现随着生理唤醒的升高逐渐呈倒U形上升。但如果唤醒继续升高的话，在某一点上行为表现就会出现突变式的下降。突变模型相对比较复杂，需进一步通过科学研究进行检验。

10. 1981年，莫里斯等提出了关于测验焦虑的多维理论，1982年，马腾斯等迅速将此思路移植到运动领域，提出将竞赛中的焦虑分为认知状态焦虑、躯体状态焦虑和状态自信心三个方面。认知状态焦虑和操作成绩之间存在负线性关系，状态自信心和操作成绩之间为正线性关系，躯体状态焦虑和操作成绩之间存在倒U形关系。该理论用认知焦虑和躯体焦虑分别预测运动成绩，比仅用生理唤醒预测运动成绩具有更好的生态学效度。

11. 焦虑方向理论，由琼斯和斯温在多维焦虑理论基础上提出。该理论认为，应当重视运动员对焦虑的方向解释，即他们是将焦虑体验为积极的、对运动成绩具有促进作用的，还是将竞赛焦虑体验为消极的、对运动成绩具有阻碍作用的。同时，还应重视运动员焦虑体验的发生频率，即某种强度的焦虑体验是经常出现，还是不经常出现。

复习思考题

1. 什么是应激、唤醒和焦虑？

2. 了解唤醒、焦虑与运动表现之间关系的理论观点，并结合实际分析理论的指导意义。

3. 请设计一项实验，考察认知焦虑、躯体焦虑和自信心对运动表现的影响。

推荐阅读

埃利斯．(2014)．*控制焦虑*(李卫娟译)．北京：机械工业出版社．

李立群，戴群．(2014)．竞赛特质焦虑的多维结构与运动员急性运动损伤的关系：直接影响效应和调节效应．*西安体育学院学报*，*31* (1)，90－95.

孙国晓，张力为．(2013)．加工效能理论到注意控制理论：运动表现的新诠释．*心理科学进展*，*21* (10)，1851－1864.

Englert，C.，& Bertrams，A. (2012)．Anxiety，ego depletion，and sports performance. *Journal of Sport & Exercise Psychology*，*34* (5)，580－599.

第四章

运动中的注意状态

内容提要和学习指导

良好的注意品质是运动员掌握运动技能、专心体育比赛和发挥竞技水平的前提保证。本章介绍了注意、警觉、警戒和心理不应期等基础知识，阐述了不同运动项目的注意方式，分析了运动员可以一心二用的原理。通过学习本章，你可以在了解注意概念的基础上，理解奈德弗的注意方式理论和运动员注意分配的特点，熟悉采用双重任务技术探索运动员注意能力的思路，掌握提高运动员注意能力的方法及警觉、警戒和心理不应期在训练、比赛中的作用。

第一节　注意方式与比赛任务的关系

无论是哪种体育项目，无论是教练员还是运动员都认为注意力是直接影响竞技水平和比赛获胜的关键因素，如短跑运动员的起跑、射击运动员的瞄准、篮球运动员识别对方的假动作等都需要运动员具有良好的注意品质。由于注意方式与比赛任务的关系密切，影响运动员的运动活动和竞技表现，因此运动员注意能力的培养和提高至关重要。

一、注意方式

注意（attention）是心理活动或意识对一定对象的选择、指向和集中（彭聃龄 主编，2004）。注意使人选择有意义的、符合需要的或者与当前活动任务一致的各种刺激，避开或抑制那些无意义的、附加的、干扰当前活动的各种刺激，以保证对事物更清晰的认识、更正确的反应和更有序的控制。体育运动中不同的运动项目需要运动员不同的注意方式。

（一）注意方式的理论

运动心理学领域中的注意方式理论（attention styles theory），是奈德弗提出的有关注意结构、个体差异与操作成绩关系的理论（Nideffer，1976a，1976b，1978，1980a，1980b，1986，1990）。

该理论认为，注意的结构包括两个维度，即注意范围和注意方向。注意范围（attention range，attention span）是指在瞬间能清楚地把握的对象的数量，由非常狭窄到非常广阔，广阔的注意可同时获得多种信息，狭窄的注意则滤掉很多信息。注意方向（attention direction）是指人正在关注的是外部的环境信息（如对手的移动、教练的手势）还是内部的身心情况（如自己的心跳、情绪）。注意范围的宽窄和注意方向的内外可结合成 4 种注意方式（attention styles；见图 4-1）。

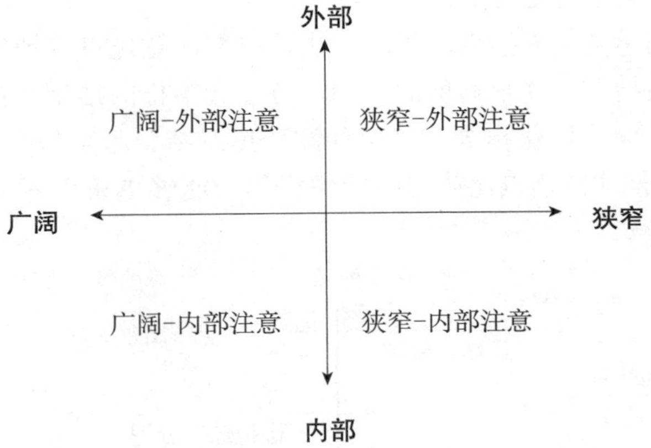

图 4-1　奈德弗的 4 种注意方式

资料来源：张禹，2011，89 页。

上述 4 种注意方式在运动活动中具有重要意义，影响着运动员的运动效率和运动表现，它们的具体含义如下：

广阔-外部注意（broad-external attention）指注意范围广阔并指向外部环境的注意。这种注意对于把握复杂运动情境来说是最合适的，需要根据外界情况很快做出决定的运动员适于这类注意。常用于集体运动项目，例如足球、排球、篮球、水球、曲棍球等。具有这种能力的运动员能够较好地注意变化着的情境，获取大量的外部信息，预测能力很强。

狭窄-外部注意（narrow-external attention）指注意范围狭窄并指向外部环境的注意。做出反应的短暂时刻要求这种注意，在运动中需要评定自己的力量、疲劳程度以及根据比赛情况调整自己动作速度的项目适于这类注意。这时注意指向外部且范围很窄，以便击球或对抗对手，例如足球守门员防守对方点球的短暂时刻所需要的注意，高尔夫球、保龄球等注意力必须高度集中的项目的运动员这类注意较好。

广阔-内部注意（broad-internal attention）指注意范围广阔并指向内部信息的注意。具备这种能力的运动员善于思考，能迅速把各种信息纳入自己的知识储备之中，回忆过去和预测未来，并借此来制订比赛计划，在比赛中迅速做出战术调整，分析对手的行动及做出预测反应。例如棋类运动员搜索记忆中的已知棋局时的注意，即为此类注意。

狭窄-内部注意（narrow-internal attention）指注意范围狭窄并指向内部信息的注

意。这种注意对于敏感地把握各种身体感觉，准确无误地诊断技战术问题是最必要的。例如射击、射箭、跳水、体操等项目中的运动感觉体验，演练某一技能等就要利用这种注意，具有这类注意的运动员在变化发生慢而明显的运动项目中表现出色。

不同的运动项目需要将注意范围和注意方向进行不同的组合，最适合的组合产生最佳的运动表现。奈德弗认为，每个人、每个集体运动项目都需要将注意范围和注意方向加以特殊组合，以产生最佳运动表现（见图4-2）。一般来说，情境越复杂，情境变化越快，运动员就越需要利用外部注意方式。美式足球、冰球运动员需要广阔-外部注意，而棒球击球手则需要狭窄-外部注意。当分析或计划的要求提高的时候，为改进技术动作，制订比赛战术计划，内部注意就变得至关重要了。

研究表明，在初学高尔夫推杆动作时，执行内部注意焦点（钟摆动作）或外部注意焦点（球路）的口头指令，会影响球的运动学特征和推杆的结果。执行外部焦点指令的推杆效果更好；并且为了优化指令，将两种注意焦点结合起来是有意义的（Munzert et al.，2014）。使用外部注意焦点比使用内部注意焦点能够更快更好地掌握一项运动技能（李文思，2018）。

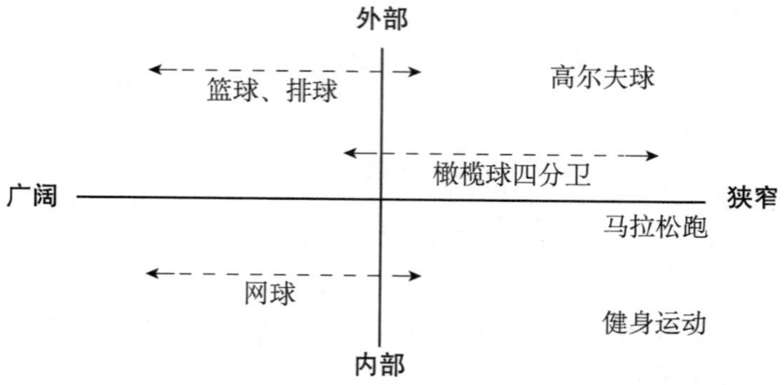

图4-2　奈德弗的4种注意方式与体育运动

资料来源：张禹，2011，90页。

（二）注意方式的测量

奈德弗（Nideffer，1976a）编制了《注意及人际行为类型测验》（Test of Attentional and Interpersonal Style，TAIS）。TAIS共包括17个分量表，其中6个分量表反映的是注意方式，两个分量表反映的是行为控制和认知控制的类型，9个分量表描述的是人际行为的类型，共计144个题目。反映注意方式的6个分量表用来评估注意的范围和方向（见表4-1）。

表4-1　TAIS量表中的6个注意分量表

分量表	含义	高分倾向
BET	广阔-外部注意	适应所处环境及其变化的能力强
OET	外部负担过多	由于外界无关刺激而分散注意，导致出错
BIT	广阔-内部注意	组织和分析信息的能力强
OIT	内部负担过多	常被自己的思想和感情干扰而陷入混乱

续前表

分量表	含义	高分倾向
NAR	狭窄有效聚焦	集中注意和抗干扰的能力强
RED	未能顾及而出错	注意范围过窄而遗漏有关信息

注：BET=Broad-External；OET=External Overload；BIT=Broad-Internal；OIT=Internal Overload；NAR=Narrow Effective Focus；RED=Errors of Underinclusion。

资料来源：张禹，2011，90 页。

为便于 TAIS 的推广，奈德弗同年又编制了一个简式 TAIS。他精选出 12 个题目用来测量注意集中的类型。每个分量表选择了两道题目供运动员自我评定用（见表 4-2）。每一题目只要按以下 5 个等级做出一种选择：从不（0 分）、很少（1 分）、有时（2 分）、常常（3 分）、总是（4 分）。把各分量表的两个题目的得分相加，得到 6 个分量表的分数后，分别将它们点在常模图的相应位置上，就能得到运动员注意集中类型的剖面图（见图 4-3、图 4-4、图 4-5）。

表 4-2　简式 TAIS 的测验题目

广阔-外部注意（BET）

（1）我善于很快地分析复杂的情况，例如，一场美式足球比赛中的进展如何，或者场上的哪 4 个或 5 个队员开始打起来了。

（2）在一屋子的孩子中，或者在一个运动场上，我知道每个人在做什么。

外部负担过多（OET）

（1）当别人与我谈话时，我发现自己会为所见到的周围之物，或听到的声音而分心。

（2）我观看诸如足球比赛或马戏时，有许多事情同时发生，我就变得慌乱了。

广阔-内部注意（BIT）

（1）我只需要一点点信息，就能产生许多想法。

（2）我很容易将许多不同方面的意见综合起来。

内部负担过多（OIT）

（1）当别人与我谈话时，我发现自己容易被自己的思想和意念分心。

（2）我的思想太多，导致变得慌乱和健忘。

狭窄有效聚集（NAR）

（1）我容易使自己的思想不受所观看的或所听到的东西干扰。

（2）我容易使自己的视线和说话不受自己的思想干扰。

未能顾及而出错（RED）

（1）我很难摆脱掉内心的思想和意气。

（2）比赛时我出了差错，是因为我在看某个人在做什么，以及我忘掉了别人。

资料来源：张禹，2011，91 页。

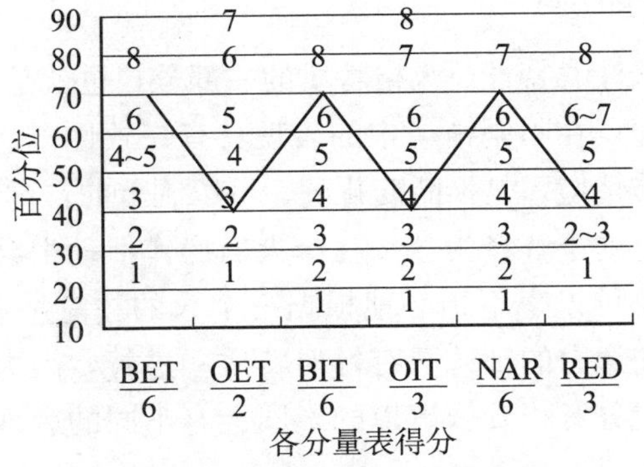

图 4-3　有效注意类型的剖面图

资料来源：张禹，2011，92 页。

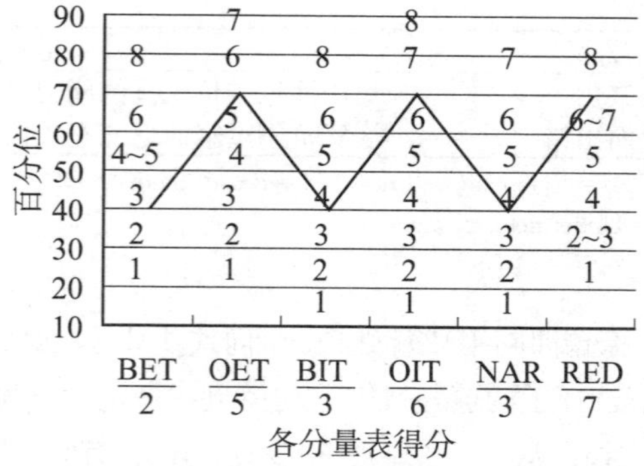

图 4-4　效率不高注意类型的剖面图

资料来源：张禹，2011，92 页。

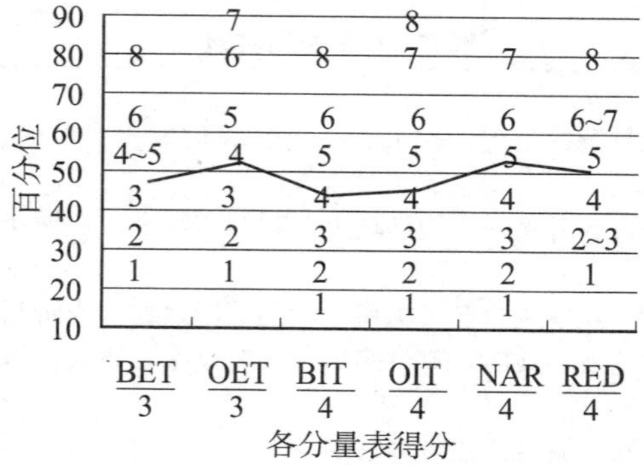

图 4-5　“平常”注意类型的剖面图

资料来源：张禹，2011，92 页。

二、注意对运动活动的影响

运动员注意能力具有个体差异，不同运动员注意的个性特点不同，注意的信息、注意的转移、注意的强度、注意的持续时间等也有所不同，不同的注意特点会对运动活动产生不同的影响。

（一）特质注意和状态注意

在运动活动中，某些注意特征是人格特质的一部分，也就是说，它们是相对稳定的、不易变化的。就个体而言，在不同情境中的表现具有一致性，这种注意为特质注意。有些注意特征又依赖于具体情境，是不断变化的、可以调节的，这种注意为状态注意。

特质和状态的划分有助于解释为什么在个人的操作活动中会出现很大不同。如果注意仅有特质这种成分，就可以毫不担心地根据一个人的注意特质去做十分准确的预测。但这同时又意味着所有注意力的训练只有针对特质去进行，因为特质决定它是不能随时调节和塑造的。状态的成分意味着依情境的不同会有不同的表现，使预测的准确性受到影响（张力为，2007c）。

（二）注意能力的个体差异

运动活动的许多事例表明，注意方面的问题可导致比赛的失误。例如，有些运动员不能及时自我调节以适应场地条件或对手战术的变化。他们建立了自己的心理定势，且固守这种定势，很明显，这就是狭窄-外部注意型运动员的注意特征。

竞技运动中，不仅不同运动项目运动员的注意特征不同，而且同一运动项目运动员也有各自注意的特点。例如跳水运动员与击剑运动员的注意特征有显著差异。注意稳定性及注意集中，是优秀跳水运动员所具备的两项重要注意特征。优秀击剑运动员所具备的最重要的注意特征是注意转移（胡涛 等，2010）。优秀男子摔跤运动员注意广度能力明显好于一般男子摔跤运动员，而在注意分配能力上没有区别（朱丹 等，2010）。乒乓球运动员的注意广度和注意集中的稳定性显著高于普通体育大学生；固定靶射击运动员的注意转移能力明显低于普通体育大学生；移动靶射击运动员的注意广度显著高于普通体育大学生（李永瑞 等，2005）。优秀蹦床运动员的注意集中稳定能力要明显高于一般水平运动员，注意广度水平与一般水平运动员不存在显著性的差异，注意分配能力比一般水平运动员差，注意转移能力显著强于一般水平运动员（杨芳 等，2005）。高水平蹦床运动员的注意集中稳定和注意转移水平较高是由于蹦床项目的特点和需求所致，训练年限与年龄可能共同成为注意集中稳定和注意转移水平提高的因素。系统和有针对性的专项训练可以显著地提高蹦床运动员注意集中稳定和注意转移水平（杨芳，许之屏，2012）。

于淼等（2019）采用近红外脑成像技术研究了不同线索类型对不同运动项目运动员注意网络功能的影响，结果发现，在无效线索条件下，篮球运动员会做出更准确的判断，其执行控制功能优势表现为解决冲突的高准确率；乒乓球运动员执行控制功能优势表现为反应速度加快，解决冲突的速度也更快。网球运动员注意资源分配方式的脑电研究显示，在存在注意竞争情况下，网球专家比网球新手对与专业技能相关的场景信息具有更高的注意水平（贺梦阳，2017）。羽毛球运动员视觉注意选择的眼动研究表明，与业余羽毛球运动员相比，专业羽毛球运动员注视的区域少，且对不同区域注视时间较短；专业羽毛球运动员能够快速有效地把注视时间分配到不同的注视区域且能够在有效时间内做出预判（陈艳兰，全国华，2017）。

由于个体在注意能力方面的差异，要求根据专项运动的特点来选择与之相应的注意类型的人从事某项运动，并且还需要针对运动员注意方式方面的弱点进行训练以提高注意能力，因为每个人在注意方面均有其长处和短处。当然，这就需要有一个有效的、可以测量出个体注意能力优劣的工具，这也是奈德弗当初编制 TAIS 的目标（张力为，2007c）。

（三）唤醒与注意过程的关系

奈德弗（Nideffer，1980b）根据自己和他人的研究，提出焦虑和唤醒水平的升高会对注意过程产生以下两方面的影响：第一，干扰从一种注意方式转至另一种注意方式的过程；第二，造成注意范围的缩小。

双重任务技术（dual-task technique）是对于高唤醒水平会导致注意范围缩小现象的常用研究方法。这一技术要求被试同时完成两个任务，一个视作主任务（primary task），另一个视作次任务（secondary task）。具体操作步骤是：在被试完成一个主任务时，要求其同步完成一个次任务（一般采用简单反应时任务），研究者同时测定主任务和次任务的操作成绩。次任务的成绩一般称为探针反应时（probe reaction time，PRT）。该方法的基本假设是：PRT的快慢反映了主任务使用认知资源的程度。如果PRT与操作单一任务时的简单反应时相一致，说明主任务操作时还有足够的剩余资源（spare capacity）；如果PRT比简单反应时慢，便说明主任务操作时使用了部分或较多的认知资源。鉴于这一假设，采用这一方法时，要特别要求被试将主要的注意集中在主任务的操作上。这是因为，被试有可能将注意集中于次任务的操作，这种注意分配策略可能导致主任务的操作成绩下降、次任务的操作成绩稳定的现象，从而影响正确评价被试认知资源的使用情况。

当采取各种方法提高被试的唤醒水平后，被试一般都报告对次任务的外部注意范围缩小了。唤醒水平的升高会逐渐限制来自外部环境的信息范围，注意能力随着唤醒水平的增高而下降。人在唤醒水平升高时，周围视觉的敏感性降低。对于操作活动来说，注意范围过于狭窄，会遗漏一些与操作活动有关的信息。而注意范围过于广阔，也会由于纳入了一些无关信息而产生不利影响（张力为 等，1992）。

因此，运动员在比赛时，必须控制自己的唤醒水平或紧张程度，以便使注意集中在与比赛直接相关的信息上，忽略与比赛没有直接联系的信息。唤醒水平既不是越高越好，也不是越低越好，这都不利于将注意集中于比赛相关信息和屏蔽比赛无关信息。只有将唤醒水平或紧张程度保持在中等水平，才有利于将注意保持在最必要的比赛信息上，进而取得优异的运动成绩（张力为 主编，2008）。

三、运动注意力的培养

运动员的注意能力对于运动表现具有直接影响。在训练和比赛中，如果不能集中注意力，就不会有好的技术动作，就不会有好的运动成绩，并且容易受伤。提高运动员的注意能力，一定要遵循集中运动注意的原则和掌握集中运动注意的方法。

（一）集中运动注意力的原则

运动员的注意力即指运动员集中注意的能力。集中注意力（concentration）是全神贯注于一个确定目标，不受其他内外刺激的干扰而产生分心的能力，是集中注意在周围环境中与动作表现有关的线索上，并且维持一段时间的能力（周亚琴，2003）。集中注意力是运动员比赛获胜的必备素质。

心理定向（mental set）是指个体在某种情境下习惯性的心理准备状态和反应倾向，也可以理解为运动员赛前和赛中注意力的焦点（张力为，2007c）。运动员要在比赛中有效利用注意资源，调节好比赛中注意的指向，应遵循心理定向的三个原则：

第一，过程定向（process-orientation）原则。这个原则要求运动员将注意力集中于比赛的具体程序和任务中，而不要过多考虑比赛的结果甚至是结果所带来的利益。

第二，主位定向（self-orientation）原则。这个原则要求运动员将注意集中于自身，而不要过多关注对手或环境因素。

第三，当前定向（present-orientation）原则。这个原则要求运动员关注场上正在进行的比赛，而不要过多想已经产生的失误、从前比赛的成败或可能到来的比赛结果等。

专栏 4－1

运动员专注比赛能够稳中获胜吗?

在 2000 年悉尼奥运会女子 20 公里竞走决赛中，王丽萍在冲刺阶段，不急不躁，而在她前面的几位选手在你追我赶中自乱阵脚，当领先她的几名选手纷纷被罚下场后，她幸运地以 1 小时 29 分 04 秒的成绩摘取了这个项目的金牌，这是中国田径在此次奥运会上的第一块，也是唯一的一块金牌。

赛后王丽萍回忆，当前面唯一的一位中国队员在 16 公里处被罚下时，自己心里紧张起来，但想到“我可是中国队的最后一人了，可不能再因为技术问题被罚下了，不然中国队就没人了”，心静了下来，技术动作也就稳定了。当领先于她的只有澳大利亚选手萨维丽时，她知道对手实力较强，心里也很紧张，于是决定采取“跟走”战术。在比赛进行到 19 公里后，曾经想追上萨维丽，但距离较远，追了一段，为确保银牌，就放弃了。“进场地前，我一直以为澳大利亚的选手在我前面，后来发现她也被罚了，我心里特别激动。不过冲刺时我一直在提醒自己注意动作，别得意忘形。”王丽萍最终以稳取胜。

而与王丽萍同场竞技的澳大利亚选手萨维丽一直坚持并领先到最后阶段，但就在即将步入体育场时被罚下痛失就要到手的金牌。赛后她回忆，后来居上夺得金牌的中国选手王丽萍令自己压力很大，“中国选手离我越来越近，我很紧张，我不停地回头看，我脑中只有一个念头，一定要拿到金牌，但没想到竟然被裁判出示了红牌”。

王丽萍在选手激烈竞争、裁判严厉执法、前有强手当道后有劲敌追赶的严峻形势下，队友被罚下，夺冠重任只能独自担当，她有过紧张，有过担心，可贵的是她能及时提醒自己保持冷静，专注比赛，做好动作，稳扎稳打，最终夺冠。而眼看金牌到手的萨维丽由于“脑中只有一个念头，一定要拿到金牌”而忽视了动作，反而痛失金牌。这一经典案例提醒运动员：正确的注意指向始终是保证良好发挥的重要条件。

资料来源：张力为 主编，2008，47 页。

（二）集中运动注意力的方法

提高运动员在训练和比赛中注意的集中性、稳定性和抗干扰性，要依据注意规律。建议可以采取以下方法（张力为 主编，2008）：

第一，秒表练习。运动员注视手表秒针的转动，先看 1 分钟，假如 1 分钟没有离开过秒针，再延长观察时间到 2～3 分钟，等到确定了注意力不离开秒针的最长时间后，再按此时间重复三四次，每次间隔时间 10～15 秒。如果能持续注视 5 分钟而不转移注意，就是较好成绩。每天进行几次这样的练习，经过一段时间，注意集中的能力就会提高。

第二，模拟练习。通过模拟练习的方法熟悉运动情境中可能存在的干扰，减少干扰因素对注意力的影响，如通过对观众席的模拟训练减少助威声对注意的干扰。

第三，明确比赛任务。明确比赛中的任务，有意识地集中注意于比赛的当前任务和可控因素上（如自己的打法和战术），减少对不可控因素的注意（如裁判的不公正判决）。

第四，准备集中注意的暗示语。在比赛前准备好简短的暗示语，用于帮助集中注意或阻断影响注意集中的杂念。

第五，保证充足的睡眠。睡眠充足，可以使神经系统处于良好的生理状态，满足集中注意的功能需要。

第二节　运动员注意分配的特点

运动员在比赛中要"全身心投入"，但仅仅能集中注意力还不够，要在比赛中充分发挥竞技水平，获得最佳运动表现，该把注意力集中到哪里，需要分配到几个任务中，哪个任务该分配最多的注意力，这都是运动员在赛场上必须解决好的问题，迅速有效地组织好自己的注意资源是运动员克敌制胜的法宝。

一、运动员的注意分配能力

注意分配（distribution of attention）是指在同一时间内将注意指向不同对象，其基本条件是熟练的技能技巧和大脑皮层正常的兴奋性。篮球新手在根据教练员的讲解完成运球动作的同时，不能看着篮圈，或看着其他队员，或者不能思考防守与进攻的任务，就是由于运球技术本身需要花费时间和能量去进行信息加工。

作为一名集体性球类项目的运动员，不仅视野要广阔、注意范围要大，而且要有比较强的注意分配能力。运动员要具备在同一时间内将注意分配在球、攻防队员的位置与意图等活动的能力，做到眼观六路、耳听八方，合理地完成接、传、过、运、射（投）等技术动作。经验表明，一个篮球新手与一个篮球高手用于运球上的信息加工时间是不同的。新手在运球时几乎要用去所有有效的信息加工时间，高手则能在一定程度上减少对运球的注意，因此他能在运球的同时有更多的时间去寻找其他有关的线索并思考战术方案，如图4-6所示。

有研究对不同运动水平的乒乓球运动员的注意特征进行了比较分析，发现新手组、熟手组、专家组在注意分配能力及注意广度方面呈现逐步上升趋势；在注意稳定性和注意转移方面，专家组的注意能力显著优于新手组和熟手组（杨华东，2013）。有研究显示，散打运动员运动水平越高，注意分配能力也相应表现出较高水平，说明散打运动项目要求运动员具备较高水平的注意分配能力（孟海江 等，2009）。注意分配训练对优秀

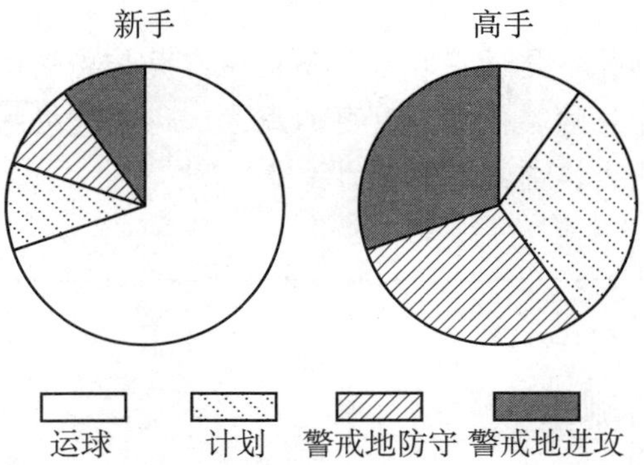

图 4-6　篮球新手和高手运动员的有效信息加工时间

资料来源：张禹，2011，95 页。

散打运动员反应速度和动作准确性有一定程度的提高（孟海江 等，2007）。提高注意分配能力有助于网球运动水平的提高和长远发展（岳子淇，2016）。

在实际生活中，人可以同时注意一个以上的对象，具有注意分配的能力。例如，熟练的篮球运动员可以在运球的同时举起另一只手，指挥队友跑向接应位置。汽车司机可以在驾驶汽车的同时减油门、踩离合、换挡并与乘客谈话。

而注意分配需要消耗认知资源，因此人的注意分配能力有限。如果对有效信息加工时间的要求不太严格的话，人可以同时注意到一个以上的信息，也能够同时做出一个以上的反应；假如完成每项任务都要求用去全部有效信息加工的时间，则人只能注意其中的某一项任务，从而使完成其余任务的能力下降。

人的信息加工能力是有限的，一个人同时做几件事的能力也是有限的。如果一个运动员在完成有些运动任务时不能与其他的运动任务同时完成，就表示要用时间去对一项或两项任务进行信息加工；相反，如果几项任务能够在同一时间内完成，则表示有些任务或者所有的任务是不需要用时间去进行信息加工的。因此，在注意分配能力有限的条件下，要求同时完成两项任务，有时就会降低运动成绩。当然，更为重要的是要弄清每项任务需要用多少时间来进行信息加工。

专栏 4-2

球类运动员真的需要自始至终都盯着球吗?

球类运动员常常会听到教练员这样的提示：盯着球。网球运动员可能听到："盯着球，直到打到球。"棒球运动员可能听到："你要想接住球，就要眼不离球。"但是，研究人员指出，这些过去一直被信奉的想法和做法，并不必然是正确的。例如，他们发现，在某些时候眼睛可以离开球的飞行轨迹，而不会影响击球效果（Savelsbergh et al.，1992）。网球运动员在准备接球时并不一直注视着来球，因为要以眼睛追踪球速高达每小时 120 英里（1 英里约为 1.6 千米）到 130 英里的来球几乎是不可能的事（Abernethy，1991）。棒球选手击球时面临每小时 90 英里的来球，也遵循同样的道理。相反，优秀运动员能够利用对手的挥拍和抛球动作或投球手的投球动作等线索来判断发球的类别和来球的方向。

当然，上述这些证据并不是说“盯球”不重要，而是要强调什么时间盯球，盯多长时间的球，什么时间转而注意其他更为重要的线索。运动员根据对方动作线索预测球的飞行方向和飞行速度的能力，常常是制胜的关键。

资料来源：张力为，2007c，220页。

二、注意分配能力的测量

注意分配能力的测量可以通过双重任务技术进行，双重任务技术是研究注意分配的主要实验范式之一。早在20世纪70年代，瑞斯伯格和谢伊（Wrisberg & Shea，1978）就曾利用双重任务技术对运动员注意分配进行过研究。该研究要求被试在完成一项基本的运动任务（主任务）的同时，必须完成一项简单反应时的任务（次任务）。如果测得的反应时比正常时更慢，那么这项基本运动任务被判定为要求加以注意的任务，因而也是要求花时间去进行信息加工的任务。研究的结果表明，当运动技能学习成绩提高时，对运动活动的注意的要求就会降低。因此，当运动员的动作达到自动化或者娴熟的程度时，对运动员有效信息加工能力的要求就会降低，并且运动员可以把注意分配到其他的线索上去。

双重任务技术对于运动员注意能力的研究具有重要作用。双重任务技术的一个重要作用是能够探明动作操作过程中哪一个时期需要更多的注意（章建成，2000）。一些研究发现，动作开始阶段需要较多的注意（Ells，1973；Glencross & Gould，1979）；另一些研究显示，动作结束阶段也需要较多的注意（Kerr，1975；Zelaznik et al.，1981）；而在快速动作的中间阶段则不需要更多的注意（Posner & Keele，1969）。体育运动的研究表明，当来球的飞行后期或运动员接球动作开始时需要最大的注意（Starkes，1987）。乒乓球运动员在正手引拍、向前挥拍和顺势挥拍时需要较多的注意，在击球瞬间则不需要过多的注意（章建成，坂手照宪，1988）。

双重任务技术的另一个重要作用是可以比较各种运动项目运动员的注意特点（章建成，2000）。运动心理学研究者运用此技术对射击（Rose & Christina，1990）、羽毛球（Abernethy，1991）、跳高（Girouard et al.，1981）、乒乓球（章建成，坂手照宪，1988）、网球（章建成，1994）等运动项目进行了研究。此外，研究者（Castiello & Umilta，1988）对排球、网球、百米短跑、跨栏运动员注意需求的研究表明，不同运动项目运动员的认知资源具有高度专门化的特点。

双重任务技术最重要的作用是可以帮助教练员通过评价运动员的认知资源，从而评价运动员的技能水平（章建成，2000）。认知资源的分配与技能熟练程度有关（Shiffrin & Schneider，1977），即运动技能越熟练，可分配的认知资源就越多。因此，这一技术不仅可评价新手与高手之间的技能水平差异（章建成 等，1989），而且还可评价高手之间的技能水平差异（章建成，1994；章建成，坂手照宪，1988）。在大多数的运动技能评价中，用单一任务很难准确评价熟练者之间的技能水平差异，而双重任务技术则为这一评价提供了一个有效手段。

三、注意分配能力的培养

在运动训练和比赛中，运动员时常需要同时加工两个以上的信息。因此，比较新手和高手在操作双重任务中的成绩以及比较训练前后操作双重任务的成绩，成为研究提高注意分配能力的切入点。

帕克（Parker，1981）曾做了一个要求被试在30秒内接住一个来球后迅速将球投向一个指定目标（主任务）的同时，再判断一个视觉刺激（次任务）的实验。被试根据技能水平分成A、B、C三组。实验结果表明，三组的主任务之间没有显著性差异，而A组的次任务成绩明显好于其他两组。这一结果说明高水平被试显然有较多的剩余资源分配给次任务。同样的结果在章建成等（1989）对三种不同水平的乒乓球运动员的实验中得到证实。

辛格等（Singer et al.，1991）对分别接受单一任务训练和接受双重任务训练的两组被试进行了比较研究。结果表明，当两组都操作双重任务时，双重任务组的注意分配能力明显优于单一任务组。这一结果说明，双重任务的训练有利于提高运动员的注意分配能力。

艾森克和威尔逊（Eysenck & Wilson，1984）认为，双重任务成绩提高的内部机制可能至少有三个。第一，操作者对一个或两个任务的注意需求减少。第二，操作者采取了有效的时间分配和注意转移策略，从而减少了任务之间的干扰。第三，可能是操作者降低了加工双重任务所需要的资源，使双重任务的各方都能避开另一方所需要的资源。

第三节　警觉、警戒与心理不应期对运动注意的作用

在运动活动中，影响运动注意的因素多种多样，其中警觉、警戒与心理不应期对运动注意的影响十分重要，运动员需要在瞬息万变的比赛环境中保持警觉和警戒状态，对运动信息刺激做出迅速、准确的反应，并利用对手的心理不应期攻取求胜。

一、警觉和警戒的作用

警觉（alertness）是指在相对较短的时限内在一定环境中觉察特定的、不能预期出现的事件的准备状态；警戒（vigilance）则指在相对较长的时限内在一定环境中觉察特定的、不能预期出现的事件的准备状态。警觉和警戒决定着在一段时间里能否对不频繁而又无规律的刺激做出快速、准确的反应。

警觉和警戒在比赛中具有十分重要的作用。作为个体的一个警觉或警戒状态，此时，注意与心理准备和个体的觉醒水平有着密切的联系。例如，足球守门员应时常保持警戒，

以防对方队员突然射门；跳水运动员则在起跳的一刹那需要短期警觉。有时运动员将比赛的失利归结为“没准备好”，这可能与警觉的变化规律有关。赫葆源等（1983）的研究表明，如果不给预警信号，只在上一刺激和反应之后随机间隔0.5秒、1秒、2秒或4秒，就给予下一个听觉刺激，则1秒和2秒间隔条件下的反应快于0.5秒和4秒的间隔条件（见表4-3；引自赫葆源 等 编，1983）。另一项反应时的研究显示，如果给予预警信号，且预警信号与刺激的间隔时间少于4秒，反应时便会变慢。这提示，如果运动员要防住对手的突然袭击，必须在4秒前做好心理准备（Botwinick & Thompson，1966）。

表4-3　预备时间对听觉反应时间的影响（单位：毫秒）

刺激间距（预备时间）	500	1 000	2 000	4 000
平均反应时间	335	241	245	276
标准差	64	43	51	56

资料来源：赫葆源 等 编，1983，208页。

威肯斯（Wickens，1984）指出，警戒对比赛成绩的影响主要有两方面：一方面是在高失误率或慢速检测的情况下，操作者很难长时间保持警戒；另一方面是警戒能力在运动开始的30分钟内开始大幅度下降，疲劳和失眠会加剧其下降。因此，加强警戒能力的训练和有规律的睡眠有利于警戒能力的提高。

二、心理不应期的作用

中枢神经系统处于疲劳或疾病状态，会导致反应的延长（马启伟，张力为，1996）。但这里所要讨论的反应延长现象，不是指中枢神经系统疲劳或疾病引起的反应延长，而是指刺激的特点引起的反应延长，而这种延长与注意密切相关。

例如，在篮球比赛中，进攻队员先做了一个逼真的投篮假动作（诱惑动作），待防守队员对这个诱惑动作开始做出反应后，进攻队员再做真正的投篮动作。尽管防守队员中枢神经系统处于良好状态，全神贯注，但一旦对第一刺激开始了第一反应，再想迅速抑制第一反应并对第二刺激进行第二反应，也是爱莫能助了。在足球比赛中，运动员不触球而用腿的晃动诱发对方反应，一旦对方出腿对假动作做出反应，他再做出突发动作以球过人。在排球比赛中，排球中的时间差进攻则是两个攻方队员诱惑对方，当二传手传出一个半高球后，快球手先原地做一快扣动作，待对方跳起拦网时，快球手再跳起到半高球的第二点扣球。这些都是运动员利用对方的心理不应期求胜。

在相继给予两个刺激并对两个刺激分别产生反应时，如果两个刺激间隔时间短，第二个反应的时间就延长，这种推迟的时间叫作心理不应期（psychological refractory period）。在实验室中，如果采用光信号刺激，使被试的左手在左边的灯泡亮时离开，以此作为第一反应，右手在右边的灯泡亮时离开，以此作为第二反应，并使灯泡先后亮起的时间间隔足够短，就可以很清楚地演示出心理不应期的出现（杨治良 编，1984）。

如果两个刺激的间隔时间较短，则第二反应的时间就长。反之，在两个刺激的间隔时间较长时，第二反应的时间就较短。但是，如果只进行第一反应，那么时间间隔长时，反应时间也变长。这种情况不论在运动员身上，还是在一般人身上都存在（见图 4-7）。

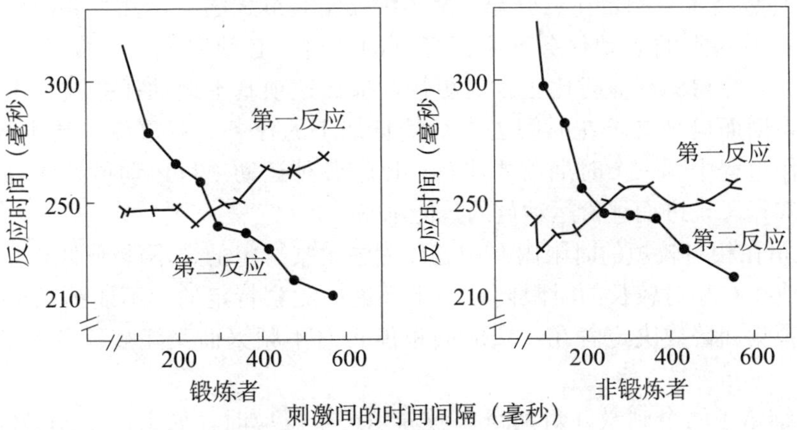

图 4-7 心理不应期和刺激时间间隔的关系

资料来源：杨治良 编，1984，58 页。

本章要点

1. 奈德弗的注意方式理论将注意分解为两个维度：注意范围（狭窄到广阔）和注意方向（内部到外部），并以此分为广阔-外部、广阔-内部、狭窄-外部、狭窄-内部 4 种注意类型。奈德弗认为，注意有状态和特质之分，在发展注意能力方面，人与人之间有个体差异，这一点对选材有一定的意义。焦虑和唤醒水平升高对注意方式的转变有干扰，并使注意的范围缩小。运动员的注意方式可通过《注意及人际行为类型测验》（TAIS）中的 6 个注意分量表进行测量。

2. 集中注意力的原则有：第一，过程定向原则。要求运动员将注意力集中于比赛的具体程序和任务中，而不要过多考虑比赛的结果甚至是结果所带来的利益。第二，主位定向原则。要求运动员将注意集中于自身，而不要过多关注对手或环境因素。第三，当前定向原则。要求运动员关注场上正在进行的比赛，而不要过多想已经产生的失误、从前比赛的成败或可能到来的比赛结果等。

3. 集中注意力的方法有：第一，秒表练习。通过持续注视秒表的练习，有助于提高注意集中的能力。第二，模拟练习。通过模拟练习的方法熟悉运动情境中可能存在的干扰，减少干扰因素对注意力的影响。第三，明确比赛任务。明确比赛中的任务，有意识地集中注意于比赛的当前任务和可控因素上，减少对不可控因素的注意。第四，准备集中注意的暗示语。在比赛前准备好简短的暗示语，用于帮助集中注意或阻断影响注意集中的杂念。第五，保证充足的睡眠。睡眠充足，可以使神经系统处于良好的生理状态，满足集中注意的功能需要。

4. 在注意分配能力有限的条件下，如果对有效信息加工时间的要求不太严格的话，人可以同时注意到一个以上的信息，也能够同时做出一个以上反应；假如完成每项任务都要求花上全部有效信息加工的时间，则人只能注意其中的某一项任务，从而使完成其余任务的能力下降。当运动技能学习成绩提高时，对运动活动的注意的要求就会降低。

这时，运动员可以把更多的剩余资源分配到其他的线索上去。

5. 双重任务技术是测量注意分配情况的主要实验范式之一，其主要操作程序是要求被试在完成一项基本的运动任务（主任务）的同时，必须完成一项简单反应时的任务（次任务）。如果测得的反应时比正常时更慢，那么这项基本运动任务被判定为要求加以注意的任务，因而也是要求花时间去进行信息加工的任务。双重任务技术的作用包括：探查动作操作过程中哪一个时期需要注意；比较各种运动项目运动员的注意特点；评价运动员的认知资源，进而评价运动员的技能水平。

6. 警觉指在相对较短的时限内在一定环境中觉察特定的、不能预期出现的事件的准备状态。警戒指在相对较长的时限内在一定环境中觉察特定的、不能预期出现的事件的准备状态。警觉和警戒决定着在一段时间里能否对不频繁而又无规律的刺激做出快速、准确的反应。

7. 在相继给予两个刺激并对两个刺激分别产生反应时，如果两个刺激间隔时间短，第二个反应的时间就延长，这种推迟的时间叫作心理不应期。比赛中，运动员常常利用这种心理不应期，通过假动作诱发对手做出第一反应，然后做出真动作，使对手对真动作的反应速度下降或不能对真动作进行有效反应。

复习思考题

1. 根据奈德弗的注意方式理论，注意方式有哪些类型？
2. 紧张程度的提高会对注意产生什么影响？
3. 运动员在比赛中能否“一心二用”？为什么？
4. 根据运动员从事运动项目的特点，设计一个双重任务实验，以检验其技能水平。
5. 通过运动实例，说明如何利用心理不应期的战术。
6. 除了本章介绍的集中注意力的方法，还有哪些方法可以集中注意力？

推荐阅读

考克斯．(2003)．运动中的注意与集中．见*运动心理学：概念与应用*(第5版，张力为等译，167－196页)．北京：清华大学出版社．

温伯格，古尔德．(2016)．专注力．见*体育与训练心理学*(谢军等译，405－440页)．北京：中国轻工业出版社．

Munzert, J., Maurer, H., & Reiser, M. (2014). Verbal-motor attention-focusing instructions influence kinematics and performance on a golf-putting task. *Journal of Motor Behavior*, *46* (5), 309－318.

Schücker, L., Knopf, C., Strauss, B., & Hagemann, N. (2014). An internal focus of attention is not always as bad as its reputation: How specific aspects of internally focused attention do not hinder running efficiency. *Journal of Sport & Exercise Psychology*, *36* (3), 233－243.

第五章

运动自信

内容提要和学习指导

无论是运动员、教练员、运动心理学家，还是观众，都认为自信是运动员最重要的精神财富之一。本章从四个方面探讨运动自信问题，即如何理解、测量运动自信，有关运动自信的理论模型，运动自信与运动表现的关系，以及如何培养及提升运动自信。学习本章时，你可以将运动自信的定义及内涵作为学习的基础，以运动自信的理论模型为学习重点，深入理解各理论模型的观点，了解测量运动自信的方法，明晰运动自信与运动表现的关系，掌握培养及提升运动自信的策略。

在 2008 年温布尔登网球公开赛的谢幕演出——男单冠亚军的争夺战中，西班牙红土之王纳达尔在雨水 3 次侵袭的干扰下，历经 4 小时 48 分钟的史诗巨片般的鏖战，在错过 4 个赛点后，以缔造赛会 131 年历史的五盘接近比分，经过决胜盘异常残酷的长盘争斗，终结了已经蝉联赛会 5 届冠军的瑞士球王费德勒的势头，职业生涯首次捧起了温布尔登大赛的冠军金杯。纳达尔在回忆这场异常艰苦的比赛时，数次提到了自信："我感觉非常自信，而且让他知道这一点""我的节奏很好，我的移动也很好，我充满了自信""我仍然状态很好，我能赢"（纳达尔，卡林，2013）。

何谓运动自信？研究者提出了哪些解释运动自信的理论模型？运动自信与运动表现有何关系？如何提升和培养运动自信？本章将探讨上述问题。

第一节　运动自信概述

一、运动自信的概念及类型

（一）运动自信的概念

自信（self-confidence）是个人相信自己，对自己所知的事情、能做的事情或已做的事情确信不疑（张力为，2007d）。可见，自信是一种信念，是个体对自己拥有的内在资源或能力的一种信念。尽管大多数运动员、教练员和运动心理学家都认为自信对比赛胜利至关重要，然而，界定运动领域的自信并不容易。维亚利（Vealey，1986）将运动自信（sport-confidence）界定为运动员对通过自己所具有的能力，在竞技运动中获取胜利的信念及确信程度。曼佐等（Manzo et al.，2001）则从另一角度对此进行界定，认为运动自信是个体在期望一件好事情会发生（性格乐观）和相信自己具备能够成功完成运动任务的能力间的一种相对持久的信念系统。由此可见，运动自信本质上是特定领域的自信（specific-confidence），可以视为运动员对自己能够成功完成某一任务的信念。其中的运动任务可以是某次足球射门、击败某个对手或从运动损伤中康复等，虽然任务不同，但其共同点都是相信自己能够胜任这一任务。

（二）运动自信的类型

维亚利在界定运动自信时，进一步将其划分为特质运动自信（trait sport-confidence）和状态运动自信（state sport-confidence）（Vealey，1986）。特质运动自信是运动员对自己具有的能力，能够在竞技运动中赢得胜利的信念及确信程度，更接近于人格特质。而状态运动自信则定向于“此时此刻”，强调个体在某一特定时刻具有的信念及确信程度。近年来，维亚利提出，将运动自信作为一种社会认知概念，并进行一分为二的划分并不合适（Vealey，2001）。事实上，运动自信可以更像特质，也可以更像状态。根据所使用的参考框架（如对今天比赛的自信、对下一个赛季的自信、去年的一般自信水平），研究者可以将运动自信置于从一般到具体这一连续体的某一位置。例如，运动员对当天比赛的自信，与对即将到来的整个赛季的自信有所不同，前者较不稳定，更接近状态性一端；而后者则更为稳定，也更接近特质一端。

而后，维亚利又进一步指出，运动自信是包括三个维度的多维构念，三个维度分别是：身体技能及训练自信，即运动员对通过自己的能力，成功完成某项身体技能的信念及确信程度；认知效能，即运动员对自己在运动中能够全神贯注并成功执行有效决策的信念及确信程度；韧性，即运动员对自己能够在失败后集中精力克服困难及挫折，再次获得成功的信念及确信程度（Vealey et al.，1998）。而且，运动自信的三个维度均能够有效预测运动员的竞赛焦虑、应对策略及运动表现。

二、运动自信的理论模型

在运动自信研究领域，影响较大的运动自信理论模型包括班杜拉的自我效能理论、哈特的胜任动机理论，以及维亚利的运动自信多维模型。这些理论模型有助于我们深入理解运动自信的来源、影响因素及其与行为表现的关系，进而为培养及提升运动自信奠定理论基础。

（一）班杜拉的自我效能理论

班杜拉将自我效能定义为个体对自己具备某种能力，以达到预期结果的信念（Bandura，1977，1982），本质上是一种特定领域的自信。在运动领域中，研究者以自我效能理论为框架解释运动自信的建立与发展，以及自我效能与行为的关系，提出以下四个主要观点：

（1）如果个体具备必需的技能和足够强的动机，那么，自我效能是决定其表现的主要因素。具体来说，运动员仅仅拥有自我效能是不够的，要想成功，必须具备成功的动机及能力。

（2）自我效能影响运动员对活动的选择、努力程度及活动坚持性。具有高自我效能的运动员，更具有坚持性，这在逆境下表现得更为明显。

（3）虽然自我效能具有情境性，但某领域的自我效能能够迁移到相似的技能及情境中。

（4）自我效能影响个体的目标设定，相比低自我效能的个体，具有高自我效能的个体倾向于设定具有挑战性的目标。

在运动领域中，个体的自我效能信息来源于六个方面，依次为成功表现、替代经验（模仿学习）、言语说服、生理状态、情绪状态及表象经验。见图 5－1。

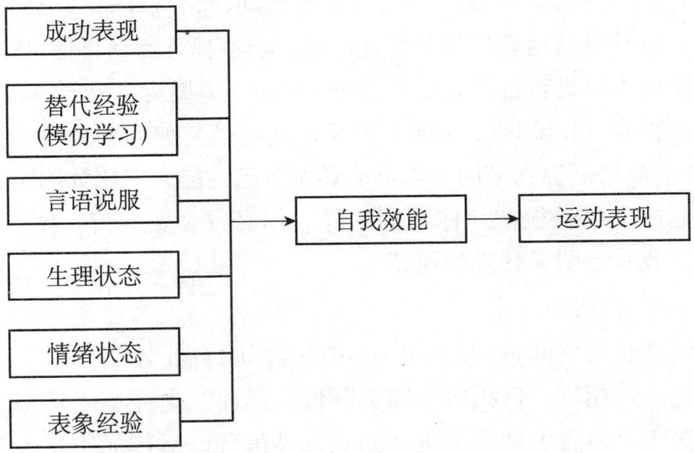

图 5－1　自我效能的信息来源及其对运动表现的作用

资料来源：温伯格，古尔德，2012，14 章，13 页。

1. 成功表现

成功表现（successful performance）尤其是明确的成功或失败经验，为个体提供了自我效能判断的可靠基础，是自我效能最重要的信息来源。具体而言，在竞技运动中，运动员先前的成功表现能够提升个体的自我效能，是个体预测将来成功的最有力证据；相反，先前的失败表现则会削弱个体的自我效能。

在训练中，教练员可以通过创设成功情境，来提升运动员的自我效能。尤其在任务难度过大，难以即刻获得成功时，可以通过降低任务难度，保证运动员能够体验成功，以避免重复失败对自我效能的损害。例如，对刚刚学习排球的运动员来说，如果要求其按规则发球，很难将球发过网，这时可以让运动员走进场地几米再发球，使得运动员有机会体验成功。

2. 替代经验

即使没有亲身经历，个体也可以通过观察和模仿学习，获得成功的替代经验（vicarious experiences），提升自我效能。替代经验对于缺乏经验、需要依赖他人判断自己能力的个体来说，是非常重要的自我效能信息来源。而且，榜样与自身的相似程度越高，对个体的自我效能影响就越大。当观察到与自己相似的榜样成功时，个体的自我效能提高，反之则会下降。例如，新队员看到队友在高低杠上完成了一个困难动作，不仅降低了自己的焦虑水平，同时也提升了自我效能。

3. 言语说服

言语说服（verbal persuasion）是指他人利用鼓励性言语或正向反馈使个体相信自己具有完成任务的能力。在竞技运动中，教练员、父母和同伴都可以通过言语说服提升运动员的自我效能。例如，棒球教练可以告诉他的运动员："我知道你是一位很好的击球手，所以只要你坚持下去好好打，成功的击打迟早会出现。"

实证研究支持了言语说服是效能感的来源之一。例如，研究发现，教练员的言语影响运动员的自信，积极的言语能够提升运动员的运动自信（Lee，2018）。而且，对于大学生运动员而言，教练员与运动员的共情性沟通也能够提升运动自信（Kim，2018）。

此外，运动员也可以进行自我说服。如获得1988年奥运会女子4×100混合泳接力银牌的蝶泳选手约根森（J. S. Jorgensen）曾经谈到自己是如何利用自我说服的。她告诉自己："你必须相信成功是会到来的，你不能怀疑自己的能力，比如因为你今天跟昨天都很糟就认为明天起床后也会很糟。你不能这样，你必须要说，好，明天我会觉得很好，今天不好没关系，我看看明天到底如何。"

4. 生理状态

个体的生理唤醒状态（physiological state）会影响自我效能。当个体身体感觉良好时，自我效能会提高，相反，自我效能则会降低。然而，生理唤醒状态对个体自我效能的影响方向，取决于个体对生理唤醒进行的认知性解释。具体而言，当个体将生理唤醒与表现不佳相联系时，自我效能就会受到损害。相反，如果个体认为生理唤醒对运动表现具有促进作用，则会提升自我效能。例如，有些运动员将自己的生理唤醒（如心跳加快、呼吸浅和快等）解读为自己对难以成功产生的恐惧，导致自我效能的降低；相反，另一些运动员则将其解读为自己已经准备好迎接比赛，从而提高了自我效能。因此，在竞技运动中，运动员将生理唤醒解读为正常反应，或对表现具有促进作用，是提升自我效能的关键。

5. 情绪状态

个体的情绪状态（emotion state）同样影响自我效能。相较于消极的情绪状态，如焦虑、悲伤、恐惧等，喜悦、平静等积极的情绪状态能够提升个体的自我效能（Maddux & Meier，1995）。对于运动员避免自我效能下降而言，需要有效地控制思维及情绪，因此，放松与专注技能训练对运动员自我效能的保持具有重要作用。

6. 表象经验

表象是指事物不在眼前时，人们在头脑中出现的关于事物的形象。个体通过表象经验（imagery experiences），重现自己或榜样先前的成功或失败情景，能够影响自我效能。但在实际应用中，运动员需要借由表象自己或榜样的成功情景，以提升自我效能。

一般而言，自我效能对个体的行为具有重要的预测作用：具有高自我效能的个体，会选择具有挑战性的目标，在完成任务时，更加努力，坚持时间更长，通常能够获得更好的成绩。

班杜拉的自我效能理论对于理解运动自信的来源、探索有效提升运动自信的策略具有重要的意义。

（二）哈特的胜任动机理论

哈特（Harter，1978，1981）提出了适用于成就领域（如竞技运动领域及其他专业领域）的胜任动机理论。他将胜任动机界定为个体在成就领域获取成功的内在动机，它影响着个体在特定的成就领域进行掌握性尝试，而尝试的结果则影响着个体的认知、情感及行为，如胜任感及控制感、内部乐趣以及是否进行更多的尝试行为等。

具体而言，如图 5-2 所示，胜任动机驱使个体在特定的成就领域，发展或展示其胜任力，因此，个体试图掌握一项技能，也即进行掌握性尝试，通常情况下，个体倾向于选择具有挑战性，而非容易成功的任务，以满足其好奇心及兴趣。个体如果在掌握性尝试中成功，或得到重要他人给予的赞赏或强化，其胜任感及控制感则会提升，同时，积极感受如内部乐趣，以及胜任动机也会提高，而高胜任动机将促使产生更多的掌握性尝试行为。相反，如果个体的尝试失败，或从重要他人处得到了不恰当的强化，胜任感及控制感则会降低，个体会体验到更多的焦虑，胜任动机下降，减少进一步的尝试行为，并有可能彻底退出该领域。

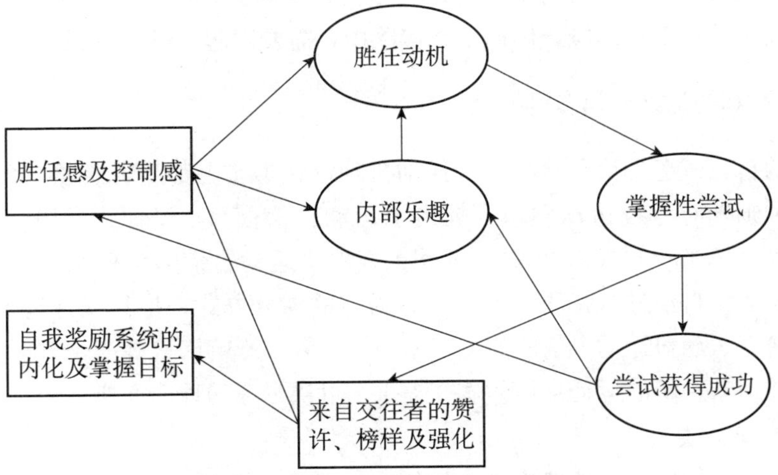

图 5-2　哈特的胜任动机理论图示

资料来源：Weiss & Amorose，2008，p. 119。

事实上，这一理论与自我效能理论有异曲同工之妙，都强调成功表现对自信的促进作用。

众所周知，竞技运动是典型的成就领域，因此，胜任动机理论在该领域得到较多的关注。例如，韦斯和霍恩（Weiss & Horn，1990）的研究发现，低估自己胜任能力的青少年更倾向于退出体育运动，且存在性别差异。具体而言，低估胜任能力的女孩更倾向于退出运动，并受到高特质焦虑的困扰，她们喜欢接受非挑战性的任务，并容易受外界因素的干扰，但低估胜任能力对男孩的损害则相对较小。相反，能正确估计自己胜任能力的青少年具有更多的控制感，喜欢接受具有挑战性的任务。这一研究结果强调正确估计胜任能力对参加体育运动的重要性。

另一些研究则关注了影响胜任动机及胜任感的重要因素，如教练员、同伴等重要他人的反馈及评价。例如，布莱克和韦斯（Black & Weiss，1992）的一项调查发现，重要他人对提高年轻运动员的胜任动机具有重要作用，那些认为教练给予自己积极反馈和鼓励的年轻运动员，其胜任动机水平更高。艾伦和豪（Allen & Howe，1998）对少年女子曲棍球选手进行的研究也获得了类似的结论。他们发现，在控制了选手的能力水平后，运动员对教练行为的主观感受能够有效预测胜任动机。具体表现为：在运动员表现好时，教练员给予表扬及技术信息的反馈，能够提高运动员的胜任动机；相反，在表现不佳时，给予表扬及技术信息反馈则会降低胜任动机。由此可见，采用支持性沉默在表现不佳时，可能是保持胜任动机的最佳策略。史密斯（Smith，1999）的调查则发现，对青少年体育运动参与者而言，友谊及同伴接纳对提高其胜任动机具有重要作用。阿莫罗斯（Amorose，2003）的研究，探讨了反馈评价对大学生运动员胜任感的影响。他让大学生运动员参考反馈性评价形成胜任感，反馈性评价则综合了他人的实际评价、个体的自我评价及个体对他人评价的自我感知。结果发现，父母及与运动相关的重要他人的反馈性评价能够预测运动员的胜任感，尤其是与运动有关的重要他人，如教练、队友的反馈评价对预测胜任感更为有效。上述研究结果提示：重要他人对运动员尤其是青少年运动员的胜任动机及胜任感具有重要影响，因此，在实践中，需要引起足够的重视。

（三）维亚利的运动自信多维模型

班杜拉的自我效能理论和哈特的胜任动机理论在本质上都是特定领域自信的认知模型，而维亚利则针对竞技运动领域，提出了运动自信模型（Vealey，1986，1988）。而后，维亚利等（Vealey et al.，2002）又将其发展为运动自信多维模型。在扩展模型中，他们放弃了对运动自信进行特质及状态一分为二的划分方式，将其视为包含三个维度的多维结构，建立了涵盖运动自信的类型、来源、结果及影响因素等四个方面的整合模型。该模型为竞技运动领域的运动自信的研究提供了可供参考的理论框架。

1. 运动自信的类型

在该模型中，运动自信被视为多维结构，包括身体技能及训练自信、认知效能及韧性三个维度。运动自信的三个维度均能有效预测运动员的竞赛焦虑、应对方式及运动表现。

2. 运动自信的来源

研究者共列出9种运动自信的来源（见表5-1），即掌握、能力的展现、生理及心理准备状态、身体的自我表征、社会支持、替代经验、教练的领导力、竞赛及环境的舒适度和情境有利性，并将这些来源进一步划分为成就、自我调节和社会气氛三个类别。

表 5－1　　运动自信的来源

来源	具体解释
掌握	良好表现，趋近及达到个人目标
能力的展现	展示或炫耀能力，通过超越他人以获得社会比较的更有利位置
生理及心理准备状态	生理及心理达到比赛要求的最佳准备状态
身体的自我表征	对他人如何看待自己的主观感受
社会支持	从他人处获得的支持（如教练员、体育官员、队友、同伴、观众、家庭成员、朋友及其他重要他人）
替代经验	观察榜样或队友的成功表现
教练领导力	对教练能够做出正确决策及有效领导的主观感受
竞赛及环境舒适度	对竞赛环境的舒适程度，以及对竞赛主办方放松程度的主观感受
情境有利性	对对手、竞赛条件及竞赛前进行的仪式等的主观控制感

资料来源：霍恩，2011，72 页。

对青少年精英运动员进行的访谈也支持该模型。研究结果发现了运动自信的 3 种类型，即技能运用、身体因素和心理因素。同时也发现了运动自信的 5 个来源，分别是：掌握、社会支持、准备、替代经验和先天因素。而且确认了损害运动自信的 5 个因素，即缺少社会支持、运动表现欠佳、准备不充分、压力和期望，以及伤病（Thomas et al.，2019）。

3. 运动自信的结果

在运动自信多维模型中，研究者将情感（A）、行为（B）及认知（C）组成 ABC 三角形，并指出，运动自信与 ABC 三角间存在双向影响。具体而言，高运动自信能够激发运动员的积极情感，并与运动员的努力程度及坚持等成就行为相关，同时，高自信能够促使运动员产生熟练且有效的认知资源，如归因模式、注意分配及应对策略等；而情感、认知及行为反过来也影响着运动自信。此外，运动员的认知、情感及行为是影响运动员运动表现的主要因素，运动表现反过来也影响着运动员的认知、情感及行为。影响运动表现的其他因素还包括外部不可控因素及运动员的身体技能和特征等。

4. 运动自信的其他影响因素

研究者将运动自信的其他影响因素归为两类：一类是运动员的人口统计学变量和人格特征，如性别、年龄、成就动机等。例如，研究发现，不同年龄段运动员的运动自信水平存在差异；同时，所属竞技层次不同的运动员运动自信水平也存在差异（Şahin et al.，2019）。另一类则是组织文化，也即运动亚文化，如不同竞技水平的比赛、动机氛围、教练的行为及期望等。

运动自信多维模型，涵盖了运动自信的来源、类型、结果及影响因素之间的复杂关系（见图5－3），为竞技运动领域自信的研究提供了重要的理论框架。

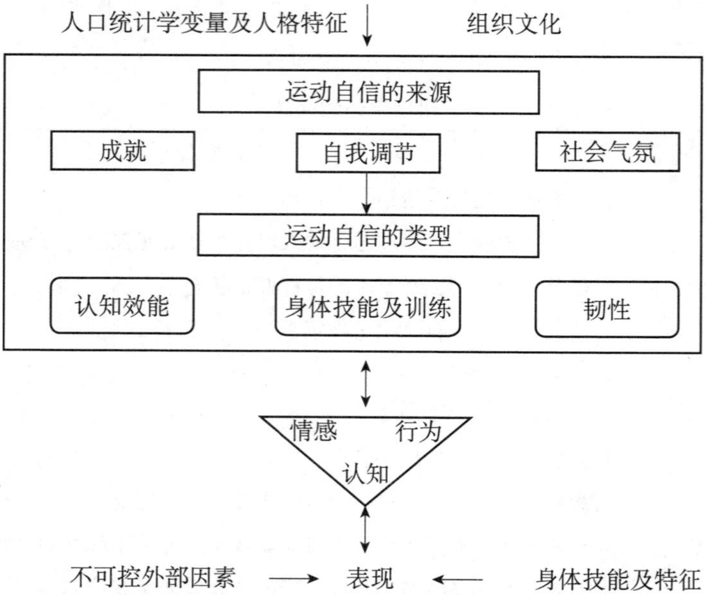

图5－3 运动自信的来源、类型及其与运动表现间的关系

资料来源：Cox，2007，p. 110。

三、运动自信的测量

研究者从不同的理论框架出发，从不同角度提出了运动自信的测量方法，主要包括特定任务自我效能的测量、运动自信的直接测量、运动自信来源的测量及绩效期望的评估等。

（一）特定任务自我效能的测量

班杜拉倡导从水平和强度两个维度测量个体对特定任务的自我效能：水平即不同任务的具体要求，如定点投篮的100投10中、100投20中、100投100中等；强度则是个体对自己能够成功完成某水平任务的确信程度，个体可在从0至100%的范围内对确信程度进行自评。

特定任务自我效能的测量可以针对不同任务进行设计，不仅能够获得个体对该任务的自我效能强度（所有题目得分的总和与总题目数的比值），同时也可获得个体的效能水平（即个体判断其能够成功的最后一个任务难度）。此外，该测量方式也适用于对特定任务集体效能、一般意义的运动集体效能、特定任务的角色效能及教练效能等进行测量。

专栏5－1

定点投篮自我效能测量示例

在定点投篮线处，你有多大把握能够投篮命中。表5－2左侧的一列是任务要求，分别为100投10中、100投20中……100投100中。最上面一行表示你对完成该任务的把握。请根据每个任务难度，评价自己完成该任务的把握，并在相应的栏中打“√”。

表5-2 定点投篮自我效能测量示例

	0	10%	20%	30%	40%	50%	60%	70%	80%	90%	100%
10/100											
20/100											
30/100											
40/100											
50/100											
60/100											
70/100											
80/100											
90/100											
100/100											

资料来源：霍恩，2011，75页。

（二）运动自信的直接测量

维亚利基于运动自信模型，编制了《运动自信调查表》。该量表包括三个分量表，分别为特质运动自信、状态运动自信及竞赛定向分量表。量表的题目形式为9级利克特量表（Vealey，1986）。而后，维亚利等（Vealey et al.，2002）又基于运动自信多维模型，发展了新的《运动自信调查表》（Sport-Confidence Inventory，SCI）。该量表包括三个分量表，分别测量运动员对身体技能及训练的自信、认知效能，以及韧性。题目形式为7级利克特量表，题干均为“你对……的确信程度”。该量表既可获得个体总的运动自信水平，也可测量三种不同类型的运动自信水平。

此外，曼佐等（Manzo et al.，2001）基于其对运动自信的界定，建立了包括13个条目的《卡罗莱纳运动自信调查表》（Carolina Sport Confidence Inventory）。该量表主要测量运动员的性格乐观及其对自身运动竞争力的主观感受。

（三）运动自信来源的测量

基于运动自信多维模型，维亚利等建立了《运动自信来源问卷》（Sources of Sport Confidence Questionnaire，SSCQ），用于测量运动员对不同运动自信来源的重要程度的主观感受。该量表包括9个分量表，分别为掌握（Mastery）、能力的展现（Demonstration of Ability）、生理及心理准备状态（Physical and Mental Preparation）、身体的自我表征（Physical Self-Presentation）、社会支持（Social Support）、教练领导力（Coach's Leadership）、替代经验（Vicarious Experience）、竞赛及环境舒适度（Environmental Comfort）和情境有利性（Situational Favorableness）。题目形式为7级利克特量表（1表示完全不重要，7表示极其重要）。

（四）绩效期望的评估

也有研究者将绩效期望作为对运动自信的操作化界定，以此为指标来测量运动自信（此处的绩效期望是指运动员对自己表现或能否击败对手的期望）。

在测量绩效期望时，通常采用单一问题进行测量。如："你认为你将在今天的比赛中表现得有多好?""你期待在篮球运动方面有多好的表现?""在这场比赛中，你认为10次中你有多少次会打败对手?"（Cobin & Nix，1979；Cox & Whaley，2004；Scanlan & Passer，1981）。尽管有研究者质疑单一问题的测量信度，但新近的心理测量分析表明，单一问题的测量方法具有实践相关性、较高的表面效度及预测效度（Tenenbaum et al.，2007）。

四、运动自信与运动表现的关系

运动自信与运动表现的关系，是研究者关注的问题之一。已有研究表明，运动自信至少能够通过以下四种方式提升运动表现。

（一）自信是运动员的重要心理技能

自信是运动员的重要心理技能之一，对运动表现产生重要影响，这一观点在一些访谈及相关研究中都得到了支持。在访谈中，美国奥运冠军及其教练员、父母和其他重要他人都认为，对精英水平的运动员而言，自信是决定其成功表现的关键心理技能之一。针对精英运动员的其他研究也发现，自信在心理韧性中是最重要的心理技能，对运动表现具有重要影响（Bull et al.，2005；Jones et al.，2002）；而在一项包括精英运动员、大学及俱乐部运动员的研究中，超过一半的运动员都将自信视为与运动成绩具有正向关系的最重要的心理技能（引自霍恩，2011）。

（二）自信能够有效区分运动员是否成功

自信不仅是心理技能，而且，在精英运动员这一水平上，自信能够有效地区分成功和不成功的运动员（Jackson，1996）。海兰和本奈特（Highlen & Bennett，1979）对摔跤运动员的研究也发现，在世界级比赛中，在众多心理因素中，自信是区分成功和不成功运动员的最有效的心理因素，成功运动员的自信程度更高，同时，他们的焦虑水平较低，有更多积极的想法，消极的想法较少。不仅个体的运动自信能够预测运动员的成功，集体自信对团队的运动水平也具有预测作用，相比于低集体自信的团队，拥有高集体自信的团队，其运动水平更高（George & Feltz，1995）。

（三）自信能够有效预测运动表现

在运动自信模型的理论框架下，已有元分析发现，相比于认知焦虑和躯体焦虑，运动自信与运动表现间存在最强和最稳定的正向关系，即高自信通常与好的运动表现相联系（Craft et al.，2003），伍德曼和哈代（Woodman & Hardy，2003）针对状态运动自信与运动表现关系的元分析则发现，二者间的平均相关程度为0.24。而在运动自信多维模型的理论框架下，海斯等（Hays et al.，2009）的质性研究则发现，自信对运动员的认知、情绪及行为产生积极的影响，进而提升其运动表现。

运动表现不仅与运动自信具有正向关系，也与运动员对理想自信与实际自信间差距的主观感受有关，比蒂等（Beattie et al.，2004）对皮划艇运动员的研究发现，运动员感知到二者间的差距越小，其运动表现越好，当理想自信与实际自信等同时，运动表现最好。

另一项针对足球运动队的研究也发现，赛季前团队效能能够有效预测球队在整个赛季的表现（Myers et al.，2004）。

（四）自信调节焦虑与运动表现的关系

此外，自信也调节着焦虑对运动表现的影响。在焦虑与运动表现关系的突变模型中，自信能够增加运动员克服困难的勇气，从而调节认知焦虑及生理唤醒与运动员成绩的关系（Hardy，1996；Hardy et al.，2004）。

也有研究者（Jones & Swain，1995）指出，不同自信水平的运动员对焦虑的解释存在差异，相比于低自信的运动员，具有较高自信的运动员对其焦虑进行积极解读，从而形成一种有效的信念系统，促使个体重新调整情绪，进而对运动成绩产生积极影响。汉顿等（Hanton et al.，2004）针对精英运动员的质性研究也发现，低自信的运动员，将赛前状态焦虑强度的提高，解读为不可控制，进而损害其运动表现；相反，具有高自信的运动员，则对赛前焦虑症状的增多进行积极解读，提升其运动表现。

第二节 运动自信的培养

尽管运动员、教练员及运动心理学家都认为运动自信对于运动表现非常重要。然而，自信并不是一成不变的，恰恰相反，许多运动员都认为，保持自信并不容易，他们时常面临丧失自信的风险。因此，培养及提升运动员的自信显得尤为重要。

一、运动自信的来源

培养及提升运动员的自信，需要首先了解运动自信的主要来源，以此为基础，探讨有效的培养及提升策略。运动自信的最重要来源是行为成就，此外，榜样、表象、社会支持等也是其重要来源。

（一）行为成就是运动自信的最重要来源

综合运动自信的相关理论模型，可见，运动心理学家多将掌握及行为成就视为运动自信的最重要来源，相关研究也支持了这一理论设想。如海斯等（Hays et al.，2007）

对世界级运动员的研究发现，运动员将良好的准备状态及先前的成就视为自信的最重要来源。蔡斯等（Chase et al.，2003）针对女子篮球运动员的研究也发现，在个体自我效能和集体效能信息的来源中，先前的表现尤其是训练时的表现均高居榜首。维亚利等（Vealey et al.，1998）的研究也发现，在运动自信的9个来源中，高中生及大学生运动员将动作掌握、能力表现及身心准备状态视为自信的最重要来源。

然而，正如班杜拉所说，个体建立自信的过程是一个复杂的自我说服过程。即使输掉比赛，如果运动员认为他们表现不错或是从比赛中增长了见识，那么仍可提升运动自信，相反，如果运动员认为仅仅因为运气或其他外部因素而赢得了比赛，那么胜利的结果仍无法提高运动自信。因此，班杜拉强调说，行为成就并不能自动提升自信，自信是否能够提升取决于运动员进行推理的结果。在推理过程中，运动员会解释和评价自己行为的成功或失败，权衡与个人能力相关的因素及其他因素，如果能够从中获得了掌握或精通的感受，则会提升自信。

（二）运动自信的其他重要来源

此外，榜样、表象、社会支持、言语说服及自我谈话，都是运动自信的重要来源。已有研究发现，榜样能够通过提供成功的替代经验，进而提升观察者的运动自信，尤其当榜样与运动员能力相当或能力较强时（George et al.，1992）。因此，一个充当自信榜样和有效领导者的教练员会成为运动员及其他教练员自信的重要来源。同时，汉顿等（Hanton et al.，2004）在对精英运动员的质性研究中，也发现，运动员可以通过表象训练、思维停滞及积极的自我谈话等自信管理策略，提升自信，降低其赛前的状态焦虑水平。

二、运动自信的培养及提升

在明晰运动自信来源的基础上，研究者提出了不同的自信培养及提升策略。这些策略包括：引发成功体验，心理技能训练，建立乐观的思维定势，能力重评，重视赛前准备，展示自信行为及提供社会支持和鼓励。

（一）引发成功体验

成功体验能够提升自信，并促使产生更多的成功行为。运动员如果能在训练中体验成功，例如多次成功地完成某一技术动作，就会对自己的能力充满自信。因此，创设成功情境是提升自信的有效策略。在训练中，教练员可以复制和操控比赛情境，让运动员有机会获得成功体验。此外，教练员也可以通过创设与模拟不利情境（指任何将运动员置于不舒适区域的环境，如糟糕的天气、不友好的观众、较强的对手等），培养运动员应对不利情境的积极态度，让运动员获得应对不利情境的成功体验，以提升其应对逆境的自信。

（二）心理技能训练

运动心理学家指出，运动员可以通过心理技能，如积极的自我谈话、表象训练及目标设定来培养及提升自信。先前研究也发现，相比于较少使用放松、自我谈话及目标设定等心理技能的运动员，在比赛前使用这些心理技能的运动员，其自信水平更高（Fletcher & Hanton，2001）。具体详见第七章“心理技能训练”。

1. 自我谈话

自我谈话是运动员对自己说的、有关自己是否具备达到目标的能力的话语。自我谈话既可以提高运动自信，也可以降低运动自信。积极的、任务指向的、目标导向及鼓励性质的自我谈话能够提升运动自信；相反，消极的、批判性的、愤怒的、贬损的自我谈话则会降低运动自信。由此可见，最有效的自我谈话是使用简洁的、积极的、聚焦于运动员能力的词汇或短语。具体来说，运动员可以使用三种类型的积极的自我谈话，即情绪性的（如激动、投入、喜悦等）、技术的（聚焦与成功执行的话语），以及记忆的（回忆先前成功经验的话语）自我谈话。运动员使用的一些积极的自我谈话见表 5-3。

表 5-3　运动员使用的一些积极的自我谈话

运动员身份	积极的自我谈话
足球守门员	“什么球都不会从我身边入门”
网球发球方	“我能击出一个有力而准确的一发”
投篮者	“我的面前除了篮筐没有别的”
排球接球手	“我是一个始终如一的准确的传球手”
美式足球四分卫	“我的胳膊可以像大炮一样投掷”
摔跤运动员	“我像牛一样健壮”
高尔夫球手	“我一定能击一个好球”

资料来源：考克斯，2003，33 页。

2. 表象训练

表象训练的重要用途之一是使得运动员能够重现或唤起对成功的记忆，以提升自信；具体来说，运动员可以通过想象自己或榜样先前的成功情景，获得有关成功的直接及替代经验，进而提升自信。想象成功的情景，是使用表象提升自信的关键。

3. 目标设定

目标图像（goal map）是个体对目标的计划，包括不同形式的目标、达到目标的策略以及对目标达成进度的系统化评估步骤等。目标设定则是达成目标图像的过程。当运动员的目标图像聚焦于表现及过程目标，而非结果性目标时，能够有效提高运动员获得控制感，同时有助于运动员的专注，进而提升自信。

虽然精英运动员都特别强调高品质的心理训练对建立自信非常重要，但必须意识到，没有任何心理技能能够取代体能及技术对自信的影响。因此，运动心理学家需要探索将心理技能训练与技术训练相结合的途径，以更有效地培养及提升运动员的自信。

（三）建立乐观的思维定势

自信影响运动员的归因，反过来，归因也间接影响着运动员的自信。塞利格曼等（Seligman et al.，1990）指出，运动员和教练员可以通过建立乐观的思维定势来培养和提升自信。具体而言，乐观和悲观的运动员的归因有三个方面的差异。首先，乐观的运动员对比赛胜利进行内部归因（如技术好、战术正确等），进而提升自信；在遭遇失利时，乐观的运动员会进行外部归因（如对手强大、运气差等），或将失败归因为可控因素（如技术或战术不对），以保护自信。其次，乐观的运动员将成功进行整体归因，以提升整体自信，而对缺点则进行特定归因，以防止损害自信。最后，乐观运动员对成功进行稳定的归因，而对失败则进行不稳定归因，以保护自信不受损害。

塞利格曼等进一步指出，运动员可以通过系统的步骤来建立乐观的思维定势。这些步骤包括：寻求积极反馈——运动员可以首先将反馈信息划分为积极和消极信息，并将注意聚焦于积极的反馈信息，隔离消极的反馈信息；接受积极反馈——有意识地培养自己接受能够建立自信的积极反馈，即使在比赛起伏中，也努力接受积极的反馈，而对损害自信的反馈进行最小化处理。此外，在遭遇失利时，聚焦于失败带来的教训，以保证将来获得成功；改变运动经历的建构监督——运动员可以基于增强自己未来成功的信念角度，建构其成功的经历；从限制破坏性结果的影响及对自己有利的方面，去建构失败的经历，从而保证了从成功及失败的经历中均能够保护和提升自信。

（四）能力重评

正确认识和评估自己与运动有关的能力，是提升运动自信的有效策略之一。能力重评能够帮助运动员聚焦于自己的优点，同时将注意从自己的弱点上转移。具体来说，运动员可以将自己的优点列表，帮助自己重新认识和评估自己在身体、技术及心理方面的优势；也可以基于训练及比赛，列出自己先前的成就，同时列出自己对将来获得成功的信心来源。

（五）重视赛前准备

良好的身心准备状态是运动自信的重要来源之一。因此，重视赛前准备，对提升运动自信尤其重要。如果运动员相信自己为赢得比赛，已经尽力做好了所有事情，他们也就拥有了对获得最优表现的自信。赛前准备不仅包括身体、技术、战术和心理方面的准备，也包括对比赛流程，如对出行时间、进餐时间、赛前仪式等进行的准备。

（六）展现自信行为

认知、情感与行为间存在着错综复杂的交互关系，认知、情感影响着行为，反过来，行为也影响个体的认知及情感。因此，通过展示自信行为，能够提升运动自信。在比赛中，当运动员开始丧失自信，而对手已经有所觉察时，展示自信行为对自信的提升尤其重要。具体而言，运动员在比赛中，即使是失误或面临强大的对手，也要努力借由抬头挺胸、微笑等肢体语言展示其自信。

（七）提供社会支持和鼓励

来自教练、队友、家庭及朋友的鼓励及建设性反馈，能够增强运动员的自信，因此，许多教练都将社会支持作为提升自信的有效策略（Gould et al.，1989）。而当运动员从教练那里获得积极反馈和鼓励时，他们会感觉自己更有能力，且动机更强（Black & Weiss，1992）。然而，需要注意的是，社会支持在运动员建立自信的最初阶段最为有效，随着运动员的竞技年限的增加，教练需要采用更具影响及更持续的策略以提升自信。

本章要点

1. 运动自信是运动员对通过自己所具有的能力，在竞技运动中获取胜利的信念及确信程度。

2. 维亚利在界定运动自信时，进一步将其划分为特质运动自信和状态运动自信。特质运动自信是运动员对自己具有的能力，能够在竞技运动中赢得胜利的信念及确信程度，更接近于人格特质。状态运动自信则定向于"此时此刻"，强调个体在某一特定时刻具有的信念及确信程度。

3. 在运动自信多维模型中，运动自信被视为包括三个维度的多维构念，三个维度分别是：身体技能及训练自信，即运动员对通过自己的能力，成功完成某项身体技能的信念及确信程度；认知效能，即运动员对自己在运动中能够全神贯注并成功执行有效决策的信念及确信程度；韧性，即运动员对自己能够在失败后集中精力克服困难及挫折，再次获得成功的信念及确信程度。

4. 班杜拉针对特定领域的自信，在 20 世纪七八十年代提出了自我效能理论。该理论认为，个体的自我效能信息来源于四个方面，即成功表现、替代经验、言语说服及情绪唤醒。在运动领域中，个体的自我效能信息来源于六个方面，依次为成功表现、替代经验（模仿学习）、言语说服、生理状态、情绪状态及表象经验。个体的自我效能对个体的行为具有预测作用。该理论对于理解运动自信的来源、探索有效提升运动自信的策略具有重要的意义。

5. 哈特在 20 世纪七八十年代提出了适用于成就领域（如竞技运动领域及其他专业领域）的动机理论。他将胜任动机界定为个体在成就领域获取成功的内在动机，它影响着个体在特定成就领域进行掌握性尝试，尝试的结果则影响着个体的认知、情感及行为，如胜任感及控制感、内部乐趣以及是否进行更多的尝试行为等。具体而言，胜任动机驱使个体在特定的成就领域，进行掌握性尝试，如果在掌握性尝试中成功，或得到重要他人给予的赞赏或强化，其胜任感及控制感则会提升，同时，积极感受，如内部乐趣，以及胜任动机也会提高，而高胜任动机将促使产生更多的掌握性尝试。相反，如果个体的尝试失败，或从重要他人处得到了不恰当的强化，胜任感及控制感则会降低，会体验到更多的焦虑，胜任动机下降，减少进一步的尝试行为，并有可能彻底退出该领域。该理论与自我效能理论本质上都认为，成功表现能够提升个体的自信。

6. 维亚利针对竞技运动领域，在 20 世纪 80 年代提出了运动自信模型。而后，维亚利等在 21 世纪初，又将其发展为运动自信多维模型。该模型将运动自信视为包含三个维度的多维结构，即身体技能与训练自信、认知效能，以及韧性，建立了涵盖运动自信的类型、来源、结果及影响因素四个方面的整合模型。该模型认为，运动自信来源于成就、自我调节及社会气氛三大类因素，同时受个人及组织文化因素的影响；运动自信的结果包括其对个体的认知、情感及行为产生的效应，进而影响运动表现。维亚利等在该模型中，放弃了对运动自信进行特质及状态一分为二的划分方式，与新近的研究结果更为一致。而且，该模型也为竞技运动领域自信的研究提供了可参考的理论框架。

7. 研究者从不同的理论框架出发，从不同角度提出了运动自信的测量方法，主要包括特定任务自我效能的测量、运动自信的直接测量、运动自信来源的测量，以及绩效期望的评估等。

8. 运动自信至少能够通过以下四种方式提升运动表现，即：自信是运动员的重要心理技能；自信能够有效区分运动员是否成功；自信能够有效预测运动表现；自信调节焦虑与运动表现的关系。

9. 运动自信的最重要来源是行为成就，此外，榜样、表象、社会支持、言语说服及自我谈话等也是其重要来源。

10. 培养及提升运动自信的有效策略包括引发成功体验、心理技能训练、建立乐观的思维定势、能力重评、重视赛前准备、展示自信行为，以及提供社会支持和鼓励。

复习思考题

1. 有关运动自信的理论模型主要有哪些？每个理论模型的主要观点是什么？
2. 运动自信与运动表现间有何关系？
3. 如果你到运动队进行实践，你会从哪些方面帮助教练员培养及提升运动员的自信？
4. 设计一项研究，检验个体自我效能及集体效能与集体项目运动表现的关系。

推荐阅读

程宏宇，王进，胡桂英．(2013)．教练员领导行为与运动员竞赛焦虑：运动自信的中介效应和认知风格的调节效应．*体育科学*，*33*（12），29－38.

Dithurbide，L.，& Feltz，D. L.（2012）. Self-efficacy and collective efficacy. In G. Tenenbaum，R. C. Eklund，& A. Kamata（Eds.），*Measurement in sport and exercise psychology*（pp. 251－264）. Champaign，IL：Human Kinetics.

Horikawa，M.（2013）. Debilitative and facilitative perception of trait and state anxiety and their relationships to self-confidence among undergraduate students on a serial addition task. *International Journal of Advances in Psychology*，*2*（3），157－165.

Manzo，L. G.，Mondin，G. W.，Clark，B.，& Schneider，T.（2005）. Confidence. In J. Taylor & G. S. Wilson（Eds.），*Applying sport psychology*：*Four perspectives*（pp. 21－32）. Champaign，IL：Human Kinetics.

Woodman，T.，& Hardy，L.（2003）. The relative impact of cognitive anxiety and self-confidence upon sport performance：A meta-analysis. *Journal of Sports Sciences*，*21*（6），443－457.

第六章

运动员的人格

内容提要和学习指导

人格是心理学中的重要概念。本章以人格为主要内容展开阐述，不仅介绍人格的界定，阐述人格的理论和测量方法，同时探讨人格领域的研究在体育运动领域中的发展。通过学习本章，你可以掌握人格的基本知识，同时了解人格特征与运动项目、运动表现之间的密切关系。

过去一个世纪，心理学家对人格研究表现出极大的兴趣，运动心理学家也不例外。为什么有的运动员外向开朗、善于交际，而有的运动员沉着冷静、不善言辞？为什么有的项目需要运动员快速敏捷的反应，有的项目则需要运动员持久的耐力？与一般运动员相比，优秀运动员具有怎样的特点？这些问题都与运动员的人格有关，本章将对这些问题展开深入探讨。

第一节　人格概述

一、人格的界定

人格是日常生活中经常使用的词，如“我们要塑造健全人格”“要培养学生成为人格高尚的人”……人格有多层的含义，从词源上讲，英文“personality”源于拉丁文*persona*，该词本义是指面具，即戏剧演员所扮演的角色的标志，类似于中国京剧中的脸谱。心理学上把面具指义为人格，包含两层意思：一是个体在生活舞台上展现出来的各种行为，表现在外的特点，即公开的自我；二是个体蕴藏于内的特点，即遮掩起来的真实的自我。

人格没有一个公认的定义，学者从不同的角度对人格进行了论述。综合各家看法，可以将人格界定为：人格是构成一个人的思想、情感及行为的特有模式，这个独特模式包含一个人区别于他人的稳定而统一的心理品质（彭聃龄 主编，2001)。如果一个运动员在运动场上和运动场外都表现出一致的自信，我们就说这是一位自信的运动员。

人格具有独特性、稳定性和统合性。人格的独特性指每个人都不会与其他人有完全相同的人格特点，“人心不同，各如其面”形象地说明了人格的千差万别。人格具有稳定性。在一次行为中偶然发生的、一时性的心理表现不能称为人格。人格的稳定性并不等于说人是一成不变的，而是说只要人格存在，而且行为所反映的不仅是我们所看到的特定情境的话，就会预料在人们的行为方式中有某种稳定性。人格具有统合性。人格统合性是心理健康的重要指标。当个体人格结构各方面彼此和谐统一时，其人格是健康的；否则，可能会出现适应困难，甚至出现人格分裂。

二、人格的结构

人格是一个复杂的结构系统，包括许多成分，如气质、性格、自我调控系统等（彭聃龄 主编，2001）。

气质（temperament）是表现在心理活动的强度、速度、灵活性和指向性等方面的一种稳定的心理特征，即我们平时所说的脾气、秉性。人的气质差异是先天形成的，受神经系统活动过程的特性制约。气质是人的天性，无好坏之分。不同气质类型的个体在行为方面有不同表现，不同运动项目对运动员的气质要求也有所不同，因此从竞技体育的角度来看，在运动员选材和培养方面应该对气质类型加以考虑。

性格（character）是与社会相关最为密切的人格特征，表现了人们对现实和周围世界的态度，并表现在行为举止中。性格具有道德评价的含义，是在社会生活中逐渐形成的，同时也受个体生物学因素的影响。体育运动中，应该注重培养运动员优秀的性格特点，营造良好的竞赛氛围，并坚决杜绝各种不良道德行为。

自我调控系统是人格中的内控系统或自控系统，具有自我认知、自我体验、自我控制三个子系统，其作用是对人格的各种成分进行调控，保证人格的完整、统一与和谐。

第二节　人格的理论

本节将会介绍六种重要的人格理论或研究取向：心理动力流派（psychodynamic theories）、特质流派（personality traits of dispositions）、行为主义和社会学习流派（behaviorism and social learning theory）、人本主义流派（humanistic theory）、交互作用取向（interactionist approaches）和整合模型（integrative model）。

一、心理动力流派

在弗洛伊德的学说中，人格被视为内部控制行为的一种心理机制，这种内部心理机制决定着一个人在一切给定的情境中的行为特征或行为模式。弗洛伊德认为，人格结构由本我（id）、自我（ego）和超我（superego）三部分构成。本我处于人格结构的最底层，是人格中最原始、最模糊和最不容易把握的部分，由一切与生俱来的本能冲动组成，本我的要求需要立即获得满足，遵循的是快乐原则；自我是从现实环境中由本我逐渐分化发展而来的，位于人格结构的中间层，是现实化了的本能，其需求的满足受到社会现实的影响，遵循的是现实原则，既要满足本我的需要，又要制止各种违反社会规范、道德准则等的行为；超我位于人格结构中的最高层次，是道德化了的自我。超我由社会规范、伦理道德、价值观内化而来，受社会文化道德规范的影响，遵循的是完美原则。在人格结构内容中，本我、超我两者始终处于相互矛盾、斗争之中，而自我在其中进行调节，从而始终处于一个统一的整体。如果三者失调乃至破坏，就会危及人格的发展。人格就是在本我、自我和超我的冲突、斗争和平衡中获得发展的。

心理动力流派对心理学领域有较大影响，特别是在临床心理学方面，但是对于运动心理学影响较小，而且因为使用心理动力理论进行心理治疗需要接受特别的训练，因此，使用该方法对运动员进行心理治疗也受到一定限制。但是，心理动力流派中的相关概念可以帮助我们了解运动员的感觉、行为或想法。比如，根据弗洛伊德的观点，个体潜意识的攻击本能是行为的主要决定因素，运动员的攻击行为也是这种潜意识的表现；另外，如果运动员在某个比赛场地总是不能正常发挥，或许与早期曾在此地遭受过重大失败有关。

二、特质流派

特质理论起源于 20 世纪 40 年代的美国，主要代表人物是美国心理学家奥尔波特和卡特尔。特质（trait）是决定个体行为的基本特性，是人格的有效组成元素，也是测评人格常用的基本单位。特质理论声称，只有从在各种情境中以类似方式表现出来的持久的特质或倾向的角度来分析，人格才能被广泛理解。体育运动领域人格特质的研究基本是基于卡特尔和艾森克的特质理论。

卡特尔强调在开始研究人格之前不应该先入为主地提出一套人格特质的清单，为了揭示人格的结构，他采用了因素分析技术，提出了人格特质的理论模型。1949 年，卡特尔最终确定了 16 种基本特质，并发表了第一个得到广泛使用的人格测验：《卡特尔 16 种人格因素问卷》（简称 16PF）。卡特尔认为，每个人身上都有这 16 种特质，只是在不同人身上的表现程度不同。

艾森克搜集了大量人格的非认知方面的特征，通过因素分析归纳出三个互相成正交的维度，从而提出决定人格的三个基本因素：外倾性（extraversion）、神经质（neuroticism）和精神质。

特质理论在运动心理学领域产生了很多研究成果，引发了关于运动员人格的讨论。有研究者（Mischel，1983）指出，虽然我们可以看到行为上的一致性，但人们常常看到的是他们所希望看到的，而不一定是真实的情况。因此，基于特质理论仅根据自我报告研究运动员的人格具有一定的局限性。

三、行为主义和社会学习流派

从行为主义的观点看，人类的行为在很大程度上受周围环境的影响。个体会根据他所学习的行为行事，而且与环境保持一致。一个人虽然在一种情境中会表现出自信，但在另外一种情境中可能就会犹豫不决。

行为主义流派的学者对人格的解释虽然进展缓慢但却在稳步地发生变化。行为主义流派的提出者华生认为，心理学要研究的就是可以观察的行为，在对人格的描述上，也是仅限在可观察的行为上。在华生看来，人格就是“我们的习惯系统的最终产物”。之后，传统的行为主义开始发生变化，出现了以班杜拉为代表的社会学习理论。该理论引进了“行为-环境-行为相互作用”的概念，认为不仅环境会影响个体的行为，行为也会决定我们处于什么样的环境中，这种环境反过来又会影响行为，如此循环反复。班杜拉在传统的行为主义人格理论中加入了认知成分，提出了社会认知理论。他的人格模式使我们既能与早期行为主义观点保持一致，又能理解思维、价值等心理学概念。

行为主义的思想已经被运动心理学家广泛接受，以行为主义理论观点为基础发展起来的心理治疗程序能够成功地解决很多问题行为。根据行为主义和社会学习的观点，给予强化或惩罚，以及提供可供学习的榜样是改变运动员攻击行为的良好途径。当运动员遭受心理困扰时，可以采用系统脱敏等方法进行心理治疗。

四、人本主义流派

人本主义流派的人格心理学家不承认人们天生的攻击性，他们认为，人的本性是善良的，如果能在富足和充满鼓励的环境中成长，所有的人都能够成长为乐观、和善的人。当某些因素阻碍了这种自然成长的过程时，就会出现问题。

罗杰斯和马斯洛是人本主义流派人格理论的重要代表。罗杰斯的人格发展观源于其25年的临床实践经验，强调人的主观经验和自我实现潜能。罗杰斯认为，每个人都以独特的方式来看待世界，每个人对自己和世界的知觉构成个人的现象场，所有人都生活在自己的内心世界里，正是这种内心世界而非客观世界决定着个体的行为。自我的发展是个体实现倾向的主要表现。自我实现倾向是人格发展的主要动力，这种倾向是与生俱来的。个体希望能不断地生存、成长、发展与完善自我，并在这一过程中，不断地体验到快乐、满足和幸福感。马斯洛提出了需要层次理论，他认为个体都有一种努力达到自我实现的潜能。同时，在对名人的分析中，马斯洛概括出心理健康的人的特征。

罗杰斯和马斯洛的理论对人格理论影响巨大，他们的积极理论提供了一种受欢迎的观点，同时他们把许多人格研究者的注意力吸引到健康人格方面。

五、交互作用取向

在研究人格对运动表现的预测作用时，研究者发现单独使用人格的预测作用比较微弱。目前，大多数人格心理学家倾向于注重人格因素和情境因素之间的相互作用对行为的预测作用，这种以人格和情境相互作用来预测行为的观点称之为交互作用取向。相对于仅用人格和情境交互作用来预测行为而言，人格信息加上情境信息再加上两者的交互作用，对于行为的预测效果大大增强。一定的人格特质在某种情境下可以预测行为，但在另外一种情境下可能就不会发生作用。例如，在不同的情境中，一个拳击运动员可能在面对重大比赛时会表现出焦虑，但在其他情境，如演讲中就不是这样。从交互作用的观点来看，任何一个行为都可能还是众多人格和环境因素共同作用所致。交互作用观点比特质理论和情境理论更复杂，但也更符合现实。

六、整合模型

迈耶、麦克亚当斯和帕尔斯等最近提出了整合模型。迈耶（Mayer，2005）指出：人格是一个有组织的、发展的系统，是个体的动机、情绪、认知、社会计划和其他的心理亚系统的整合。迈耶整合了以往人格理论中未包含的认知、情绪和社会因素。他认为，人格在一定程度上将生理和社会联系在一起，这个系统可能会整合心理学科。与迈耶一致，麦克亚当斯和帕尔斯（McAdams & Pals，2006）将生理和社会的观点合并为整合模型。他们认为基本的人格特质存在于所有人身上，但是他们更强调性格特质、适应特征和整合的生活事件之间复杂的、动态的关系，以及在日常生活的社会系统中文化系统和事件的持续影响。与人格的特质理论相比，整合模型更为复杂、动态，更符合社会现实。

第三节　体育运动领域的人格测量

人格测验可以帮助心理学工作者了解、监测运动员，但也并不是对个体行为和表现进行准确预测的神奇工具。本节将介绍竞技运动领域常用的人格测量工具。

一、常用人格特质测验

竞技运动领域常用人格测验有《明尼苏达多相人格调查表》(Minnesota Multiphasic Personality Inventory，MMPI)、《卡特尔 16 种人格因素问卷》(Cattell's 16 Personality Factor Questionnaire，16PF) 和《艾森克人格问卷》(Eysenck Personality Questionnaire，EPQ)。

《明尼苏达多相人格调查表》由心理学家哈撒韦（S. R. Hathaway）与内科医生麦金利（J. C. McKinley）于 1943 年编制。测验共有 550 个条目，每个条目有“是”“否”和“无法回答”三种选项。之后，研究者进行了修订，形成 MMPI-2（Butcher et al.，1990），将测验调整为 567 个条目。该问卷是临床心理学研究中运用最为普遍的人格测验。拉普莱斯（La Place，1954）最早将其应用于运动领域，测量了大联盟和小联盟棒球运动员与非专业棒球运动员的人格差异。该测验以非运动员群体为参照标准，主要用于临床，因此用来测量运动员的人格时存在一定的质疑。

《卡特尔 16 种人格因素问卷》由卡特尔于 1949 年编制。测验共有 180 个条目，用来测量 16 种人格因素。霍恩萨（Heusner，1952）将其用于体育运动研究，测量了奥运选手的人格特质。之后，研究者应用该测验对不同项目、不同水平的运动开展了广泛研究（Bhushan & Agarwal，1978；Pestonjee et al.，1981）。该测验的批评者认为被试在回答16PF时易出现虚假反应（Irvine & Gendreau，1974；O'Dell，1971；Winder et al.，1975）。

《艾森克人格量表》（EPI）由艾森克于1963年编制。原测验有57个条目，为二选判断题，测量了两种人格维度：神经质-情绪稳定和内向-外向。该量表的应用的普及性不如MMPI和16PF，但也有研究者将其用来测量运动员人格特征。1968年，摩根（Morgan，1968）用该量表测量了参加1966年世界锦标赛的摔跤运动员，其他研究者也探讨了运动员在内、外向上的差异（Brichin & Kocian，1970；Kirkcaldy，1980）。该量表现已为《艾森克人格问卷》（EPQ）及其修订版EPQ-R所取代，增加了精神质和成瘾性两个维度（勒昂斯，内森，2005），在运动心理学研究中的应用更加广泛。

专栏 6-1

人格测验中的“该做”和“不该做”

该做

让参与者知道人格测验的目的和它将被如何使用。

只让有资格且了解测验方法和测验误差的人来从事人格测验。

将人格测验结果和其他有关参与者的资料整合起来。

尽可能运用运动特殊化的测验，并且要经过运动心理学家鉴定。

同时使用特质和状态的人格测验。

提供参与者关于测验结果的明确反馈。

将个人和其自身的基准相比较，会比和常模比较更为理想。

不该做

不要使用临床用的异常人格测验来研究一般运动参与者。

不要用人格测验来决定谁可以参与团队或课程。

除非你经过专业组织认证，否则不要使用或解释人格测验。

不要没有考虑其他信息，像是观察资料和表现评估，就使用人格测验来预测运动情境中的行为。

资料来源：温伯格，古尔德，2012，2章，13页。

二、体育运动领域专用测验

与关注一般性的人格特质相比，体育运动领域的特定人格测量似乎更能激发研究者的兴趣。研究者根据体育运动情境的特点专门为运动员编制了心理测验，测量与运动成绩关系密切的人格特质。教练员可以依据测试结果建议运动员如何扬长避短。

运动员竞赛焦虑特质的测量较多采用《运动竞赛焦虑测验》（Sport Competition Anxiety Test，SCAT）。该量表是马腾斯根据泰勒的《泰勒显性焦虑量表》(Taylor Manifest Anxiety Scale，TMAS)、斯皮尔伯格的《状态-特质焦虑调查表》（State-Trait Anxiety Inventory，STAI）以及沙拉松等的《一般焦虑量表》（General Anxiety Scales，GAS）专门为运动员编制的特质焦虑量表。该量表与运动竞赛情境密切结合，能够有效测量出运动员在竞赛情境中的特质焦虑。量表由 15 个题目组成，已经成为一个非常普遍的评定工具。它自问世至 1990 年，至少在 217 项研究中得到了运用（Martens et al.，1990）。研究支持了 SCAT 的信度及同时效度、预测效度和构想效度，同时得出了一些有价值的结论，如 SCAT 能够有效预测个体竞赛状态焦虑，会影响个体对应激源威胁程度的知觉评价等（勒昂斯，内森，2005）。我国学者祝蓓里等已于 1993 年修订出中国常模。

运动员心理韧性的测量没有一个被广泛认同的测评工具，研究者基于对心理韧性不同概念或属性的认同编制了不同的心理韧性量表。在问卷维度中，既包括稳定的人格特征，也有应对策略以及具体的行为表现等。《竞技运动心理韧性问卷》（Sport Mental Toughness Questionnaire，SMTQ）由希尔德等于 2009 年编制。问卷包括自信（Confidence）、坚持（Constancy）和控制（Control）三个维度，问卷包括 14 个条目，具有良好的内部一致性系数和较好的内部效度（Sheard et al.，2009）。国内学者（李静 等，2012）在对优秀运动员访谈基础上编制了《优秀运动员心理韧性量表》，它包括努力奋斗、坚持忍耐、情绪控制和积极认知 4 个因子，共 25 个条目，量表具有良好的信效度。运动心理韧性测评工具的研究处于初期阶段，上述所介绍的两个问卷也还需大量实证研究的支持。国内有研究者对心理韧性的维度与测量进行了综述，指出心理韧性的维度和测量工具方面依旧存在争议，较为关键的是心理韧性的维度问题，它关乎着量化研究的准确性（石岩，周浩，2017）。

专栏 6－2

运动员心理韧性

心理韧性（mental toughness）指曾经历或正经历严重压力/逆境的个体，其身心未受到不利处境损伤性影响甚或愈挫弥坚的发展现象（Mastern，2001；Rutter，2000）。20 世纪 80 年代，心理韧性作为一个研究领域被学界广泛认同（Rutter，2000；Werner，2005）。在竞技运动领域，研究者通过焦虑、自信心理论等解释运动表现，但是发现解释率较低（Swain & Jones，1996）。随着积极心理学的发展，研究者开始探讨积极的心理特质，许多运动员、教练员和运动心理学家普遍认识到心理韧性对于获得优异运动表现的重要作用。

对于运动员心理韧性的研究多采用质性研究的方法（Crust & Swann，2013），研究者对心理韧性的概念、核心特质等问题进行了探讨。琼斯等（Jones et al.，2002，2007）以高水平优秀运动员、教练员、运动心理学家等为被试，采用焦点小组访谈或一对一访谈的方法，提出心理韧性就是指运动员与生俱来或后天发展起来的心理优势，这种优势可以让运动员比对手更好地应对比赛、训练、特定生活方式中的压力。在压力下能够比对手表现得更果断、更集中、更自信和更可控。研究者识别出 30 种心理韧性的重要特质，可以归纳为4个独立的维度：态度/心态（attitude/mindset）、训练（training）、竞赛（competition）、竞赛后（postcompetition）。克鲁斯特（Crust，2008）指出，心理韧性包括有效应对压力和逆境，从挫折和失败中恢复，具有坚定不可动摇的控制命运的信念，对于拥有高水平专注的渴求及其他心理技能。李涛等（2015）采用质性研究的范式，对世界级水平冠军运动员的心理韧性特征及形成进行了探索，形成了包括3大范畴的核心式编码：挫折类型、心理韧性品质、心理韧性保护性因素，并在此基础上总结出以核心式编码建构的心理韧性品质和心理韧性保护性因素的相互关系。

也有研究者采用定量研究探讨了运动员心理韧性的特点及其与运动表现、情绪状态等的关系（Crust & Swann，2013；Gucciardi，2010；Gucciardi & Jones，2012；Nicholls et al.，2008）。克鲁斯特和斯万（Crust & Swann，2013）探讨了心理韧性与特质流畅状态之间的关系。结果表明，总体的心理韧性与总体流畅状态有显著正相关，总体的流畅状态与心理韧性的各维度之间也存在显著正相关。回归分析表明，心理韧性能够解释特质流畅状态45%的变异。古恰尔迪和琼斯（Gucciardi & Jones，2012）通过聚类分析将青少年板球运动员划分为高心理韧性组、中等心理韧性组和低心理韧性组。与中等水平心理韧性组相比，高心理韧性组报告较多的较低的消极情绪状态。

第四节　人格与运动表现

人格是体育锻炼心理学长期关注的主题。在运动心理学领域，最早从事优秀运动员人格特质研究工作的是格里菲斯。通过观察和访谈，格里菲斯识别出优秀运动员的如下特征：有耐性、乐观、警觉、忠诚等（引自王智 等，2009）。20世纪40年代，运动员的人格特征开始成为运动心理学最早系统和广泛研究的领域，运动心理学家关注哪些人格特质可以预测运动员的成就。到了20世纪60年代，研究者全面综述了有关人格和运动表现之间关系（Cofer & Johnson，1960；Morgan，1980），从多个角度论述了人格与运动表现之间的关系。大多数研究的结果是，人格特征与运动成绩的某些方面存在相关关系（张力为，石岩，2003）。20世纪70年代，人格研究一度成为运动心理学研究的主流。但是自20世纪80年代以后，人格研究所占比例明显减少。产生这种变化的原因是多方面的（张力为，任未多 主编，2000）：第一，运动心理学在走向成熟的过程中，不断产生了新的研究兴趣，开发了新的研究领域；第二，没有明确理论导向的单纯的人格测验和人格描述已不能满足运动心理学发展和体育运动实践的需要，也不再为运动心理学的科学研究承认；第三，过去一些归于人格特征的研究，现在由于关键词更新为自信心、归因等而归并到其他研究类别中；第四，运动心理学人格研究较多借鉴了特质流派的研究思路和研究倾向，当特质流派研究一度沉寂时，运动心理学研究也出现了停顿。近几十年来，运动心理学研究者在运动员与非运动员、不同运动项目运动员以及人格与不同运动水平运动员的人格差异方面开展了实证研究，试图了解运动员在人格上的独特性，并取得了一些有价值的研究成果。

一、运动员与非运动员的人格差异

与一般人群相比，运动员是不是一个特殊的群体？该类研究可以勾画出运动员人格特征的独特性。研究指出，运动员与一般人群在多种人格特质中存在差异（Gat & McWhirter，1998）。舒尔等（Schurr et al.，1977）指出，不管是集体项目还是个人项目的运动员都比一般人更独立、更客观，焦虑更少。哈德曼（Hardman，1973）指出，运动员的智力比一般人的平均水平更高一些。库珀（Cooper，1969）指出，运动员比一般人更自信、更具竞争性、更为外向。这些研究都支持了摩根（Morgan，1980）的结论：运动员更为外向，焦虑更少。

国内研究者也采用不同的人格量表对各个项目的运动员与一般人群的差异开展了广泛研究（石岩，刘崇庚，1992；张力为 等，1994；周工 等，1987）。结果表明，运动员在人格的某些维度与一般人群存在差异。有研究者采用《迈尔斯-布里格斯性格类型指标》M版（Myers-Briggs Type Indicator-M，MBTI-M）对运动员的人格类型进行研究，发现外倾-感觉-情感-判断型（ESFJ）、外倾-感觉-情感-知觉型（ESFP）和内倾-感觉-情感-知觉型（ISFP）3种人格类型是运动员的典型人格类型，但健将级、国家一级与二级运动员的人格类型略有不同；运动员具有外向好动、乐于助人、善于观察细节和记忆事物、喜欢合作、勇于冒险、不喜欢约束等人格特点（王秀强 等，2016）。

但运动员与一般人群在人格上的差异究竟是由于运动经历所致，还是因为个体具有一定的专长所以会选择运动项目？摩根（Morgan，1974）提出的性向假设认为：具有稳定、外向人格的个体倾向于从事运动，随着竞争的加剧，那些留下来继续从事体育运动的人就是外向性和稳定性最高的人。但性向假设不能排除参与体育运动可以改变或促进人格发展这一可能性。

二、不同运动项目运动员的人格差异

不同运动项目的运动员是否在人格上有所不同？围绕这一问题，研究者开展了广泛的研究。研究者单独探讨某一运动项目运动员的人格特点，或者是同时选取两个或两个以上的项目比较他们在人格特征上的差异。该类研究可以概括出某一运动项目运动员典型的人格特征，为运动项目的选材或运动员的专项训练提供参考指标和科学依据。

科洛尔和克伦肖（Kroll & Crenshaw，1970）使用16PF对高水平美式足球、摔跤、体操和柔道运动员的人格特征进行了比较。结果发现，美式足球运动员和摔跤运动员与体操和柔道运动员有明显的区别，美式足球和摔跤运动员的人格特征相似，体操与柔道运动员、美式足球与摔跤运动员的人格特征有所不同。辛格（Singer，1969）的研究表明，大学生棒球运动员与网球运动员不同，网球运动员在成就动机、自主性、恃强性和攻击性方面得分更高，在顺从性上得分较低。

国内研究者也进行了广泛研究。早期研究发现男子短跑、篮球、排球、射击、游泳运动员等在16PF人格特质上不同（邱宜均，贝恩渤，1984；张力为 等，1994）。近年来，不同项目运动员的人格特点仍受研究者关注。王秀香和明大阳（2004）指出，体能主导类项目的健将级运动员普遍表现出外向性及情绪稳定的人格特征。刘欣华等（2006）发现我国女子乒乓球运动员与女篮、女排运动员相比，个性更为活泼热情、自信好强。针对不同运动项目的研究发现，运动项目与人格特征也显著相关：开放式运动项目组的人格维度倾向分别为外倾、感觉、情感和知觉，外倾-感觉-情感-知觉型（ESFP）、外倾-直觉-情感-知觉型（ENFP）和外倾-感觉-情感-判断型（ESFJ）是其典型的人格类型；闭锁式运动项目组的人格维度倾向分别为内倾、直觉、思维和判断，内倾-直觉-思维-判断型（INTJ）、内倾-直觉-情感-判断型（INFJ）和内倾-直觉-思维-知觉型（INTP）是其典型的人格类型（王秀强 等，2016）。

除了比较不同项目运动员人格的差异之外，研究者也从专项人格特征的角度探讨运动项目与人格特征之间的关系。一项研究（杨绿 等，2011）分析了优秀冰壶运动员的专项心理能力，研究者采用了现场观察、专家访谈、逻辑分析等方法，提出冰壶运动员的专项心理能力包括专项认知能力、专项人格特征、情绪识别与控制和心理恢复能力等，其中专项人格特征包括乐观、自信、信任他人、低焦虑、善于制定适时应对策略等。另一研究（陈静 等，2006）探讨了乒乓球运动员心理素质。研究者根据前人资料列出一个人格特征目录表，请专家进行评定，最终获得“个性特征”和“社会性特征”两部分的内容，其中“个性特征”包括乐群性、外向性、表现性、客观性、变通性等27个特质。通过对运动员的测试表明：乒乓球运动员人格特征主要由表现性、乐观性、变通性、宽容性、合作性、稳定性、探究性、紧张性、有恒性、自律性、独立性、果断性和工作专注等13项组成，其中乐观性、宽容性、探究性、有恒性、自律性、果断性、稳定性等7项人格特征，较准确地预测了乒乓球运动员的事业发展。还有研究（杨阿丽，2012）采用16PF考察了单板U形滑雪运动员的人格特征。研究发现，运动员的人格类型主要有普通型、兴奋敢为型和敏感紧张型。个案研究发现，单板U形滑雪优秀运动员大多为兴奋敢为型和自信型运动员。

三、优秀运动员的心理图像

人格特征与个体的行为效率是否存在对应关系？即人格的某一方面是否对个体的行为效率产生影响？几十年来，研究者一直想方设法探查不同运动水平运动员人格特征上的差异，并试图通过人格测验的结果预测运动员的运动水平或运动成绩以及选拔运动员，这也是教练员梦寐以求的愿望。

运动水平是运动员所达到成就的表现，研究者采用横断研究考察了不同运动水平运动员的人格特征。许多证据表明，高水平运动员的人格特征与一般运动员有所不同（Morgan & Costill，1972；Morgan & Johnson，1977，1978）。国内研究者也报告了人格特征与运动表现的关系研究结果。例如，林琳等（2011）对于优秀皮划艇运动员的研究发现，开放性、严谨性对运动表现有显著预测作用；祝大鹏等（2013）考察了优秀男子拳击运动员的人格特征与运动成绩之间的关系，结果表明，在神经质维度和运动成绩之间表现出显著性相关。神经质主要反映了运动员情绪的稳定性，情绪的稳定对于拳击运动员取得良好成绩有重要作用。杨念恩等（2013）采用 16PF 测量了 51 名优秀竞技健美操和啦啦操运动员的差异。结果表明：运动成绩好的竞技体操和啦啦操运动员性格内向、缄默、宽容、随和；成绩不好的运动员表现积极、外向、怀疑。

但研究者也同时发现，采用人格特征来区分不同运动成绩的运动员并不是特别有效。威廉姆斯和帕金（Williams & Parkin，1980）采用 16PF 考察了 18 名国际水平、34 名国家水平和 33 名俱乐部冰球运动员的人格差异，结果发现，国际水平运动员与俱乐部水平运动员在人格特征有明显差异，但国家水平与另外两组运动员无显著差异。席尔瓦（Silva，1984）对此做出了解释，他认为，当运动员从较低技能水平发展到较高技能水平时，他们之间的人格特征会变得更为接近。

在交互作用取向的指导下，研究者绘制了优秀运动员心理图像。心理健康模型（mental health model）和冰山图像（iceberg profile）是摩根等（Morgan，1979，1980；Morgan & Johnson，1977，1978）提出的优秀运动员具有的心理图像。

心理健康模型代表了人格和体育运动研究的系统工作。研究者认为，与不太成功的运动员相比，成功的世界水平运动员一般来说具有更加积极的心理图像（见表 6－1）。运动员的成功与积极的心理状况成正比关系，与消极的心理状况呈反比关系。具体来看，具有神经质、焦虑、抑郁、内向、困惑、疲劳等特征的运动员比没有上述心理特征的运动员成绩差。

表 6－1　　成功运动员和不成功运动员的心理图像

心理因素	消极心理因素			积极心理因素		
	低	中	高	低	中	高
状态焦虑			●	●		
特质焦虑			●	●		
紧张			●	●		
抑郁			●	●		
气愤			●	●		
活力	●					●
疲劳			●	●		
困惑			●	●		
外向	●					●
神经质			●	●		

资料来源：张力为，石岩，2007，144 页。

冰山图像反映了心理因素与运动成绩的重要关系。成功运动员在消极心境状态项目（紧张、抑郁、气愤、疲劳和困惑）上的得分低于 T 分数 50 分，在积极的心境状态项目（活力）上的得分高于 T 分数 50 分，看起来就像是一座冰山，如图 6－1 所示。莱恩和特里（Lane & Terry，2000）发现了很有说服力的证据，坚持认为运动员比常模人群的心理剖面图更加健康。他们在 2 086 名运动员中使用了《心境状态剖面图》（Profile of

Mood States，POMS；McNair et al.，1971)，发现在运动员样本和常模人群之间存在差异。与同年龄组的POMS常模样本相比，运动员表现出相对较低的消极心境状态和较高的活力分数。尽管该模型得到一些研究支持，但也存在争议，如罗利等（Rowly et al.，1995）对所有包含冰山图像的研究进行了元分析发现，冰山图像确实可以区分成功和不成功的运动员，但却不太能说明表现上的差异（小于1%）。研究者指出，证据并未说明可以用这个工具作为选择运动员的基础，而且使用者必须很小心地使用以避免社会期许效应。特里（Terry，1995）也指出，POMS不是用来识别冠军的测验。

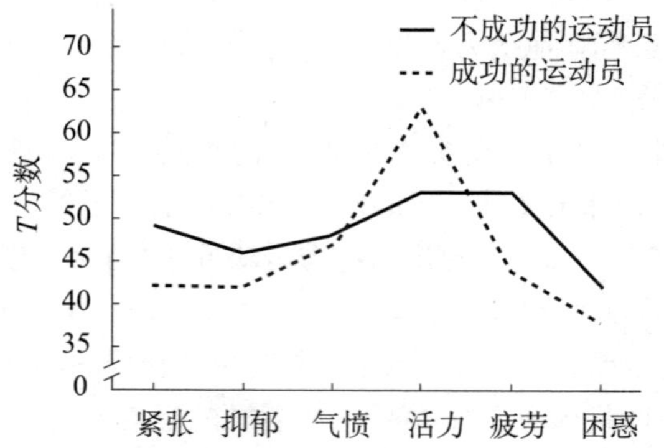

图6-1 优秀运动员冰山图像

资料来源：Morgan，1979，p.183。

尽管上述模型被广泛引用，但在以下方面也须关注：首先，模型是笼统的，并不是每一个成功的运动员都符合，而许多没有成功的运动员则会与模型一致。其次，我们无法根据模型得出积极心理特征会促使成功的结论，或许运动员的成功会形成更加积极的心理状态。

专栏6-3

完美主义与运动表现

研究者指出，人格的某种特质差异可以预测运动表现（Geukes et al.，2012）。完美主义是一种力求高标准地完成任务并伴随批判性自我评估倾向的人格特质，具有完美主义人格特征的人往往对自己的成绩或成就做出自我批评式的评价。目前，完美主义作为一种人格特质受到越来越多研究者的关注。

在运动领域，完美主义对运动员的影响是积极还是消极，研究者所持观点不同。霍尔等（Hall et al.，1998）发现，过度追求完美的运动员由于对自己太苛求以及过度的自我批评倾向，导致很难从自身行为表现上获得满足感，这些运动员常会经受频繁的高压力，完美主义的某些维度可以预测运动员的认知性焦虑与自信心。丹尼尔等（Daniel et al.，2002）则解释完美主义是奥运冠军身上的一种人格特质。近些年，研究者采用实证研究探讨了完美主义与运动员心理疲劳（Hill et al.，2010；Jowett et al.，2013）、运动参与（Hill et al.，2020；Larkin et al.，2016）以及与主观幸福感（Gaudreau & Verner-Filion，2012）等的关系。

国内研究者也对竞技运动领域运动员的完美主义表现出极大兴趣。漆昌柱等（2012）从人格黑暗面的角度对体育情境下完美主义进行了述评。论述了完美主义对运动表现、动机、焦虑、自尊和锻炼的非适应性影响，解释了“完美主义悖论”，认为形成悖论的原因在于完美主义人格内部存在非适应性因子、体育情境的特异性及其他因素的中介效应。其他研究者通过实证研究探讨了完美主义与自尊、训练满意度（冯鑫，张小华，2011）、失败恐惧（闵东旭，王越，2013）、自我妨碍（裴彩利，2013）、心理疲劳（李小萌，张力为，2013）之间的关系。研究提高了人们对运动员完美主义的积极认识，同时有助于运动员人格的健全发展。

本章要点

1. 人格是构成一个人的思想、情感及行为的特有模式，这个独特模式包含一个人区别于他人的稳定且统一的心理品质。人格具有独特性、稳定性和统合性。

2. 人格是一个复杂的结构系统，包括许多成分，如气质、性格、自我调控系统等。

3. 人格领域有以下六种流派或研究取向：心理动力流派、特质流派、行为主义和社会学习流派、人本主义流派、交互作用取向和整合模型。

4. 运动员的人格特征在许多方面与一般人存在差异。

5. 在解释运动员与一般人在人格上的差异时，摩根提出性向假设。该假设认为具有稳定、外向人格的个体倾向于从事运动，随着竞争的加剧，那些留下来继续从事体育运动的人就是外向性和稳定性最高的人。但性向假设不能排除参与体育运动可以改变或促进人格发展这一可能性。

6. 不同运动项目的运动员之间存在人格差异，说明不同运动项目的训练比赛特点可能与运动员人格相关。

7. 许多证据表明，高水平运动员的人格特征与一般运动员有所不同。但研究者也同时发现，采用人格特征来区分不同运动成绩的运动员并不是特别有效。

8. 心理健康模型由摩根等提出，是指与不大成功的运动员相比，成功的世界水平的运动员一般来说具有更加积极的心理图像。运动员的成功与积极的心理状况呈正比关系，与消极的心理状况呈反比关系。具体来看，具有神经质、焦虑、抑郁、内向、困惑、疲劳等特征的运动员比没有上述心理特征的运动员成绩差。

9. 冰山图像由摩根等提出，反映了心理因素与运动成绩的重要关系。成功运动员在消极心境状态项目（紧张、抑郁、气愤、疲劳和困惑）上的得分低于 T 分数 50 分，在积极的心境状态项目（活力）上的得分高于 T 分数 50 分，看起来就像是一座冰山。

复习思考题

1. 什么是人格？

2. 什么是心理健康模型和冰山图像?
3. 结合相关理论与实际，对一名优秀运动员的人格进行分析。
4. 请查阅文献，综述体育运动领域人格研究的最新进展。

推荐阅读

伯格. (2010). *人格心理学*（第7版，陈会昌译). 北京：中国轻工业出版社.

弗里德曼，舒斯塔克. (2011). *人格心理学：经典理论和当代研究*（第4版，许燕等译). 北京：机械工业出版社.

Arthur, C. A., Woodman, T., Ong, C. W., Hardy, L., & Ntoumanis, N. (2011). The role of athlete narcissism in moderating the relationship between coaches' transformational leader behaviors and athlete motivation. *Journal of Sport & Exercise Psychology*, *33* (1), 3-19.

Van Puyenbroeck, S., Stouten, J., Hofmans, J., Van Meervelt, K., & Van de Broek, G. (2020). Characterizing positive and negative "voicers" in elite sport teams: The role of the Five Factor Model and narcissism in players' frequency and passing on of voice. *Psychology of Sport & Exercise*, *48*, 101648.

第三篇

心理调节与健康

本篇包含五章，分别讨论心理技能训练，比赛心理调节，运动心理疲劳，运动损伤心理，以及运动中的攻击、药物滥用及饮食失调等不良行为。上述内容不仅关系到运动员的运动表现，而且涉及他们的身心健康和生活质量。

第七章

心理技能训练

内容提要和学习指导

心理技能训练是运动员整体训练工作的重要组成部分。通过本章学习，你可以理解心理技能训练的定义、作用及原则，掌握放松训练、表象训练及注意训练等几种主要心理技能训练方法，了解心理技能训练计划制订和实施中的几个常见问题。

竞技赛场比拼的不仅是技术、战术及体能，同时也是运动员之间心理的较量与对抗。如何有效提高运动员的基本心理素质，尤其是比赛情境下的自我心理调节能力，已成为广大教练员与运动员十分关注的一个问题。心理技能训练也已成为运动训练的一个有机组成部分。

第一节　心理技能训练概述

一、心理技能训练的含义

(一) 心理技能训练的定义

关于什么是心理技能训练（psychological/mental skills training，PST；简称心理训练），虽然各种表述方式不甚一致，但通常是从广义或狭义两个角度对心理技能训练加以界定。

广义的心理技能训练是指有目的、有计划地对运动员的心理过程和个性心理特征施加影响的过程。而狭义的心理训练是指采用特殊的方法和手段使运动员学会调节和控制自己的心理状态，进而调节和控制自己的运动行为的过程（张力为，2007e）。

(二) 心理技能训练的内容

运动心理学家们一直试图了解优秀运动员应该具备哪些心理技能。

一项关于优秀运动员与普通运动员心理技能差异的研究表明（Fenz，1967，1968），优秀运动员具有更强的自信心、较高的动机水平、良好的唤醒水平、较强的焦虑控制和集中注意能力。另外一项有关不同水平运动员心理技能差异的研究表明（Mahoney et al.，1987），优秀运动员比一般运动员具有更高水平的心理调节能力和稳定的自信心。近期一项对463名韩国射箭运动员的调查表明，影响射箭运动员比赛发挥的最重要的心理因素是：自信心、集中注意、情绪控制和积极思维（Kim et al.，2015）。

美国高级教练员培训教材提出了5种与运动员的运动表现有关的心理技能，分别是：焦虑控制（anxiety control）、认知控制（cognitive control）、环境控制（environmental control）、身体放松（body relaxation）、唤醒水平控制（arousal level control）。一项对180名国家队运动员的调查表明，运动员最常用的压力应对与心理调节的方法主要有：表象训练、放松、冥想、自我谈话、积极思维、集中注意、树立自信心等（Park，2000）。

一些运动员心理技能量表的内容也在一定程度上反映了对运动员心理技能训练内容的看法（见表7-1）。

表7-1　运动心理技能量表测量内容

量表名称	设计者	运动心理技能测量内容
《运动心理技能量表》(PSIS)	Mahoney et al.，1987	焦虑控制、注意力、自信心、心理准备、动机和团队精神
《运动应对技能量表》(ACSI)	Smith et al.，1995	高峰体验、目标设置、心理准备、注意力、摆脱焦虑、自信心和成就动机、可训练性
《行为策略测验》(TOPS)	Thomas et al.，1999	自我暗示、情绪的控制、自动性、目标设置、表象、激活、负面思维和放松

资料来源：石岩，2006，227页。

二、心理技能训练的作用

当今体育比赛竞争日趋激烈，如果一名运动员不经过适当的心理训练，不具备出色的自我调节与压力应对能力，将不可能在高水平的竞技比赛中拥有出色的发挥。那么，心理技能训练在运动员的成长中究竟可发挥怎样的作用？对此，可以将其概括为以下几点：

（1）促进运动员心理过程的不断完善，形成适合运动专项需要的良好的认知能力（如专门化知觉等）及人格特征（情绪稳定性、自信心等）。

（2）帮助运动员掌握自我心理调节的方法与策略。

（3）提高运动员形成适合训练和比赛发挥要求的心理状态的能力，为创造优异成绩奠定良好的心理基础。

心理技能训练可从时间维度区分为长期心理训练与短期心理训练，两种心理训练的目标及所发挥的作用也有不同。长期心理训练是针对所有运动员均应具备的心理素质所采取的训练，它贯穿在身体、技术、战术训练过程中，主要培养运动员的参赛动机、感知能力、反应能力、挫折耐受力、情绪调节能力、意志力、战术配合能力、责任感及团体凝聚力等。而短期心理训练的主要任务是使运动员具备其专项运动所必需的特殊心理品质，或者是使运动员形成针对具体比赛的最佳的心理准备状态（罗睿，2008）。

专栏 7-1

温哥华冬奥会备战中的心理训练

为帮助中国自由式滑雪空中技巧队备战和参加2010冬奥会，张力为等（2013）以自信自控为首要切入点，以集体讲座、个人咨询、主题研讨、生物反馈训练、主题参观、心理宣传等为主要形式，在帮助运动员解决积极应对困难、大赛稳定发挥和提升认知水平（思想境界）等三个主要问题方面进行了积极的探索，并取得了良好的训练效果。

例如，在开展逆境应对的专题讲座后，要求运动员结合个人的训练与比赛实际情况完成相应的作业练习，以加深其对逆境应对知识的理解，同时学习运用针对性的方法来提升自身的逆境应对能力。这里给出一次作业练习实例（见表7-2)。

表7-2　逆境中的思维转折练习实例

运动员序号	问题1：大风，但是……
1	大风我控制不了，但是可以关注可控因素。
3	我想控制我能控制的，控制自己的思想和技术训练。
5	我可以控制我自己的动作和速度。
7	我会告诉我自己，训练的时候我遇到过，对手和我一样，不要怕。
9	大家都一样。
11	这种情况是经常有的，在训练中出现大风，要关注可控因素，在安全的情况下主动锻炼自己抗干扰能力，提高自信心。在比赛中出现大风天，也不用紧张或是害怕，因为在平时的训练中我们经历过，仍然保持冷静的头脑，做自己应该做的事。

资料来源：张力为 等，2013。

三、心理技能训练的原则

心理技能同技战术能力、身体能力一样，可以通过系统的训练获得与提高。为保证效果，心理技能训练在实施中应遵循以下几项原则。

（一）自觉积极

心理训练只有得到运动员和教练员的认可与配合，才能在训练时间和训练质量方面得到有效保证。为此，心理技能训练中应注意通过相关心理知识的传授及训练效果的监测与反馈，使运动员的训练态度尽快实现由“要我练”到“我要练”，甚至到“我爱练”的转变，从而为心理技能训练奠定积极的认知与动机基础。

（二）循序渐进

“不积跬步，无以至千里；不积小流，无以成江海。”心理技能训练遵循着技能学习的一般规律，即训练必须长期、系统地开展，才能收到切实的效果。期待心理技能一学即会，一用即灵，这种急功近利的想法，很可能导致欲速则不达的结局。

（三）结合专项

不同的运动项目，在技战术的掌握及比赛发挥上会对运动员的心理提出不同的要求。在心理技能训练中，应充分考虑运动专项对运动员心理状态、心理特征方面的特殊要求。只有这样，才能较快收到切实的训练效果，促成运动员在竞技比赛中的出色发挥以获得优异的比赛成绩。

（四）区别对待

世界上没有完全相同的两片叶子，也没有完全相同的两个人。开展心理技能训练也要兼顾运动员不同的身心特点，使心理技能训练的实施具有更好的针对性，做到因人施训。譬如，对情绪不够稳定、比赛中难于控制自己的运动员，心理训练就应侧重提高其情绪的自我控制能力。

此外，心理技能训练还应努力做到：预防为主，防患于未然；尽量使用量化指标对心理技能训练的效果进行评价；使运动员有能力将心理技能训练的效果迁移到其他情境中去。

第二节　放松训练

一、放松训练概述

（一）放松训练的定义

放松训练（relaxation training）是以一定的暗示语集中注意，调节呼吸，使肌肉得到充分放松，从而调节中枢神经系统兴奋性的一种训练方法（张力为，2007e）。

目前介绍和使用较多的放松方法包括：美国生理学家雅各布森首创的渐进性放松方法（progressive relaxation；Jacobson，1938）、德国精神病学家舒尔茨提出的自生放松方法（autogenic relaxation；Schultz & Luthe，1959），以及东方传统的一些放松方法，如中国的气功、印度的瑜伽和日本的坐禅等。

虽然上述放松方法在训练形式、内容及程序上各有不同，但还是存在以下一些共同点：要求注意高度集中于暗示语，进行深沉的腹式呼吸，清晰知觉肌肉不同程度的紧张状态，并使全身肌肉达到彻底放松。

大量资料表明，放松训练可以在比赛之前用以调节情绪，做好赛前心理准备，也可以在训练和比赛过程中作为解除紧张情绪、稳定心理状态的一种措施。同时，还可以在训练或比赛之后作为心理恢复的措施来采用（孙宁，2007）。在进行放松练习时，采用腹式呼吸更有助于实现紧张感的降低，高尔夫运动员菲利普·沃尔顿（Philip Walton）在1995年美国莱德杯赛上第18洞战胜对手杰·哈斯（Jay Hass）后说道："拯救我的……是我学习过的东西……即学会如何在紧张的情况下恰当地呼吸，即采用腹式而非胸

式呼吸。”（引自 Moran，2012）

（二）放松训练的作用

在运动训练和竞赛中，运动员经常会遇到各种情绪问题，如过度紧张、焦虑、恐惧、倦怠等，而且还会伴随出现中枢神经系统的过度兴奋、过度抑制或中枢疲劳等生理变化。而放松训练可以帮助运动员掌握一些身心调节方法，使其身心状态向有利于训练与比赛需要的方向转化。

作为一种最基础的心理技能训练，放松训练主要具有以下几方面的作用：

第一，降低中枢神经系统的兴奋性。

第二，降低由情绪紧张而产生的过多能量消耗，使身心得到适当休息并加速疲劳的恢复。

第三，为进行其他心理技能训练做好准备。

放松训练之所以具有上述作用，主要源于大脑与骨骼肌之间的双向联系，即信号不仅从大脑传至肌肉，也从肌肉传往大脑。当肌肉活动积极时，从肌肉向大脑传递的神经冲动会增多，大脑就会更兴奋，比赛前的热身准备活动通常能起到这种作用。反之，肌肉越放松，向大脑传递的冲动就减少，大脑的兴奋性会降低，心理上也就感觉不到那么紧张了。

放松训练的作用已得到许多研究的证实。孙宁（2007）的研究显示：放松训练对运动员的认知焦虑和状态自信心具有显著的调节作用；同时，不同放松方法对运动员焦虑水平的调节作用具有显著的差异。蒋丰和储石生（2007）研究发现，渐进式心理放松训练对于降低运动员的躯体焦虑和特质焦虑水平效果非常明显，并且十分稳定。

二、几种常见的放松训练方法

（一）自生放松训练

自生放松训练（autogenic relaxation training）是一种通过暗示语使身体各部位直接放松，最后达到全身放松的方法（张力为，2007e）。

1. 准备姿势

要求训练对象在安静的环境中，保持舒适的姿势，静听带有暗示性的指导语，缓慢地逐个部位地体验肌肉松弛带来的沉重感和血管扩张带来的温暖感，并慢慢进入心理和生理的放松状态。

自生放松训练可采取坐式或躺式两种姿势。采用坐姿练习时，练习者舒适地坐在一张软椅上，胳膊和手放在椅子的扶手或自己的腿上，双腿和双脚采取舒适的姿势，脚尖略向外，闭上双眼；采用躺姿练习时，练习者仰面躺下，头舒服地靠在枕上，两臂微微弯曲，手心向下放在身体两旁，两腿放松，稍分开，脚尖略朝外，闭上双眼。

练习者想象自己套上一副放松面罩，把紧锁的双眉和紧张的皱纹舒展开来，放松面部的全部肌肉。深深地吸气，然后慢慢地呼出，呼出的时间可以是吸入时间的约两倍。

2. 放松练习

自生放松训练包括六种具体的练习方法：四肢沉重感练习、四肢温暖感练习、心脏调整练习、呼吸调节练习、腹部温暖感练习和前额温暖感练习。

3. 以四肢沉重感练习为例的练习程序

闭上双眼，从右手开始做起。一边默默地重复下面的句子，一边想着它们的含义：我的右臂变得麻痹和沉重（6～8 次）；我的右臂越来越沉重（6～8 次）；我的右臂沉重极了（6～8 次）；我感到极度平静（1 次）。

睁开眼睛，抛掉这种沉重感，弯曲几下胳膊，做几次深呼吸，重新摆好适当的姿势，设想自己又戴上放松面罩，重复前边的动作，包括准备动作。

每天做 2～3 次沉重感练习，每次 7～10 分钟。用适当的语调逐句重复前边的句子，同时设想自己的手臂正在变得越来越沉重。

练习时不要过度用力，只要全神贯注于这些词句和沉重感即可。如果想象不出这种沉重感，就在两次练习之间举个重物以体会这种感觉，并对自己大声说："我的胳膊越来越沉重。"

用右臂做 3 天沉重感练习后，以完全相同的方法用左臂练习 3 天，最后按照下面的程序来训练：双臂变得麻痹和沉重（3 天）；右腿变得麻痹和沉重（3 天）；左腿变得麻痹和沉重（3 天）；双腿变得麻痹和沉重（3 天）；四肢变得麻痹和沉重（3 天）。

（二）渐进式放松训练

美国学者雅各布森于 1929 年创立了渐进式放松训练（progressive relaxation training），被誉为西方放松技术的先驱。他认为如果肌肉得到了放松，个体就不可能再产生精神紧张；如果骨骼肌得到了放松，"非自主性"肌肉和组织器官的紧张性也会得到降低，此时焦虑可因肌肉紧张程度的降低而消除。雅各布森在 20 世纪 20 年代开始用肌电仪监测病人的肌电活动，帮助病人进行放松训练。20 世纪 60 年代，多种放松方法与生物反馈技术相结合，产生了生物反馈放松训练方法，提高了放松训练的效果和科学性（孙宁，2007）。近期有研究者将基于脑电波的神经反馈（neurofeedback）训练和基于心率变异性（heart rate variability，HRV）的生物反馈训练作为干预手段，考察了它们在促进练习者动作操作表现方面的作用。许多研究结果显示，作为对传统运动心理干预方法（如放松训练、表象训练）的有益补充，两种生物反馈训练对提高练习者的动作操作表现是有效的（引自杜吟，李京诚，2011）。

1. 准备姿势

与自生放松训练的准备姿势相同。

2. 放松练习

渐进式放松训练强调放松要循序渐进地进行，要求被试在放松前先使肌肉收缩，继而放松，目的是让人们通过比较肌肉收缩和放松后的不同感受而体验到放松感。放松训练要求人们自上而下，按顺序渐进地进行练习。

渐进式放松训练的具体做法是：

找一个安静的场所，坐好，尽可能地使自己舒适，最大限度地让自己放松。

首先握紧右手拳头，把右拳逐渐握紧，这样做时要体会紧张的感觉，继续握紧拳头，并体会右拳、右手和右臂的紧张感。然后，放松……让右手指放松，体会此时的感觉如何……现在，自己去试试全部放松一遍。……再来一遍，把右拳握起来……保持握紧，再次体会紧张感觉……然后，放松，把手指伸开，再次注意体会其中的不同。……现在，用左手重复这样做。

可用同样的方法放松左手与左臂。接着放松面部、颈部、肩部和上背部，然后放松胸部、胃部和下背部，再放松臂、股和小腿，最后使整个身体完全放松。

三、放松技术的运用

通过练习熟练掌握放松技术后，运动员可将其灵活地运用于训练与竞赛实践中去。放松技术通常可在以下几种情况下使用：

（1）表象训练之前：促使运动员集中注意力，使生成的运动表象更为清晰、逼真、稳定。

（2）训练后或临睡前：有助于运动员消除疲劳，使身心得到充分放松。

（3）赛前过于紧张时：帮助运动员减少能量消耗，使唤醒水平处于适宜状态。

在使用放松技术时，运动员要明确自己所要寻求的适宜唤醒水平或放松的目的。在对体力要求很高的赛事前，过于放松比过度唤醒或极度焦虑更不利于比赛发挥。对此，1996 年奥运会十项全能冠军丹·奥布莱恩（Dan O'Brien）指出，为了使自己能有最佳发挥，赛前准备时有两项原则很重要：

（1）运动员必须可以在很短的时间内迅速调动起来，然后又可以迅速平静下来。

（2）为了能有最佳发挥，进行 90%的努力，不是 100%，也不是 110%。

第一条原则强调的是掌握放松和激活唤醒的策略，并将其迅速应用于实践的重要性。在为竞赛做准备的阶段，运动员要努力放松，储存能量。但另一个阶段，或许就是几分钟后，他就必须要激活唤醒，做最大的努力。第二条原则强调的是，不论进行何种运动，最佳发挥都不可能是在极度唤醒的情况下出现的（考克斯，2003）。

第三节　表象训练

一、表象训练概述

（一）表象训练的概念

表象训练（imagery training）是在暗示语的指导下，在头脑中反复想象某种运动动作或运动情境，从而提高运动技能和情绪控制能力的过程。表象训练是运动员最常使用的一种心理技术，是心理技能训练的核心环节（张力为，2007e）。

专栏 7-2

运动员缘何热衷“表象”

一项对韩国180名国家队运动员应对策略的调查发现：表象训练是极具代表性的一种心理技能训练（其中89名运动员报告，占样本总量的49.4%），具体内容包括：针对动作、比赛过程、出场进行表象训练，以及针对失败与成功经历进行表象训练等。一位马拉松运动员介绍说：“我经常做大量的再现练习和表象训练。比赛前一天，我要进行心理表象活动，想象自己从比赛一开始到比赛结束每一步将如何做。这一应对策略让我清楚知道比赛中将发生什么以及自己该如何应对。这当然也令自己保持了一种更加沉着平静的心态。”

资料来源：Park，2000。

（二）表象训练的作用

许多运动员坚持进行表象练习，主要是因为表象训练可发挥以下几方面作用：

（1）有利于运动员学习和掌握复杂的技术动作，建立和巩固正确动作的动力定型。

（2）帮助掌握和练习其他心理技能，如表象练习往往与放松训练、暗示训练等结合使用。

（3）针对在比赛中将采用的行为程序进行表象训练，可使运动员增强自信心，更好地把握比赛过程。

许多运动员借助表象训练或心理演练帮助自己更好地掌握技术，做好比赛准备，从而在比赛中拥有更好的发挥。马拉松运动员拉德克里夫在备战2012年伦敦奥运期间，想象自己在伦敦田径赛场上奋力冲向终点，她说道：“我努力想象自己身处马拉松比赛的最后阶段……我只是想象自己在运动场上向前奔跑。”游泳运动员菲尔普斯也十分重视动觉表象或“感受指向”（feeling oriented）表象的作用，他说道：“游泳运动员喜欢说他们可以‘感受’水。即使在训练初期，我也可以‘感受’水。我无须对抗水，相反，我可以感受我在水中如何游动，如何保持平衡，如何让自己或快或慢地前行。”（引自Moran，2012）

（三）表象训练的原理

表象训练作为一种心理训练，为何具有上述的多种作用？对此，不同理论给出了各自的解释。

心理神经肌肉理论（psychoneuromuscular theory）的提出者卡朋特（Carpenter，1894）认为，表象训练时，与此动作有关的肌肉会产生细微的神经支配活动。这种神经肌肉活动模式与实际完成动作时的一致，只是强度较弱。它还会存储在记忆中，并作为反馈调整以后的动作执行。吉尔洛特等（Guillot et al.，2007）发现，研究参与者想象举哑铃肢体训练时的肌电图显示，九块上臂肌肉受到了刺激，而且参与者想象举起较重物体时的肌电活动更强。但斯莱德等（Slade et al.，2002）的研究表明，表象训练时肌肉产生的电活动不能反映实际完成动作时的肌电活动模式。因此，这方面还需开展更多的研究。

符号学习理论（symbolic learning theory）的提出者萨克特（Sackett，1934）认为，表象训练之所以对动作执行具有促进作用，是因为它可以帮助动作执行者理解并形成动作图式的心理编码，进而从认知上为动作执行做好准备，制订计划。有文献综述表明（Driskell et al，1994），相比于完成较多涉及肌肉运动的任务（如举重），表象训练对完成与认知相关的任务（如橄榄球四分卫）更有促进作用。但由于多数运动任务既涉及肌肉运动也涉及认知加工，表象训练对各类运动技能的操作表现都会有促进作用。

生物信息理论（bioinformational theory）由朗（Lang，1977，1979）提出，他认为表象是依功能存储于大脑的一系列有组织的命题，包括刺激命题和反应命题。刺激命题主要描述表象场景中的人物、器械等（如举重赛场上的观众、杠铃等），而反应命题主要描述对特定场景的反应（如举杠铃时的重量感觉、心脏的跳动以及肌肉的紧张感等）。为了使表象训练取得最佳效果，表象演练脚本应同时包括刺激命题和反应命题，而且重点是反应命题，这样才可以更生动地进行表象演练。

二、表象训练的基本程序

表象训练的进行一般包括以下几个步骤。

（一）测定表象能力

表象训练的第一步就是通过测验来评价运动员的表象能力，如测查表象的清晰性和控制性，以及表象中出现的视觉、听觉、运动觉以及相应情绪状态的清晰度或强度。

（二）传授表象知识

表象训练中应向运动员介绍有关表象训练的知识，如运动表象的含义及特征、视觉表象和动觉表象的含义及其在表象训练中的作用、表象的清晰性和控制性的测量与练习、表象训练的作用及实施程序等。

（三）基础表象训练

基础表象训练分为多种形式，如训练感觉觉察的卧室与赛场练习、训练表象控制能力的比率变化练习、涂漆木方练习和上臂沉重感练习等。下面以上臂沉重感练习、卧室练习和涂漆木方练习为例，它们可用于训练运动员的感觉觉察性、表象的清晰性和表象控制能力。

1. 上臂沉重感练习

运动员可以进行如下上臂沉重感练习：

想象你正用右手握着水桶的把手，当你完全把水桶拉到与肩处于同一水平位置时，仔细感觉一下水桶的重量。接着想象有一个人往你桶里倒入了 5 磅（1 磅约为 0.45 千克）重的沙子，你的上臂感觉到重量变化吗？再倒入 5 磅沙子，集中感觉桶又重了多少？你的上臂越来越感到疲劳，让你自己感觉桶的沉重，感觉到你的上臂越来越沉重……非常，非常重……集中于你上臂的沉重感觉。现在想象有人把你上臂的水桶拿开，你的手和上臂又恢复到了原来的感觉，让它们放回到原来的位置，并进行放松。

2. 卧室练习

运动员可以回想自己少年时期（如12岁）卧室的情况：

你站在卧室门口向房间里看，你注意到了四周墙壁的颜色，注意到了地板的纹理与颜色，之后将注意转移到你的床上……上面铺着白绿相间的格子布床单，整齐的被子叠在床的一端，床头放着与床单配套的绿格子大枕头，很松软，枕头旁边有你喜欢看的杂志和言情小说。床边的桌子不很讲究，但有一盏实用的台灯在晚间照明，伴你读过很多书。床的一旁还有一把旧椅子，用来摆放平时换洗的衣服，大毛巾总是搭在椅背上，只要放学回来，它总是在那个位置上……之后将你的注意集中到你住在这间卧室时曾出现过的各种情绪上。

3. 涂漆木方练习

运动员可以想象有一块四周涂了红漆的方木块，就像小孩玩的积木，有六个面。

（1）用刀将它横切，一分为二，想一想，这时有了几个红面？几个木面？

（2）再用刀纵切，二分为四，这时有了几个红面？几个木面？

（3）再在右边两块中间纵切一刀，四分为六，这时有了几个红面？几个木面？

（4）再在左边两块中间纵切一刀，六分为八，这时有了几个红面？几个木面？

（5）再在上部四块中间横切一刀，八分为十二，这时有了几个红面？几个木面？

（6）再在下部四块中间横切一刀，十二分为十六，这时有了几个红面？几个木面？

记录从提问结束至做出正确回答之间的时间（秒）作为练习成绩。

（四）结合运动训练与比赛进行表象练习

一些研究显示，运动员会在许多时间和情形下使用表象练习，如在训练的前、中、后，在家、学校或工作等场合，以及在比赛的前、中、后等。而且，运动员在训练之外进行表象练习的频次要高于在训练过程中；比赛前较比赛中、比赛后更多进行表象练习。总体上，运动员在训练后及比赛后较少进行表象练习，这不利于更好地发挥表象练习的作用。因为训练或比赛后，运动员对于自己刚才进行的运动表现印象清晰，这种清晰的印象有助于提升训练及比赛后表象训练的有效性。此外，建议运动员在运动损伤的康复期，借助表象练习促进康复，维护开展康复训练的动机（Weinberg & Gould，2007）。

运动员的表象练习一般从放松练习开始（刘淑慧 等 编著，1993）。先放松3分钟，再经过"活化"动员便可开始表象练习。由于表象不如感知觉那样直观，没有实物的支持，运动员很难长时间将注意集中在表象上，因此，表象训练的时间不宜太长。

下面是一位乒乓球运动员进行表象练习的自我指示语：

（1）自然放松5分钟。

（2）"活化"动员：我已得到了充分的休息。我头脑清醒，注意集中，全身充满力量，准备投入新的工作。

（3）表象练习：我正在清晰地想象训练的情境。先看优秀选手正手攻球的动作，第

1 板，第 2 板，第 3 板……第 30 板。现在，我准备练习正手攻球。我可以清晰地想象出场地、灯光、球台、同伴、教练以及各种声音。教练正站在对面给我发球，我应特别注意向优秀学生学习，调整好引拍与挥拍方向、用力程度、击球部位、重心交换、步法移动、放松和紧张的配合以及还原动作。第 1 板，第 2 板，第 3 板……第 150 板。

三、实施表象训练需注意哪些问题

（一）进行良好的心理准备

适宜的心理准备可以对表象的清晰性和控制性进行最有效的练习，为此，运动员进行表象训练时应力求做到：处于放松的注意状态，拥有渴望训练的动机，抱有正确的训练态度或期望，坚持持久系统的练习。

（二）练习时从以视觉表象为主逐步过渡到以动觉表象为主

表象训练的开始阶段往往以视觉表象为主，随着训练的持续进行，应逐步过渡到以动觉表象为主，只有这样表象训练才能更好地发挥其作用。为做到这一点，开始训练时运动员应该注意感知完整的动作形象，想象示范动作，进而建立起清晰的视觉表象。同时，认真体会和把握肌肉运动的感觉，通过实际动作的练习，形成和完善运动动作的动觉表象。为了提高动觉表象的质量，可以像电影慢镜头那样缓慢地做动作，采用不同重量的器械进行练习，或分别去完成整体动作的各个部分等。

（三）利用准确简练的语言提高表象训练的效果

在形成和完善运动表象的过程中，要选择清晰简练的语言说明技术动作的特点。注意讲解完成技术时的相应肌肉运动感觉，使运动员在理解肌肉用力的时间、空间、力量特征的基础上记忆和掌握动作。例如，在传授推铅球最后用力的动作时，用“蹬”（右腿）、“转”（右髋）、“挺”（胸）、“撑”（左侧）、“推”（右臂）、“拨”（球）等六个字来说明用力顺序，能较为准确、简明地表达最后用力的特点，容易记忆和引起相应的运动表象。

第四节 注意训练

一、注意训练概述

注意训练（attention training）主要指通过各种方法提高注意的稳定性、抗干扰性或提高注意集中程度的过程（张力为，2007e）。

注意在运动任务的执行过程中发挥着重要的调控功能。有效的注意控制是防止运动员陷入焦虑和自我怀疑的一种技巧（Williams et al.，2010）。其中，注意集中能力

（concentration）尤为重要。它是指运动员全神贯注于一个确定目标，不受其他内外在刺激干扰而产生分心的能力（周亚琴，2003）。

任何比赛中运动员要想拥有出色的发挥，都必须在整场比赛中高度持久地集中精力，力求做到全神贯注、心无旁骛。只有这样，运动员才能充分调动自己的身体、技术和心理潜能，使训练水平在赛场上得到充分展现。

足球教练弗格森指出，对于顶级的足球运动员，无论他是守门员还是边线队员，集中注意能力都对其在比赛中的发挥拥有重要的影响。著名高尔夫选手殷麦曼（Trevor Immelman）说道，在2008年美国大师杯决赛中，他完全沉浸在当时比赛中，完全处于当下，最终赢得了比赛的胜利；网球运动员德约科维奇在讲述2010美国网球公开赛决赛时说道，他比赛的大部分时段发挥很好，但在比赛的第三、四盘他开始走神，注意力不集中，最后输给了对手纳达尔（引自 Moran，2012）。

对运动员而言，注意集中无疑是最重要的一种注意品质，然而，运动任务的完成尚需要其他方面的注意品质做保证。例如，在篮球比赛中，为组织战术配合，带球队员要从场上球员中搜寻传球对象，这体现了注意的选择性功能，同时他还要观察场上情况，进行战术决策，这体现了注意的分配性功能；作为足球守门员，在比赛中始终都要保持一定程度的警惕，以防对方球员突然起脚射门，这体现的是注意的警觉性。所以，注意训练中除了要重视注意集中能力的提高外，也应加强注意选择、注意分配及警觉性等注意品质的培养。

二、一般性的注意集中训练方法

（一）纸板练习

准备好两块方形纸板，一块黑色，边长约38厘米，一块白色，边长约5厘米。将白纸板贴在黑纸板中央，挂在墙上，纸板中心高度与眼睛并齐。保证室内光线充足，可以看清楚图案。

先使自己处于放松状态。

闭眼两分钟，想象面前有一块温暖柔软的黑色屏幕，如同未打开的电视屏幕一样。

睁开眼睛，注视图案中心三分钟，此时不要眨眼，也不必过分用力。

缓慢把视线移开，注视空白墙壁。此时墙上会出现一个黑色方形虚像，注视它直到消失。

虚像消失后，闭上眼睛，在头脑中想象那个图像，并尽量保持稳定。

重复完成上述过程。

这套练习可坚持做一周。每天一次，每次约15分钟。

（二）五星练习

准备一块黑色方形纸板，边长约38厘米。准备一个白色五角星，宽约20厘米。把白色五角星贴在黑色纸板中央，将纸板挂在墙上。距墙约1米处坐好，保持放松状态。

闭上眼睛，在头脑中想象一个黑色屏幕。

睁开眼睛，凝视五角星图案两分钟。

把视线移到旁边的墙面，注视上面出现的五角星虚像。

闭上眼睛，在头脑中再现五角星虚像。

也可在室外借助自己的影子做这种练习：站或坐在阳光下，使自己身旁产生影子，盯着影子的颈部看两分钟，然后看淡色的墙壁（如在室外则看天空）。注视影子的虚像，闭上眼睛，在脑海中重现图像。

（三）想象练习

开始想象练习前，可先练习一周以上的图案观察技术，之后进行下面的练习。

找一个僻静的地方，将灯光调暗，脸朝上躺着。

做一节放松或集中注意力练习。

闭上眼睛，想象有一个温暖、柔软的黑色屏幕。

想象在屏幕上出现一个白方块，边长约 30 厘米，距自己约 30 厘米远，努力使这个图像稳定。

然后想象在屏幕上出现一个硬币大小的黑圆圈，集中注意力看这个白方块中的黑圆圈。

突然整个图像消失，想象这时突然闪过脑海中的各种图像。

这种练习可以帮助回忆过去曾进入大脑的信息。回忆时先闭上眼睛进行自我暗示："我一定要想起来（名字、事实、地点）。"然后再做记忆练习。

（四）实物练习

运动员也可以使用身边的运动器材或其他物品随时随地开展注意集中练习。例如：网球选手可以在训练间隙凝视手中的球或球拍，观察它的纹理、形状、颜色等细节；体操选手可以在休息时专心注视单杠、双杠或鞍马等器材。

美国优秀射箭运动员麦金尼（Richard McKinney）曾随身携带一张小靶纸，一有空闲就拿出盯着看，以训练自己精力回收和集中注意的能力，使自己在比赛中能更快地进入状态，更加专注地进行比赛。

运动员随身携带的手表也可用来进行注意训练。训练时集中注视手表秒针的转动，如果能做到 1 分钟注意不离开秒针，就将观察时间延长到 2 分钟、3 分钟。待确定了注意不离开秒针的最长时间后，依此时间重复三四次，每次间隔 10～15 秒。如果能做到注意 5 分钟不转移，就是较好的成绩（周亚琴，2003）。

为了提高注意集中训练的效果，也可以逐步加大上述 4 种注意练习的难度。如刻意让自己在易分心的环境中进行练习，如在播放音乐、电视或相对嘈杂的训练场、汽车站等情境中进行训练，以进一步提高运动员的抗干扰能力。

三、结合运动训练的注意集中训练

为了真正能够促使运动员在训练及比赛中保持注意力的高度集中，可以尝试将注意练习穿插在训练活动中来进行，这样既能提高训练的趣味性，又可以提高训练的实际功效。

（一）训练中的口令练习

训练时可以要求运动员按照口令的相反意思去完成动作。比如出操时，发“立正”口令，运动员要“稍息”；发“向左转”口令，运动员应“向右转”；发“立定”口令，运动员应为“齐步走”等。

训练中也可采用十分微弱的、勉强可让运动员听清的声音发出指令，让运动员执行，旨在要求他们保持注意力的高度集中。练习持续时间一般不超过3分钟。

此外，操练中可规定带“快”字的口令为无效口令，不带“快”字的口令为有效口令。规定对无效口令进行反应者和成绩最差者罚做引体向上、俯卧撑或跑圈，以提高训练时的专注程度和训练效果。

（二）专项性的注意练习

在开展一般性注意技能训练的同时，还应考虑专项训练对运动员注意特征的要求，运动员个体的注意特征，以及比赛环境、程序方面的特点，进而开展更加切合比赛和训练需要的注意技能训练。

例如，对于射箭运动员而言，注意集中能力至关重要。运动员可通过适应性脱敏训练及制定个人比赛行为程序来增强比赛专注力。如有的运动员为防止比赛时受到拍照或摄像的干扰，在平时训练中有意让人对其进行近距离的拍摄，使其对此类事件产生心理上的适应。为了防止比赛中受到某些赛场环境因素的影响，有的运动员自行设计了一个解决办法，就是训练中每射完一支箭，都将视线指向正前方场地上两米远的某一点，想象一下动作，之后再开始发射下一支箭，由此避免发射后因无意间观察到场上情况而可能带来的干扰。

专栏7-3

正念训练——关注“此时此地”

萨蒙等（Salmon et al.，2010）认为，未来关于注意策略与长期身体活动关系的研究将获益于正念（mindfulness）理论模型。正念理论及实践衍生自佛教的冥想。正念训练作为一种古老且富新意的身心修炼方法，正日渐引起运动心理学工作者的关注。正念是一种觉察，它强调内心世界的开放，专注于目标，专注于当下，不对自身及外部世界经验进行判断（张凯，2013）。对分心刺激的非判断性指向是正念训练区别于其他认知控制技术（如思维阻断）的最主要特点。正念训练试图借助接纳而非消除干扰性思维或不适感受的方式，帮助个体专注于“此时此地”。

埃亨等（Aherne et al.，2011）在一项持续6周、伴有CD播放的研究中，就正念训练对优秀运动员训练中的流畅体验的影响进行了研究。结果显示，参与正念训练的运动员比未参与正念训练的控制组的运动员体验到了更多的流畅状态。莫汉（Mohan，2013）

进行的一项“基于正念的应激弱化”（mindfulness-based stress reduction，MBSR）研究表明，正念冥想可通过提升意识而带来幸福感；通过鼓励个体对自身的内部经验以非判断方式加以觉察，可在提高注意集中能力的基础上改善运动员的比赛发挥。

资料来源：Mohan，2013，p. 20；Moran，2012，pp. 138 - 139；张凯，2013。

第五节 其他几种心理技能训练

一、生物反馈训练

生物反馈训练（biofeedback training）是指在电子仪器帮助下，将身体内部的生理过程、生物电活动加以放大，放大后的机体电活动信息以视觉或听觉形式呈现出来，使主体得以了解自身的机体状态，并学会在一定程度上随意地控制和矫正不正常的生理变化（《心理学百科全书》编辑委员会 编，1995）。

生物反馈训练可以帮助运动员有效调整情绪状态，缓解焦虑。通过仪器以视听方式将运动员紧张与放松时的生理状态反馈给运动员，让他们了解并逐步学习控制自己的机体生理活动，进而将紧张控制在适宜程度。生物反馈训练还可以提高运动感知能力，加速运动技能的掌握与完善。在技术训练时，通过仪器让运动员观察到自己做动作时的肌电变化，帮助其更好地分辨用力肌肉，体会用力感觉。

殷恒婵等（2000）研究了生物反馈技术在运动员心理训练过程中的应用，结果显示，肌电（EMG）、心率（HR）、手指皮电（SC）等生理指标可以作为评价运动员心理状态变化和心理训练效果的客观指标。而且，在表象训练和放松心理训练过程中采用声光反馈的方法，能够增强运动员的放松和动员双向调节情绪的能力。

在中国自由式滑雪空中技巧队备战 2010 年温哥华冬奥会的过程中，张力为等（2013）对参赛运动员进行了系统的生物反馈训练，增强运动员自我放松、自我调节的能力。训练采用的反馈指标为皮电指标，同时也对心率、心率变异性、呼吸频率、皮温等进行监测。训练中运动员首先进行 5 分钟的腹式呼吸训练，然后进行 10 分钟的放松训练，反馈形式为视觉和听觉反馈（由运动员自行选择），当运动员达到一定的放松程度后（皮电值降低到阈限值以下），屏幕上的荷花将开放，并且伴有柔和舒缓的音乐声。训练每周进行一次。数据结果显示，运动员在经过几次的生物反馈训练后，已经初步掌握了放松方法，生物反馈训练达到了预期的效果且效果较稳定。训练工作也提示：进行生物反馈放松训练之前，先让运动员掌握腹式呼吸的方法，有助于其掌握放松训练。变换不同的训练方式，有助于强化运动员放松训练的效果。

近年来，神经反馈训练作为一种训练人们控制大脑活动的方法得到较多的研究与应用。它是利用脑电仪器记录大脑活动，将记录到的脑波中的某些特定成分加以分析，再通过视觉、听觉通道反馈给当事者以改变其大脑活动的方法。其原理是利用某个电极点

（如额中叶的 Fz 电极）的某种脑波成分（例如 θ 波）与特定心智活动（如注意）之间的关系，将该电极点的脑波成分作为受试者的控制目标。例如，高尔夫或射击选手出手前其额中叶会有较明显的 θ 波，代表着自上而下的注意力投入，该 θ 波就是一个与运动表现有关的脑波成分。通过改变该脑波成分来改变其对应的心智活动，就可改变运动表现。运动心理学研究已发现有几个大脑区域的某些脑波成分与较好的运动表现有关：左颞叶区的 α 波、额叶中线的 θ 波。前者与思维和语言活动有关，后者与意志控制的注意有关。在促进运动表现的神经反馈训练中，一般会采用渐进的方式：开始先让受试者在较不受干扰的状态下学习控制其脑波，接着逐步进入在执行运动技能时控制脑波（如气手枪射击、篮球罚球，以及高尔夫球推杆）（高士竣 等，2009）。

二、暗示训练

暗示训练也叫自我暗示训练（self-suggestion training），是指利用语言等刺激物对主体的心理施加影响，进而控制行为的过程。我国的气功与印度的瑜伽均运用了许多自我暗示的方法。

自我暗示作为一种心理调节方法，能够有效提高运动员动作的稳定性和成功率，稳定运动员的情绪，增强自信心。有的运动员在训练日记中写道：“我在射击瞄准时，心里反复默念‘准星，缺口，准星，缺口’，可以提高射击的稳定性和准确度。”有的运动员说道：“为了消除赛前的惊慌，使大脑安静下来，我的暗示口诀是：镇静，镇静，镇静就是胜利，我相信我自己的力量，我一定会取得胜利。”

暗示训练通常可按以下几个步骤进行：（1）使运动员理解语言对情感和行为的重要影响；（2）发现运动中经常出现的消极想法；（3）明确如何认识这种消极想法；（4）确定取代这种消极想法的积极提示语；（5）不断重复相应对子，如“这下全完了——还有机会，拼搏到底”；（6）不断重复和定时检查，做到举一反三。

提示语应多考虑过程性问题，少考虑结果性问题。过程性提示语如“发别的落点”“动手腕”“多向前摩擦”“上手快点”。而结果性提示语如“胜利”“我准能赢这场球”等。

提示语应是有针对性的、具体化的。有针对性的提示语如“固定拍型”“掌握击球点”“要耐心追”“咬住”“要冷静，只有冷静下来才能打球”。无针对性的提示语如“遇到困难——解决困难”“遭遇逆境——摆脱它”。

提示语应为积极词汇，不应为消极词汇。表 7－3 为运动员消极提示语和积极提示语的示例。

表 7－3　运动员消极提示语和积极提示语示例

消极提示语	积极提示语
观众的喊声真讨厌	他们是在为我加油，在期待我打得更好
别紧张，别着急	放松，稳住
（点球时）千万别射偏了	我有信心踢进去
这个球千万别发失误	对方比我还要紧张，主动权在我手里

专栏 7-4

李娜手中的纸条

卡洛斯曾是前世界排名第一的著名女子网球运动员海宁的教练。2007 年的“罗兰·加洛斯”（法国网球公开赛），遭遇家变后复出的海宁曾经凭借一张小纸条的提点，战胜伊万诺维奇获得法网三连冠。赛后海宁承认，纸条上都是教练卡洛斯写给她的注意事项。2012 年，卡洛斯成为李娜的教练，纸条也从海宁传递到了李娜手上。“秘籍”依然见效。

2012 年中国网球公开赛上，每一场局间休息，李娜都会拿出一张小纸条诵读（见图 7-1）。纸条上的内容是卡洛斯给出的关于本场比赛需要注意的关键点。如对战斯齐亚沃尼时纸条上的主要内容为：保持平稳、积极的心态，打好每一球；主动发球、接发球；调动她……而与佩特洛娃交手时纸条上的主要内容为：对她正手施压；多调动她；浅球打完以后要上网……相信自己，你一定能做到。

图 7-1 李娜在比赛间歇

从小纸条的使用以及李娜比赛状态的变化可以看出，她赛前的准备更加充分，更懂得在赛中及时调整自己的情绪与信心，强化自己的技战术安排。

2013 年的中国网球公开赛上，未能再见到李娜拿出小纸条诵读。“其实卡洛斯有写给我，只是现在我不会在比赛中看，比赛前都会看。”李娜这样说道。

资料来源：徐显强，贺顿，2012-10-3。

三、模拟训练

模拟训练（simulation training）是针对比赛中可能出现的情况或问题进行模拟实战的反复练习的过程，目的是使运动员适应各种比赛条件，保证技战术在变化的情境中也能得到正常发挥。

模拟训练分为实景模拟和语言图像模拟两种。实景模拟是通过设置比赛的情景和条件对运动员进行训练，包括模拟对手的技术、战术，模拟比赛的天气、场地，模拟观众行为或裁判的误判等。语言图像模拟是利用语言或图像描述比赛的情景，想象比赛时可能出现的各种问题和自己的策略，以使运动员对比赛情景形成先期适应（罗睿，2008）。

模拟训练可提高运动员对比赛应激情境的适应性。如果不进行模拟训练，运动员对于意外情况的出现就缺少必要的心理及行为准备，面对意外事件就可能出现比赛程序被打乱、技术动作流畅性受破坏的局面，致使应有的技战术水平得不到充分发挥，甚至发挥失常。

常用的模拟训练方法主要有对手特点的模拟、不同地点比赛的模拟、裁判错判误判的模拟和观众影响的模拟等。

专栏 7－5

适者制胜

奥运赛场选手们所承受的心理压力非一般比赛所能比拟。为使运动员经受得住奥运会的严峻考验，真正拥有强大的压力应对能力、心理调控能力、赛场抗干扰能力以及临场应变能力，雅典奥运会前各运动队均采取了颇具针对性的训练，目的之一就是模拟困境，提高心理承受力与逆境应对能力。

中国射击队在当时的选拔赛上，队里组织了由基地领导、运动员组成的啦啦队，模拟雅典奥运会决赛的现场氛围。啦啦队时而加油，时而为发挥不好的队员喝倒彩，再加上一些现场的嘈杂音，构成了一种较为逼真的奥运决赛的现场氛围。赛后，队员们直呼：太紧张了。这种模拟比赛的训练方式，不仅有利于考察队员在外有干扰、内有压力情况下的稳定发挥能力，也可作为提高运动员应对压力能力的一种有效心理训练手段。另外，为了适应雅典风大、气温高的艰苦比赛条件，考虑到40摄氏度高温下，选手们身穿皮制厚重衣服容易烦躁、步枪托腮的地方易汗多打滑等困难，射击队特意选择了更为炎热且风更大的地方开展赛前适应训练，以此提高运动员奥运赛场上的困难适应能力。

资料来源：黄心豪，陈思彤，2006－4－3。

第六节　心理训练计划的制订与实施

一、心理训练计划的制订

运动员心理训练计划的制订主要涉及以下几方面工作。

（一）了解心理训练的对象

运动员个体不同的心理特点、运动专项对运动训练和竞赛的特殊心理要求，都制约着心理训练计划制订的内容及实施程序。所以，在制订心理训练计划时必须了解训练对象的心理特点及需要。

（二）交流对心理训练的认识

心理训练计划所涵盖的内容是否切合运动员以及教练员的实际需要？提供的训练方法及程序能否有效实施并真正发挥作用？这些问题的答案只有在与运动员和教练员深入沟通后方可确认。只有双方达成共识，心理训练计划才能合理、有序、持久地执行。

（三）理解专项运动的基本特征

运动心理学专业人员，只有对专项运动的技战术以及训练竞赛特点拥有一定程度的了解，才能更好地体察运动员身处问题情境时的内心感受，发现运动员身上存在的具体心理问题，也才能制订出一个切合运动队与运动员实际需要的心理训练计划。

（四）评估运动员的心理特征

为了使心理训练计划能够满足运动员心理的提高，弥补心理调控技能方面存在的不足，运动心理学专业人员可以借助一些有效的心理评估手段与工具，系统了解运动员的心理特征、心理状态及有待解决的心理问题。常用的评价方法包括：面谈、行为记录、现场观察、纸笔测试以及仪器测试等。

（五）确立心理训练的内容、方法和程序

在清楚地了解了运动员在心理特征与心理技能方面存在的待提升环节的基础上，可进一步确立心理训练的重点内容，以及合适的训练方法。常见的心理训练内容包括：目标设置训练、放松训练、自我暗示训练、表象训练、注意集中训练、生物反馈训练等。在方法的选择和使用上，要注意结合所要解决问题的性质、运动员的个人心理特征以及专项训练竞赛的具体情境特点及要求。

另外，为确保心理训练正常有效地进行，还需要设计一个简洁清晰的训练实施程序，其中包括训练内容、操作顺序、时间进度、环境条件等。

二、心理训练计划实例

郑清喜在为韩国国家射箭队备战2004年奥运会开展心理科研服务时，对运动队的赛前心理准备进行了认真系统的规划，并将整体的心理技能训练工作分为五个阶段进行（郑清喜，2006），每一阶段又提出了具体的时间期限及目标设置（见图7－2）。

阶段一：心理技能训练的基础阶段。

期限：2003年9月至12月。

目标：心理技能训练基础培训，运动员心理状态调查（深度访谈、问卷、仪器测试），个人简介。

阶段二：心理技能训练的练习阶段。

期限：2004年1月至2月。

目标：个人训练计划和准备，心理技能运用，自我暗示的固定和赛前常规，评价第二阶段并计划第三阶段。

阶段三：心理技能训练的实践阶段。

期限：2004年3月至5月。

目标：赛中心理技能训练的运用，逆境应对中心理技能训练的应用。

阶段四：心理技能训练的实践阶段。

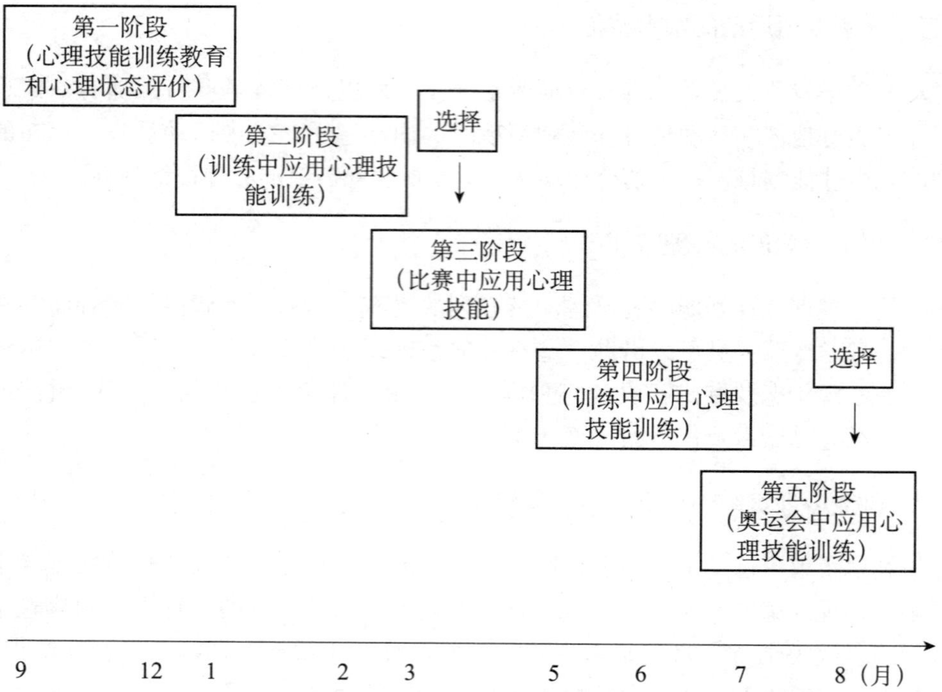

图 7-2　韩国国家射箭队备战 2004 年奥运会心理技能训练工作阶段划分

期限：2004 年 6 月至 7 月。

目标：调整和完善在第三阶段运用的心理技能训练，加强个人的心理技能训练；固定心理技能的练习程序，制作心理技能的练习程序。

阶段五：心理技能训练的实践阶段。

期限：2004 年 8 月。

目标：运用心理技能调节奥运会参赛心理状态及应对逆境。

本章要点

1. 广义的心理技能训练是指有目的、有计划地对运动员的心理过程和个性心理特征施加影响的过程。狭义的心理训练是指采用特殊的方法和手段使运动员学会调节和控制自己的心理状态，进而调节和控制自己的运动行为的过程。

2. 心理技能训练应遵循的原则有：自觉积极、循序渐进、结合专项、区别对待。

3. 放松训练是以一定的暗示语集中注意力，调节呼吸，使肌肉得到充分放松，从而调节中枢神经系统兴奋性的一种训练方法。目前常用的放松方法主要有：渐进性放松方法、自生放松方法和一些东方传统的放松方法。表象训练前、训练后，以及临睡前、赛前过于紧张时都是使用放松技术的时机。

4. 表象训练是在暗示语的指导下，在头脑中反复想象某种运动动作或运动情境，从而提高运动技能和情绪控制能力的方法。表象训练的主要步骤包括：测定表象能力，传授表象知识，基础表象训练，结合运动训练与比赛进行表象练习。

5. 注意训练主要指通过各种方法提高注意的稳定性、抗干扰性或提高注意集中的程度的过程。注意集中的训练方法主要有：纸板练习、五星练习、想象练习和实物练习。

6. 生物反馈训练是利用仪器将与心理生理过程有关的生物学信息（如肌电、皮电、皮温、心率、血压、脑电等）以视觉或听觉的方式呈现给人们，训练人们有意识地调控自身的心理生理活动。它可以帮助运动员有效调整情绪状态，缓解焦虑。

7. 暗示训练是利用语言等刺激物对主体的心理施加影响，进而控制行为的过程。它能够提高动作的稳定性和成功率，稳定运动员的情绪，增强自信心。

8. 模拟训练是针对比赛中可能出现的情况或问题进行模拟实战的反复练习，目的是为运动员参加各类比赛做好适应性准备。

9. 在制订一个合理的心理训练计划时，应力求做到：明确心理训练的对象，与运动员和教练员交流对心理训练的看法，理解专项的基本特征，评估运动员的心理特征，确立心理训练的内容、方法和程序。

复习思考题

1. 心理训练应遵循哪些原则？
2. 如何有效使用放松技术调节比赛中的紧张情绪？
3. 表象训练如何实施？
4. 怎样结合运动专项训练开展针对性的注意能力训练？
5. 阅读 3～5 篇有关正念训练的最新研究文献，具体了解正念训练的作用与实施程序。
6. 试结合比赛准备制订一个具体的心理技能训练计划。

推荐阅读

霍恩（主编）．（2011）．*运动心理学前沿*（彭凯平等译）．北京：北京体育大学出版社．

张忠秋（主编）．（2007）．*优秀运动员心理训练实用指南*．北京：人民体育出版社．

Aherne，C.，Moran，A. P.，& Lonsdale，C.（2011）．The effects of mindfulness training on athletes' flow：An initial investigation. *Sport Psychologist*，*25*（2），177－189.

Salmon，P.，Hanneman，S.，& Harwood，B.（2010）．Associative/dissociative cognitive strategies in sustained physical activity：Literature review and proposal for a mindfulness-based conceptual model. *Sport Psychologist*，*24*（2），127－156.

Vealey，R. S.，& Greenleaf，C. A.（2010）．Seeing is believing：Understanding and using imagery in sport. In J. M. Williams（Ed.），*Applied sport psychology*：*Personal growth to peak performance*（6th ed.，pp. 267－304）．Boston，MA：McGraw-Hill.

第八章

比赛心理调节

内容提要和学习指导

比赛心理调节能力是影响运动员比赛表现的重要因素之一。通过本章学习，你不仅可以了解赛前心理准备的主要内容，如目标设置、角色定位、比赛方案的制订等，也可以了解比赛中常见的心理问题及其解决方法，并学会在实践中针对不同个体、不同情境灵活运用各种心理调节方法实施有效干预。

体育比赛的魅力之一就在于比赛结果的不确定性，如名将的意外落马、新手的异军突起、逆境中的绝地反击等，这些现象的发生往往与运动员比赛中心理状态的变化有关。因此，有效进行赛前、赛中的心理状态调节，帮助运动员以良好心态投入训练和比赛，以及做好赛后心理调适，就成为教练员、运动员参与各种比赛的一项重要工作内容（张力为 等，2013）。

第一节　比赛目标的设置与心理定向

一、合理比赛目标的设置

目标设置（goal setting）是指对动机性活动将要达到的最后结果所进行的规划。洛克和莱瑟姆（Locke & Latham，1985）认为，合理的目标设置，可以指导人们的注意，促进人们寻求实现目标的适宜方法，并有助于人们加强和保持努力。凯劳和兰德斯（Kyllo & Landers，1995）进行的一项关于目标设置作用的元分析（包括 36 个研究）显示，目标设置在运动表现提升方面的效应量约为三分之一个标准差（0.34），而且在目标设置为中等难度时，效应量会增加。博顿和韦斯（Burton & Weiss，2008）对已发表的 84 项有关运动领域目标设置作用的研究分析后指出，其中 70 项研究显示目标设置对运动表现具有中等或更强的促进作用。

运动员比赛前都会为自己设立一个比赛目标，如夺取金牌、创造个人最佳成绩等。比赛目标的设定不仅会影响运动员的赛前准备工作，而且会对运动员的赛中表现产生重要影响。

（一）目标设置对运动员比赛心理的影响

合理的目标设置会对运动员的参赛心理与行为产生积极影响，具体表现在以下几个方面（Locke & Latham，2002；Weinberg，2009）：

第一，使运动员将注意集中指向于有关的活动和任务。

第二，使运动员更加努力，信守承诺。

第三，使运动员更加具有坚持性，尤其是在目标行为的进步可以测量时。

第四，帮助运动员将大问题分解为小问题，并制订出行动计划。

第五，通过激发运动员的自信心与满意感，间接促进运动表现。

不合理的目标设置则会对运动员的参赛动机、自信心及比赛情绪等产生不利的影响（张忠秋，2007）。

（二）目标设置中应该处理好的几种关系

为了设置合理的训练和比赛目标，运动员和教练员应该处理好以下几种关系。

1. 长期目标与短期目标

几乎每位运动员都拥有个人的长期发展目标，却常常忽略短期目标的设置。相比于长期目标，短期目标具有以下几点优越性：第一，活动开始后，短期目标更能使运动员形成积极的期望；第二，活动期间，短期目标比较易于实现，可以提高运动员的兴趣与自信心；第三，短期目标有助于运动员对自己的能力进行比较直接、准确的评价。需要注意的是，如果只有短期目标，运动员会容易失去行动的明确方向，进而难以实现运动的最终价值（殷恒婵 主编，2012）。

洛克和莱瑟姆（Locke & Latham，1985）认为，短期目标和长期目标相结合会比仅设置长期目标更能促进活动成绩的提高。霍格和格里认为，长期目标应该分解成短期子目标，当子目标一一实现后，就自然加大了实现长期目标的可能性（引自殷恒婵 主编，2012）。

虽然研究结果不尽相同，但是大量实践经验表明，只有短期目标和长期目标相结合，才是比较理想的目标设置方式（梁添祥，2001）。

2. 技术动作完成目标与结果目标

技术动作完成目标是指用来评价运动员比赛表现的一定的技术动作标准，而结果目标是指运动员比赛获胜与否或比赛名次等。蒙罗-钱德勒等（Munroe-Chandler et al.，2004）研究发现，训练中运动员倾向于设置技术动作完成性目标，而比赛中则倾向于设置结果性目标。一般而言，完成技术动作比兑现比赛结果具有更大的可控性，因为比赛结果只部分地为运动员所控制，对手的发挥、裁判、观众、天气、场地等都会对比赛结果产生影响。设置技术动作完成目标可以增加实现目标的可能性，提高运动自信心，使运动员对比赛中出现的各种情况具有更好的应对能力（张力为，2007f）。

艾利斯认为，初学者如能把目标集中在技术动作完成目标上，可以更有效地战胜练习中的困惑，强化与标准的一致性，加强练习技巧的获得，而且会提高对进步的自我知觉、自我效能和内部兴趣（引自殷恒婵 主编，2012）。

3. 挑战性目标与容易完成目标

太过容易的目标，易使运动员失去兴趣，难以激发出强烈的取胜动机。高难目标可能有助于挖掘个人最大潜力，但如果无法实现，则可能造成失败感，使运动员的自信心和兴趣受到损害，甚至会对自我价值产生威胁（殷恒婵 主编，2012）。通常困难的、具有挑战性的目标比容易的目标更能促进运动员努力、更好地完成任务（季浏，1994）。

马忠（2004）进行的困难目标和容易目标对篮球投篮成绩和努力程度的影响的实验研究显示，中等难度目标组成绩最好，不现实目标组和容易目标组成绩都不理想。吕晓昌和李学强（2003）进行的目标设置难度与罚定位球成绩关系的研究发现，适度困难目标组被试罚定位球成绩的提高幅度最大，其次为高度困难目标组、轻度困难目标组，而“尽力做好”组被试成绩最差。

在设置合理的挑战性目标时，一方面要考虑运动员的技战术能力和当前竞技状态，另一方面要考虑影响比赛的各种客观因素（如对手、比赛环境等）。通常会把运动员的近期训练及比赛成绩作为确立适宜目标难度的基础。

4. 具体目标与模糊目标

具体、明确、可测量的目标更有助于运动员产生积极有效的行为，因为具体目标能把清楚的期望、量化的要求、严格的时间限定明确地传递给运动员，如“今天训练一传到位率要达到80%”“淘汰赛12支箭的成绩要在112环以上”等。具体目标还有助于运动员对自己提出明确的要求，并可清楚检验自己是否达到了目标。相反，“尽全力去拼”“进攻主动积极”等目标则会由于过于笼统模糊而难于兑现与评价。

温伯格等（Weinberg et al.，1994）研究发现，在赛季被给予具体目标的大学冰球运动员，其表现明显优于那些只给予“尽全力”等模糊目标的运动员。一项对60篇研究报告的综述指出，设置明确目标比设置一般目标或不设置目标更有助于活动水平的提高。设置明确目标后，射箭运动员的成绩显著提高；在投镖任务中，技术完成目标组比结果目标组有更好的投镖技巧、积极的自我反应和自我效能感（引自殷恒婵 主编，2012）。

（三）目标设置中需要注意的问题

为使目标设置对运动员的训练和比赛起到积极的促进作用，目标设置时应注意以下几个问题（张忠秋，2007）。

1. 目标设置应主要由运动员来完成

运动员自主设置比赛目标的效果通常比由他人代为设置好。如果目标由他人（如教练员、管理者等）代为设置，运动员有时会不予认可，产生抵触情绪，训练及比赛时常常不够投入和主动，遇到困难时也难以去积极应对。运动员自主设立目标的好处在于：可增强运动员对自身的认识，对目标的认同，使之更加主动地进行比赛准备，比赛中也会更加积极地采取各种应对策略。当然，运动员有时也会“不识庐山真面目”，缺乏对自身能力与状态的准确认知，继而难以制定出合理的比赛目标。此时，教练员应给予有针对性的帮助与引导。

2. 及时反馈有关目标设置的情况

虽然目标设置时通常已比较缜密地考虑到了运动员自身、比赛对手及比赛环境等方面的情况，但随着比赛的进行，常会有各种临时的、预想不到的情况发生，使既定目标的实现受到阻碍。此时，应该帮助运动员在分析比赛形势的基础上，做出适时的、必要的比赛目标及策略的调整。

3. 比赛目标应具备系统性与可调控性

运动员应同时拥有多个目标，如长期目标与短期目标、技术完成目标与比赛结果目标等，它们共同组成了每位运动员自身的目标系统。只有合理设置各项目标，同时协调好各目标之间的关系，才能真正发挥目标设置的积极作用，进而确保目标的实现。如：在确立长期目标的基础上，应重视将其细化为更具操作性的短期目标；在设置明确的技术完成目标的同时，也应看到结果目标在激发运动员成就动机中可以发挥积极的作用。

此外，还应注意个体目标设置及团队情境中目标设置的不同，如团队目标设置可能发生于个体、群体、团队等多个水平，而个体目标设置仅发生于一个水平。而且，不同水平的目标之间可能并不总是相互一致或彼此相融的，此时需要整合、协调它们之间的关系，进而保证团队目标及个体目标均得到有效实现（Kremer & Moran，2008；O'Leary-Kelly et al.，1994）。

二、合理的参赛角色与比赛心理定向

（一）角色定位与运动员的比赛发挥

1. 角色定位对比赛发挥的影响

运动员参赛的角色定位（role positioning）是指运动员比赛前和比赛中对自己、队友、对手之间关系的认识倾向，它直接影响着运动员对自己比赛表现正常与否的判断，影响着运动员的自信心和比赛应变能力。赛前和赛中，运动员如何摆正自己的位置，是每位教练员和运动员非常关心和重视的问题，也是赛前心理准备的重要内容。

张忠秋和王智（2000）认为，运动员的参赛角色定位是比赛心理调节的重要指导要素。参赛角色定位中重要的是处理好“夺”和“保”的关系。定位“夺”的角色意味着以低姿态向高处冲击，定位“保”的角色则是自认为身在高处，守位防失。两种不同的参赛角色定位往往会导致截然不同的比赛心态与行为表现。“夺”者大多赛前战绩不占优或赛中与对手难分高下，其角色心态相对纯净，更多专注于比赛过程，较少对比赛结果产生过高的期望和压力，只将冲击对手作为目标和己任；“保”者大多赛前战绩占优或赛中比分领先，其心态较为复杂、矛盾，注意力更多转向比赛结果，对比赛结果期望过高。

2. 合理参赛角色定位的确立

运动员或教练员在进行参赛角色定位时应注意以下问题（张忠秋，王智，2000）：

第一，每次比赛前都应对自己或全队的参赛角色重新定位。影响运动员比赛成绩的因素有很多，任何一场比赛的胜负都很难做到百分之百的准确预测，所以，运动员和教练员应从概率的角度来看待每场比赛的结果，此时采取“夺、冲、追”的赛前角色定位应该是一种理想的选择。在第29届北京奥运会上为中国夺得首枚射箭奥运金牌的张娟娟赛后说道，决赛中之所以面对三名韩国强手自己依然能保持良好的心态，是因为自己是以“拼”对手的心态来打这几场硬仗的。对手实力确实很强，其中不乏奥运会冠军、世界纪录保持者，而且以往与对手比赛的战绩也不明显占优，但自己就是要拼她们。正是这种合理的角色定位促成了她良好的比赛心态及出色的比赛发挥。

第二，比赛中应在坚守“冲击”对手的原则下进行参赛角色的调整。比赛中，随着双方成绩的相对变化，运动员常会有意或无意地将比赛进程与比赛角色定位相联系。如果开赛成绩大大好于赛前预期，运动员容易滋生侥幸心理，认为自己的定位保守或偏低，此时不是乘胜“追”击，而是由“追”变“保”。相反，如果开赛成绩不如赛前期望或出现伤病等意外，运动员则容易产生自我怀疑，“拼劲”大减。一些运动员在领先或落后时出现“不会打比赛”的现象，这往往与运动员不合理的参赛角色定位有关系。

第三，每次赛后应对自己和全队重新进行角色定位。经过比赛应激和胜负体验，运动员的参赛角色常常面临重新调整。胜者的自我形象往往会被无意识地夸大，败者则会无意识地发生自我形象的降低，由此使运动员后续参赛时的杂念迅速增多，甚至出现大胜后大败或一蹶不振的现象。美国的奥格利夫曾在《再当冠军者为什么如此少?》的调查报告中列举了运动员获得冠军后可能会增加的一些心理负担和顾虑。赛后的参赛角色重新定位可根据比赛的胜负情况而采用不同的方法，如对胜者应针对比赛找出几项缺点，对负者则应针对比赛指出几项优点，以此纠正运动员赛后可能出现的自我认知偏差。

（二）合理比赛心理定向的原则

关于心理定向（mental set），本书第四章已从集中运动注意力原则的角度进行过简单介绍。事实上，在进行赛前、赛中的心理准备和心理调节时，同样应遵循心理定向的这些原则。

1. 过程定向

比赛过程要素主要指与比赛表现直接联系的且自己可以控制的要素，例如比赛之前的器材维护、饮食调节、休息与练习，以及比赛之中的技战术运用、体能分配等。比赛最终结果主要指比赛名次、比赛成绩等。将注意指向比赛最终结果之所以不利于运动员的比赛发挥，是因为：第一，思虑结果及其对自己可能产生的影响，会提高运动员的紧张水平至干扰训练或专心比赛的程度；第二，思虑结果会使运动员难以集中注意认真进行比赛准备，也会干扰技战术任务的执行与完成。只有专注于比赛过程要素，才更有可能获得预期的比赛结果。

2. 当前定向

运动员参赛过程往往是一个分阶段且持续时间较长的过程，前一轮的比赛结果往往会对后一轮的表现产生重要影响。因此，在比赛进程中不断进行心理调节，树立正确的心理定向，就成为运动员保持优势或反败为胜的重要保证。当前定向的原则要求运动员在不断进行心理调整的过程中，确立和保持从零开始的心理定向，将注意集中在立刻需要加以完成的具体任务上，既不过多纠结于已经发生的事件（不论是积极事件还是消极事件），也不过多思虑将要取得的成绩。也就是说，要做到打一场，甩一场，场场从零开始。这个原则具体化到射击比赛中，可以成为“打一枪，甩一枪，枪枪从零开始”；具体化到体操比赛中，可以成为“比一项，甩一项，项项从零开始”。

3. 主位定向

制约比赛结果的因素很多，其中有些是运动员难以控制或无法控制的，如对手、天气和裁判。关注那些不能控制的因素，不但会使运动员因产生无助感而导致信心下降，而且还干扰其必要的技术、战术和体能方面的准备工作。

主位定向的原则要求运动员将注意集中在可以控制的因素上，例如自己正在和将要采取的技术和战术手段、体力分配策略、思维和表象的内容，以及与教练员的沟通等。同时，运动员应采取一定的必要措施，回避和排除与自己无关或与比赛过程无关的信息。例如，在射击比赛的间歇阶段，可选择人少且较安静的地方，戴上耳机听听音乐或闭目休息，既可放松身心，也可回避干扰信息，更好地准备下一轮的比赛。

专栏 8-1

不去管无法控制的东西

美国短跑明星迈克尔·约翰逊在1996年亚特兰大奥运会上取得了200米和400米两枚金牌的骄人成绩。但对于主场作战的他，同时也承受了由观众的高度期待所造成的巨大压力，赛后约翰逊讲道：

"缓解压力的有效办法那就是知道什么是自己控制不了的，因为压力永远存在，是自己生活和工作中的一部分。在奥运会400米决赛中，我感到了巨大压力，后来认识到，只要跑出自己的水平就足够了，不要总是害怕失去这个冠军，不能去管自己无法控制的东西。执行赛前计划是我能决定的。我不能控制对手跑出当天更好的成绩，执行好自己的计划就行。比赛中要投入进去，不要考虑其他人可能超水平发挥。径赛是身体不接触，其他人不会影响自己的发挥，注意力集中在自己身上最重要。"

资料来源：田径大本营，2017-12-5。

第二节　比赛方案的制订

一、比赛方案的作用

比赛方案（competition plan）是教练员和运动员根据比赛目标而为比赛进程制订的详细计划（张力为，2007e）。

制订比赛方案，主要是为了提高运动员应对比赛中各种重要情况和突发情况的能力，做到有备无患。为此，应针对该项目比赛前和比赛中可能出现的各种问题或情况，制定相应的应对策略和方法。

详细且有针对性的比赛方案，具有以下几方面的作用（丁雪琴，2007）：

第一，全面分析比赛形势和各方面的问题，以便使赛前准备更充分、细致。

第二，有利于增强运动员的比赛信心，使他们做到心中有底，无论出现什么情况，甚至意外事件，也能沉着冷静地按比赛方案的提示去处理。

第三，通过比赛方案的制订，可以让教练员更好地了解运动员的想法，运动员更准确地理解教练员的意图，有助于双方的沟通与队伍凝聚力的增强。

第四，有助于运动员在比赛时的思维净化和集中注意力。因为赛前该想的都想到了，问题和对策也想好了，临赛时就能放心地集中注意于比赛技战术的运用。

二、有效比赛方案的制订

制订比赛方案就是为比赛准备制订一项工作计划。运动员参加重大比赛的准备主要包括身体准备、技战术准备和心理准备三个方面，其中心理准备的目的是要促成理想的竞技心理状态。比赛方案中的心理准备通常包括以下四方面内容（丁雪琴，2007）。

（一）比赛心理净化程序

针对运动员赛前心理敏感容易发生变化的特点，应结合比赛的进程建立相应的心理净化程序。如在比赛前一天可进行以下几项准备：合理定位参赛角色，致力于去冲击对手；列出比赛可能遇到的困难及应对方案；安排好作息等活动内容，放松身心而不受比赛困扰；比赛当天早晨进行积极的自我暗示，演练自己成功发挥的情景。

此外，还应制订好准备活动、检录、上场前及比赛各轮次间的心理净化内容，使积极的思维内容充盈头脑，镇定、自信、专注地准备比赛。

（二）比赛行为活动程序

为了使运动员比赛前的活动更加有目的、有次序、有效果，需要预先计划好赛前不同时段要做的事情，以免慌乱出错。比赛的行为程序可参照以下模式制订，这里给出某武术南拳运动员的某次比赛的行为活动程序以供参考（梁艳华 等，2008）。

1. 赛前部分

（1）积极的自我谈话。

（2）呼吸放松。

（3）想象成功动作。

2. 赛中部分

在赛中完成难度动作前使用特定的暗示语。

（三）比赛思维活动程序

为了使运动员的赛前各项活动有次序、有重点和更加积极地进行，需要预先计划好赛前不同时段要想的事，以免到时思想混乱或头脑一片空白，甚至让消极思维占据上风而严重影响比赛心理状态。比赛的思维程序可参照以下模式制订（见表8-1）。

表8-1　运动员比赛思维活动程序

主要时段	想什么
入住赛区宾馆	这里环境很好
赛前训练	寻找好的感觉
赛前1天	我在养精蓄锐

续前表

主要时段	想什么
赛前晚上	想象成功动作
比赛当天早晨	今天感觉真好
比赛当天上午	营造愉快心情
比赛当天中午	休息好就行
比赛当天下午	想想比赛动作
赛前准备活动	我很清醒
检录点名	我是最棒的

资料来源：丁雪琴，2007，204页。

（四）比赛心理调控策略库

为了使运动员的赛前心理准备更加细致充分，真正有助于信心的增强、思维的净化以及情绪的稳定，建立比赛心理调控策略库是一种可供选择的方法，即把运动员比赛时可能遇到的问题归纳梳理，提出针对专项、针对个体的调节策略，提示运动员比赛时如何思考、如何行动，帮助运动员根据比赛需要进行有效的自我心理调节。

专栏 8-2

中国自由式滑雪空中技巧队冬奥会参赛预案：意外事件对策库

表 8-2 呈现了中国自由式滑雪空中技巧队参加冬奥会的意外事件对策库。

表 8-2　中国自由式滑雪空中技巧队应对冬奥会意外事件的策略

如果……	我会……
班车晚点	在车上考虑，重新安排到场地的准备活动的顺序和时间。 冷静，做好每一件事情，只是在原基础上加快速度完成，最主要是心理要平静。
下雪	昨天晚上我已经按照天气预报进行打蜡，我已经提前做了准备。 如果现场雪更大，再喷蜡。 注意保暖，相信自己，判断果断。
风大	风大温度低，保持身体温暖，使身体处于活跃状态，喝运动饮料。保持能量供给。 风大，等待时间长，热身、模仿。 跟教练配合好速度。相信自己，相信教练。 果断、冷静，关注可控因素，保持正常起跳。
速度慢	打蜡。 让身体更紧，紧住出台子，不改变起跳。 相信自己，必须果断、冷静。 如果无法完成比赛动作就急停。
器材出现问题	冷静，迅速修好或者更换，相信自己，也相信器材。然后，如果没有跳次的机会，就再次测速。但是赛前一定要检查好比赛器材的安全性。

续前表

如果……	我会……
比赛到你时出现突发事情等待时间很长	正好有时间多做调整，听音乐，关注目前我所做的事情，冷静、保持清醒的头脑，适度放松神经。 保持身体的活动，始终保持暖和，穿大衣。时刻准备着，随时出发。 希望教练随时告诉我速度变化和天气变化情况。

资料来源：张力为 等，2013。

三、制订比赛方案时应该注意的问题

为使比赛方案在比赛的准备中发挥切实有效的作用，在制订比赛方案时应注意解决好以下四个方面的问题（张忠秋，2007）。

（一）切合专项比赛需求

不同的运动项目，如个人项目与团体项目、直接对抗与非直接对抗项目，其在技战术特点、比赛规则、比赛程序及比赛环境方面通常存在不同程度的差异，这不仅会对运动员的参赛心理产生不同的影响，也会对运动员的比赛心理状态提出不同的要求。在制订比赛方案时，应认真研究专项比赛中运动员的心理活动特点，以及专项比赛在运动员心理特征及心理状态上的特殊要求。

（二）切合运动员的个人需要

制订比赛方案时应兼顾到运动员的个体身心特点，借此提高比赛方案的针对性。比如：有的运动员比赛时情绪易激动，为此比赛方案中就要考虑如何加强其情绪的自我控制；有的运动员比赛中状态调动得慢，方案中就要考虑如何提高其心理的快速“自我动员”能力；等等。张忠秋和王智（2000）指出，依据运动员比赛发挥水平和个体身心消耗特点进行针对性心理调节是非常必要的，而且在比赛前，要认真了解运动员比赛过程中的兴趣和欲望的感受点在哪里，设计和安排运动员在比赛前和比赛过程中强化专项比赛所需的兴趣和欲望内容，以实现良好的比赛自我表现水平。

（三）切合具体比赛的要求

同一运动项目的不同赛事（如奥运会、世锦赛、世界杯等赛事）也会对运动员的心理提出不同的要求，产生不同的影响。例如，关于奥运会对运动员心理的影响，羽毛球运动员林丹在谈及自己雅典奥运会的经历时曾说道：“……第一次参加奥运会这样的大赛，前两年比赛时的那种冷静、耐心似乎完全不知跑到哪儿去了，满脑子想的都是我不能输、我不能输。……奥运会和各种公开赛是不一样的，首先，我觉得它的吸引力很大，其次，它的影响力很大，最后，它会让你的一生发生很大的改变。当这么多特别大的不一样聚在一起以后，你就觉得奥运会很重要，平时的训练乃至平时的生活都完全围绕着它，这样就容易导致你走到一个极端，有一点像钻牛角尖一样，你要是心态上没有优势的话，对手就会很容易地纠住你这一点打你。”（引自姚俐竹，2006－9－24）可见，在备战奥运会等赛事时，应考虑到参加这些赛事时运动员心理反应的特殊性，进而开展针对性的赛前心理准备工作。

(四）强化方案的可操作性

比赛方案的内容除要求具体、有针对性外，还应重视它的可操作性，否则方案的作用就难以发挥。为提高方案的可操作性，应深入了解专项比赛中运动员切实的心理反应以及最可能出现的心理问题，在方案中提供相应的思维活动程序、行为活动程序，进而帮助运动员有效调节比赛的心理状态。方案中不仅要告诉运动员比赛时该如何积极思维，而且要告诉运动员该如何有效行动；不仅要告诉运动员赛场上该如何思考和行动，而且要告诉他们赛场下该如何安排比赛期间的日常生活、作息娱乐等方面内容。

第三节　比赛心理调节方法

面临即将开始的比赛，运动员通常会产生临场应激反应，并在心理及身体上出现相应的变化（见表8－3、表8－4)。其中一些应激反应或身心状态会对运动员的比赛发挥产生不良影响，需要通过有效的方法加以调节。

表8－3　　运动员比赛临场不良应激状态的身心特征

要素特征	占总体比例（%）
1. 情绪过于紧张	89.6
2. 感觉自己的身体状况不佳	83.2
3. 身体肌肉紧张	80.7
4. 紧张消化不良	75.4
5. 对比赛环境的机体感觉适应程度差	72.5
6. 食欲不正常	71.1
7. 感到胃部紧张	68.8
8. 紧张性发烧或腹泻	63.9

资料来源：孟献峰 等，2004。

表8－4　　运动员比赛临场不良应激状态的影响因素

要素特征	占总体比例（%）
1. 容易兴奋	75.6
2. 兴奋不起来	64.3
3. 对手实力太强	87.1
4. 过度注重比赛结果	54.9
5. 缺乏自信	66.8
6. 赛前身体的不良反应	43.2
7. 把比赛看得很重	77.4

续前表

要素特征	占总体比例（%）
8. 不适应比赛环境	32.4
9. 比赛关键时刻难以控制自己	23.9
10. 比赛条件不理想	22.1
11. 比赛安排不合理	19.7

资料来源：孟献峰 等，2004。

张力为（2007f）指出，为了使运动员的身心状态朝向适合比赛需要的方向转化，并力求使其在比赛中保持在最佳水平，运动员、教练员及相关人员可根据情境特点和个人情况，从以下三个方面进行心理调节，即身体调节、认知调节和环境调节。

一、从身体动作进行心理调节的方法

（一）呼吸调节

呼吸调节（respiration intervention）指通过调节呼吸的频率、深度和方式以控制情绪的方法。深沉的腹式呼吸有助于缓解运动员的情绪波动。情绪紧张时，常有呼吸短促现象，这时缓慢的呼气和吸气练习有利于情绪兴奋性的降低。情绪消沉时，长吸气与有力的呼气练习有助于提高情绪的兴奋水平。这种方法之所以奏效，是因为情绪状态与呼吸之间存在着密切的联系。例如，情绪紧张时，呼吸快而浅，二氧化碳呼出过多，使血流中的二氧化碳失去平衡，时间一长，中枢神经便迅速做出抑制性的保护性反应，这时采用加深或放慢呼吸频率的方法一小段时间，就会得到安静的效果（全国体育学院教材委员会 编，1988）。

（二）活动调节

活动调节（activity intervention）指通过调节身体活动方式以控制情绪的方法。大脑与肌肉的信息是双向传导的。肌肉活动积极，从肌肉向大脑传递的神经冲动就多，大脑的兴奋水平提高，情绪就会高涨。反之，肌肉放松时，从肌肉向大脑传递的神经冲动减少，大脑的兴奋性就降低，高涨的情绪也会得到适度缓解。这样，采用不同速度、力量、幅度、方向和节奏的动作练习，可以用来调节运动员临场的情绪状态。例如，情绪过度紧张时，可采用一些强度小、幅度大、速度和节奏慢的动作练习，以降低情绪的兴奋性。情绪低沉时，可采用一些幅度小、强度大、速度和节奏快的动作练习，以此提高情绪的兴奋性。

（三）表情调节

表情调节（expression intervention）是通过有意识地改变自己的面部和姿态表情以控制情绪的方法。情绪状态与外部表情存在着一定的联系。情绪的产生会伴随一系列生理过程的变化，并由此引起面部及姿态表情的改变。如愉快时笑容满面，手舞足蹈；愤怒时横眉冷对，紧握双拳；沮丧时垂头丧气，肌肉松弛等。正是由于情绪状态与表情之间存在着一种双向联系，故可以通过调节表情来改变情绪状态。如感到紧张焦虑时，可以有意识地放松面部肌肉，或者用手轻搓面部，使面部肌肉有一种放松感。当情绪低落时，可以有意识地做出笑脸，或看看别人的笑脸，或想想过去最高兴的事，如自己最得心应手的一场比赛的情境等。

二、从认知角度进行心理调节的方法

情绪的认知调节（cognitive intervention）指通过改变认识来控制情绪，包括表象调节、暗示调节、宣泄调节、情志转移、激化调节等。

（一）表象调节

表象调节（imagery intervention）指通过表象控制情绪和行为的方法。比赛上场前，在脑中清晰重现自己过去获得成功时的最佳表现，体验当时的身体感觉和情绪状态，有利于增强信心，提高运动成绩。研究资料表明，有的马拉松运动员运用表象重现法，提高了比赛成绩。表象重现是一种积极的意念，它可以间接地使自主神经系统活跃起来，促进心跳加快，呼吸加强，使新陈代谢过程的血流量加大，糖分解加速，热能供应充足，使全身的增力感觉和增力情绪加强（全国体育学院教材委员会 编，1988）。

（二）暗示调节

暗示调节（self-suggestion intervention）是通过言语暗示控制情绪和行为的方法，也可以借助手势、表情或其他暗号来进行暗示调节。暗示可分为自我暗示和他人暗示。

比赛前和比赛中，教练员与运动员应尽量使用积极语言分析对手情况，制定战术，树立信心。同时应避免使用消极语言，如用“我很镇静”代替“我不紧张”，用“我充满力量”代替“我还没有疲劳”，用“我站得很稳”代替“千万别摔倒”等。教练员和运动员还应十分注意自己的手势、姿态、脸部表情和眼神，这些都是传递暗示信息的媒介，可能对他人的心理带来一定的影响。

矫健和贾巍（2008）研究发现，暗示调节的合理运用可以缓解运动员的心理压力，提高运动员的心理稳定性，使身体和战术水平正常或超常地发挥。

（三）宣泄调节

宣泄调节（discharge intervention）是以适当的方式及时、充分地宣泄情绪的方法。通过宣泄可以缓解自己内心的消极情绪。宣泄的方式主要有倾诉、痛哭和写日记三种（高德耀，1991）。运动队的管理者和教练员可创造条件给运动员提供合理的情绪宣泄渠道，尤其是在他们遇到困难和挫折时，以此满足他们情绪宣泄的需要。在有些情况下，只要善意地、耐心地倾听运动员的倾诉，让他们把压抑的心理活动内容倾诉出来，就可以起到明显的情绪调节作用。

（四）情志转移

情志转移（interest shift）是通过转移注意控制情绪的方法。情绪不快或过度紧张时，有意识地强迫自己把注意从应激刺激转移到其他事物上，如去专心解决紧迫的工作问题或进行有浓厚兴趣的娱乐活动等（看演出、逛商店、游公园、打扑克、下象棋等），就可暂时缓解不快或紧张情绪。

赛场上激烈的争夺、观众语言的刺激，以及起伏不定的战局，容易使运动员的消极情绪不断蔓延。为此，应及时地进行注意转移，把注意力或活动意向从原来的目标转移到新的目标上去。进行注意转移可以充分利用兴奋与抑制的相互诱导规律，将消极情绪转化为积极情绪，使原有的消极情绪被某种强烈的兴奋所代替，从而抑制或消除消极情绪（李小兵，2007）。

（五）激化调节

激化调节（sharpening intervention）是通过刺激和唤醒自尊意识控制情绪和行为的方法。在竞争激烈的运动竞赛中，有时需要激发运动员的拼搏精神，充分挖掘运动员身上的巨大潜能，只有这样，才能使其战胜自己的弱点，克服比赛中的各种困难，在气势上压倒对方，进而争取比赛的胜利。为此，教练员可因人因事制宜，适当采取“激将法”。

有些情况下，运动员只有得到一定程度的“刺激”，才能明白和重视自己的问题，并采取实际步骤加以解决。比如，必要时可严肃地告诫运动员：为什么改不了这个毛病，难道要把它带到退役那天吗？这场比赛，你必须出场，否则，你就永远不用上比赛场了！等等。当然，强“刺激”有可能伤害运动员的自尊心，因此建议少用，慎用。

三、从环境角度进行心理调节的方法

情绪的环境调节（environment intervention）指通过改变环境来控制情绪，包括音乐调节、颜色调节和气味调节等。

（一）音乐调节

音乐调节（music intervention）指通过音乐控制情绪的方法。

古希腊人即对音乐的治疗作用拥有一种直觉的理解。如亚里士多德坚信，长笛音乐能够释放情绪；柏拉图认为，音乐不仅可以维持人类内心的和谐，也能够恢复民族丧失的道德水准；毕达格拉斯则认为音乐节奏有一种特殊的治愈效果。目前，人们在对情绪与身心健康关系深入研究的基础上，创建了一门新兴学科——“音乐治疗”，即治疗师通过系统地运用音乐改善来访者的情绪或生理状态。日常生活中人们也可以通过欣赏音乐来调节个人心境或生理唤醒状态（西沃德，2008）。

由于音乐与人的情绪活动之间存在着密切的联系，所以可通过有选择地聆听不同的音乐，帮助运动员调节一些不适当的情绪反应，进而形成良好的比赛心理状态。如紧张焦虑时，可听舒缓平和的乐曲；情绪消极忧伤时，可听欢快愉悦的乐曲；情绪懈怠不兴奋时，可听激昂振奋的乐曲；等等。我国射击运动员易思玲习惯通过听音乐缓解比赛压力，使自己沉稳；羽毛球运动员林丹在备战奥运封闭训练期间主要通过音乐来缓解情绪；

美国游泳运动员菲尔普斯赛前喜欢听 hip-pop 音乐以激发自己的斗志（阿喜，2008－8－16；刘向前，2012－7－29；孙海光，2012－5－20）。

单小东（1999）探讨了音乐对运动员赛前心理紧张的调节作用。研究结果显示，运用音乐的调节功能可以有效缓解运动员的赛前心理紧张，并建议因人而异地采取音乐调节法来调适运动员的赛前焦虑。

（二）颜色调节

颜色调节（color intervention）指通过颜色控制情绪的方法。

颜色作为视觉刺激物，可同时引起其他感觉，如使人感到冷暖、重量、味道等的不同，称为“联觉”。江宇等（2006）的一项研究表明，暖色的平均主观温度为 45.68 摄氏度，冷色的平均主观温度为 29.44 摄氏度。6 种颜色的主观温度从暖到冷的排序为红、橙、黄、绿、紫、蓝。他们还对颜色的情绪性进行了研究，结果提示，红色比橙色和黄色更易引起兴奋感，紫色的抑制性要高于蓝色和绿色。

在体育比赛中可以利用“联觉”现象调节运动员的心理状态。例如，过度紧张时，观看绿、蓝、紫色，可以起到镇静作用。用绿毛巾擦汗，饮用带绿色的饮料，到蓝色环境中休息一下，可使过度兴奋得到缓解。当运动员临场精神状态不振时，可以给予红色或黄色刺激，提升其兴奋水平。

（三）气味调节

气味调节（odor intervention）指通过气味控制情绪的方法。

美国的气味疗法专家通过采用某些带香味的油剂按摩，或者让病人闻装在瓶子里的香料，来治疗精神紧张所引起的疾病。英国的科学家发现，模拟海滨实验室里的病人在室内加入海洋特有的气味时，精神更为松弛。日本一名研制香味空气装置的工程师声称，计算机操作人员在呼吸带有茉莉和柠檬香味的空气后，计算错误减少了 33%～54%（引自张力为，2007f）。

根据气味与情绪关系的研究成果，运动员在训练和比赛中，应注意保持宿舍清洁，空气清新，还应注意保持运动服和擦汗巾的清洁。比赛前，可在干净的擦汗巾上洒一点香水，这样在比赛间歇擦汗时，就能通过淡淡的香味使自己的情绪状态得到某种程度的调节。

第四节　几种常见比赛局势下的心理调节策略

体育比赛的进程常常充满悬念和戏剧性。随着比赛局势的变化，运动员的心理状态也会随之改变，如由积极变为消极，或由消极转为积极。下面将对几种比赛中常见的心理状态进行分析，并给出相应的调节建议。

一、扭转开局不利

即使赛前做了比较充分的准备，但由于比赛影响因素的多样性及不可控性，比赛中开局不利的情形仍时有发生。如果此时运动员不能稳定心态，控制情绪，抑制住消极想法，则会使后面的比赛陷入被动局面。面对开局不利的比赛形势，运动员可尝试做好以下几点：

第一，专注比赛任务，回想比赛预案。开局不利可能由自己的某一（或某些）失误引起，可能由对对手的技战术及比赛环境不适应所引发，也可能是对手的超常发挥所致。不管缘起为何，此时理智的做法是在接受现实的基础上，更加专注于比赛形势的分析，通过回想比赛方案或默念暗示语来调控自己的情绪和思维。

第二，注重比赛过程，专心执行动作。开局不利往往使运动员的注意长时间停留在已完成的比赛任务上，而难以专心继续下面的比赛。此时运动员应提醒自己专注于当前，借助暗示、想象技术动作及回忆比赛方案等使自己的注意力迅速集中起来。

著名射箭运动员特瑞·温德勒曾说过，一旦环值被记录在记分单上，就不要再去想它了，此时应集中精力准备下一组箭的发射，它才是最值得你重视的。

第三，坚定信心，不轻言放弃。暂时落后时更要坚信自己的技战术实力，坚信事先认真制订的比赛方案。只要比赛还在继续，落后局面就有扭转的机会。

专栏8-3

专注比赛，成功逆转

作为2008年北京奥运会女子10米气手枪的金牌获得者，2012年郭文珺又勇敢地站在了伦敦奥运会该项目的决赛场上。此次，她能创造历史，成功卫冕吗?

比赛进行得扣人心弦。虽然预赛中郭文珺排名第一，但决赛中她进入状态较慢，第一枪仅仅打出8环。但第二枪她镇定调整，打出了10.8的高环数，与雅典奥运会金牌得主科斯特维奇同居第二。在第四轮排名第一后，第六轮后她又回落到第三。法国选手格贝维勒在第八轮打出了10.6环，排名第一，并将对郭文珺的优势扩大至0.8环。然而，郭文珺在最后一枪的发射中表现得相当冷静，打出了自己本场比赛的第二个10.8环，最终成功实现反超，以总环数488.1环摘得金牌。她也成为该项目实现奥运卫冕的历史第一人。

对于最后一枪完成逆转，郭文珺自己说："我只是从来都没有放弃，我把精力都放在比赛上……把全部精力都投放在了最后一枪，我做到了!"

资料来源：剑波，2012-7-29；裴力，2012-7-29。

二、把握领先局势

比赛中的领先局势通常会对运动员的心理产生积极的影响，如使其信心更强，注意更集中，情绪更高涨。但领先也可使运动员的心理产生一些不利于比赛进行的变化，如：

（1）产生“保”的念头，希望维持现状或比赛平稳进行。

（2）希望比赛早些结束，或迅速战胜对手。

（3）担心技术出现失误，过于求稳而放不开手脚，原有的技术动作感觉或流畅性也因此被破坏。

（4）领先优势缩小时，心态迅速变得紧张与焦虑。

（5）对比分过于关心，过度思虑对手及自己后面的表现，并担心出现逆转。

比赛领先时，运动员在心理上应努力做好以下几点：

第一，提醒自己，虽然领先，也应从零开始，完成好当前的技术动作，坚持按原定的比赛方案打。

第二，正确理解比赛过程与结果的关系，将注意集中于与比赛过程和技术动作有关的方面，完成好每一个技战术环节，进而得到预期的比赛结果。

第三，面对领先的局面，一些运动员仍然存在想赢怕输的想法。此时合理的做法是将“想赢怕输”转化为“敢于胜利，不怕失败”“打好像我，打坏认可”的积极思维。

第四，领先时，一些运动员会担心出现失误，担心好的动作感觉会失去。此时积极的做法是相信自己的技战术能力，相信自己充分的比赛准备，高质量、专注地完成好当前的技战术任务。“出水才见两脚泥”，此时不怕失败比敢于胜利更重要。

三、冷静应对突发事件

运动员在比赛中有时会遇到一些突发事件，如比赛时间、场地、对手的改变，比赛器材、设备的遗忘或突然损坏，场上出现意外伤害事故，不可思议的技术失误（掉下器械或脱靶等）或大比分差距，场内高分贝的噪声，赛前发生交通事故，私人贵重物品遗失，等等。

出现突发事件常会使运动员的心理平衡被打破，产生较大的不适反应，如比赛动机指向改变，注意涣散，思维混乱，情绪波动，信心下降，动作感觉消失，失误增多，赛前准备的方案被打破，等等。如果运动员在比赛预案中能对此有所准备，有适当的应对策略，则可将突发事件可能带来的不利影响降至最低。1988年汉城奥运会上，美国的跳水名将洛加尼斯在头触跳台受伤后，利用预赛人多、每轮耗时长的特点，在比赛间隙处理伤口的同时，以自己平时采用的心理技能，主动调节自己的注意，默念动作要领，进行动作表象演练，重新找到感觉，不仅顺利完成了后面的动作，进入了决赛，而且在次日的决赛中力挫对手，勇夺桂冠。

面对突发事件，应努力做好以下几点。

（一）直面事实，理智应对

尽管突发事件不是人们期待发生的，但发生了就务必面对，急躁、自责或埋怨他人都无济于事，此时需要做的就是尽快接受现实，设法避免引起消极情绪的持续激烈反应，并尽快使自己恢复平静。

（二）保持思维的合理有序

突发事件出现时，要迅速终止头脑中的混乱或空白状态，坚持想当前，想要领，想准备方案，想应急措施，使思维尽量保持有序。只要能够保持思维清晰和行为有序，就有可能阻止或减少突发事件可能带来的干扰，从而保证技战术的正常发挥。

（三）主动调整情绪

面对突发事件，运动员可结合平时进行的心理技能训练，根据赛场情况选用合适的方法进行自我心理调节。如在时间、规则允许的范围内争取时间，运动员可通过静坐、放慢呼吸、快速放松等手段快速调控个人的情绪；并可借助肯定性的暗示语，如“放松”“镇静”“稳住”等帮助自己尽快排除干扰，恢复平静。

（四）回忆比赛方案，找回动作感觉

情绪稳住后，应设法回忆出比赛方案的要点，默念技术要领的提示语并对动作进行表象演练，寻找、恢复、强化动作感觉，重新树立高质量完成技术动作的信心。

专栏 8－4

冷静的杜丽

获得雅典奥运女子10米气步枪金牌的中国女射手杜丽在谈及自己的雅典之行时这样讲述道：“其实资格赛就很不顺利，比赛过程中我支枪的枪架倒了两次，子弹全撒掉了。我之前挑好的都是对号的子弹，我现在全撒掉、全换掉了，按理说我应该会受一点影响的。但我当时想的是，在那么紧张、激烈的比赛情况下，是我精力回收的一种好时候。可以让精力尽快回到动作上，考虑动作。我这人的心理和别人有时候不太一样，就是特别喜欢比赛，特别喜欢在比赛中表现自己……”

之所以在比赛如此关键的时刻，枪架两次意外倒地均未扰乱杜丽的心绪，影响其后面的比赛发挥，主要原因就在于杜丽真正做到了：面对突发事件，理智面对，积极思维，坚持按预案继续比赛。

资料来源：梁建增 主编，2004，28页。

本章要点

1. 目标设置是指对动机性活动将要达到的最后结果所进行的规划。比赛目标的设定直接关系到比赛动机的方向和强度，对运动员比赛表现具有很大影响。

2. 目标设置中应该处理好长期目标与短期目标的关系、技术动作完成目标与结果目标的关系，挑战性目标与容易完成目标的关系，以及具体目标与模糊目标的关系。

3. 角色定位是指运动员比赛前和比赛中对自己、队友、对手之间关系的认识倾向，它直接影响着运动员对自己比赛表现正常与否的判断，影响着运动员的自信心和比赛应变能力。

4. 比赛方案的内容包括：比赛心理净化程序、比赛行为活动程序、比赛思维活动程序以及比赛心理调控策略库等。在制订比赛方案时应注意：切合专项的比赛，切合运动员个人需要、具体比赛的需求，同时考虑方案的可操作性。

5. 比赛心理调节方法可分为：基于身体动作的方法（呼吸调节、活动调节、表情调节），基于认知角度的方法（表象调节、暗示调节、宣泄调节、情志转移、激化调节）和从环境角度进行调节的方法（音乐调节、颜色调节、气味调节）。

6. 应对比赛开局不利，应该做到：首先，把注意和行为引向训练和比赛任务；其次，要集中注意，专注于当前；最后，要坚定信心，不轻言放弃。

7. 比赛暂时领先时，要清晰认识到赛场形势的多变性，专注于当前任务，坚持执行比赛方案；集中注意力在比赛过程和技术方面；敢于胜利，不怕失败；不要给自己过重的心理负担。

8. 面对比赛中出现的意外情况，可采取以下几点策略：直面事实，理智面对；保持思维的合理有序；主动调整情绪；回忆比赛方案，找回动作感觉。

复习思考题

1. 目标设置时应处理好哪几种关系？
2. 参赛角色定位如何影响运动员比赛中的心理状态？
3. 比赛心理定向应坚持哪几项原则？
4. 比赛方案通常包括哪几方面内容？
5. 如何应对比赛中出现的突发事件？
6. 阅读3～5篇关于奥运会参赛运动员心理训练的最新研究报告，了解比赛心理准备与调节工作的主要内容与方法。

推荐阅读

姒刚彦. (2006). 追求最佳还是强调应对：对理想竞技表现的重新定义及心理训练范式变革. *体育科学*, *26* (10), 43 - 48.

王进. (2008). *运动竞赛关键时刻的“发挥失常”：压力下“Choking”现象*. 杭州：浙江大学出版社.

张力为. (2013). 运动员的自我控制：重要理论及研究进展. *心理科学*, *36* (3), 515 - 523.

Geukes, K., Mesagno, C., Hanrahan, S. J., & Kellmann, M. (2013). Performing under pressure in private: Activation of self-focus traits. *International Journal of Sport & Exercise Psychology*, *11* (1), 11 - 23.

Jordet, G. (2009). When superstars flop: Public status and choking under pressure in soccer penalty shootouts. *Journal of Applied Sport Psychology*, *21* (2), 125 - 130.

Moore, L. J., Wilson, M. R., Vine, S. J., Coussens, A. H., & Freeman, P. (2013). Champ or Chump? Challenge and threat states during pressurized competition. *International Journal of Sport & Exercise Psychology*, *35* (6), 551 - 562.

第九章

运动心理疲劳

内容提要和学习指导

长期艰苦的运动训练和比赛使运动员产生心理疲劳，心理疲劳严重影响运动员的正常训练，并最终导致运动员竞技水平的下降。本章分析了运动心理疲劳现象，描述了运动心理疲劳的具体表现，介绍了心理疲劳的相关理论模型，探讨了运动心理疲劳产生的原因和控制的有效方法。通过学习本章，你可以在了解运动心理疲劳概念的基础上，深入了解心理疲劳的成因及影响因素，熟悉运动心理疲劳的监测手段，进一步掌握运动心理疲劳的控制方法。

第一节　运动心理疲劳的特点

任何竞技运动项目的训练，都是训练、疲劳、恢复（包括疲劳的消除和生理机能的超量恢复）、再训练的循环过程。运动员长期承受大运动量、高负荷的训练以及高压力的比赛，由于心理紧张和精神负担而造成的运动心理疲劳，是一个复杂的多因素问题。

一、运动心理疲劳的概念

关于心理疲劳，西方学者在工业、医护、教育等行业早有研究，并称之为“心理耗竭”“职业倦怠”或“工作倦怠”（burnout）。在运动领域，心理耗竭也称身心耗竭或者崩溃，它是由于经常（或者完全，或者基本上）不能有效适应训练或比赛应激的要求而产生的一种耗竭性的心理生理反应（Silva，1990；Smith，1986）。

心理耗竭用于描述长期处于高压力工作环境下所造成的心理资源耗竭现象（Maslach & Jackson，1981），突出表现为情绪耗竭、去人性化和丧失个人成就感（Maslach & Jackson，1986）。产生心理耗竭的主要原因是高心理压力，形成的过程较长，结果较严重，有明显的行业特点。

但有研究者认为，在运动领域，“心理耗竭”的名称从字面来看有两点不妥，一是过于突出结果性状态（燃尽），二是只含有消极意义。“职业倦怠”或“工作倦怠”的名称从字面来看亦有不足，倦怠所能够包含的意义过于有限，仅仅强调“乏”。相比而言，“心理疲劳”（mental fatigue）似乎能够更加准确地描述相关现象，其理由是：第一，它可以较好地与生理疲劳相对应，分别说明两类相关但又不同的现象及其交互作用；第二，如同生理疲劳一样，它更容易容纳积极作用，表达疲劳—适应—再疲劳—再适应的适应性意义；第三，它更容易体现发展过程，而不仅仅是突出结果（张力为，2007g）。

心理疲劳的定义一直是运动心理学家们争论的焦点之一。史密斯（Smith，1986）认为，心理疲劳是一种由于过度压力和长期不满足而从一项先前喜欢的活动中在心理上、情绪上有时是实际行动上退缩的现象。它是一种精疲力竭的心理/生理反应，是由于经常性地，有时甚至极端地为应对过度训练和比赛要求而付出努力，却又没有收到效果所引起的。

戴尔和温伯格（Dale & Weinberg，1990）针对运动心理学界对心理疲劳的不同定义进行了归纳、总结，认为这些定义具有以下共同特点：

第一，心理疲劳中包含一种耗竭感，包括身体的、心理的以及情感的。

第二，这种耗竭感会导致个体对他人反应的消极变化，如冷嘲热讽（cynicism）、去人性化（depersonalization）、缺乏精力和同情心等。

第三，心理疲劳具有成就感降低的特点，这会导致与运动成绩下降之间的恶性循环并使自尊降低，进而产生退出念头。

第四，心理疲劳是对持续压力的慢性反应，这与高压力下的偶然应激状态不同。

实际上，前三点正是马斯拉奇和杰克逊（Maslach & Jackson，1981）提出的心理耗竭三因素模型，即情绪耗竭、去人性化和个人成就感降低。

我国学者根据对运动员、教练员进行的访谈调查（林岭，2006；刘方琳，2005），借鉴前人对心理耗竭和工作倦怠的界定认为：运动心理疲劳是运动员在应对内源性压力和外源性压力时，心理资源及生理资源不断消耗而没有得到及时补充时所出现的心理机能不能维持原有水平即心理机能下降的现象，具体表现在情绪、认知、动力、行为和生理维度的改变上（张力为，2007g）。

张力为（2007g）指出，运动心理疲劳的产生过程可能存在着一个具有转折意义的心理疲劳的可感觉阈限。运动心理疲劳与生理疲劳一样，具有适应性的心理机能重建功能，应对得及时，可使运动员更好地应对训练比赛中的各种压力。运动心理疲劳的发展如果没有得到适当的调节和控制，最终可能导致心理耗竭。

总之，运动心理疲劳是一种综合征，泛指情绪和体力耗竭感、成就感的降低和运动被贬值（sport devaluation）的综合表现。在运动员心理疲劳中，情绪和体力耗竭、成就感的降低两个维度是和其他职业倦怠领域研究中的维度相对应的（张连成，2008）。

专栏 9-1

生理疲劳与心理疲劳的关系

生理疲劳（身体疲劳，physical fatigue）在运动中时有发生，心理疲劳与它的概念不尽相同。在运动训练中，我们可以观察到：有时候运动员在大运动负荷的身体训练之后，身体上已经有了明显的疲劳反应，如体力下降，动作迟缓，反应时延长等，然而他们却兴致勃勃，斗志昂扬，谈笑风生。相反，有时候在枯燥的训练环境下，在强大的竞争压力下，或是在遭遇挫折之后，运动员却常常感到精疲力竭，百无聊赖，甚至动辄发火。这似乎表明，生理疲劳与心理疲劳是两回事。

然而，运动生理学中还有“中枢疲劳”和“外周疲劳”的概念。这两个概念中包含脑和神经系统的疲劳，它与心理疲劳应该存在神经机制上的联系。神经系统的疲劳是不是心理疲劳产生的原因？这一问题需要进一步的研究。

此外，生理疲劳与心理疲劳可能存在相互诱发的机制。例如，过度训练(overtraining)可致心理疲劳（或耗竭），而心理疲劳所造成的精力消耗（如失眠、全身肌肉紧张）也可能导致生理疲劳。

二、运动心理疲劳的表现

运动心理疲劳伴有许多生理症状，但主要表现为心理症状（见表 9-1）。克里斯蒂娜·马斯拉奇（Christina Maslach）对心理疲劳的研究较早。她提出的三维度理论及其与苏珊·杰克逊（Susan E. Jackson）共同研制的标准化量表（Maslach & Jackson, 1981），在该领域具有较强的影响力。但是，她们的早期研究并未考虑竞技运动的具体问题，见表 9-1。

表 9-1　心理疲劳的生理与心理症状

考克斯（Cox，1994）总结的生理症状	考克斯（Cox，1994）总结的心理症状	马斯拉奇和杰克逊（Maslach & Jackson，1981）总结的心理症状
1. 安静与锻炼时心率增高	1. 心境状态紊乱	1. 情绪耗竭
2. 安静时收缩压增高	2. 生理、精神和情绪的疲劳感增加	2. 去个性化
3. 肌肉疼痛增加和长期肌肉疲劳	3. 自尊心下降	3. 个人成就感降低
4. 血液中的应激生化指标增高	4. 人际关系质量的消极变化（玩世不恭、冷酷无情、丧失人格）	
5. 失眠	5. 对日常应激的反应延长并消极堆积	
6. 感冒和呼吸道疾病增加		
7. 体重减轻		
8. 最大有氧功率下降		
9. 肌糖原下降		
10. 性欲与消化功能下降		

资料来源：考克斯，2003，509 页。

为探究我国运动员心理疲劳的表现，刘芳琳（2005）通过分析运动员访谈结果，把心理疲劳的表现特征归纳为消极认知反应、疲惫感和负性情绪体验、调动不能、行为表现、身体反应五个方面。林岭（2006）罗列了48种运动中的心理疲劳发生时可能出现的症状，并请运动员回顾自己发生心理疲劳时的情景，对每种症状发生的频度进行1～5的等级判断（1表示“从不”，2表示“很少”，3表示“有时”，4表示“经常”，5表示“总是”）。结果发现，运动员发生心理疲劳（自己判断为心理疲劳）时常见的现象包括躯体症状、行为症状、动机下降、消极情绪和消极评价五个方面。其中，与躯体症状有关的题目平均得分最高，而与消极评价有关的题目平均得分最低。心理疲劳最明显的症状为厌倦训练，运动员有时、经常或总是出现此症状的百分比为84%。

林岭（2006）的这项调查还显示，有45%的运动员2～4周发生一次轻度心理疲劳，32%的运动员2～3个月发生一次中度以上的心理疲劳。真正发生严格意义上的心理耗竭的人不多，仅占调查对象的0.8%。1年中，心理疲劳的持续时间在3天～6个月。在出现过心理疲劳症状的运动员中，70%的人心理疲劳的持续时间在1～2周。心理疲劳的发生时机并不稳定，一般常见于长时间大负荷训练的中后期（42%）、封闭性训练阶段（35%）和重大比赛前后（33%）。可见，运动心理疲劳是比较常见的，其表现不仅有心理症状，而且伴随着躯体症状。

在运动训练中，生理疲劳和心理疲劳通常同时存在，相互影响。持续的大运动量训练，可以导致运动员出现心理或生理疲劳（李清正 等，2013）。心理疲劳的主要症状有注意力不集中，记忆力障碍，理解、推理困难，脑力活动迟钝、不准确，动作迟缓，不灵敏，动作的协调能力下降，失眠、烦躁与不安等（张庆忠，2014）。运动员心理疲劳最明显的症状是厌倦训练，及时诊断各种症状、准确识别易受心理疲劳影响的个体、充分了解导致训练动机丧失的各种因素，可以有效预防心理机能障碍（闫东旭，于晶，2019）。

第二节　运动心理疲劳的成因

通过探讨心理疲劳的理论模型，可以理解运动心理疲劳的成因及其与退出运动的关系。有关心理疲劳的理论模型均以“心理耗竭”为主题词，大体上可以归纳为认知-情感应激模型、消极训练应激反应模型、投入模型、单一认同发展和外部控制模型四种。

一、认知-情感应激模型

史密斯（Smith，1986）提出的认知-情感应激模型（cognitive-affective stress model），是一个四阶段、以应激为基础的心理耗竭模型，如图9-1所示。

在该模型中，心理耗竭被理解为对长期的应激所做出的反应，表现为运动员在心理

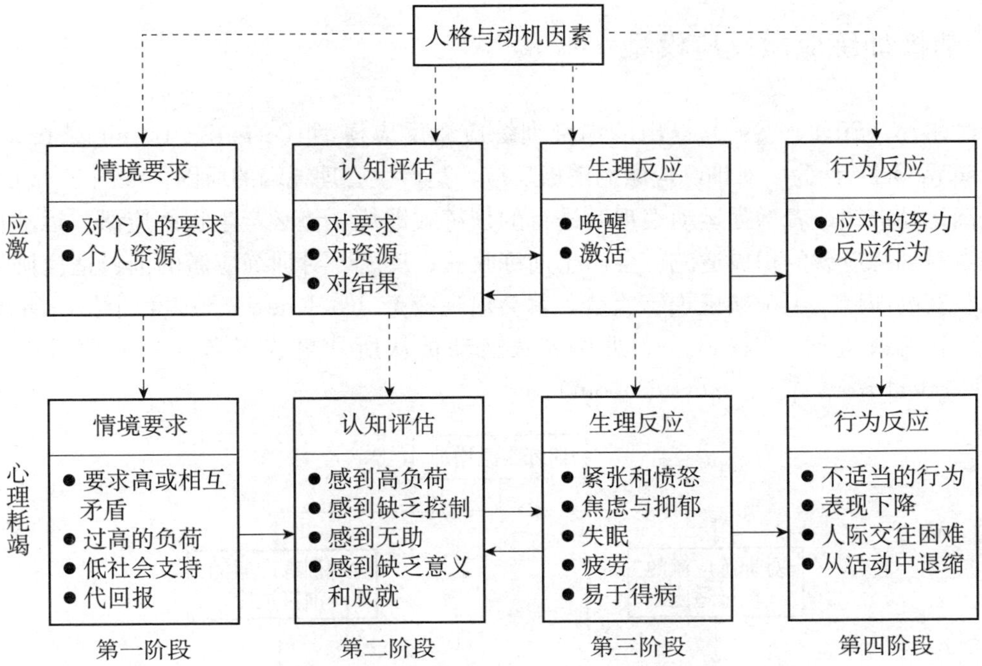

图 9-1 心理耗竭的认知-情感应激模型

资料来源：Cox，2002，p. 397。

上、情感上乃至身体上不愿再从事先前从事和喜爱的运动。该模型把心理耗竭的产生过程分为四个阶段：

第一阶段，情境要求（situational demands）。当运动情境对运动员提出很高的要求，而且这种要求大于运动员潜在的应对资源时（例如，做超量的身体练习或者过于强调必须取胜），运动员就会出现应激，进而导致心理耗竭。

第二阶段，认知评估（cognitive appraisals）。它是个人对情境的解释和评估。假如评估者将应激情境看作威胁（例如，一位足球教练员连输三场球后可能会变得紧张，担心自己“下课”），他就会因为应激反应而精疲力竭。

第三阶段，生理反应（physiological responses）。如果评估者持续将情境看作是威胁，应激就会使他的身体产生变化，如紧张、易怒、疲劳。一般来说，心理耗竭的运动员觉得情绪已耗尽，很少有积极肯定的情绪，并且变得容易生病或昏昏欲睡等。

第四阶段，行为反应（behavioral responses）。生理的反应导致一些应对与任务行为，如成绩下降、人际交往困难，乃至从所从事的运动项目中退出，这是心理耗竭的行为表现。

史密斯（Smith，1986）认为，个人的人格和动机因素对运动情境的应激反应具有调节作用，也就是说，一个人独特的人格和内部动机常常决定他是否会产生心理耗竭。研究表明：应激可以显著预测运动员心理疲劳；运动员具有的希望特质越高，应激对运动员心理疲劳产生的影响越小；应激对运动员心理疲劳的影响是有中介的调节效应（刘训，2019）。

二、消极训练应激反应模型

席尔瓦（Silva，1990）提出的消极训练应激反应模型（negative-training stress response model）认为，对训练应激的消极反应，是产生心理耗竭的原因。如图 9－2 所示，为提高运动成绩或者增强运动表现而进行的训练或锻炼，势必产生训练应激。运动员或锻炼者对训练应激的积极适应，会产生训练收获；反之，对训练应激的消极适应则导致训练收获的滞后。由于缺乏训练收获，就会出现疲惫（staleness）、过度训练（overtraining）和心理耗竭（burnout），进而导致运动员从所从事或者所喜爱的项目中退缩（withdrawal from sport/sport dropout）。

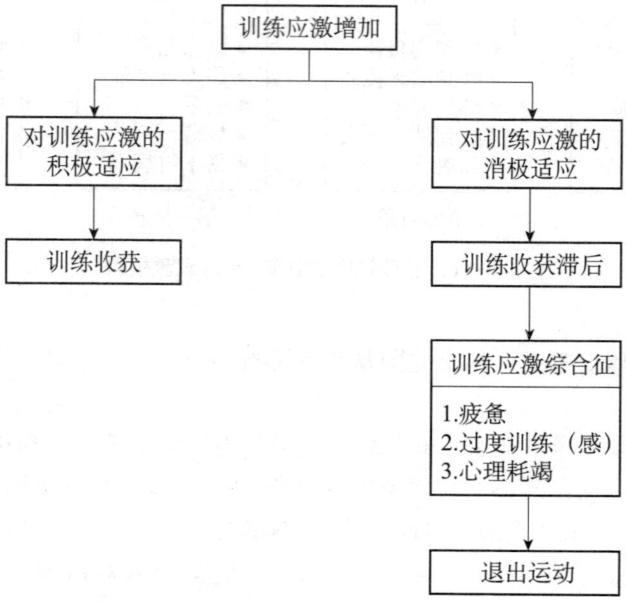

图 9－2　消极训练应激反应模型

资料来源：Cox，2002，p. 396。

在这个模型中，疲惫、过度训练和心理耗竭合称训练应激综合征（training stress syndrome），而训练应激综合征是导致运动员退出的直接原因。

三、投入模型

施密特和施泰因（Schmidt & Stein，1991）提出了心理耗竭和退出运动的投入模型（investment model of burnout and dropout）。该模型认为，个体参与体育运动的投入和所得的评价，可以分别用来预测他究竟是继续参与这项运动还是心理耗竭乃至退出。运动员根据对五个因素的评价来决定自己对参与体育运动的看法。这五个因素分别是：参与某项运动所获得的回报（rewards）、所付出的代价（costs）、满意度（satisfaction）、时间和精力的投入（investment）以及其他选择（alternatives）。运动员评价的结果可以对自己的行为产生两种看法：如果他将所参与的运动视为享受，就会继续热情参与这项运动；反之，如果将所参与的运动看作是一种约束，则迟早会产生心理耗竭并退出这项运动，如图 9－3 所示。

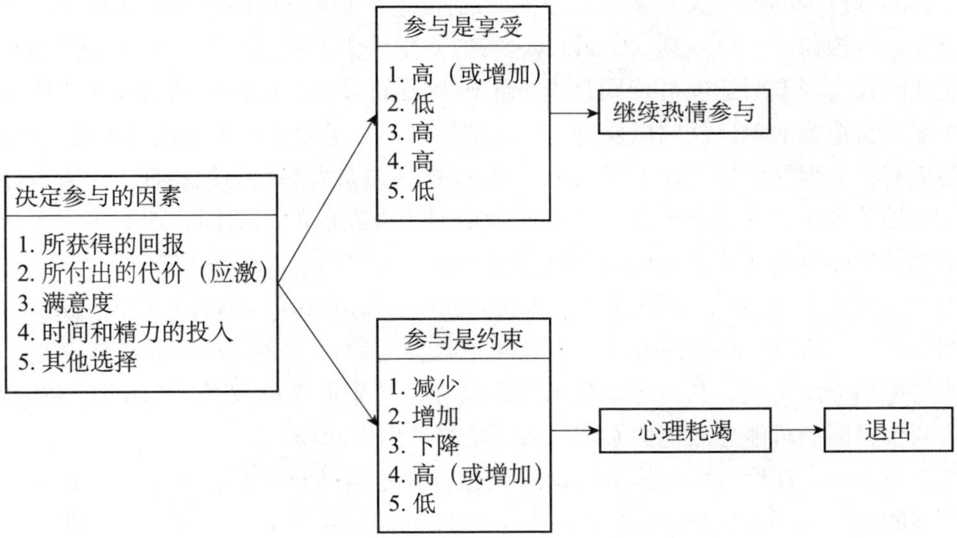

图 9－3　心理耗竭和退出的投入模型

资料来源：Cox，2002，p. 398。

根据投入模型，运动员之所以喜欢运动，是因为参与运动的回报高而付出却相对少；运动员觉得参与运动付出的精力和时间值得，因为他们获得了参与运动的体验；他们将其生命中重要的一部分投入体育运动中，高投入得到高回报。此外，参加运动也给他们带来满足感。虽然运动员把精力主要投入了体育运动中，没有时间培养其他兴趣爱好和从事其他事业，但是，这不应该被看成是消极的，因为这是他们自己做出的选择。

如果比较这个模型中的享受与约束，就会发现这两者在“回报”“付出”和“满意度”方面截然相反，但在“投入”和“其他选择”方面却相差无几。这种相似性正好可以解释为什么在回报、付出和满意度方面如此不同的情况下，运动员仍然继续参加体育运动。尽管在这种状况下训练的运动员没有从运动中获得享受，在他们眼里，训练枯燥无味，竞赛乏味无意义，运动和比赛是一种劳役和苦工，但他们仍然坚持了下来。这是因为他们的投入巨大，然而其选择其他活动的余地却很小，他们必须坚持下来。多年来他们为此投入了几乎全部的精力和时间，要放弃它不是一件轻而易举的事。另一个原因是他们除了体育运动外，几乎别无其他选择。多年来他们全身心地投入体育运动，几乎没有时间和精力培养其他兴趣，因此很难发展体育运动以外的其他事业。当然，这种由于约束而参与体育运动的不健康状态不可能长期维持，因为运动员已开始感到心理耗竭。如果运动员不能改善心理耗竭及其症状，他们就会不顾一切地离开运动场，并可能会逐渐培养其他兴趣爱好，减少对体育运动的投入，从而给自己退役找到出路。

四、单一认同发展和外部控制模型

上述心理疲劳的模型大多强调心理耗竭的原因是训练应激的产物，而且多是从个体角度出发进行探讨的。科克利（Coakley，1992）则认为，应激和个人原因固然重要，但是不能忽略社会因素对运动员特别是青少年运动员的影响。竞技运动的社会组织体系对青少年运动员造成的单一认同以及过多的外部控制，是运动员产生心理耗竭的社会原因。

科克利将心理耗竭做了如下定义："一种以社会关系为基础的社会现象。青少年运动员通过这种关系认识到参加体育运动已成为他们个人发展的死胡同，他们再也不可能控制自己生活中的重要部分，他们因此而变得无所适从。"

单一认同发展和外部控制模型（unidimensional identity development and external control model）认为，心理耗竭的产生有两个社会原因：一是运动员发展体育运动以外的才能的愿望无法实现；二是运动员感到自己在生活中的选择权几乎都被训练和竞赛控制。这两个原因很可能导致他们心理耗竭，最终退出运动场。

科克利指出，高度竞争的体育运动不允许青少年运动员发展正常的自我认同：他们没有足够的时间与不当运动员的同伴相处，因此他们对自己的认同几乎全部集中在运动中的成功上，而当他们受伤或失败时，随之而来的应激会使他们产生心理耗竭。此外，竞技运动的社会组织机构抑制了青少年运动员对生活的控制权与决定权：教练员和父母决定和控制了他们生活中的大部分事务，他们自己几乎无法自主选择发展方向，这些因素也导致运动员产生应激和潜在的心理耗竭。

当然，并非每个运动员在这种社会环境下都会产生心理耗竭。有些运动员并不感到疲惫，这可能是由于以下三个方面的原因：

第一，运动员生活中的机会很少，他们不可能想象其他比体育运动更诱人的职业。

第二，运动员由于参加体育比赛而获得了许多其他人无法得到的机会。

第三，取得成功的运动员会得到很高的奖励，因而也受到各方面的限制，他们并未意识到其他更诱人的选择。

以上关于心理疲劳的四个理论模型从不同角度解释了运动员心理耗竭的原因。这些模型的共同点在于都认为应激与心理耗竭之间有着十分密切的关系，是否产生心理耗竭取决于个人的认知评估。其不同点在于认知评估的内容和角度有所不同：有人主张从训练学角度，有人主张从经济学角度，也有人主张从社会学角度进行评估。需要指出的是，体育运动中的心理耗竭，并非运动员所独有，教练员、官员、科研人员、队医等都有可能产生疲惫和心理耗竭（Weinberg & Gould，1999）。

有关心理疲劳影响因素的探讨大多是基于以上几个模型，在压力框架下进行的。影响运动性心理疲劳的因素可以分为两类，即内部原因和外部原因（林岭，2006；刘方琳，2005），或者说是个人因素和环境因素。与心理疲劳相关的内部因素包括个人的基本特征（如性别、年龄、单身还是已婚、是否有子女等）、人格特征（如特质焦虑、内控还是外控）和认知特征（如对回报的认知、对角色冲突的认知等）。外部因素是指比赛压力、训练安排、社会支持、娱乐时间、经济收入、工作回报等。

目前，国内外研究者大多强调个体因素、环境因素及其相互作用对心理疲劳的影响。

马斯拉奇等（Maslach et al.，2001）提出的匹配理论（match theory）认为，心理疲劳是由于个体与工作不匹配所导致的。不匹配程度越高，个体体验的心理疲劳就越严重。可以从训练负荷、训练控制感、激励、沟通、公平、价值观等几个方面来衡量运动参与者与其所从事职业的匹配程度，探讨匹配程度、心理疲劳及其结果变量（如身心健康、工作满意度、承诺水平、工作绩效等）之间的关系，对心理疲劳做进一步深入的研究。解缤和姚家新（2010）研究认为，除了运动员对自身的信心投入、成长进步的满意程度是引起心理疲劳或心理耗竭的原因之外，运动员对教练的民主行为、个人关怀满意程度，对运动队的日常管理的满意程度是引起运动员心理疲劳或心理耗竭的主要社会原因。完善运动队的训练体系，实施科学化和人文化管理，同时提高广大教练员的执教效果，给予运动员更多的关怀是预防和消除运动性心理疲劳与心理耗竭的主要途径。王晴晴（2017）研究发现，训练问题和身体疲劳是运动员心理疲劳的主要原因；自我鼓励、乐观态度和放假休息是运动员较常采取的有效缓解心理疲劳的方法；运动员的心理疲劳与性别关系不大，与年龄、专业运动年限、运动等级有较显著的相关关系。

第三节　运动心理疲劳的监测

运动心理疲劳会伴有各种心理和生理症状，可以通过心理和生理指标来监测运动心理疲劳。心理指标可以采取自陈量表和反应时、两点阈、闪光融合频率，生理指标可以采取脑波超慢涨落技术和情绪的生理生化指标。

一、心理指标的监测

（一）自陈量表

自陈量表（self-report inventories）是目前最常用的心理疲劳测量方法。自陈量表是一种自我评定问卷，施测时请被调查者就一些测试题或问句选择合适的答案，以了解其心理特征。比较常用的心理疲劳量表包括以下几种。

1.《心境状态量表》

《心境状态量表》（Profile of Mood States，POMS）是20世纪70年代由麦克奈尔等（McNair et al.，1971）编制的一种自评量表，包括紧张、抑郁、愤怒、精力、疲劳和慌乱6个分量表，每个分量表包括若干个形容词，全表共65个形容词，属各分量表的词混合排列。每个题目有5个等级，从0到5分别代表“全无”到“非常多”。测试时要求被试在10分钟以内，根据自己一周以来的心境，在这些描述心境的形容词上选择一个最符合自己情况的等级。

20世纪90年代，格罗夫和普拉帕夫西斯（Grove & Prapavessis，1992）对POMS进行了简化和发展，他们将65个题目简化成40个并增加了“自尊心”分量表。同时，他们用情绪状态的总估价（total mood disturbance，TMD）表明消极情绪状态的程度，

TMD分数越高，即心情越纷乱、烦闷或失调。祝蓓里（1995）对简式POMS量表进行了修订并建立了中国常模。

2.《马斯拉奇心理耗竭调查表》

《马斯拉奇心理耗竭调查表》（Maslach Burnout Inventory，MBI；Maslach & Jackson，1981）是目前应用最为广泛的测量心理疲劳的纸笔测验。

MBI通用版从三个维度测量心理疲劳，包括三个分量表：（1）情绪耗竭（emotional exhaustion），指一种过度的付出感以及情绪资源的耗竭感。有5个题目，例如："在一天的工作结束之后，我觉得筋疲力尽。"（2）去个性化（depersonalization），表现为对所从事工作的消极、冷漠、过分隔离及愤世嫉俗的态度和情绪。有5个题目，例如："我对工作变得不那么投入了。"（3）个人成就感（personal accomplishment），指对自我能力感降低，倾向于对自己做出消极评价，尤其是在工作方面。有6个题目，例如："在我看来，我擅长于我的工作。"所有题目都在0到6的7级利克特评定量表上打分，0代表"从不"，6代表"每天或更多"，个人成就感的分量表反向计分。三个分量表的得分相互独立，不能相加。

3.《伊德斯运动员心理耗竭调查表》

《伊德斯运动员心理耗竭调查表》(Eades Athlete Burnout Inventory，EABI；Eades，1990）是在对有过心理疲劳经历的大学生运动员的访谈基础上编制的，包括6个维度、36个题目，以7级利克特量表进行评估，0代表"从不"，6代表"每天或更多"。6个维度分别是：

（1）运动能力消极自我概念（negative self-concept of athletic ability），形容运动员对自己表现能力的自信降低。包含8个题目，例如："在比赛中我没有很好地表现出自己的能力。"

（2）情绪和体力耗竭（emotional and physical exhaustion），是指在训练和比赛中情绪和体力上的超负荷甚至耗竭感。有9个题目，例如："我感觉难以应付比赛要求。"

（3）心理退缩（psychological withdrawal），是指对运动参与失去兴趣，渴望退出训练和比赛。共有7个题目，例如："我真希望这个赛季结束。"

（4）由教练员和队友引起的运动贬值（devaluation by coach and teammates），是指运动员感觉没有得到关心和人性化对待。包含6个题目，例如："我感觉教练员把我当成一个物体而不是人。"

（5）运动员与教练员期望的协调性（congruent athlete-coach expectations），描述运动员与教练员对表现期望的一致性。有3个题目，例如："我清楚地知道教练员对我的期望。"

（6）成就感（accomplishment），是指对运动员个人成长和运动成就的评价。有3个题目，例如："我对自己取得的运动成就感到满意。"

4.《运动员心理耗竭问卷》

《运动员心理耗竭问卷》（Athlete Burnout Questionnaire，ABQ；Raedeke & Smith，2001），共有15个题目，包括3个分量表，即情绪/体力耗竭（emotion/physical exhaustion）、成就感的降低（reduced sense of accomplishment）、运动负评价（sport devaluation)。每个分量表有 5 个题目。受试者根据自己当前赛季中的感觉，填写 5 级利克特量表。1 到 5 分别表示："从不""很少""有时""经常""总是"。情绪/体力耗竭是指在训练和比赛中情绪和体力上的超负荷甚至耗竭感，例如："训练使我很疲倦以至于没有精力去做其他的事。"成就感的降低指对自我的运动能力感降低，倾向于对自己做出消极评价，例如："我没有取得更好的成绩。"运动负评价即运动价值感降低，例如："我花在训练比赛上的努力用来做其他事可能会更好。"

5.《运动员训练状态监测量表》

《运动员训练状态监测量表》(晏宁，2003) 中也有对心理耗竭和心理疲劳两个因素的考察。在全表中，心理耗竭有 7 个题目，心理疲劳有 5 个题目，而在简表中两个维度各有 4 个题目，例如："我觉得想要退出这项运动。"虽然这个量表不是专为测量心理耗竭和心理疲劳编制的，而且其信效度仍有待进一步检验，但它仍为在中国文化背景下开展运动员心理疲劳的监测，乃至于以后的干预工作，提供了一个有价值的参照。

(二) 反应时、两点阈、闪光融合频率

反应时、两点阈、闪光融合频率这三类测验简单易行，而且量化程度较高，常作为监测心理疲劳的指标。

1. 反应时

反应时 (reaction time) 指从刺激呈现到个体表现出反应的一段时间。个体接受刺激后，会产生一个潜伏期，此时，先由感觉器官接收信息，然后由传入神经传至大脑中枢，再由中枢经传出神经发放指令到肌肉，通过肌肉收缩引起可以观察到的反应。反应时依潜伏期刺激和反应的复杂程度而定。疲劳时简单反应时和复杂反应时会延长。

2. 两点阈

两点阈 (two-point threshold) 指在皮肤上的两点承受触压时，能辨别为两点所需的最短距离。两点阈代表皮肤感觉的敏锐程度。两点阈的大小因身体部位而异。在两点阈之外，距离越远，距离的感觉越清楚。在两点阈之内，无法判断两点之间的距离。疲劳时会伴有两点阈的加大。

3. 闪光融合频率

闪光融合频率 (critical flicker frequency) 也称临界闪烁频率，指刚刚产生闪光融合感觉的闪光频率。断续的光刺激 (闪光) 达到一定频率 (每秒钟闪烁的次数) 时，人眼看到的就不再是断续的闪光，而是融合的不动的闪光，如同家中的日光灯。疲劳时会伴有闪光融合频率的下降。

二、生理指标的监测

(一) 脑波超慢涨落技术

对于心理疲劳生理指标的监测，可以使用脑波超慢涨落技术 (ET)。其有关理论与技术原理认为，神经递质与突触后电位之间存在着紧密关系。脑波是大脑神经元突触后

电位的总和，神经介质振荡的信息，可以按下列次序被携带到脑波中：脑内神经介质释放的涨落—突触后电位的变化—脑电 α 波的涨落—S 系统的谱线和谱系结构。这种过程是非线性的，在各个环节上都可以通过自组织而把主要特征凸显出来，锁定在某个稳定的频率上。

5-羟色胺（5-HT）是中枢内抑制性神经递质，中枢内 5-HT 浓度的升高是运动性中枢疲劳的主要原因。作为一种抑制性神经递质，5-HT 通过 5-HT 能神经元和 5-HT 能受体在中枢内发挥调节作用。5-HT 能神经元胞体主要集中分布在中脑下部、脑桥上部和延髓的中缝核，但其上行和下行纤维末梢则广泛分布于大脑和脊髓。ET 就是通过对 5-HT 的特征性谱线 S4 系列的定量分析来反映中枢内 5-HT 的浓度变化趋势的，ET 的疲劳指数就是各个脑区 S4 系列谱线出现的数量总和。5-HT 浓度升高，各脑区 S4 系列谱线增加，提示中枢疲劳指数升高（梅磊，1995）。

关于急、慢性运动性中枢疲劳，过度训练性疲劳，慢性疲劳综合征等中枢机制的研究表明，5-HT 在不同类型、诱因和性质的中枢疲劳中均起比较重要的作用，并且与抑郁、消沉等情绪症状有关。布洛斯特兰德（Blomstrand，2006）在用支链氨基酸缓解中枢疲劳的研究中发现，补充支链氨基酸可以提高运动能力和改善疲劳状态下的认知能力，其主要机制是支链氨基酸可以通过竞争抑制而限制中枢内 5-HT 合成的原料色氨酸的摄入，从而降低了中枢内 5-HT 的合成，缓解了 5-HT 的中枢功能抑制作用。这些研究显示，利用 ET 可能对心理疲劳进行有效的监测。

（二）情绪的生理生化指标

研究发现，几乎所有的心理疲劳都会发生情绪变化，而且应激也是所有心理疲劳的共同诱因（张明 主编，2004；乔建中，2003）。一些主要的急性、慢性消极情绪体验的生理生化反应可以归纳为：肾上腺皮质激素分泌增加，脱氢表睾酮水平降低，细胞与体液免疫机能下降，血糖、血脂水平变化，血乳酸、尿素氮等水平升高，神经内分泌的平衡扰乱等。

林岭（2006）对 37 名健将以上级别运动员进行了 12 个月的追踪调查和追踪实验，结果表明，反映机能状态的生化指标（血色素、血清睾酮、尿素氮）与心理测量指标（POMS、ABQ）间均无可靠相关，表明心理疲劳与生理疲劳性质明显不同。马群（2009）采用电生理指标探讨不同心理疲劳程度的 48 名射击运动员的心率变异性（HRV）特征，结果发现，不同心理疲劳程度运动员在 HRV 部分线性分析指标上存在可靠差异。HRV 线性分析指标对运动员的心理疲劳程度较为敏感，严重心理疲劳运动员的 HRV 的功率谱呈现总变异性相对较大及低频增加的特点。孙锦绣（2010）采用事件相关电位（ERPs）技术探讨运动心理疲劳与一般性心理疲劳及常态之间的差别，结果显示，完成情绪刺激分类任务时，电生理学指标 ERPs 的 LPC（late positive component）平均幅值对运动心理疲劳较为敏感。蒋长好等（2013）通过事件相关电位技术，考察心理疲劳对 12 名射击运动员整体加工和局部加工产生的影响，发现整体加工相对自动化，受心理疲劳的影响较小，而局部加工依赖于有意搜索，受心理疲劳影响较大。

由此，张力为（2010）认为，HRV 和 ERPs 这样的电生理指标在某种程度上可以作为评价心理疲劳的指标，但血色素、血清睾酮、尿素氮这样的生化指标不能作为评价心理疲劳的指标。有研究发现，心率（HR）生物反馈能改善心理疲劳状态下运动行为的自我调节，使心理疲劳对运动表现的影响减弱（Brown & Bray，2019）。

不同的运动心理疲劳监测方法有各自的优点和缺点，但还缺乏直接比较不同方法的研究，正如表 9-2 所示。采用哪些方法监测运动心理疲劳更为可靠和有效，仍有待探索。但不论采用哪种方式监测，均应遵循以下三个原则：

第一，综合应用多种监测方法比只用一种监测方法好，可以使监测更加全面。

第二，监测和评定应该长期进行，以便掌握动态发展趋势。

第三，对测试结果的评定应以自身对照为主，以使评定结果个体化。

表 9-2　　运动心理疲劳监测方法的比较

运动心理疲劳的监测方法	主要优点	主要缺点	应用情况
心理指标			
自陈量表	实施方便；可直接探测主观感受	易受社会期待影响	较多
反应时	实施方便；有较高量化程度	依赖被试配合程度	一般
两点阈	实施方便；有较高量化程度	依赖被试配合程度	一般
闪光融合频率	实施方便；有较高量化程度	依赖被试配合程度	一般
生理指标			
脑波超慢涨落技术	可探测中枢机制	实施过程稍显复杂	较多
情绪的生理生化指标	量化程度较高	与其他指标的共变性不明确	一般

资料来源：姜媛，2011b，165 页。

第四节　运动心理疲劳的控制

运动心理疲劳的控制，应当从产生的原因入手。根据心理疲劳模型的分析，运动心理疲劳的产生可以分为内部原因和外部原因两大类。其中，外部的训练因素和管理因素是运动员心理疲劳最重要的原因（林岭，2006），自控感是运动员心理疲劳最重要的影响因素（毕晓婷，2009）。控制运动心理疲劳，应当首先从改善训练方式和提高管理质量入手。同时，也要针对其他原因采取措施进行系统调节，才能取得良好的效果。

一、设置短期目标

设置短期目标有助于避免运动心理疲劳。训练和比赛的短期目标容易使运动员更快得到积极反馈，进而维持对训练的兴趣及提高自信，减少成就感降低的可能性。因此，应当帮助运动员设置多样化的短期目标，包括技术训练目标、身体训练目标、心理训练目标、伤病恢复目标等。设置的这些目标应可操作，可检验，时间短（如每天的目标、每周的目标），以避免运动员的心理疲劳。

二、变化训练方式

变化训练方式有助于缓解运动心理疲劳。著名的感觉剥夺实验（Bexton et al.，1954）显示，2～3天的极度“安静”会损害人的各种心理功能，使人“发疯”。刺激或刺激的变化如同水、食物、阳光一样，是人类生存的必要条件。同理，具有不断重复特点的长期训练所造成的单调感和枯燥感也会对运动员产生不良影响，其主要标志便是训练兴趣减弱和训练动机下降。因此，需要不断改变训练方式，如准备活动的音乐、身体训练的内容、技术训练的形式、训练场地的布置等，从而缓解运动训练的单调和枯燥而造成的心理疲劳。

专栏9-2

刺激的变化是人类生存的必要条件

1954年加拿大麦克吉尔大学的心理学家进行了一项“感觉剥夺”实验（见图9-4）：被试单独待在实验室里，给他们戴上半透明的护目镜，使其难以产生视觉；用空气调节装置发出的单调声音限制其听觉；手臂戴上纸筒套袖和手套，限制其触觉；吃喝都由主试事先安排好了，用不着被试移动手脚。实验一开始，被试还能安静地睡着，但稍后，被试开始失眠，不耐烦，急切地寻找刺激。他们想唱歌，吹口哨，自言自语，用两只手套互相敲打。一些被试感到恐慌，进而产生幻觉……在实验室连续待了三四天后，被试会产生许多病理心理现象：对外界刺激敏感，出现错觉幻觉，注意力涣散，思维迟钝，产生紧张、焦虑、恐惧等负性情绪，精神上感到难以忍受的痛苦，急切要求停止实验，实验后需数日方恢复正常。尽管实验中的被试每天可以得到20美元的报酬，但也难以让他们在实验室中坚持到2～3天以上。

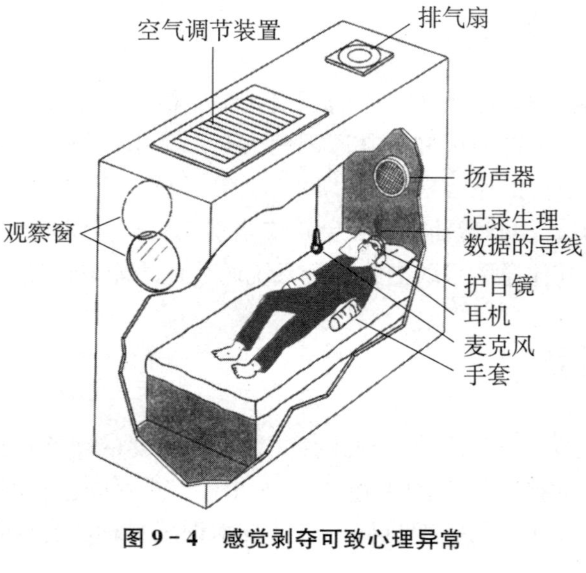

图9-4　感觉剥夺可致心理异常

对动物的感觉剥夺研究表明，把动物放在完全无刺激的寂静环境中，会损伤动物健康，甚至可以引起死亡。

资料来源：姜媛，2011b，159页。

三、变换休息方式

变换休息方式有助于防止运动心理疲劳。变换休息方式的主要目的是转移运动员对训练比赛问题的注意，以避免中枢神经系统不断加工训练比赛信息时可能产生的保护性抑制。应当鼓励运动员和教练员发展训练以外的兴趣和爱好，鼓励他们在休息时间投入自己喜欢的业余活动，如读书、唱歌、绘画等。同时，也需要经常性地组织一些有益于身心健康的集体休闲活动，如旅游、参观、拓展训练活动等，丰富运动员的业余生活，以防止运动员由于过度关注训练、比赛而造成的心理疲劳。

四、寻求社会支持

寻求社会支持有助于克服运动心理疲劳。张力为和梁展鹏（2002）的研究发现，在教练、队友、朋友、家庭这四种重要的社会支持资源中，教练支持对于运动员训练比赛满意感的预测贡献最大，朋友支持对于运动员一般生活满意感的预测贡献最大。人在高压力下，在遇到困难、挫折和严峻挑战时，寻求社会支持的倾向会提高。社会支持对于长期处于高压力下的运动员尤为重要。

赵福兰（2007）的研究显示，运动员感知到的教练员社会支持与运动员心理疲劳各维度之间均有显著相关，且成就感降低维度与运动员感知到教练员社会支持相关更为密切。因此，运动队应当建立良好的社会支持系统，使运动员在伤病、失败、家庭问题、退役问题、与重要他人产生矛盾等重大生活事件和日常困扰面前，能够方便地寻求到社会支持，以利于克服运动心理疲劳。

五、乐于接受自我

乐于接受自我有助于减轻运动心理疲劳。一个人要有乐观豁达的人生态度，既能接受自己的优点，也能接受自己的缺点，既能接受自己的成功，也能接受自己的失败，这样才有助于保持良好的心态，积极进取，克服困难，迎接挑战，树立自信，坦然面对自己、面对一切，以降低和消除运动心理疲劳的感受。

六、合理补充营养

合理补充营养有助于预防运动心理疲劳。研究表明，一些食品，如黑芝麻、核桃仁、瓜子仁、巧克力等可以提高色氨酸利用率，保持5-羟色胺的正常水平，提高抗抑郁的能力；适当补充碳水化合物，如面包、麦片等有助于保持血糖值稳定；适当补充碱性食物，如各种蔬菜水果，能不使γ-氨基丁酸等代谢产物（中枢神经抑制性递质）增多。运动员合理膳食，营养平衡，可以促进积极情绪，保持愉快心情，从而预防心理疲劳。

七、增强自主决策

运动员增强自主决策有助于减少运动心理疲劳。毕晓婷（2009）的研究表明，训练周期和心理疲劳的调节措施同时以运动员的控制感为中介对心理疲劳产生影响，促使运动性心理疲劳产生动态变化。因此，对心理疲劳的干预从根本上应当指向如何帮助运动员提高控制感，而增加自主决策的机会是提高控制感的有效手段之一。教练员应为运动员提供尽可能多的自主决策的机会，增强运动员的自控感，降低运动员的被练感，帮助运动员维持训练兴趣和训练动机，以减少心理疲劳。

八、实施系统监测

采取系统监测有助于干预运动心理疲劳。运动心理疲劳是一个渐进的过程，运动员最初可能只是感到有些厌倦，此时如果不给予必要关注和干预，这种厌倦感就可能会发展成为疲劳感甚至是耗竭感。因此，应当对运动员进行心理疲劳的系统监测。一旦发现早期症状，及时进行干预，防止运动员产生心理疲劳。

本章要点

1. 心理耗竭也称身心耗竭或者崩溃，它是由于经常不能有效适应训练或比赛应激的要求而产生的一种耗竭性的心理生理反应。心理耗竭突出表现为情绪耗竭、去人性化和丧失个人成就感。

2. 运动心理疲劳是指运动员在应对内源性压力和外源性压力时，心理资源及生理资源不断消耗而没有得到及时补充时所出现的心理机能下降的现象，表现在情绪、认知、动机、行为和生理等方面的改变上。运动员心理疲劳常见的反应包括躯体症状、行为症状、动机下降、消极情绪和消极评价等五个方面。

3. 史密斯于1986年提出解释心理耗竭产生原因的认知-情感应激模型。该模型认为，运动员或锻炼者对训练或竞赛中应激情境的持续消极评估所产生的消极的情绪反应和行为反应，是最终导致心理耗竭的原因。

4. 席尔瓦于1990年提出解释心理耗竭产生原因的消极训练应激反应模型。该模型认为，对训练应激的消极反应，是产生心理耗竭的原因。对训练应激的消极适应会导致训练收获的滞后。由于缺乏训练收获，就会出现疲惫、过度训练和心理耗竭。

5. 施密特和斯坦因于1991年提出解释心理耗竭产生原因的投入模型。该模型认为，个体对参与体育运动的投入与产出的评价，可以用来预测心理耗竭。运动员是通过对参与某项运动所获得的回报、所付出的代价、自我满意度、时间与精力的投入以及其他选择等五个因素的评价来决定自己对参与体育运动的看法。如果他/她将所参与的运动看作是一种约束，则迟早会产生心理耗竭。

6. 柯克利于1992年提出解释青少年运动员产生心理耗竭的社会原因的单一认同发展和外部控制模型。该模型认为，心理耗竭的产生有两个社会原因：一是运动员发展体育运动以外的才能的愿望无法实现；二是运动员感到自己在生活中的选择权几乎都被训练和竞赛控制。这两个原因很可能导致他们心理耗竭，最终退出运动场。

7. 影响心理疲劳的因素分为内部原因和外部原因，或者说是个人因素和环境因素。内部原因包括个人的基本特征（如性别、年龄、单身还是已婚、是否有子女等）、人格特征（如特质焦虑、内控还是外控）和认知特征（如对回报的认知、对角色冲突的认知等）；外部原因包括比赛压力、训练安排、社会支持、娱乐时间、经济收入、工作回报等。

8. 可通过心理指标和生理指标对运动心理疲劳进行监测，心理指标包括自陈量表、反应时、两点阈、闪光融合频率等，生理指标包括脑波超慢涨落技术、情绪的生理生化指标等。

9. 控制心理疲劳的措施有设置短期目标、变化训练方式、变换休息方式、寻求社会支持、乐于接受自我、合理补充营养、增强自主决策、实施系统检测等。

复习思考题

1. 什么是运动心理疲劳？
2. 运动心理疲劳产生的原因是什么？
3. 长时间的单调刺激对人的心理功能有哪些不利影响？
4. 有哪些方法可以监测运动心理疲劳？
5. 除了本章介绍的控制运动心理疲劳的措施以外，还有哪些措施可以控制心理疲劳？

推荐阅读

解缤，姚家新．(2010)．专业运动员心理疲劳和心理耗竭的社会学成因分析．*天津体育学院学报*，*25*(3)，234－237.

张力为．(2010)．心理学研究的七个方向：以运动性心理疲劳为例．*体育科学*，*30*(10)，3－12.

Brown，D. M. Y.，& Bray，S. R. (2018). Effects of mental fatigue on physical endurance performance and muscle activation are attenuated by monetary incentives. *Journal of Sport & Exercise Psychology*，*39*(6)，385－396.

Brown，D. M. Y.，& Bray，S. R. (2019). Heart rate biofeedback attenuates effects of mental fatigue on exercise performance. *Psychology of Sport & Exercise*，*41*，70－79.

第十章

运动损伤心理

内容提要和学习指导

运动员在异乎寻常地挑战极限、超越自我的训练和比赛中往往容易受伤。急、慢性的伤病会影响训练和比赛，甚至运动员的运动生涯。本章分析了运动损伤的相关心理因素，描述了运动损伤后的心理反应，探讨了运动心理学在运动损伤康复中的作用。通过学习本章，你可以在了解运动损伤现象的基础上，深入了解运动损伤的心理因素和心理反应，进一步明确运动心理学在运动损伤康复中的积极作用，并掌握促进康复的心理学手段。

第一节　运动损伤的心理因素

运动员在长期艰苦的训练和比赛中难以避免损伤，运动损伤极为普遍。由于运动损伤会带来一系列不良后果，包括身体疼痛，对生活目标的干扰、失望，对未来信心的缺乏和与自身运动项目的隔离感，受伤运动员在运动损伤及恢复的整个过程中会经历包括生理和心理两方面的影响。运动损伤同时也被视为一个具有紧张、压抑等因素的事件，对运动员来说实际上是一个重大的事故，因为它会对受伤者的身体、情绪以及社会生活方面产生极大的影响。

运动损伤的直接原因固然是生理因素，但心理因素也可能是造成运动损伤的重要原因（曾芊 等，1994；Weinberg & Gould，1999）。导致运动员受伤的心理因素很多，而且比较复杂，大体上有应激反应、人格特征、应激源史、应对资源及其他心理因素五个方面。

一、应激反应

威廉姆斯和安德森（Andersen & Williams，1988；Williams & Andersen，1998）曾提出了一个解释运动损伤心理原因的理论模型，即应激-损伤模型（stress and injury model）。

在该模型中，预测运动损伤的核心因素是运动员的应激反应（stress response）。如图 10－1 所示，一个潜在的运动应激情境（例如，竞赛、重要的训练或不佳的运动表现等），要求运动员对任务的要求、自身的应对能力和可能的结果进行充分的认知评估。如果运动员认为情境要求超过了自己的应对能力，应激反应就会很明显。相反，如果运动员认为自己的应对能力超过情境的要求，应激反应就会非常小。应激反应是在运动员感觉到自身能力与情境的实际要求之间不平衡时产生的，它引起运动员的生理状态和注意力的选择性变化，包括肌肉紧张加剧、视野变窄及注意力分散等。其中每一种变化都有可能增加运动员受伤的风险（Williams et al.，1991）。

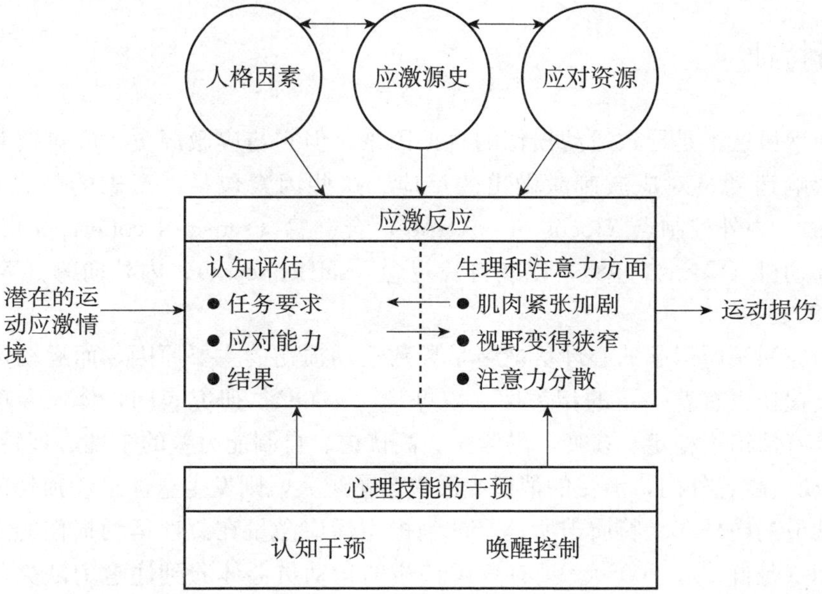

图 10－1　应激与运动损伤关系的理论模型

资料来源：Cox，1998，p. 373。

史密斯等（Smith et al.，1990）考察了 452 名高中篮球、摔跤和体操项目的男女运动员，探讨其应激性生活事件，家庭、朋友和教练的社会与情感支持，应对技能与因伤不能参加训练的天数之间的关系。结果没有发现学生在学期间这些因素与训练缺勤的关系。然而，社会支持和应对技能皆低的运动员，其生活应激水平与运动损伤有关，表明运动员缺乏应对技能和社会支持时，再经历重大生活变迁，就会面临更大的受伤危险。教练员应时刻注意这些“危险人物”。这一发现支持了威廉姆斯和安德森的模型。

从应激-损伤模型可以看出，应激反应可直接导致运动员受伤的结果是：

第一，注意力瓦解。应激会通过缩小注意范围来干扰运动员（Williams et al.，1991）。例如，一个美式足球的四分卫处于高度应激状态时，因为看不到从他侧面高速冲上来的防守者，所以很容易受伤。而应激水平较低时，四分卫可能会有一个广阔的外周视野（peripheral vision），并且能及时看到防守者冲过来，这便有可能避开一个抢夺和受伤。

状态焦虑的升高会使运动员产生一些无关想法，从而干扰注意力（Weinberg &

Gould，1999）。例如，某运动员午饭时在餐厅和队友发生争吵后跑出去，他可能因为没有注意跑步路线而一脚踩在一个坑里，崴伤脚踝。

第二，肌肉紧张度增加。高应激可能伴随着相当程度的肌肉紧张，这种紧张妨碍正常的协调性，从而增加了受伤的可能性（Nideffer，1983）。例如，一个高应激的体操运动员可能因为肌肉过度紧张而从平衡木上摔下来。

根据应激-损伤模型，影响应激反应进而致伤的因素还包括运动员人格、应激源史（history of stressors）、应对资源（coping resources）和潜在干预（potential interventions）等。

二、人格特征

人格因素虽然不是导致运动损伤的直接因素，但它与应激源史、应对资源等相互作用，可能影响运动员对应激刺激做出的反应。这些因素包括：意志的坚忍性（tough-mindedness）、内外控制点（locus of control）、合群感（sense of coherence）、竞赛特质焦虑、内部动机（Cox，1998），以及自我观念（self-concept）、内外向等（Weinberg & Gould，1999）。

不同的应激源所引起的心理负情绪是导致运动损伤的主要原因，而运动员的个性特征与运动员损伤也有着一定的相关性（魏烨 等，2006）。研究表明，体操专项大学生运动损伤者具有情绪不稳定、多变、易紧张、高忧虑、自制能力差的个性心理特征（颜军，1997）。运动员越趋外向，承受的消极生活应激量越大，则发生急性运动损伤的可能性就越大；运动员的内外向上特质与所承受的消极生活应激量在急性运动损伤的发生上存在着交互作用（戴群 等，2005）。具有焦虑特质的运动员会体验到注意力缺失，这种缺失体验会导致运动损伤（徐建清，2019）。坚韧性高的运动员会使用更多的社会支持，并能以积极的态度诠释自身的运动损伤（Salim et al.，2015）。

但是，也有人格与损伤关系的研究结果与上述并不一致。当然，这并不代表人格因素与运动损伤无关，而是表明目前我们尚未成功地找到并测量出与运动损伤相关的人格特征（Weinberg & Gould，1999）。

专栏 10-1

运动损伤与人格的关系

对人格与运动损伤之间关系的研究起源于20世纪60年代。早些时候这方面的研究工作大多是描述性的，实验性的研究很少。比较客观的研究是学者们采用纸笔测验工具（如16PF、EPQ等）来调查个性与运动损伤的关系。杰克逊等（Jackson et al.，1978）对110名中学足球运动员的研究发现，受损伤运动员的空想个性特征较突出。意志脆弱、敏感的运动员比信赖自己的运动员易受损伤。他们同时还指出，16PF中的因素A（性格孤僻、固执、冷淡区别于开朗、热心和合群的因素）对严重运动损伤有预测作用。性格孤僻和固执的运动员易受损伤。

陆建峰等（1995）采用EPQ调查发现，少儿体操、技巧运动员个性类型与急性运动损伤有着密切的关系。外向型和不稳定型运动员的动作判断准确性差，易出现动作失误，因而有着较高的急性运动损伤发生率，且不受训练年限的影响，不同个性类型运动员的其他损伤规律符合一般运动损伤的规律。但也有人提出异议（Brown，1971），认为在受伤和未受伤运动员之间无显著性的个性差异。还有人认为（Kolt & Kirkby，1994），采取这样的研究设计不能确定因果关系，即是由于独特的个性造成运动损伤还是由于运动员受伤了而表现出某种个性特征。

资料来源：颜军，2000，345-346页。

三、应激源史

应激源史指有机体过去承受过的应激刺激的情况，包括应激生活事件（stressful life events）、日常生活困扰（daily hassles）和运动员以前受伤等的历史。这些因素交互作用在应激反应上，从而导致运动员受伤（毛志雄，2007a）。

（一）生活应激与日常生活困扰

应激反应和运动损伤有很强的相关性（徐建清，2019）。研究显示，生活应激和日常生活困扰可能削弱运动员有效处理应激反应的能力，从而影响生理状态和注意力，使运动员极易受伤（Hanson et al.，1992）。积极的生活应激包括准备考试、发展社会关系和养家糊口等；消极的生活应激包括离婚、丧失亲人和失业等。运动员的生活应激水平越高，其在运动中受伤的概率就越大，程度就越严重（Cox，1998）。

研究表明（Hanson et al.，1992），积极的生活应激与运动损伤的发生频率相关，消极的生活应激则与运动损伤的严重程度有关。

（二）过去受伤的经历

运动员怎样调整自己对过去受伤的反应，将决定其在以后的应激运动情境中做出什么样的反应。担心再次受伤，或担心自己是否已从上一次的受伤中彻底恢复的运动员，更容易再次受伤。这是因为他们在比赛中更容易分心并失去正确的注意指向。如果运动员伤愈后重返赛场时没有做好充分的心理准备，就很可能对潜在的应激情境做出消极的认知评估。相反，如果运动员汲取了过去受伤的教训，并在训练中借鉴这些教训，就会降低未来受伤的可能（Rose & Jevne，1993）。

四、应对资源

应对资源指可用于应对的方式、手段、工具。运动员拥有的应对资源包括应对行为（coping behavior）、社会支持、应激管理技术（stress management techniques）、集中注意的心理技能甚至药物作用。这些因素相互作用，影响着运动员的应激反应。

（一）应对行为

任何一种有助于运动员对付应激情境的行为都可称作应对行为。完善的应对行为有助于减少运动员的应激反应，从而降低运动损伤的频率和严重程度。应对行为在本质上是高度个体化的，人人有所不同（毛志雄，2007a）。

（二）社会支持

社会支持是一种重要的应对资源，它有助于减小压力反应带来的不利影响（Petrie，1993）。社会支持主要来自父母、兄弟姐妹、其他家人、朋友、教练、队友或社团组织等。有研究发现：当没有或缺少社会支持时，生活应激和运动员受伤两者之间的联系就异常紧密，使运动损伤发生的可能性增加22％；与之相反，当存在社会支持时，两者之间的联系就不那么紧密了（Patterson et al.，1998；Smith et al.，1990）。

（三）应激管理技术

许多运动员把应激管理和认知干预技术作为应对和控制应激反应的策略。当应激反应较为严重时，运动员又运用这些相同的技术作为干预认知和控制唤醒的策略来缓和应激反应的影响。研究表明，有效地削弱应激反应与减少运动员受伤次数和受伤程度有关（Davis，1991；Kerr & Goss，1996）。

（四）集中注意的心理技能

注意不集中是运动员发生运动损伤的主要心理因素（刘昊，2014）。根据应激-损伤模型，运动员集中注意的心理技能当然是防止注意分散或狭窄的有效方法，同时也是他们重要的应对能力。注意范围过于分散或狭窄，都会影响运动员将注意集中在活动任务本身，增加运动员受伤的机会。运动员提高注意技能可以有效集中注意力，有助于减少和避免运动损伤。

（五）药物作用

有些运动员出于对利益的追逐，常常非法使用药物，这些药物被国际体育组织定义为“兴奋剂”。兴奋剂家族中的刺激剂、麻醉剂、镇静剂及合成类固醇等在提高比赛成绩、愉悦情绪、减轻疼痛的同时，还直接或间接地造成运动员受伤。以服用促蛋白合成类固醇为例，它的副作用包括富有攻击性、抑郁、焦虑和社会退缩等，这些心理效应都有可能会削弱运动员的应对能力（Gregg & Rejeski，1990）。从生理学角度分析，这类药物对于大小肌肉群的力量以及对肌肉和韧带的力量的发展不平衡，可能会造成运动员做动作时肌肉用力不协调；药物本身也可使肌肉和韧带变脆，导致运动员受伤（曾凡星，1998）。

五、其他心理因素

导致运动损伤的心理因素很多，比较复杂，不仅有上述的应激反应、人格特征、应激源史、应对资源，还有其他一些心理因素，如动机、心理准备也会导致运动损伤。

（一）动机

研究显示，遭受严重运动损伤的运动员动机水平很高，女运动员尤为如此（McCarthy，1988）。麦切伦等（Mechelen et al.，1992）指出，高动机水平与个人对自己的严要求、高标准有关，成就动机高的运动员更可能受伤。因为成就动机高的运动员往往对自己期望较高，获得好的成绩是他们唯一且最终的目标，在训练过程中他们严格要求自己，面对训练和比赛的痛苦和困难，他们选择忍耐和承受，日积月累的疲劳和高度紧张的训练和比赛很容易导致他们最终受伤。周晶（2002）的研究表明，成就动机高的运动员更容易产生严重的运动损伤，他们在训练活动中，忍受各种类型和程度的痛苦，导致慢性损伤的发生。许多运动员为了满足自己的成功欲望，或为了实现亲友、领导、教练、球迷等他人的期望，获得别人的尊敬与崇拜，往往学会了在训练和比赛中忍受各种类型和程度的痛苦。这不仅会导致运动损伤，还可能使有的运动员过早地结束了自己的运动生涯。

应当注意的是，运动员的高动机、高抱负水平有时是与教练员、领导等重要他人的态度和期望密切相关的（Weinberg & Gould，1999）。有研究发现，许多教练员常用的激发动机的手段是在运动队中提出"不努力就回家""没有痛苦就没有收获""接受最严格的考验"等口号，这是强调运动员玩命训练或者尽百分之百的努力。如果片面强调这种观念，就有可能使运动员忽略自我保护而用健康去冒险。另外，运动员有可能在教练员的日常行为中"悟"出这样一个观念：如果你受伤，你就是个没用的人。这样，有些运动员为了更多的上场机会，可能隐瞒自己已有的伤势，带伤坚持训练或比赛，从而使伤势加重（Rotella & Heyman，1986）。因此，教练员或领导应该注意，在强调刻苦训练的同时，还要注意保护运动员的健康。

专栏 10－2

伤痛与训练中的不适感

女教练莎朗·泰勒（Sharon Taylor）所带的游泳队队员们多年来一直受到疲劳性损伤的折磨。但他们仍崇尚刻苦训练并为之自豪。莎朗根据游泳运动心理学家凯斯·贝尔（Keith Bell）的指导，一直在教导队员们明确区分训练中正常的不适感（疼痛）与一些极度的或无法忍受的痛苦。前者是运动员正常的成长和进步的标志，而后者则是应该坚决反对的，因为它可能致伤。

由于队员的观念与凯斯的观点不太一样，于是莎朗就为她的队员设置了一个目标：让队员们区分出什么是正常的训练中的不适感，什么是伤病中的疼痛。在训练季节开始之前，她把自己的担忧告诉队员，并在介绍承受运动负荷（战胜不适感）与忽略受伤（例如，在肩部疼痛时不停止训练或者不告诉教练）之间的区别之前，向那些有疲劳性损伤的队员提出这个问题。她将"没有痛苦就没有收获"的口号改为"苦练加巧练"；修改了训练周期计划，增加了更多的休息日并制定了一个队规——任何人不得在休息日游泳或举重。莎朗还在训练期间定期与队员讨论伤病与不适感的关系问题，并通过表扬和偶尔奖励的方法来强化正确的行为。此外，莎朗要求队员的父母，请他们密切注意自己孩子的习惯性疼痛。

随着训练的进展，队员们逐渐理解了伤痛和刻苦训练时正常的不适感之间的区别。到训练季节结束时，她的多数队员都能保持健康并活跃于州级的比赛中。

资料来源：Weinberg & Gould，1999，p. 404。

（二）心理准备

竞技运动是在大强度、快速度、强对抗中进行的，不仅要有充分的身体准备，而且要有充足的心理准备。主动地使自己的心理和生理状态处于适宜的兴奋水平，会有利于发挥自己的最佳运动效能，也会最大可能地减少运动损伤。而一旦缺乏必要的心理准备，在训练和比赛中就会犹豫不决、过度紧张、担心、怀疑、焦虑，使体内的身心能量不能充分得到动员，但又受完成任务和自尊心所驱使，不顾实际情况地去强行训练和比赛。有研究显示，缺乏心理准备的运动员，其受伤率要高出心理准备充分的运动员若干倍（颜军，2000）。适当和正确的心理准备活动可以帮助运动员提升竞技状态、降低运动损伤概率（吴汉一，窦月盈，2018）。

综上所述，应激反应与运动损伤的关系十分复杂，运动损伤是多重心理因素交互作用的结果。此外，依据应激-损伤模型，将心理学的干预措施（包括认知干预和唤醒控制的方法）与适当的医疗手段相结合，可能有助于减少运动损伤的发生。心理因素影响损伤的发生率，反映在发生损伤和损伤的康复过程中。动机、应激、焦虑、日常生活压力是运动损伤发生的主要心理因素。社会支持、目标训练、表象训练和积极心态是运动损伤恢复的主要心理因素（路燕，梁枢，2012）。

第二节　运动损伤的心理反应

运动损伤被认为是一个重大而具有压抑性的事件，这是因为它会对运动员的生活带来干扰性的影响。运动员受伤后，会产生不同的心理和行为反应。根据应激-损伤模型，受伤的运动员在遭受生理创伤的同时，也会造成消极的应激反应。这些反应常同他们受伤时的心理状态密切相关。当然，在比赛中陷入困境的运动员也许会将受伤看作一种乐于接受的、用以摆脱压力的方法；也有运动员可能会将受伤看作引起别人注意和同情的方法，试图经过显示自己如何对付痛苦和逆境来提高其自我形象。但是，更多的优秀运动员或许因受伤而产生一种失落感，表现出悲伤、消沉，并伴有紧张、恐惧、惊慌、愤怒、沮丧和焦虑等反应（颜军，2000）。受伤运动员对运动损伤的反应在强度和持续时间上存在着个体差异，并且这些心理反应又会受到个人和环境两方面因素的调节和影响（方娅，2004）。

专栏 10－3

一切都完了

案例 1

美式足球运动员凯斯·米尔拉德（Keith Millard）是明尼苏达海盗队的著名组织后卫。在一场对佛罗里达坦帕海湾队的第三节比赛中，他先前在试图擒杀对方四分卫文尼·特斯塔维德（Vinny Testaverde）时已经膝盖受伤，又因跳起避过中锋兰迪·格里姆斯（Randy Grimes）的横切右腿重重落地而致前交叉韧带断裂。

“我的膝盖受伤了。我的膝盖受伤了。我的整个生涯都完蛋了，一切都完了。”米尔拉德抱头痛哭，他那 1.96 米、120 公斤的高大身躯不停地颤抖，表现出对自己不幸遭遇的极度痛苦……他由于受伤而不能活动，他怒斥护士、拒绝饮食、拒绝使用拐杖并把它们狠狠地摔在地上……由于羞于让别人看到自己躺在床上时脆弱的样子，教练和队友前来探望时他感到十分不舒服，并最终给队中公关部的丹·安迪（Dan Endy）打电话要求他写条子拒绝探视……当米尔拉德 10 月中旬开始在海盗队健身房中进行膝部康复时，他闭门苦练并从不让队友听到自己痛苦的呻吟。

米尔拉德虽然后来重返赛场，但从他当时的表现来看，显然他身体和心理上都受到了伤害。

案例 2

一位优秀滑雪选手曾经这样说：“（受伤后）我感到自己被囚禁，被滑雪队隔离了。那是我的一块心病。我基本上没有感到自己被别人关爱。我一旦（因伤）回家，就好像他们（滑雪队）把我丢弃在家里，好像他们把我的所有行李都扔在房子里，好像在说：‘等你好了之后再见吧。’那真是我最难熬的时刻。”“真是太难熬、太难熬了……因为那是奥林匹克竞赛年，运动员夏天花许多时间为自己积累状态。当你秋天康复归队时，会看到每个人都滑得很好，因为他们都在为奥林匹克年而兴奋异常，而你自己却只是刚刚重返雪道。”

这个案例说明，运动员受伤后产生应激反应的原因，有时不是伤痛本身，而是心理和社会方面的原因。

资料来源：Lieber，1991；Weinberg & Gould，1999，p. 400。

一、运动损伤心理反应的过程

对于运动损伤心理反应的过程，研究者（季浏，符明秋，1994；颜军，2000；Hardy & Crace，1990）认为，运动员对损伤的反应与即将面临死亡的病人体验到的悲哀反应相类似，即锻炼者或运动员在受伤后常有五个阶段的悲伤反应过程（grief response process），多由否认（denial）开始，经过愤怒（anger）、讨价还价（bargaining）、抑郁（depression）最终达到接受与改造（acceptance and reorganization）。

第一阶段是否认。这是最为人们所熟知的防卫手段，在面临困难和忧虑的时候，可能产生一种部分性的或完全性的对现实的曲解。运动员受伤后，最初常以否认为保护手段，拒绝承认身体出了毛病。这似乎在某种程度上是一种不自觉的行为。但长久的否认有悖于现实，以至于影响康复。

第二阶段是愤怒。由于受伤已成为事实，运动员由“不是我”的否认态度，转到质问“为何是我”的态度，经常表现为愤怒情绪状态。这是运动员对不能继续参加比赛的一种反应。愤怒的同时，常伴有恐慌。这也是受伤运动员特别需要关心和支持的时候。

第三阶段是讨价还价。这一阶段的特点是自我“讨价还价”，希望如果情境一旦变化，自己的生活和行为就会改变等。或者允诺一些无法实现的愿望，以此来改变已经成为不可避免的运动损伤这一事实，如指望伤痛将会消失等等。但如果到一定时间后仍未能康复，受伤者必将退回到愤怒阶段，或者进入较明显的抑郁阶段。

第四阶段是抑郁。当运动员最终认识到无法立即解决伤痛或肌肉、骨骼、关节损伤问题时，就会变得孤僻、自我怜悯，常常回避同教练员和队友的接触，产生消沉等减力情绪。如果新近受伤的运动员没有抑郁的症候，有可能暗示他在心理上有某种缺陷（Gregg & Rejeski，1990）。

第五阶段是接受与改造。当运动员承认并接受自己已经受伤的事实并开始计划怎样成功地重返运动场时，实际上的心理恢复过程也就开始了。但是，康复过程并不意味着轻松愉快，有时还会产生某些心理冲突。

二、运动损伤心理反应的类型

受伤运动员对运动损伤的反应在强度和持续时间上存在着个体差异，运动员从损伤的发生到康复以及返回训练往往会体验一定形式的认知和情绪反应。其中突出地表现在担忧和与压抑、挫折有关的情绪变化上，这些心理反应又会受到个人和环境两方面因素的调节和影响（方娅，2004）。

（一）运动损伤的情绪反应

在运动损伤和康复治疗过程中运动员会产生相应的情绪反应。受伤运动员的情绪反应源自本身的否认、崩溃和无奈等，在复健期间他们担忧复原速度缓慢，害怕技战术退步，随着时间推移仍会选择接受事实，期待未来比赛机会（潘正坤，赵厚华，2014）。研究表明，严重的运动损伤导致伤者产生强烈的情绪波动和紧张压抑（Andersen & Williams，1988）。运动员对损伤的反应并不一定都要刻板地经过这些固定的反应阶段，其实每个运动员都有其独特的对待伤痛的方式（Brewer，1994；Evans & Hardy，1995；Udry et al.，1997）。有学者主张不要机械地看待运动员受伤后的情绪反应过程，应该更为灵活、概括地分析负伤后的情绪反应，这些情绪反应包括：一旦运动员确信自己受伤，可能会在情绪上变得不安、犹豫不决，感到空虚、孤立和与世隔绝，或者感到震惊、怀疑、否定或自我怜悯（Udry et al.，1997）。

有研究显示，那些遭受到运动损伤的运动员表现出情绪上的波动起伏和相应的行为变化，其中包括挫败性的恼怒、恐慌、害怕、担心、焦虑，以及心烦意乱、压抑、失望、孤独、分离、震惊和否认。许多运动员还会高度地恐惧和焦虑。他们担心自己不能完全康复，担心如果再度受伤有人会永远取而代之。由于运动员受伤时不能训练和比赛，他们有大量的时间为此担忧（Udry et al.，1997）。

（二）运动损伤的认知反应

受伤的运动员会将注意集中在伤痛上，急切地通过各种可能的渠道了解受伤程度、受伤原因以及受伤后果，包括短期后果和长期后果。

由于体能状况退化，不能参加训练和比赛，运动员受伤后可能会丧失信心。自信心的降低可导致动机下降、运动表现差，甚至可能导致进一步受伤。一些运动员受伤后不再重返赛场是因为丧失了自我认同感（loss of personal identity）。它是对运动员来说十分重要的部分（Petitpas & Danish，1995）。对于那些完全通过竞技运动来定义自己的运动员来说，受伤所造成的自我认同感的丧失特别明显。因此，因严重受伤而中止运动生涯的运动员可能需要长期的、特殊的心理关爱。

还有许多运动员受伤后难以降低他们的期望，他们可能期待自己重新恢复到受伤前的水平，但这种期望可能不太现实。因此，他们需要调整自己的目标和期望。

第三节　运动心理学对运动损伤康复的作用

由于损伤而造成的心理上的压抑会直接影响到运动员，使之不能积极参与损伤的治疗，这种行为会降低运动康复的效果并且干扰其恢复过程。随着运动损伤康复技术的不断发展，运动损伤对伤者心理健康的影响以及伤者心理状态对身体损伤恢复所产生的作用备受关注，专业人员更多地使用整体治疗手段从身心两个方面来加速运动员损伤的康复过程。

一、运动损伤康复的心理学研究

在一项关于心理学怎样促进损伤康复的研究中，研究者想证明膝、踝关节损伤康复较快（5周之内）的运动员使用心理策略与心理技能是否比康复较慢（16周以上）的运动员多。该研究使用访谈法，评估了被试的观点与态度、应激与应激控制、社会支持、积极的自我谈话、康复表象、目标设置以及信念等。研究发现，康复较快的运动员比较慢的运动员更多地使用了目标设置、积极的自我谈话，稍多地使用了康复表象。研究结果表明，心理因素在运动损伤的康复中扮演着重要的角色，对运动损伤的治疗手段应该包括心理技术，以加快治疗和恢复的过程（Ievleva & Orlick，1991）。

对队医的调查研究结果也支持了这一结论。例如，有研究者对482名队医进行了调查，要求队医指出对付伤病最成功的和最不成功的运动员有何本质不同。队医们指出，不同在于：对付伤病最成功的运动员更加遵从体疗康复的程序，显示出对伤病和生活更积极的态度；他们的动机更强，更有奉献精神和决心；同时，他们就自己的伤病问了更多的问题，从而积累了更多的知识。此外，90%左右的队医报告说，处理好伤病的心理学方面的问题是十分重要的（Larson et al.，1996；Wiese et al.，1991）。

二、促进运动损伤康复的心理学手段

运动损伤的发生会影响运动员的运动生涯，运动损伤后的康复是决定运动员能否回归赛场的关键。在以往的康复中，以强调身体康复为主，而研究发现心理康复在损伤的康复中也起着重要作用（安燕 等，2013）。运动损伤的康复研究表明，用心理学策略作为生理疗法的补充是很有帮助的，运动损伤的康复应使用整体的康复方法。心理学策略虽来源于对运动员损伤反应的理解，但仅仅理解运动员损伤后的反应过程是不够的。心理学手段对康复过程具有促进作用，运动心理学工作者和队医通过学习和使用这些心理学手段，可以更加有效地帮助运动员度过运动损伤造成的运动生涯的危机阶段（毛志雄，2007a）。

（一）建立密切情感关系

运动员或锻炼者受伤之后，常常有怀疑、挫折、愤怒、困惑的体验并且十分脆弱。这些情绪可能使想帮助他们的人难以与之建立亲密的关系。因此，表现出同理心是有益的。这种同理心是指努力去理解受伤者的情绪感受，让受伤的运动员感到有人在情感上支持他们并和他们在一起是很重要的（毛志雄，2007a）。

在运动员受伤后，感到自己正在逐渐被人淡忘的时候，用探视、电话慰问的方法显示对他们的关心尤其重要。在建立亲密关系时，要持积极肯定的态度并强调团队的帮助。同时，应注意不要表现出对运动员的迅速康复过于乐观。例如："这是一个难过的时期，你必须面对它、克服它，但我会在这里陪你，我们一起帮你恢复。"

（二）传授损伤康复知识

运动员初次受伤时，告诉他在康复过程中应该期待什么是很重要的（毛志雄，2007a）。运动心理学工作者或队医应该帮助运动员以通俗的方式来理解伤势，例如，一个摔跤运动员锁骨骨折，队医可能会带一根绿色棍棒，并向他演示他身体上的"绿棒"折断是什么样子的。队医需要说明他将因此停赛三个月。同样，队医还应该告诉他，一个月之内他的肩部会感觉好转，但如果他想冒险在很短时间内尝试着恢复一些常规活动，就有可能造成伤病的反复。

同时，对康复过程进行概述也很重要。例如，队医可以告诉这位摔跤手他可以在两到三周之内骑健身自行车，两个月之内可以做健身系列运动。而后，可以进行一定的负重练习，直到他的受伤部位恢复到受伤前的机能水平。只有到那时，他才可以重返训练场，在练习环境下缓慢地开始恢复，直至能够参加比赛。

（三）应用心理应对技能

运动员在康复过程需要学习的重要心理应对技能包括目标设置、积极的自我谈话、运动视觉表象训练以及放松训练等（Hardy & Crace，1990；Petitpas & Danish，1995；Wiese & Weiss，1987）。

目标设置对处于康复过程中的运动员是特别重要的。一项研究发现，膝关节受伤后的运动员设置个人运动表现的目标，对于运动表现的促进作用与没有受伤的运动员相同。受伤的运动员设置个人运动表现的目标并与增强自我效能感的策略相结合，对缩短运动员的康复时间特别有帮助（Theodorakis et al.，1996）。

受伤的运动员和锻炼者用于目标设置的策略包括设置重返比赛的日期，每周参加治疗性练习的次数，以及每次康复性练习中所做动作、力量和耐力练习的组数等。但是，由于高动机水平的运动员倾向于在康复中做更多的练习，这可能会导致由于负荷过大而再度受伤，因此，队医应当强调最重要的是坚持严格遵守目标设置的计划，不要因为某一天自己感觉好就超过规定的负荷。

自我谈话策略对于控制受伤后自信心的下降十分重要。运动员应该学会阻断消极思维（如“我永远不会好转”），把它们替换成为可信的、积极的思维（如“我今天虽然情绪处于低潮，但好在还没有脱离康复计划的目标；我只是需要耐心，我会找回良好感觉的”）。

运动视觉表象训练在康复过程中能起以下作用：第一，受伤的运动员可以在头脑中“看到”自己在比赛中的表现，这有助于运动技能的保持和尽快重返赛场；第二，可以使用表象来加速损伤的恢复，即想象自己受伤组织的消除以及健康组织和肌肉的新生。这一点似乎有些牵强，但使用治疗性表象，常常是康复较快的患者的特征（Ievleva & Orlick，1991）。

对于严重损伤的康复过程，放松训练可能有助于减轻疼痛和应激。运动员们还可以使用放松技术来促进睡眠并减轻一般性的紧张。

（四）做好伤病复发准备

由于运动损伤有个体差异，康复时间因人而异，每个受伤运动员恢复的速度各不相同，伤病的复发也并非罕见，帮助运动员做好准备以应对伤病复发特别重要。为此，运动心理学工作者或队医应该在建立亲密关系的阶段就提醒受伤的运动员：伤病可能随时复发。同时，应鼓励运动员对康复过程保持积极的态度：复发是正常的，因此，不必惊慌，也不必气馁。

并且，应帮助运动员定期评估和修改康复目标，帮助他们学会应对复发的技能并鼓励他们在伤病复发时告诉重要他人。运动员通过与重要他人讨论自己的感受，可以获得必要的社会支持（毛志雄，2007a）。

（五）提供多方社会支持

社会支持网络由教练员、队友、家人、亲属和朋友所组成，教练员和队友虽然能对受伤运动员提供较大的技术上的支持和帮助，但他们在社会方面对受伤运动员的支持和帮助却是有限的。通常是由家人、亲属和朋友来提供伤者非常需要的同情和精神及感情上的支持，一个与伤者关系密切并且爱护关心他们的人能够帮助他们从身体、心理和行为方面更有效地应付处理运动损伤。

对受伤运动员的社会支持形式多种多样，包括朋友和恋人的感情支持、教练员的信息支持（如“你的做法是对的”）以及有形的支持（如父母的经济援助）等（Hardy & Crace，1990）。受伤运动员需要社会支持，他们需要感受到教练和队友的关心，需要有人倾听他们所关心的事情而不是批评他们，需要了解别人是怎样从类似的伤病中恢复的。

由于运动员刚刚受伤时，会得到较多的社会支持，而在日后的康复过程中，社会支持会变得越来越少，因此应特别注意康复过程中提供社会支持的渐进性和连续性。

（六）借鉴其他伤者经验

注意学习其他受伤队员的经验，接受其他受伤队员的建议，也是帮助受伤运动员或锻炼者康复的好办法。来自其他受伤运动员的亲身体验和建议，对于受伤运动员更有针对性和可信性。向其他受伤运动员学习，有利于受伤运动员吸取经验、借鉴治疗、增强信心、乐观应对，是帮助运动员尽快康复的良医妙药。

总之，运动损伤康复是一个系统过程，在此过程中教练员、队医及运动心理学工作者都有责任引导运动员掌握并使用相关的心理康复技能。同时，运动员要提高自我管理能力，尤其是自律能力，并坚持练习，这样才能帮助自己尽快从运动损伤中全面康复，重返赛场（何颖，徐明，2012）。

本章要点

1. 运动损伤的直接原因固然是身体和生理的原因，但心理因素也可能是造成运动损伤的重要原因。导致运动员受伤的心理因素很多，而且比较复杂。根据威廉姆斯和安德森提出的应激-损伤模型，运动损伤的心理原因主要包括应激情境、人格因素、应激源史、应对资源四大因素。此外，动机和心理准备也是引起运动损伤的心理原因。

2. 在应激-损伤模型中，应激反应是造成运动损伤的最直接原因，其余因素均属调节变量。应激反应之所以成为运动损伤的最直接原因，是因为它瓦解运动员的注意力，造成注意狭窄或注意分散；它使运动员的肌肉紧张度不适当地增加，从而妨碍正常的动作协调性。

3. 多数受伤的运动员会在消极的认知评估的基础上产生应激反应和失落感，表现出悲伤、消沉，并伴有紧张、恐惧、惊慌、愤怒、沮丧和焦虑等反应。这些情绪反应与即将面临死亡的病人体验到的悲哀反应相类似，悲伤反应过程大多经过否认—愤怒—讨价还价—抑郁—接受与改造等五个阶段。

4. 研究表明，运动员对损伤的反应未必都要刻板地经过五个固定的悲伤反应阶段，每个运动员都有其独特的对待伤痛的方式；还有研究者主张更灵活、概括地分析负伤后的情绪反应，这些情绪反应大体上可以概括为与伤病有关的信息加工、情绪的剧变及相应的行为反应、积极的看法与积极的应对等。

5. 受伤后的运动员还可能表现出：丧失认同感、恐惧和焦虑、缺乏自信、运动表现下降等。

6. 为促进运动损伤的康复，专业人员应更多地使用整体治疗手段从身心两方面加速康复过程。其中康复中所使用的心理手段包括：与受伤的运动员建立亲密的关系；传授损伤与康复过程的知识；应用特殊的心理应对技能；做好应对伤病复发的准备；提供多方社会支持；借鉴其他受伤运动员的经验等。

复习思考题

1. 运动损伤的主要心理因素有哪些?
2. 依据应激-损伤模型，应激反应可导致运动员受伤的结果是什么?
3. 运动员受伤后有哪些心理反应?
4. 假如运动员受伤严重，除了本章介绍的促进康复的心理学手段外，还有哪些手段有助于康复?

推荐阅读

考克斯. (2003). 运动损伤心理学. 见 *运动心理学：概念与应用*(第5版，张力为等译，517-537页). 北京：清华大学出版社.

路燕，梁枢. (2012). 运动损伤心理因素研究综述及其思考. *南京体育学院学报（自然科学版）*，*11* (1)，154-157.

Booth，A.，Mellalieu，S.，& Bruton，A. (2018). Subjective distress，sport injury-related growth，self-efficacy and wellbeing upon return to sport following injury. *Sport & Exercise Psychology Review*，*14* (2)，23-31.

Lattimore，D. (2017). On the sidelines：An athlete's perspective of injury recovery. *Sport & Exercise Psychology Review*，*13* (2)，13-21.

第十一章

运动中的不良行为

内容提要和学习指导

攻击行为、兴奋剂使用、饮食失调，是竞技体育中的“不和谐音符”。这些不良行为不仅影响竞技运动的健康发展，也严重影响着运动员的身心健康。本章阐述了运动中的攻击行为、兴奋剂使用及饮食失调的基本概念、相关理论、影响因素、预防及干预策略。通过学习本章，你可以在了解基本概念和相关理论的基础上，重点明晰其影响因素，掌握其预防及干预策略。

美国职业篮球联赛（NBA）历史上规模最大的一次暴力事件发生在2004年，对此，NBA官方给予了联盟史上最重的罚单：肇事的阿泰斯特、杰克逊被禁赛，步行者队被从东部劲旅中除名。这场暴力事件源于一次上篮，华莱士被阿泰斯特从背后恶意侵犯，导致双方球员发生冲突。正当两边球员逐渐平复时，一位球迷将酒瓶重重砸在阿泰斯特身上，阿泰斯特顿时大怒，冲入观众席揪住该球迷就是一顿暴揍，球迷们立即开始围攻阿泰斯特，杰克逊见状冲入观众席。至此，一次场上的攻击行为彻底演变成了体育暴力事件（魑魅，2012－4－25）。

2007年10月6日，32岁的美国“田径女皇”琼斯承认，她在2000年悉尼奥运会前使用了类固醇类兴奋剂。琼斯在悉尼奥运会共获得三枚金牌和两枚铜牌，并囊括了当年美联社、路透社、ESPN（娱乐与体育节目电视网）和国际田联评选的年度最佳女运动员奖项。琼斯事件被认为是体育史上最大的欺骗事件之一。她本人也成为第一位奥运会跨届之后仍被追缴金牌的选手（谓谓，2008－7－27）。

1994年，美国女子体操运动员亨里奇（Christy Henrich）因厌食症导致多器官衰竭而离世，年仅22岁，体重仅21公斤。亨里奇曾经被教练告知体重过重，因此她拼命节食，然而节食又导致了她的竞技能力下降。最终她因体重及竞技能力的原因，未能入选美国奥运代表团（作者不详，2004－6－30）。

如何界定运动中的攻击行为、兴奋剂使用及饮食失调？哪些因素影响攻击行为、兴奋剂使用及饮食失调？哪些策略可以预防及控制这些行为？本章将深入探讨这些问题。

第一节　运动中的攻击行为

1997年6月28日，世界拳击协会（WBA）重量级拳王争霸战在美国赌城拉斯维加斯的麦迪逊花园广场进行，对阵双方分别是泰森和霍利菲尔德。当双方对战到第 3 回合还有 33 秒结束时，泰森突然用牙齿咬住霍利菲尔德左耳上面部分，头部不停地来回晃动，用力撕咬下一块指甲大小的肉和软骨，迅速地连同牙套一起吐在拳台上，然后用一种奇怪的表情环视整个现场，此时他的嘴角还残留着血迹（小兵，2018）！这是运动中攻击行为的典型表现。

一、运动中攻击行为的概念及分类

在心理学领域，攻击行为（aggression）是指以损害或伤害另一个生命体为直接目的的任何形式的行为，受伤害的生命体意图回避这种行为（Baron & Richardson，1994）。攻击行为既包括身体攻击，也包括言语攻击。攻击行为具有四个特点（Gill，2000）：它是一个行为，而非态度、情感或动机，想攻击某人并不能构成攻击行为；具有指向性，或是故意的行为；其意图是损害或伤害；行为指向有生命的个体，某运动员怒摔球拍不能视为攻击行为。运动中的攻击行为是指在运动竞赛情境中，运动员有意识地对对手造成身心伤害的行为（王润平，2000a）。

依据攻击行为的目的，可将其划分为敌意性攻击或工具性攻击。敌意性攻击（hostile aggression）是以伤害对手为直接目的的行为。攻击者的目的是使受害者痛苦，伤害他人，而非获取比赛胜利，攻击者通常伴有愤怒情绪。例如，在 2006 年德国世界杯决赛中，法国球星齐达内在跑动中忽然回身，用头撞向意大利后卫马特拉齐，后者痛苦地倒地不起。齐达内因此被红牌罚下，而法国队也在点球大战中，败给了意大利队（栗然，2006－7－15）。齐达内的这次攻击行为可以被视为敌意性攻击。工具性攻击（instrumental aggression）是指为实现某些外在目的（如胜利、获取金钱等），而故意伤害他人的行为。在工具性攻击中，攻击者具有伤害他人的意图，然而其目的却并非伤害他人，而是某些其他目的，如激怒对方、获取胜利。在工具性攻击中，攻击者未必伴有愤怒情绪，且行为可能并未违反竞赛规则。齐达内为何突然转身撞向马特拉齐？据说，在防守时，马特拉齐曾辱骂齐达内的母亲和姐姐（栗然，2006－7－15）。这一言语攻击成功地激怒了齐达内，引起了他的攻击行为。如果事实果真如此，马特拉齐的攻击就可视为工具性攻击，他将攻击作为手段，以实现某种目的。

专栏 11－1

果敢行为、攻击行为与体育暴力

在竞技体育中，攻击行为容易与果敢行为混淆。果敢行为（assertive behavior）是指比赛中为了赢得胜利而不顾受伤或伤人的危险，用合理行动奋勇拼搏的行为，其典型特征是异常的努力和能量消耗。例如，在足球比赛中，当球失控时，激烈地去抢球，虽然看起来是极具攻击性的打法，但因其没有伤害他人的意图，因此是一种果敢行为。事实上，攻击行为与果敢行为的差异表现在是否有伤害意图上，前者有伤害意图，而后者则没有。如果进一步考虑工具性攻击和敌意性攻击，则会发现，果敢行为的目的是自我实现，工具性攻击的目的是获胜，而敌意性攻击的目的则是伤害。三者的关系可用图 11－1 表示，事实上，三种行为间有模糊的交叠部分，即两可区域，难以将它们完全分离。

另一个容易与攻击行为混淆的术语是暴力行为。实际上，攻击行为可以是言语攻击，也可以是身体攻击，而暴力行为（violence）则指极端的身体攻击行为（Widmeyer et al.，2002）。

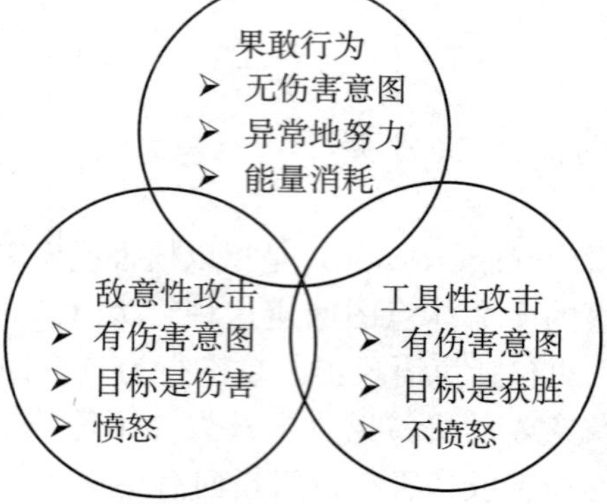

图 11-1　果敢行为与敌意性攻击、工具性攻击

资料来源：考克斯，2003，393 页。

专栏 11-2

攻击行为的测量

攻击行为的主要测量方法包括自然观察、实验室研究（如班杜拉在社会学习理论框架下进行的赏罚控制实验）、档案分析、自我陈述（要求个体进行内省，并陈述自己发动过的攻击行为）、人格投射测验，以及人格的客观测验等。其中，人格的客观测验是最为常用的方法。

如布斯和佩里（Buss & Perry，1992）建立的《攻击问卷》，可以测量身体攻击、言语攻击、愤怒和敌意四个因子。布施曼和韦尔斯（Bushman & Wells，1998）的研究用高中冰球选手作为样本，对身体攻击分量表进行了检验。结果发现，赛季前测得的身体攻击与赛季中因攻击行为受到惩罚的时间呈现正向关系。

在体育运动领域，布莱德梅尔（Bredmeier，1994）编制的《运动攻击行为目录》和《儿童运动行为倾向量表》是构建体育运动中攻击行为量表有意义的尝试。然而，还需要对体育运动领域攻击行为的测量进行深入的探讨。

资料来源：勒昂斯，内森，2005，185-186 页。

二、攻击行为的理论

人们为什么会产生攻击行为？是源自与生俱来的本能，还是借由后天学习获得？是因为受到了挫折，还是因为道德水平不高？为回答这些问题，心理学家提出了四种相关的理论，即本能理论、社会学习理论、挫折-攻击理论和道德归因理论。进入 21 世纪，研究者又提出了针对运动领域的一般攻击模式。

（一）本能理论

本能理论（instinct theory）最早由弗洛伊德于1932年（Freud，1964）提出，他认为，人有生与死的本能，攻击是死的本能的一种表现。因此，攻击本能是与生俱来的，它会导致攻击能量的产生及积累，当攻击能量积累到一定程度时，就需要通过攻击另一个生命体或经由宣泄（catharsis）得以释放。此处，宣泄是指个体通过可以接受的、非破坏性的方式（如竞技运动）释放攻击能量，如参加激烈对抗的体育比赛。

尽管有些运动员和教练员认可攻击的本能理论，然而，本能理论并未得到很好的支持。一方面，迄今为止，研究者尚未找到生物学意义的攻击本能，宣泄使得攻击能量释放也未获得相关证据的支持，因此，不能简单地将赛场作为宣泄攻击本能的合理场所。另一方面，本能理论预测所有个体及文化都具有相同程度的与生俱来的攻击本能，导致同等水平的攻击能量，表现出同等程度的攻击行为。然而，跨文化研究发现，事实并非如此。

（二）社会学习理论

与本能理论认为攻击是与生俱来的观点相反，社会学习理论（social learning theory）认为，攻击是个体经由观察他人的行为，而后在出现类似行为时，得到强化而习得的，是后天学习的结果。班杜拉是社会学习理论的代表人物，他通过一系列的实验证明了个体通过观察获得攻击行为，而且，当个体本身的攻击行为，或榜样的攻击行为被强化时，会相应地增加攻击行为。由此可见，攻击行为并不能有效缓解或削弱攻击性，相反，如果得到强化，反而会增加再次出现攻击行为的可能性。

专栏11-3

赏罚控制实验

在班杜拉的赏罚控制实验中，研究参与者是66名四岁的儿童，研究者将他们随机分为三组，每组22人。不同组儿童观看不同的影片，在不同的影片中，对待攻击行为的结果不同。第一组是攻击奖赏组，儿童看到的电影片段是：一个成年人采取攻击行为后，另一个成人称赞他是勇敢的胜利者，并给他巧克力糖和汽水等食品；第二组为攻击惩罚组，电影片段是当一个成年人采取攻击行为后，另一个成年人指责他是暴徒，打他并迫使他低头逃跑；第三组作为控制组，电影片段中采取攻击行为的成人，既没有得到奖赏，也没有被惩罚。

影片观看结束后，实验者将儿童置于与影片相同的实验情境中，让儿童自由玩耍10分钟，研究者通过单向玻璃观察儿童的行为。结果发现，出现攻击行为从多到少依次为攻击奖赏组、控制组及攻击惩罚组。这一结果提示，替代性经验同样影响攻击行为。

资料来源：Bandura，1965。

在竞技体育中，父母的攻击行为、教练对裁判的言语攻击、青少年运动员所崇拜的榜样运动员的攻击行为，都对其产生了示范作用。例如，史密斯（Smith，1988）发现，在冰球界，职业运动中盛行的暴力已经被年轻的业余选手效仿，而教练、父母和队友不但接受，而且还鼓励这种攻击行为。另外，教练员或父母默许或者并不惩罚青少年运动员的攻击行为，尤其是被挑起的攻击行为，例如虽然教练员教导运动员不要攻击对手，但在一场异常火爆的比赛中，教练员可能会教导其以牙还牙，予以反击。最后，某些细微的攻击行为难以被发现或被惩罚，如一位选手为打击对手的士气，对她的对手说："我听裁判说你这种服装今年是不合格的。"这些强化都增加了他们再次出现攻击行为的可能性。

社会学习理论对攻击行为的解释，得到了相关证据的支持。而且，因其强调重要他人在攻击行为的发展及控制方面的重要性，因此对竞技运动中攻击行为的预防具有实践意义，例如，教练员可以通过树立榜样，或合理强化，促进运动员学习非攻击行为，消除其攻击行为。

（三）挫折-攻击理论

挫折-攻击理论（frustration-aggression theory），本质是攻击的动机理论，最初由多拉德等（Dollard et al.，1939）提出。该理论认为，攻击行为是个体目标受到阻碍或失败的直接结果之一，挫折引发了攻击动机，进而导致攻击行为的产生。然而，挫折引起攻击行为这一观点，并未获得相关证据的支持。研究结果和经验一再提示，在许多情境中，挫折借由非攻击的方式得以解决。

而后，伯克维茨（Berkowitz，1965，1969，1993）完善了挫折-攻击理论，提出了修正的挫折-攻击理论（reformulated/revised frustration-aggression theory）。该理论认为，挫折并不必然导致攻击行为，而是通过提高唤醒水平，增加愤怒情绪等，提供了攻击的准备状态。实际攻击行为的发生，依赖于与攻击相联系的刺激因素，这些刺激因素是个体在后天习得的，促使受挫个体产生攻击行为的线索。个体处于攻击准备状态时，只有环境线索提示适宜发起攻击，才会产生攻击行为，反之则不会。在伯克维茨的一项经典实验中。研究者将参与者划分为被激怒组或未被激怒组，并给予他们展现攻击行为的机会（通常将振动作为攻击的手段）。基于修正的挫折-攻击理论，研究者考察了几类情境线索对攻击行为的影响。结果发现，虽然被激怒组通常给予了更多的振动，即发起更多的攻击行为，然而，情境线索在攻击行为中起到了更为重要的作用，如观看暴力影片、容易获得的攻击工具，以及被攻击者的特点等。由此可见，环境线索而非挫折本身在攻击行为的产生中具有决定性作用。虽然该理论基于挫折-攻击理论，但两者存在本质区别。挫折-攻击理论将挫折作为攻击动机及行为产生的原因；而修正的挫折-攻击理论则认为挫折只是导致了攻击准备状态，环境线索才是攻击行为的决定因素。

修正的挫折-攻击理论将挫折-攻击理论和社会学习理论有机结合，重视人与环境的交互作用对攻击行为的影响，为减少运动中的攻击行为提供了有益的思路。

（四）道德归因理论

道德归因理论（moral reasoning theory）由布莱德梅尔（Bredemeier，1994）提出。该理论以皮亚杰的认知发展理论为基础，认为，个体进行攻击的意愿与其所处的道德发展阶段有关，个体所处的道德发展阶段越高（从自我中心化过渡到他人中心化，最终过渡到社会福祉中心），其攻击意愿越弱。

然而，在竞技体育中，运动员将适用于日常生活的道德准则搁置，采用另一套准则——自我中心化的道德准则，被称为竞赛归因（game reasoning；Bredemeier & Shields，1986a）。导致该问题的原因有四个方面：首先，竞技比赛因其局限于特定的时空中，因此与日常生活相区别；其次，在竞技体育中，大部分决策权掌握在教练员和体育官员手中，这导致运动员忽视自己的道德责任，以及应为自己的行为负责的责任感；再次，竞赛规则通常削弱甚至阻碍了对手或队伍之间进行建设性的对话；最后，在运动员内部，秘而不宣的道德共识鼓励运动员采用与日常生活不同的道德准则，即为赢得比赛胜利，攻击是合理的。布莱德梅尔和希尔兹（Bredemeier & Shields，1986a，1986b）的研究发现，在竞技体育中，运动员使用较低的道德水平解释其行为，且存在性别差异。相比而言，女性运动员在竞技运动中采用的道德水平更成熟，而在日常生活的道德水平方面，则未见性别差异。这在一定程度上解释了男运动员在比赛中更多地表现出攻击行为的原因。此外，也有研究发现，运动道德推脱水平能调节父母冲突与青少年运动员攻击行为的关系。对于运动道德推脱水平高的青少年运动员而言，父母冲突对攻击行为具有更强的预测作用。这从另一个角度支持了道德水平对攻击行为的影响。

道德归因理论重视归因在攻击行为中的重要作用，也提示我们：教练员、体育官员和全社会应重视竞技体育环境中道德氛围的建设，以预防竞技运动中的攻击行为。

（五）一般攻击模式

进入21世纪，研究者越发感到，攻击行为较先前的理论解释更为复杂（Anderson & Bushman，2002；Widmeyer et al.，2002）。例如，虽然挫折增加了攻击可能，然而，个人因素（如信念和态度）及情境因素（如挑衅行为、热且拥挤的场地、鼓励攻击等）也会对攻击行为产生影响。为此，安德森和布施曼（Anderson & Bushman，2002）提出了一般攻击模式（general aggression model），以帮助理解攻击行为产生的过程。

如图11－2所示，一般攻击模式认为，个人、情境是攻击行为的输入源，两者及两者间的独特交互作用决定了个体的攻击倾向，即采取攻击行为的可能性。例如，与任务取向的运动员相比，自我取向的运动员更具攻击倾向；竞争激烈的比赛情境也会导致个体更具攻击倾向。输入导致个体内部状态发生改变。例如，个体遇到某种挫折（如比赛失利或表现不佳），或将攻击视为解决纷争的一个恰当手段，都会改变个体内部状态，具体表现为唤醒水平提高，心境改变，并产生一系列的敌意想法等。内部状态的改变最终将个体推向某种确定的结果，即采取考虑周全的或冲动的攻击行为。采取哪种攻击行为依赖于个体如何评价输入及由此导致的内部状态改变。由此可见，攻击行为的产生是一个复杂的过程，个人与情境的交互作用对其具有决定作用，而个体的思想、情感等则对这一复杂的过程具有调节作用。

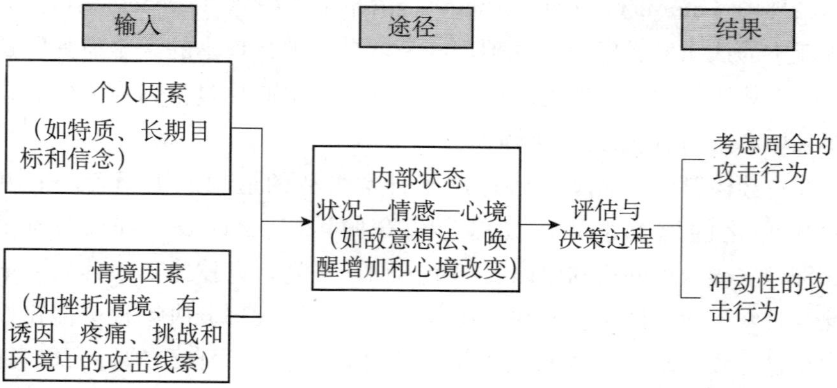

图 11-2　一般攻击模式

资料来源：温伯格，古尔德，2012，23章，8页。

一般攻击模式从个人、情境及两者交互作用的角度解释攻击行为，较先前对攻击行为的解释更具综合性。

专栏 11-4

攻击行为的生物学解释途径

也有学者从生物学角度解释攻击行为。攻击行为的生物学解释途径主要包括三种观点。第一种观点强调基因的作用，认为某种基因决定了攻击行为。虽然研究者在动物世界中获得了一些支持性的证据，但在人类社会中，此类支持性证据几乎不存在，最接近的例子是攻击行为与犯罪的XYY染色体理论，也即染色体因素使一些男性犯罪，然而该理论已经受到广泛质疑。第二种观点强调中枢神经系统的不同结构对攻击行为的影响，如下丘脑、边缘系统、颞叶等对攻击行为的影响。一起涉及颞叶病变的杀人案被认为支持了该观点，然而，如果考虑其他因素，对该攻击行为则存在多种解释。第三种观点认为某种激素与认知因素相互影响，产生了攻击行为。在男性案例中，研究者重点关注睾丸激素与攻击行为的关系，认为睾丸激素水平越高，越易产生攻击行为；而在女性案例中，则主要关注雌激素与黄体酮的比例，比例失调者易怒，敌意水平较高。然而，迄今为止，对该观点的研究尚无定论。

资料来源：勒昂斯，内森，2005，182-183页。

三、运动中攻击行为的影响因素

在竞技体育中，攻击行为受诸多因素影响。这些因素可以被划分为物理环境因素、个体因素和竞赛及社会环境因素。

专栏 11-5

影响攻击行为的物理环境因素

影响攻击行为的物理环境因素主要包括气温、噪声和拥挤感等。

气温

关于气温与攻击行为间关系有线性和非线性之争。一种观点认为两者间呈线性关系，即攻击行为随气温升高而增加。另一派则认为两者间呈非线性的关系，即在极端气温条件下，攻击事件发生的频率低，这是因为，气温过高或过低会降低生理唤醒水平，减少人际交互。而且，可能存在发生攻击行为的最佳气温。

噪声

群体的嘈杂声可以被视为导致唤醒水平提高的一个因素，因此，发动攻击行为的可能性也随之提高。弗兰肯（Franken，1982）指出："噪声本身似乎并不引起攻击行为，但如果攻击行为已经发生的话，噪声则会加剧这种行为。"

拥挤感

拥挤感通常是由人口密度问题引发的心理紧张反应。基于先前研究的结果，弗里德曼（Freedman，1975）总结说："拥挤感本身并不是攻击行为的动因，但是当敌对倾向已经存在时，拥挤感明显是攻击行为的一个推动因素（Fishbein & Ajzen，1975）。"

对气温、噪声和拥挤感的研究得出的结论是：它们与攻击行为的原因相比，更像是促进因素。它们与其他变量相互作用，在敌对行为倾向已经存在的情况下，导致攻击行为。

资料来源：勒昂斯，内森，2005，186-187 页。

（一）个体因素

个体因素如对对手意图的感知、目标定向、榜样及替代强化、外部奖励，以及去个性化等，对攻击行为具有重要的影响。

1. 对对手意图的感知

一方面，如果运动员主观上觉得对手企图伤害他们，那么，他们更倾向于"以牙还牙"，主动采取攻击行为。另一方面，具有高攻击性的运动员更倾向将对手偶然的行为感知为具有攻击意图，忽视对比赛本身的关注，导致其更可能采取攻击行为。

2. 目标定向

与任务定向的运动员相比，自我定向的运动员更看重社会比较和战胜他人，更倾向于认为比赛中的攻击行为是合理的，是比赛获胜的一个组成部分。随着运动员自我定向水平的提高，对比赛规则的遵守随之降低。与此相反，高度任务定向的运动员，更加看重技能掌握、任务完成，以及与自己先前表现的比较，更加遵守比赛规则，具有较好的运动员风度。

3. 榜样及替代强化

在社会学习理论中，班杜拉强调榜样及替代强化对个体习得及表现攻击行为的影响。

事实上，在竞技体育中，当运动员，尤其是青少年运动员观察到职业选手在赛场表现出攻击行为，并未因此受到惩罚时，会提高其攻击的可能性，并在适宜情况下采取攻击行为。与替代强化相对的是替代惩罚，当观察到榜样的攻击行为受到惩罚时，相应地也会减少个体的攻击可能性。

4. 外部奖励

外部奖励指存在于人与人之间、来源于他人的奖励，可以是有形奖励、地位奖励、受伤时的安慰，以及厌恶态度的缓解等。竞技体育涉及运动员之间、运动员与教练，以及运动员与观众之间广泛的互动，外部奖励的作用不容忽视。在所有外部奖励中，最有力度的有形奖励是金钱，如果发动攻击行为意味着运动员个人资产的增加，攻击行为就会产生或增加。在一些运动项目中，攻击行为还能够带给运动员一定的地位奖励，如获得队友的尊重和认可，也会增加个体的攻击行为。

5. 去个性化

去个性化（deindividualization），是指个体的独立感及责任感降低或丧失（Festinger et al.，1952）。在运动队中，当运动员失去个体感，逐渐与团队的要求一致，且对一些行为的个人责任弱化时，个体的攻击行为会增多。

（二）竞赛及社会环境因素

除物理环境因素外，许多与比赛本身及运动队社会环境有关的因素也影响着攻击行为。

1. 比分差距

当比赛双方比分接近时，攻击行为相对较少，这是因为比赛关键时刻的惩罚，对决定最终胜负具有关键作用。类似地，在比分差距非常大时，双方的生理唤醒水平较低，攻击行为也不明显；而在比分差距处于中间区段时，攻击行为最多。

2. 主客场因素

主客场因素与攻击行为有关，但这种关系取决于运动项目。如足球队在客场比赛时，更具攻击性，而对冰球队而言，主客场比赛的攻击性则未见差异。

3. 比赛结果

如挫折-攻击理论和修正的挫折-攻击理论对攻击行为的预测一样，在比赛中，胜利者表现出较少的攻击行为，而失利者则表现出较多的攻击行为，这是因为挫折诱发了攻击准备状态，在适宜的情境线索中，更易出现攻击行为。

4. 联赛排名

对联赛排名与攻击行为的关系，较为一致的观点是：排名最靠前的队伍，其攻击行为最少；相反，排名靠后队伍的球员更容易出现攻击行为。

5. 比赛的时间段

比赛的时间段与攻击行为的关系，在领先及落后队伍中不同。落后队伍在比赛开始和结束时，攻击水平最低，而绝大多数攻击行为出现在比赛中途；然而随着比赛的推移，领先队伍反而表现出更多的攻击行为。

6. 团队的道德气氛

团队道德气氛与攻击行为间存在密切关系（Stephens，2001；Stephens & Bredmeier，1996；Stephens & Kavangh，2003）。具体而言，运动员的攻击行为受团队规范或压力、攻击知觉（认为队友在类似情境下，也会采取攻击行为的程度），以及教练员是否支持攻击行为的影响。由此可见，教练员和队员在营造影响攻击行为的团队氛围中，扮演重要的角色。

四、运动中攻击行为的预防

一方面，虽然某些教练员和运动员觉得攻击能够促进团队和个体的运动表现，然而，运动心理学家并不同意这种观点。另一方面，攻击不可避免地对运动员身心造成伤害。国际运动心理学会指出，减少运动员的攻击和暴力行为，是运动员、教练员、裁判员、竞赛管理者及大众媒体的共同责任。教练员可以通过以下途径，预防运动员的攻击行为（温伯格，古尔德，2012）。

（一）了解何时攻击最可能发生

挫折情境会提高运动员攻击的可能性，如比赛失利、认为裁判不公、感觉尴尬、身体疼痛或比赛失准时。教练员需要了解与运动员攻击行为相关的情境线索，以便能够及早地发现和控制攻击行为。

（二）修正攻击反应

教练员需要密切观察运动员的行为，将有攻击迹象的运动员从场上换下。更进一步，教练员可以教导运动员控制情绪，以及应对挫折反应的技能。此外，教练员还可以通过模拟训练，创设挫折情境，使运动员有机会练习挫折时的情绪管理策略，以提高其挫折应对能力。

（三）教导适当的行为

社会学习理论提供了预防攻击行为的有效途径。教练员可以通过社会学习的策略，首先解释运动中的适当行为和不当行为，进而通过直接强化、榜样、替代性强化等，教会运动员展现适当的行为。

专栏 11－6

减少运动员攻击行为的其他建议

应该给年轻运动员树立非攻击性但有效的果敢行为的榜样。

参与攻击行为的运动员必须受到严厉的惩罚。

参与攻击的运动员所受到的惩罚必须超过他从攻击中获得的利益。假如两者平衡，运动员就会认为攻击和暴力行为不会付出代价。

对于参与攻击甚至听任运动员参与攻击的教练员，应予以解雇，或审查、暂停其执教资格。

应该消除赛场上可能出现的引起敌意性攻击的外在刺激。如一名极度狂热的球迷哗众取宠地展示其刺激性标志，就有可能诱发敌意性攻击。

应鼓励教练员和裁判员参加如何处理和应对运动员攻击行为的训练班。

除了处罚有攻击行为的运动员外，对在火药味浓重的比赛中表现出克制及耐心的运动员予以奖励。

在实践中使用专门约束攻击行为的策略和技巧。

教练员和领队应在比赛前鼓励运动员间的交往。

资料来源：考克斯，2003，403页。

第二节　运动中的兴奋剂使用

本·约翰逊是加拿大前百米跑世界纪录保持者。在1988年汉城奥运会上，他创造了9.79秒的世界纪录，刷新了他本人保持的9.83秒的前世界纪录。然而，在兴奋剂检查中，他被查出促蛋白合成类固醇呈阳性，国际奥委会（IOC）声明约翰逊的比赛成绩无效，收回他的金牌，将金牌授予美国人刘易斯。

阿尔扎多（Lyle Alzado），美国前美式足球联赛冠军队伍的成员，43岁死于脑癌。退役后，他承认自己在比赛中为了取得胜利曾服用促蛋白合成类固醇。并且，他谴责，正是因为服用这些违禁药品，他患上了致命的癌症。阿尔扎多说一种难以置信的情绪疯狂地支配着他，使他在球场内外变得很自私、脾气狂暴和极具攻击性。他临终前感叹道："这完全是一种嗜毒行为，一种精神上的嗜毒行为。唯有服用这些药，才会感到自己强壮。"（引自Chaikin & Telander，1988）

一方面，运动员为创造佳绩使用兴奋剂；另一方面，兴奋剂给运动员带来了难以言说的痛苦，甚至是灭顶之灾。

一、兴奋剂及使用兴奋剂

（一）兴奋剂及使用兴奋剂的概念

兴奋剂（dope），全称运动兴奋剂，是国际体育组织规定的禁用药物和方法的总称。使用兴奋剂（doping）是指为提高运动成绩而使用某种对运动员健康具有潜在危害的临时性物质或方法（毛志雄，2007b）。运动员使用兴奋剂的唯一目的是通过训练外手段，人为且不正当地提高运动成绩，但是使用兴奋剂也会极大损害运动员的身心健康。

（二）兴奋剂的分类

在竞技及健身运动领域，依其使用目的，可将兴奋剂划分为表现增强性药物（performance-enhancing drugs）和娱乐性药物（recreational drugs）。运动员使用表现增强性药物的目的是提高运动成绩，主要包括类固醇，β阻断剂以及用以增加肌力、镇静神经或隔绝疼痛刺激的药物。娱乐性药物，又称街头药物（street drugs），是指人们用来追求个人快乐的药物。这类药物能使人产生快感或幻觉，满足个体追求刺激、逃避现实生活及压力和好奇心的需要。

专栏 11－7

禁用物质及方法

世界反兴奋剂机构（WADA）在2013年更新的禁用物质及方法，包括赛内及赛外都禁止使用的物质和方法，以及仅在赛内禁止使用的物质和方法，包括以下几类。

合成类固醇（anabolic androgenic steroids）

也称同化激素，是使用频率最高、使用范围最广的一类兴奋剂。此类药物通过口服或注射，可增强运动员的肌力。然而它们会干扰运动员体内自然激素的平衡，产生严重的副作用。对男性而言，这些副作用包括性格改变、肾功能异常、胸部增大及早秃等；在女性中则会引起肌肉增生、月经失调、体毛过度生长等。

其他同化性药物（anabolic agents）

禁止使用的其他同化性药物包括多种，这些药物与减重、缓解焦虑、刺激中枢系统等多种目的相联系。在赛内及赛外均禁止使用的其他同化性药物包括以下两类：

第一类包括克伦特罗（clenbuterol，"瘦肉精"，主要用于减重）、选择性雄激素受体调节剂（selective androgen receptor modulators）、甲睾酮（tibolone）、玉米赤霉醇（zeranol），以及齐帕特罗（zilpaterol，肾上腺受体激动剂）。

第二类包括肽类激素（peptide hormones）、生长因子（growth factors）及相关物质、β-2兴奋剂（beta-2 agonists）、激素及新陈代谢调节剂（hormone and metabolic modulators），以及利尿剂（diuretics）和其他掩蔽剂（masking agents）。

仅在赛内禁止使用的同化性药物包括刺激剂（stimulants）、镇静剂（narcotics）、大麻素（cannabinoids）、糖皮质激素（glucocorticosteroids）、酒精（alcohol）和β阻断剂（beta-blocker）。

禁用方法（prohibited methods）

禁止运动员在赛内及赛外使用的方法包括以下三种：

血液及血液成分控制（manipulation of blood and blood components）。

化学或物理控制（chemical and physical manipulation）。

基因兴奋剂（gene doping）。

资料来源：World Anti-Doping Agency，2013。

（三）使用兴奋剂的危害

使用兴奋剂对体育比赛、运动员本身至少存在三个方面的危害。首先，使用兴奋剂，意味着在训练外人为地提高比赛成绩，这改变了体育运动的本质，破坏了公平竞争的体育精神。其次，使用兴奋剂必然伴随着对运动员身心健康的伤害，甚至危及运动员的生命，如女性出现男性化特征，神经-内分泌功能遭到破坏等；而一些研究也发现，使用兴奋剂与精神病性症状、人格障碍等有关（Perry et al.，1990；Lafavi et al.，1990）。最后，使用兴奋剂与药物成瘾密切相关，例如，使用促蛋白合成类固醇的运动员，一旦停止用药，肌肉的累积及力量就会消退，这迫使他再次服药，导致消极迷瘾（negative addiction）。而一些娱乐性药物甚至与毒品密不可分，不仅局限在运动领域，也已经蔓延到社会生活中，造成了难以估量的危害。

二、运动员使用兴奋剂的原因

尽管有一类观点认为使用兴奋剂是合理的，并主张对其开禁。然而，国际体育界的主流仍然是坚决禁止使用兴奋剂。在竞技运动领域，运动员使用兴奋剂的原因包括三类，即身体原因、心理原因及社会原因。

（一）身体原因

使用兴奋剂最直接的目的是提高运动成绩。运动员认为，兴奋剂对身体具有几方面的促进作用：提高身体机能，运动员期望通过使用兴奋剂，获得增强肌力、耐力、敏捷性和攻击性，或降低疲劳程度、缩短反应时间等生理效益；害怕失去主力位置，尽快重返赛场，是运动员在运动损伤后的通常反应，因此，运动员期望通过使用兴奋剂，加速损伤后的复原过程；减轻疼痛，日益增大的训练负荷和激烈的比赛，使运动员不可避免地受到疼痛的困扰，一些兴奋剂，如吗啡等能够帮助运动员减轻疼痛，以应对更大的训练负荷，或在比赛中免受疼痛困扰，使其发挥更加出色；运动员使用兴奋剂，如安非他命和利尿剂，以控制食欲，或减少体液的重量，达到控制或参加较低体重级别比赛的目的。

（二）心理原因

运动员使用兴奋剂也源于心理原因或人格因素，如动机、人格特征等，主要包括几个方面的原因：提高自信，有些运动员的自我评价偏低，容易怀疑自己的能力，借由服用兴奋剂提高自己对比赛获胜的自信。成就动机，竞技体育体现了个体追求成就的强烈欲望，成功带来的名利双收，又刺激着运动员的成就动机。在高成就动机驱使下，运动员容易使用兴奋剂。同时，避免失败的动机也会驱使运动员倾向使用兴奋剂。自我决定动机方面，自我决定动机对抵制兴奋剂使用具有影响作用。有研究发现，高控制动机的运动员倾向于不食用来历不明的食品和饮料等，而高自主动机的运动员则倾向于了解国际反兴奋剂机构（WADA）开列的违禁物质清单，这两种途径均能有效地避免被动使用兴奋剂（Hagger et al.，2013）。人格特征方面，新近的研究发现，适应不良人格特征的运动员更倾向使用兴奋剂，这些特征包括对错误的过度关注、接纳欺骗和低自尊等（Gucciardi et al.，2013）。此外，一项有关兴奋剂使用的元分析也发现，运动员抵制兴奋剂的自我效能越高，使用兴奋剂的意向越低、行为越少（Ntoumanis et al.，

2013)。另一项元分析则表明，个体的道德水平负向预测兴奋剂使用行为，效应量为小到中等（$\rho=-0.21$，95% CI [−0.32，−0.10]；Ntoumanis et al.，2014)。这提示，道德水平的提高，可以作为预防兴奋剂使用的有效途径之一。

专栏 11-8

基于计划行为理论的运动员兴奋剂使用预测

在预测运动员兴奋剂使用的研究领域，研究者以计划行为理论为框架（theory of planned behavior，TPB；Ajzen，1991)，解释运动员对兴奋剂的态度、意向与行为的关系。如毛志雄（2001）对中国运动员使用兴奋剂问题的态度进行了研究，建立了中国运动员对兴奋剂态度及意向的 TPB 8 因素模型（见图 11-3)。该研究支持了计划行为理论对兴奋剂预测的有效性。

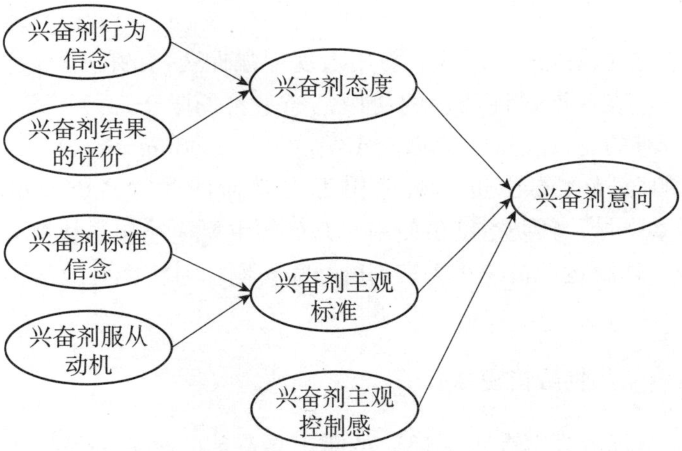

图 11-3 预测中国运动员兴奋剂态度的理论模型（TPB 8 因素模型）

目前，仍有学者继续沿此理论框架进行探讨。例如，金等（King et al.，2013）组织了 8 个半结构化焦点小组访谈，探讨了西澳大利亚州运动员兴奋剂使用的典型信念。研究者利用主题内容分析，对访谈资料进行整理，共提取 10 个维度，它们分属于 3 个更高阶的主题，即个人态度、规范信念、控制信念。这一结果与计划行为理论对行为意向的预测因子一致。都曼尼斯等（Ntoumanis et al.，2013）对 63 项探讨兴奋剂使用心理机制的研究进行了元分析。结果表明，利用法律补充条款、主观社会规范、对兴奋剂使用的积极态度与兴奋剂使用意向及行为呈显著的正向关系；而运动员精神、抵制兴奋剂的自我效能则与兴奋剂使用意向及行为呈显著的负向关系。研究者进而以计划行为理论为框架，对元分析的效应量进行路径分析。结果发现，主观规范能够正向预测兴奋剂使用意向，抵制兴奋剂使用的自我效能感能够负向预测兴奋剂使用意向，两者通过意向进而预测行为。同时，研究者也发现了主观规范到兴奋剂使用行为的直接路径。

上述研究不仅检验了计划行为理论对预测运动员兴奋剂使用的有效性，也提示，以计划行为理论为框架，对运动员进行反兴奋剂教育是反兴奋剂运动的重要途径之一。

（三）社会原因

运动员使用兴奋剂也有其社会原因。首先，从社会发展角度看，竞技运动的政治化和商业化，使得运动员的竞争压力日益增大，使用兴奋剂的愿望增强；而科技的进步，尤其是药物学革命的到来，又使得兴奋剂使用成为可能。其次，从竞技体育这一微观社会环境看，运动员使用兴奋剂的榜样作用，来自队友、教练员及体育官员的默许与支持。一项新近研究探讨了澳大利亚不同层次自行车运动员的兴奋剂使用问题。结果发现，使用兴奋剂在业余自行车运动员群体中被认为是异常行为，相反，不使用兴奋剂在专业自行车运动员群体中则被认为是异常行为。这一亚文化观念对运动员的兴奋剂使用具有重要影响（Lucidi et al.，2013）。

三、运动员兴奋剂使用的预防

近年来，在全世界范围内，运动员使用表现增强性药物的问题日益严重，主要表现在两个方面：其一，表现增强性药物的使用已经不再局限于田径、举重和自行车项目，而是蔓延至几乎所有的竞技项目（Mottram，2005；Waddington，2005）；其二，年轻运动员在较低层次的竞技比赛中也开始使用表现增强性药物（Buzzini，2007；Donati，2004）。在竞技运动领域，预防运动员使用兴奋剂的主要途径包括检测和教育（Johnson，2011）。因此，深入理解运动员使用兴奋剂的心理机制，对实施有效的预防教育策略尤为重要。

（一）运动情境的药物威慑模型

为帮助相关人员深入理解高水平运动员使用兴奋剂的决策过程，加强运动兴奋剂的防控，斯特瑞兰和伯克曼（Strelan & Boeckmann，2003）基于犯罪心理领域的威慑理论（deterrence theory）和文献分析，提出了运动情境的药物威慑模型（drugs in sport deterrence model，DSDM）。根据该模型，运动员做出是否使用兴奋剂的决策，是其主观权衡使用兴奋剂的可能代价与利益的结果；如果运动员认为使用兴奋剂带来的可能代价大于可能的利益，则会做出不使用兴奋剂的决策，反之则会做出使用兴奋剂的决策。而运动员对一些特殊情境因素的主观感知也会影响其决策。例如，如果运动员认为使用兴奋剂是普遍现象，即便其认为使用的可能代价大于利益，也可能会做出使用兴奋剂的决策。付出的代价、获得的利益以及特殊情境因素的具体界定如下。

1. 付出的代价

具体而言，运动员使用兴奋剂可能付出的代价包括四个方面，即法律制裁（罚款、停赛、服刑）、社会制裁（责难、重要他人的批评、物质上的损失）、自我强加的制裁（罪恶感、降低自尊），以及健康代价（副作用）。在研究文献中，自我强加的制裁对制止兴奋剂使用最为有效，如使用药物违背个人的道德准则；而法律制裁和药物检测的制止作用相对较弱（Paternoster，1987；Strelan & Boeckmann，2003；Strelan & Boeckmann，2006）。

2. 获得的利益

运动员使用兴奋剂可能获得的利益包括三个方面，即物质利益（如奖金、赞助、代言以及未来职业选择余地增加等）、社会利益（名望、荣耀以及重要他人的认可），以及内化的利益（高成就带来的满意感等）。不同的运动员对不同类型利益的重要性感受不同，因此，其受到不同类型利益的诱惑程度也不同。

3. 特殊情境因素

在权衡可能的利益与付出代价的过程中，一些特殊的情境因素对决策具有调节作用。这些情境因素包括：对药物使用流行率的主观感知（其他人使用药物的频繁性）、遭受处罚和逃避处罚的经历、在特定领域的地位（可能损失的金钱和地位）、对权力机构合法性的主观感知（反兴奋剂机构是否会强制执法），以及药物类型（效果及副作用）等。

运动情境的药物威慑模型提倡从交互作用的视角出发，综合使用多种手段，预防及控制运动员使用兴奋剂，这是预防及控制兴奋剂使用的理论基础。

此外，多诺万等（Donovan et al.，2002）提出了运动药物承诺模型（sport drug compliance model）。该模型认为个体对使用兴奋剂的代价及利益的主观评价、道德水平及其对兴奋剂机构执法公平性的主观感知等因素共同决定了运动员对兴奋剂的态度及使用意向，而运动员的人格特征及对参照群体观点的主观认知则对此关系具有调节作用。一项对澳大利亚精英运动员兴奋剂使用影响因素的横断研究，支持了该模型（Jalleh et al.，2014）。运动药物承诺模型与运动情境的药物威慑模型殊途同归，也可作为预防及控制兴奋剂使用的理论基础。

（二）兴奋剂使用的预防及控制

基于预防及控制兴奋剂使用的理论模型，可通过以下策略，防控运动员兴奋剂的使用。

1. 创设支持性环境

在创设支持性环境时，可以从以下几个方面努力：分析运动员使用兴奋剂的原因；提升运动员的自尊及自信；鼓励任务定向而非结果定向，减轻运动员获取胜利的压力。

2. 宣传兴奋剂的副作用

这一过程重点在于提供兴奋剂的副作用，也可以使用角色扮演技术和群体助长技术，由同伴运动员或领导者进行兴奋剂副作用的宣传。

3. 建立公平竞争的观念

新近的元分析发现，体育精神或运动员精神与运动员使用兴奋剂呈现负向关系（Ntoumanis et al.，2013），而道德观念对制止兴奋剂使用最为有效。因此，在预防和控制过程中，教练员可以通过倡导运动员精神，树立公平竞争的观念，让运动员接受使用药物获取胜利是错误和不道德的，以帮助其自觉抵制使用兴奋剂。

4. 传授应对技巧

竞赛焦虑、压力、自信心下降都会提高使用兴奋剂的可能性。例如，最近一项对运动员的访谈研究发现，应对压力是运动员使用禁用物质的原因之一（诸如伤病压力、竞技表现压力等），而且使用禁用物质被认为有助于应对压力（Didymus & Backhouse，2020）。因此，需要给运动员传授一些有效的压力应对技巧，如自我谈话、压力管理、注意力转移、提升自信的策略等。

专栏 11－9

预防兴奋剂使用的认知技巧和行为技巧

安歇尔在分析传统兴奋剂预防策略的基础上，提出了预防兴奋剂使用的认知技巧和行为技巧。认知技巧指教练员运用知识及心理的方式影响运动员对兴奋剂的态度和行为。行为技巧则重点强调创设能够激发运动员产生良好反应及行为的环境。

认知技巧

可使用的认知技巧包括：关心运动员，制订队规，规定违规行为的最低标准，教授特殊的压力应对技巧，提高运动员的团队归属感，创造机会让运动员参与重大决策活动等。

行为技巧

使用行为技巧的重点在于：重视利用训练和技术提高运动员的成绩，教授运动员运动技巧及策略，重视同伴作用，以及合理安排闲暇时间等。

资料来源：Cox，2007，p. 472。

第三节　运动员的饮食失调

“我的全部生活都围绕着食物。一有空闲，我就在思考：‘我准备吃什么？什么时间吃？准备吃多少？’我一天称5次体重，疯狂地计算着一碗米饭对我的体重可能产生的影响。如果体重秤显示的数字未能如我所愿，我就开始暴饮暴食，然后再催吐。每个星期天晚上，我都会告诉自己，事情马上会发生转机，我会变得强壮，饮食合理且体重减少。但事实上，事情周而复始，恶性循环。”这是一名运动员对自己饮食状况的描述。事实上，竞技运动具有其特殊性，如表现难美型，包括垂直方向运动的项目等都要求运动员控制体重，而另一些项目，如大级别的举重、柔道等项目，则要求运动员增加体重。因此，竞技运动领域已经成为饮食失调的高发领域之一。

一、饮食失调概述

（一）饮食失调的概念及分类

饮食失调（eating disorders）也叫进食障碍，是一种由不正常的饮食习惯或一组以异常进食行为为主的精神障碍，它对人的身体或心理健康会产生负面影响（Berkman et al.，2010)。其临床表现主要为神经贪食症（bulimia nervosa，BN）、神经性厌食症（anorexia nervosa，AN）。其亚临床表现主要为节食（diet）、贪食（bulimia）。神经性厌食症是一种过度节食，极度恐惧自己变胖，对身体形象感到困扰，拒绝保持正常体重，女性通常伴随月经失调的疾病状态。神经性贪食症则是饮食失调的另一种表现形式，主要表现为无法控制的暴饮暴食，在暴食后进行催吐、节食或过度锻炼等补偿性行为，个体的自我评价受到体重及体型的严重影响。事实上，因神经性贪食症患者的暴食伴随着补偿性行为，因此其体重通常并不超标。如果将饮食行为视为一个连续体，一端是正常饮食（饥饿时进食，吃饱时停止，大部分食物对自己有利），而另一端则为饮食失调或病态的饮食行为，事实上，大部分从事竞技体育的运动员的饮食问题并没有严重到饮食失调或病态的饮食行为，许多运动员处于这一连续体的中间位置。

竞技运动领域还有一种与女运动员饮食失调密切相关的障碍，称为女运动员三联征（female athlete triad，FAT），是指可利用的能量、月经功能及骨骼健康三方面相互联系、相互影响，而出现的一种病理征象。每一方面都包括从健康到疾病的变化范围，并表现出不同程度的症状，主要临床症状可表现为饮食紊乱、功能性下丘脑性闭经和骨质疏松（Nattiv et al.，2007）。

（二）饮食失调的临床诊断标准

饮食失调作为一种精神障碍，有其严格的临床诊断标准。《精神疾病诊断与统计手册》(DSM）是由美国精神病学会（American Psychiatric Association）出版、在世界范围内被广泛用于诊断精神疾病的标准。该手册自 1952 出版以来，已经发展到 2013 年的第 5 版。

该手册第 4 版（DSM-Ⅳ）对神经性厌食症、神经性贪食症的诊断标准参见专栏 11－10。除这两种典型的饮食失调形式外，该手册还对非典型饮食失调，包括暴饮暴食症（binge eating disorder）制定了诊断标准，主要表现为在暴饮暴食后不进行催吐等清除食物的行为，通常导致超重。DSM-Ⅳ对饮食失调的诊断系统具有几个突出的优点。首先，相关从业人员可以通过少数的半结构化或临床会谈，对个体的饮食失调进行可靠的诊断；其次，已有证据支持了该诊断系统的诊断效度，例如，就康复或死亡率来说，神经性厌食症和神经性贪食症的发展进程并不相同；最后，就已经建立的循证医学治疗手段而言，神经性厌食症与神经性贪食症的表现也存在差异，例如，抗抑郁药物与认知治疗结合对神经性贪食症有效，但迄今却没有神经性厌食症的有效治疗手段（Wonderlich et al.，2007）。

专栏 11－10

DSM-Ⅳ中饮食失调的诊断标准

美国精神病学会在 DSM-Ⅳ 中列出的对神经性厌食症和神经性贪食症的诊断标准如下。

神经性厌食症

拒绝保持某特定年龄和正常身高的最低体重（体重低于正常体重 15%以下）。

虽然体重偏低，但仍极度恐惧体重增加或变胖。

对自己的体重或体型产生感知障碍（如即使明显体重很轻，也仍觉得自己很胖）。

对成熟女性，至少有三次应该来的月经仍然没有来（重度或轻度月经失调）。

神经性贪食症

反复出现暴饮暴食，即在一段时间内，快速地摄取大量食物。

在暴饮暴食时，感觉自己无法控制这种行为。

有规律地从事自我引导式的呕吐，使用泻药或利尿剂，苛刻地节食或禁食，或从事激烈的运动以防止体重增加。

在过去三个月内，平均每周至少有两次暴饮暴食。

固执地过度关心体型和体重。

资料来源：温伯格，古尔德，2012，20章，3页。

基于诊断标准，从业人员可以通过诊断性会谈及自陈报告诊断个体的饮食失调，了解其饮食失调的心理病理症状。

（三）饮食失调的诊断性会谈

在用于饮食失调的诊断性会谈中，最为常用的是《饮食失调检查会谈》（Eating Disorder Examination Interview，EDE）。该会谈由库珀和菲尔伯恩（Cooper & Fairburn，1987）编制，是一种基于会谈者（investigator based interview）的半结构化会谈，目前已经发展到第17版（Fairburn et al.，2004；引自 Dahlgren et al.，2020）。会谈提纲的每个项目包括必答问题及扩展性问题，会谈者可以就来访者的回答进行扩展性提问，以明晰来访者的情况，每次会谈需要约为45分钟到1小时15分钟。通过会谈，会谈者可以为来访者评定两个方面的分数，即饮食失调典型行为特征的频率及饮食失调心理病理的严重程度（特别相关的态度），包括限制（restraint）、关注饮食（eating concern）、关注体型（shape concern）及关注体重（weight concern）等四方面的严重程度，同时也可以获得饮食失调程度的分数。该工具不仅被广泛用于临床诊断、治疗效果评估，也被作为饮食失调自陈报告效度检验的“金标准”。

此外，常用的会谈工具还包括《DSM-5 轴Ⅰ障碍结构化临床会谈》（Structured Clinical Interview for DSM-5 Axis Ⅰ Disorder，SCID-5；First et al.，2016）、《饮食失调诊断性调查》（Diagnostic Survey for Eating Disorders，DSED；Johnson，1985）、《饮食失调诊断会谈》第Ⅳ版（Interview for the Diagnosis of Eating Disorders-Ⅳ，IDED-Ⅳ；Kutlesic et al.，1998），以及《耶鲁-布朗-康奈尔饮食失调量表》（Yale-Brown-Cornell Eating Disorder Scale，YBC-EDS；Sunday et al.，1995）等。

（四）饮食失调的自陈报告

在竞技运动领域，尚未有针对运动员饮食失调建立的自陈报告。研究者经常使用的自陈报告包括《饮食失调调查表》（Eating Disorder Inventory，EDI）、《饮食失调检查问卷》（Eating Disorder Examination Questionnaire，EDE-Q），以及《饮食失调诊断量表》

(Eating Disorder Diagnostic Scale，EDDS)。

1.《饮食失调调查表》

《饮食失调调查表》(EDI) 是评估个体饮食失调症状及相关心理特征的测量工具，被广泛地应用于临床实践和科学研究，如筛查、日常评估及评估干预效果等。

《饮食失调调查表》(第 1 版) (EDI-1) 于 1983 年问世 (Garner et al.，1983)，目前已经发展到第 3 版 (EDI-3)。EDI-1 包括 64 个题目、8 个分量表。其中 3 个分量表测量饮食失调的症状，包括瘦身倾向 (drive for thinness，DT)、贪食 (bulimia，B)、对体型不满 (body dissatisfaction，BD)；另外 5 个分量表则测量与饮食失调相关的心理因素，包括无效感 (ineffectiveness，IN)、完美主义 (perfectionism，PE)、人际不信任 (interpersonal distrust，ID)、内感受意识 (interoceptive awareness，IA)，以及对成熟的恐惧 (maturity fears，MF)。1991 年，该量表由 64 个题目增至 91 个题目，形成了 EDI-2 (Garner，1991)。新增题目用于测量禁欲主义 (asceticism，AS)、冲动调节 (impulse regulation，IR)，及社会不安全感 (social insecurity，SI)。

研究者在应用该量表的过程中，发现了存在文化差异的证据 (Clausen et al.，2011)。因此，研究者在相关研究建议的基础上，重新提取了第 2 版的心理特征因素，形成了 EDI-3，该版本保持第 2 版的题目不变，被视为对第 2 版的扩展和深入 (Garner，2004)。在第 3 版中，测量饮食失调症状的 3 个分量表与前两版一致，这 3 个分量表均具有较高的信度 (内部一致性信度均高于 0.9，重测信度达到 0.98) (Garner，2004；Wildes et al.，2010)。经过对心理特征因素的再提取，确定了 9 个与饮食失调相关但更普遍的心理因素，包括低自尊 (low self-esteem，LSE)、人格异化 (personal alienation，PA)、人际不安全感 (interpersonal insecurity，II)、人际疏远 (interpersonal alienation，IA)、内感受匮乏 (interoceptive deficits，ID)、情绪失调 (emotional dysregulation，ED)、完美主义 (perfectionism，PE)、禁欲主义 (asceticism，AS)，以及对成熟的恐惧 (maturity fear，MF)。第 3 版自问世以来，已有多项研究验证了其聚合及区分效度 (Cumella，2006)。

2.《饮食失调检查问卷》

《饮食失调检查问卷》(EDE-Q) 由菲尔伯恩和贝格林 (Fairburn & Beglin，2008) 基于《饮食失调检查会谈》建立，目前已经发展到第 6 版。该问卷包括 28 个题目，要求个体根据过去 4 周的情况作答，用以测量饮食失调行为发生的频率及相关的态度性因素。四个态度性因素分别为：限制 (restraint)，如为了改变体型或体重，你是否很长时间 (清醒时等于或超过 8 小时) 不吃任何东西；关注饮食 (eating concerns)，如你最近担心别人看见你吃东西到何种程度；关注体型 (shape concerns)，如你的体型是否影响了你对自己人品的判断；关注体重 (weight concerns)，如你最近对体重的不满意到何种程度。该量表具有良好的内部一致性，被广泛地用于评估饮食失调干预过程中个体态度的变化。近年来对于该量表的效度研究发现，数据更好地支持了态度的三因素结构，即关注体重和关注体型两个分量表的题目的载荷集中在同一因素上 (Barnes et al.，2012)。新近的一项涉及大学生运动员饮食失调的研究也支持了相同的三因素结构 (Darcy et al.，2013)。

3.《饮食失调诊断量表》

《饮食失调诊断量表》(EDDS) 由斯蒂斯等 (Stice et al.，2000) 建立。该量表依据

DSM-Ⅳ对神经性厌食症、神经性贪食症及暴饮暴食症的诊断标准编写，可用于诊断三种类型的饮食失调。研究者根据DSM-5对饮食失调的诊断，修订了该问卷（Bohon & Stice，2015）。修订版问卷包括23个条目，可以用于诊断神经性厌食症（AN）、神经性贪食症（BN）、暴饮暴食症（BED）、清除型障碍（purging disorder）、非典型神经性厌食症、低频率神经性厌食症、低频率暴饮暴食症及夜食综合征（night eating syndrome）。

此外，该领域常用的自陈报告还包括《饮食态度测验》（Eating Attitudes Test，EAT；Garner & Garfinkel，1979）、用于测量饮食限制的《限制量表》（Restraint Scale，RS；Herman & Polivy，1980）、《三因素饮食问卷——认知限制量表》（Three-Factor Eating Questionnaire—Cognitive Restraint Scale，TFEQ-R；Stunkard & Messick，1985），以及用于测量六类饮食失调症状（抑郁、暴饮暴食、导泻行为、恐惧肥胖、限制饮食、避免禁吃的食物）的《饮食失调症状多因素评估》（Multifactorial Assessment of Eating Disorder Symptoms，MAEDS；Anderson et al.，1999）。菲尔伯恩和贝格林（Fairburn & Beglin，1994）的研究探讨了两类工具的诊断一致性，该研究涉及《饮食失调检查会谈》和《饮食失调检查问卷》。结果发现，就界定清晰的症状而言，两类工具总体上具有较高的一致性；而对于一些复杂且难以清晰界定的症状，如暴饮暴食症，两类测量工具存在差异，表现为自陈报告的分数高于临床会谈。

二、运动员饮食失调的流行率

调查运动员饮食失调问题的流行率非常困难，这不仅因为该问题涉及个人隐私，受社会期望影响，也因为竞技运动具有其独特的特点，如很多项目都具有独特的理想身体尺寸及体型，控制体重是达到该目标的重要手段之一，使得划分正常的饮食控制与饮食失调的界限非常困难，因此，这方面的研究并不多，且结论并不统一（Sherman & Thompson，2001）。研究者整合了多项涉及运动情境饮食失调流行率的研究，提取出以下主要观点（温伯格，古尔德，2012）：

（1）一般而言，女性运动员的饮食失调流行率高于男性，这与非运动员的情况一致。

（2）虽然有研究指出运动员比一般人更容易再度发生饮食失调，然而，运动员的流行率实际上与一般人差不多。但运动员可能有较高频率的饮食失调模式而非饮食失调行为。

（3）在发生饮食失调时，运动员与非运动员有类似的与饮食相关的心理及行为症状。

（4）很大比例的运动员有不正常的饮食或降体重行为，虽然这些行为的强度属于次临床性强度，但仍需进行深入研究。

（5）运动员饮食失调和使用病态式的方法减重与运动项目有关，因运动项目不同而存在差异（如体操和摔跤运动员比射击和篮球运动员更容易发生饮食失调）。

（6）与非运动员群体中2%～5%的月经不调流行率相比较，女性运动员的月经不调流行率高达63%。这一数据加上女性运动员的饮食失调行为，可以推测女性运动员最终可能患骨质疏松，容易骨折，骨骼脆弱和出现永久性的骨质流失。

三、运动员饮食失调的影响因素

影响运动员饮食失调的因素，既有与一般人群一致的影响因素，也有与竞技运动有关的独特因素。

（一）心理因素

研究者发现，人格因素，如神经质、述情障碍及特质焦虑，都与运动员饮食失调呈现正向关系（Hua et al.，2013；Scanff et al.，2013），这与临床心理学对非运动员饮食失调的研究结论一致。此外，在竞技运动领域中，运动员的饮食失调与目标定向及成就动机有关。例如，一项涉及表现难美型运动项目女运动员的研究发现，掌握趋近目标和结果回避目标定向的女运动员，相比掌握回避目标和结果趋近目标定向的女运动员，更有能力对饮食进行自我控制，因此更易罹患饮食失调（Scoffier et al.，2013a）。类似地，一项对饮食失调女运动员的质性研究也发现，消极心境状态、低自尊、完美主义、高成就动机及控制欲等都是女运动员发生饮食失调的诱因（Arthur-Cameselle & Quatromoni，2010）。另一项针对女大学生运动员的研究则发现，外部动机越强，饮食失调风险越高（Homan et al.，2019）。

（二）社会关系

运动员与重要他人，如父母、教练的依恋关系，是饮食失调的另一类影响因素。新近的一项研究发现，与教练依恋关系的质量影响运动员的饮食失调，且存在男女差异。具体表现为：对女运动员而言，焦虑型及回避型依恋与饮食控制有关，且相比于焦虑型依恋，回避型依恋的影响更大；而对男运动员而言，只有回避型依恋与饮食失调有关，与教练员具有回避型依恋的男运动员对体型更为关注，更易发生饮食失调（Shanmugam & Connell，2013）。此外，心理因素，如自尊、神经质、严谨性、抑郁等，通常在社会关系与饮食失调的关系间扮演中介或调节的角色（Arthur-Cameselle & Quatromoni，2010；Scanff et al.，2013）。例如，尚穆根等（Shanmugam et al.，2013）对英国运动员的研究发现，运动员与父母及教练的不良关系（如冲突增加及支持减少）会降低运动员的自尊，提高其自我批评的完美主义及抑郁水平，进而对饮食失调产生影响。

（三）社会文化因素

虽然饮食失调有一定的遗传因素，但研究者认为，当代文化过于强调瘦身，可能导致多数人对自己体型不满。一些证据显示，在美国文化中，有95%的女性会高估她们实际体重的25%。而在竞技运动领域中，文化及训练方式的差异也是饮食失调的影响因素之一。一项比较了法国和加拿大花样滑冰运动员饮食失调的心理社会因素的研究发现，法国花样滑冰女运动员的主观身体能力与饮食失调呈现正向关系，而在加拿大群体中，该关系的方向则为负，两国的文化及训练方式差异可能是导致两者关系方向不同的原因（Scoffier et al.，2013b）。

在竞技运动中，重要他人，如父母、队友的不良饮食模式也是运动员自我报告的导致饮食失调发生的外部因素之一。尤其当运动员发现队友通过限制体重获得更优异的运动表现时，更可能成为其发生饮食失调的导火索（Arthur-Cameselle & Quatromoni，2010）。

（四）竞赛因素

竞技运动具有特殊性。已有证据表明，运动员面临与竞技相关的改变体型、体重的压力，形成了饮食失调的亚文化（Reel et al.，2010）。

1. 体重限制和竞赛分级

某些运动项目，如举重、柔道、摔跤等，要求运动员按照体重参加相应级别的比赛，在成绩相同时，体重是区分胜负的决定因素，如在举重比赛中，成绩相同的运动员，体重轻者更易胜出。因此，在这些项目中，运动员经常通过控制体重参加较轻一级的比赛，以增加胜利的把握。最经常使用的方式就是通过快速脱水，使自己在称重前迅速将体重减轻10至15磅。

2. 表现上的要求

对一些运动项目而言，教练和运动员通常会认为裁判倾向或偏爱某种身材，如艺术体操、花样滑冰、长跑、游泳等。因此，当运动员无法达到理想体型时，就会在集体中显得与众不同，进而体验到来自教练员和队友的有关体型的压力，因此倾向于通过控制饮食以达到理想体型。例如，杨士荣（2010）的研究发现，从事体能主导类或体重（体形）与成绩关系较弱的项目的大学生运动员，其饮食失调水平低于从事技能主导类项目的大学生运动员，如游泳、艺术体操等。同时，运动员也认为，当对自己的运动表现失望时，可能会通过节食来提升运动表现；抑或对自己运动表现失望增加了抑郁及紧张情绪，从而成为饮食失调的导火索（Arthur-Cameselle & Quatromoni，2010）。

四、运动员饮食失调的发现及解决

（一）运动员饮食失调的发现

虽然饮食失调的诊断最终需要临床心理学的从业人员做出，但教练员和队友仍然是早期发现运动员饮食失调的最佳人选。了解饮食失调个体的身体及心理-行为信号（详见表11-1），有助于及时发现运动员的饮食失调问题。例如，厌食的个体通常将食物摆放在盘子四周，先吃低卡路里的食物，或者把食物切成非常小的块；而贪食的个体，则经常会将食物藏起来，或在吃完食物后迅速消失（以便催吐）。

表11-1　饮食失调的身体及心理-行为信号

饮食失调的身体信号	饮食失调的心理-行为信号
体重太轻	过度节食
相当程度的体重减轻	过度饮食但体重不增
极端的体重变化	过度从事正常训练外的健身运动
身体膨胀	对饮食感到罪恶

续前表

饮食失调的身体信号	饮食失调的心理-行为信号
唾液腺肿胀	虽然别人认为其体重正常，仍宣称自己过胖
月经不调	对食物有偏见
胡萝卜症：手掌枯黄或足部苍白	避免在大家面前饮食，拒绝承认饥饿
由于引导呕吐，手指关节或手掌背面发炎结痂	偷藏食物
低血糖	在用餐后消失
肌肉痉挛	经常称重
胃部不适	暴饮暴食
由于电解质困扰引起的头痛、头昏或虚弱	有关自我引导呕吐的证据
由于电解质困扰引起的四肢麻痹和刺痛	使用节食药、泻药或利尿剂以控制体重
压迫性骨折	

资料来源：温伯格，古尔德，2012，20 章，4 页。

塞尔比和瑞尔（Selby & Reel，2011）根据美国饮食失调协会（National Eating Disorders Association）开列的饮食失调症状，指出教练员需要及时发现并注意出现以下症状的运动员。例如：情绪、人格及其他行为发生改变的运动员；重视身体意象的运动员；过度关注食物和饮食，与其他人存在差异的运动员，如过分在意自己所吃食物的运动员；极端饮食，包括吃的非常多或非常少的运动员；对自己和环境有强烈控制需求的运动员；面临其他应激源的运动员，这些应激源有亲人的疾病或死亡或离异、经济压力、运动损伤等。两位学者进一步指出，当教练员怀疑某位运动员可能受到饮食失调问题困扰时，则需要做以下几方面的工作：选择一个私人空间与运动员进行沟通；在沟通时，只要有可能，避免使用“饮食失调”的字眼；用具体的例子始终向运动员传递你对她/他的关心，如果迫不得已，甚至可能需要喋喋不休地传递关切信息；准备好一份包括潜在的可转诊的机构或专家清单；对治疗建议给予支持；但在未经运动员或其父母（针对年幼的运动员，父母为其监护人）同意的情况下，不得自行令其转诊。

（二）运动员饮食失调的预防及恢复

1. 运动员饮食失调的预防

为预防或控制饮食失调的发生，教练员还需要注意在以下几个方面努力：推广正确的营养知识；聚焦身体能力，而非体重；保持对体重问题的敏感；推广健康的体重管理策略。而新近的一项针对 16 名已经从饮食失调中恢复的女大学生运动员的质性研究（Arthur-Cameselle & Baltzell，2012），也从运动员的视角为教练及父母预防及控制运动员饮食失调提出了建议。总体而言，她们认为，为预防运动员发生饮食失调，教练员的努力方向包括：具有较为丰富的饮食失调相关知识；向运动员强调适当营养的重要性；强调达到运动表现目标的有效途径是提升运动技能而非限制体重；不要以体重及体型为标准，对某些运动员采取特定措施。

2. 运动员饮食失调的恢复

当运动员出现饮食失调问题时，需要运动员、教练员及其父母几方面共同努力，帮助运动员从饮食失调中恢复。

首先，教练员需要了解处理饮食失调的一些原则，详见表11-2。此外，运动员也认为，教练员可以通过几方面的努力，帮助其恢复。如果注意到或怀疑运动员发生饮食失调，面对并处理该问题；为运动员提供情感支持；转介运动员接受专业人员的帮助，如心理医生、心理学家或营养学家；如果该运动员已有明显的健康风险，则需限制其运动。其他建议还包括让一名从饮食失调中恢复的运动员陪伴该运动员，或通知其家长，以确定其是否有饮食失调史（Arthur-Cameselle & Baltzell，2012）。

表11-2　处理饮食失调的原则

可做	不可做
向专家求助和忠告	除非专家建议，否则不要让运动员离队或停止参赛
支持他们和表达同理心	不要唆使运动员增加或减少体重
表达一般性感情的关心而非特别关心体重	不要让全体队员共同称体重
向特定人员转诊，如果可能，安排他们单独见面	不要孤立某人或将某人做不同于他人的处理
强调长期良好营养的重要性	不要与非该团队直接参与者讨论食物问题
提供有关饮食失常的信息	不要要求饮食失调马上停止
	不要做敏感的宣示或嘲笑某个人的体重

资料来源：温伯格，古尔德，2012，20章，10页。

对父母而言，运动员希望他们从提供情感支持、鼓励运动员接受专业干预及掌握饮食失调知识等方面努力，以帮助运动员从饮食失调中恢复（Arthur-Cameselle & Baltzell，2012）。

对发生饮食失调的运动员，已经恢复的运动员也提出了帮助自身恢复的一些有效建议（Arthur-Cameselle & Baltzell，2012），包括：对自己的恢复抱有希望；确定其饮食失调的原因及诱因；寻求专业帮助；向重要他人寻求情感支持；聚焦从饮食失调恢复的益处；从未来的角度看待自己的生活与饮食失调行为。其他建议还包括聚焦于自己的经历给自己带来的经验，以及从厌食症恢复伊始，就控制自己确保摄入足够的食物等。

本章要点

1. 攻击行为是指以损害或伤害另一个生命体为直接目的的任何形式的行为，受伤害的生命体意图回避这种行为。

2. 运动中的攻击行为是指在运动竞赛情境中，运动员有意识地对对手造成身心伤害的行为。

3. 依据攻击行为的目的，可将其划分为敌意性攻击和工具性攻击。敌意性攻击是以伤害对手为直接目的的行为。工具性攻击是指为实现某些外在目的，而故意伤害他人的行为。

4. 攻击行为的理论包括本能理论、社会学习理论、挫折-攻击理论和修正的挫折-攻击理论、道德归因理论及一般攻击模式。

5. 本能理论最早由弗洛伊德提出。该理论认为，攻击本能是与生俱来的，它会导致攻击能量的产生及积累，当攻击能量积累到一定程度时，就需要通过攻击另一个生命体或经由宣泄得以释放。本能理论并未得到相关证据很好的支持。

6. 社会学习理论认为，攻击是个体经由观察他人的行为，而后在出现类似行为时，得到强化而习得的，是后天学习的结果。而且，当个体本身的攻击行为，或榜样的攻击行为被强化时，会相应地增加攻击行为。社会学习理论对攻击行为的解释，得到了相关证据的支持。而且，因其强调重要他人在攻击行为的发展及控制方面的重要性，因此对竞技运动中攻击行为的预防与干预具有实践意义。

7. 挫折-攻击理论，最初由多拉德等提出。该理论认为，攻击行为是个体目标受到阻碍或失败的直接结果之一，挫折引发了攻击动机，进而导致攻击行为的产生。然而，挫折引起攻击行为这一观点，并未获得相关证据的支持。

8. 伯克维茨完善了挫折-攻击理论，提出了修正的挫折-攻击理论。该理论认为，挫折并不必然导致攻击行为，而是提供了攻击的准备状态。实际攻击行为的发生，依赖于与攻击相联系的刺激因素，这些刺激因素是个体在后天习得的，促使受挫个体产生攻击行为的线索。虽然该理论基于挫折-攻击理论，但两者存在本质区别。挫折-攻击理论将挫折作为攻击动机及行为产生的原因；而修正的挫折-攻击理论则认为挫折只是导致了攻击准备状态，环境线索才是攻击行为的决定因素。

9. 道德归因理论由布莱德梅尔提出。该理论以认知发展理论为基础。该理论认为，个体进行攻击的意愿与其所处的道德发展阶段有关，个体所处的道德发展阶段越高，其攻击意愿越弱。然而，在竞技运动中，运动员将适用于日常生活的道德准则搁置，采用另一套准则——自我中心化的道德准则，被称为竞赛归因。道德归因理论重视归因在攻击行为中的重要作用，对教练员、体育官员和全社会重视竞技体育环境中道德氛围建设具有指导意义。

10. 安德森和布施曼提出了一般攻击模式。该模式认为，个人、情境是攻击行为的输入源，两者及两者间的独特交互作用决定了个体的攻击倾向，即采取攻击行为的可能性。而输入影响着个体的内部状态，导致其发生改变。内部状态的改变最终将个体推向某种确定的结果，即采取考虑周全的或冲动的攻击行为。采取哪种攻击行为依赖于个体如何评价输入及由此导致的内部状态改变。由此可见，攻击行为的产生是一个复杂的过程，个人与情境的交互作用对其具有决定作用，而个体的思想、情感等则对这一复杂的过程具有调节作用。

11. 在竞技体育中，攻击行为受诸多因素影响。可将其划分为物理环境因素、个体因素和竞赛及社会环境因素。

12. 影响运动中攻击行为的个体因素包括对受害者意图的感知、目标定向、榜样及替代强化、外部奖励和去个性化。

13. 影响运动中攻击行为的竞赛及社会环境因素包括比分差距、主客场因素、比赛结果、联赛排名、比赛的时间段及团队的道德气氛等。

14. 教练员可以通过三个策略预防运动员的攻击行为，即了解何时攻击最可能发生、修正攻击反应及教导适当的行为。

15. 兴奋剂，全称运动兴奋剂，是国际体育组织规定的禁用药物和方法的总称。使用兴奋剂是指为提高运动成绩而使用某种对运动员健康具有潜在危害的临时性物质或方法。

16. 在竞技及健身运动领域，依使用目的，可将兴奋剂划分为表现增强性药物和娱乐性药物。运动员使用表现增强性药物的目的是提高运动成绩。而娱乐性药物则是指人们用来追求个人快乐的药物。

17. 在竞技运动领域，运动员使用兴奋剂的原因包括身体原因、心理原因及社会原因。

18. 斯特瑞兰和伯克曼提出了运动情境的药物威慑模型。根据该模型，运动员做出是否使用兴奋剂的决策，是其主观权衡使用兴奋剂的可能代价与利益的结果。运动员对一些特殊情境因素的主观感知也会影响其决策。

19. 教练员可以通过一些策略，预防及控制运动员的兴奋剂使用。主要包括：创设支持性环境，宣传兴奋剂的副作用，建立公平竞争的观念，传授应对技巧等。

20. 饮食失调也叫进食障碍，是一种由不正常的饮食习惯或一组以异常进食行为为主的精神障碍，会对人的身体和心理健康产生不良影响。临床主要表现为神经性贪食症和神经性厌食症，亚临床主要表现为节食或贪食。

21. 神经性厌食症是一种过度节食，极度恐惧自己变胖，对身体形象感到困扰，伴随严重的体重下降，拒绝保持正常体重，女性通常伴随月经失调的疾病状态。

22. 神经性贪食症是饮食失调的另一种表现形式，主要表现为一种无法控制的暴饮暴食的进食模式，在暴食后通常伴随着催吐及节食或过度锻炼等补偿性行为，个体的自我评价受到体重及体型的严重影响。事实上，因神经性贪食症患者的暴食伴随着补偿性行为，因此其体重通常并不超标。

23. 女运动员三联征是指可利用的能量、月经功能及骨骼健康三方面相互联系、相互影响，而出现的一种病理征象。每一方面都包括从健康到疾病的变化范围，并表现出不同程度的症状，主要临床症状可表现为饮食紊乱、功能性下丘脑性闭经和骨质疏松。

24. 运动员饮食失调受到心理因素、社会关系、社会文化因素及竞赛因素的影响。其中竞赛因素包括体重限制和竞赛分级及表现上的要求。

25. 为预防或控制饮食失调的发生，教练员需注意在以下几个方面努力：推广正确的营养知识，聚焦身体能力而非体重，保持对体重问题的敏感，以及推广健康的体重管理策略。

26. 在运动员发生饮食失调时，教练员可以通过几方面的努力，帮助运动员的恢复：如果注意到或怀疑运动员发生饮食失调，面对并处理该问题；为运动员提供情感支持；转介运动员接受专业人员的帮助，如心理医生、心理学家或营养学家；如果该运动员已有明显的健康风险，则需限制其运动。其他建议还包括让一名从饮食失调中恢复的运动员陪伴该运动员，或通知其家长，以确定其是否有饮食失调史。

复习思考题

1. 攻击行为的理论有哪些？各自的主张是什么？你认为哪个理论更合理？为什么？

2. 选择一项自己喜爱的运动项目，分析在什么情况下运动员容易产生攻击行为。尝试根据该运动项目，给出预防攻击行为的建议。

3. 设计一项研究，检验攻击行为与运动成绩间的关系。

4. 运动员使用兴奋剂的原因有哪些？

5. 以运动情境的药物威慑模型为参考框架，设计一项预防运动员使用兴奋剂的干预研究，并探讨不同的干预策略对制止运动员兴奋剂使用的有效性。

6. 运动员发生饮食失调与哪些因素有关？

7. 设计一项研究，选择相关的人格因素，探讨人格因素对社会关系与饮食失调间关系的调节作用。

推荐阅读

Anderson, C. A., & Carnagey, N. L. (2009). Causal effects of violent sports video games on aggression: Is it competitiveness or violent content? *Journal of Experimental Social Psychology*, *45* (4), 731-739.

Bacon, V. L., Lerner, B. S., Trembley, D., & Seestedt, M. (2005). Substance abuse. In J. Taylor & G. S. Wilson (Eds.), *Applying sport psychology: Four perspectives* (pp. 229-248). Champaign, IL: Human Kinetics.

End, C. M., & Foster, N. J. (2010). The effects of seat location, ticket cost, and team identification on sport fans' instrumental and hostile aggression. *North American Journal of Psychology*, *12* (3), 421-432.

Goss, J., Cooper, S., Stevens, D., Croxon, S., & Dryden, N. (2005). Eating disorders. In J. Taylor & G. S. Wilson (Eds.), *Applying sport psychology: Four perspectives* (pp. 207-228). Champaign, IL: Human Kinetics.

Hodge, K., Hargreaves, E. A., Gerrard, D., & Lonsdale, C. (2013). Psychological mechanisms underlying doping attitudes in sport: Motivation and moral disengagement. *Journal of Sport & Exercise Psychology*, *35* (4), 419-432.

Shanmugam, V., Jowett, S., & Meyer, C. (2013). Eating psychology amongst athletes: The importance of relationships with parents, coaches and teammates. *International Journal of Sport & Exercise Psychology*, *11* (1), 24-38.

第四篇

运动团体动力

本篇包括两章，分别讨论团体凝聚力、教练员的领导与管理问题。与前面三篇的个体心理视角不同，它从团体动力的角度分析运动团队的心理学问题。

第十二章

运动团体的凝聚力

内容提要和学习指导

绝大部分竞技体育运动，即使是个人项目，也需要团体或团队合作。本章阐述团体凝聚力的概念、心理结构、发展模型及测量方法，分析运动团体凝聚力的影响因素及其与运动表现的关系，列出营造及促进团体凝聚力的有效策略。学习本章时，你可以首先理解团体凝聚力的概念、心理结构、发展模型及测量方法，重点掌握运动团体凝聚力的影响因素，明晰其与运动成绩的关系。在此基础上，掌握并能够运用有效策略营造及促进团体凝聚力。

运动员、教练员和热衷竞技体育的人都本能地认为，简单地将运动队中的每个人的技术聚合在一起，并不能够保证比赛胜利。即使队中拥有天才，也不能保证一定会成功。NBA 篮球史上最出色的职业球员之一乔丹曾经说："天才赢得比赛，团队合作赢得冠军。"NBA 最成功教练之一帕特·莱利也曾说："团队合作是生活的基础，假如我有什么功勋，那就是将个体的优点整合起来，而这种整合大于个体的简单相加。"由此可见，整体大于部分之和，这额外的部分被心理学家称为团体或团队凝聚力。

何谓团体凝聚力？它受哪些因素影响？与运动表现的关系如何？如何营造及促进运动团体的凝聚力？本章将探讨这些问题。

第一节　团体凝聚力概述

一、团体凝聚力

（一）团体及团体凝聚力的概念

社会心理学家将团体（group）界定为由两个或两个以上的个体组成的、彼此互动，或相互影响的组合（Aronson et al.，2002）。

在竞技体育中，运动队如排球队、足球队、乒乓球队，是一种特殊形式的团体。卡伦等（Carron et al.，2005）将运动队界定为由两个或以上的个体组成的团体，其成员具有共同的身份、共同的目的和目标，命运相同，成员使用结构化的模式交流及互动，无论是工作还是个人方面，成员均相互依存、相互吸引，而且认为他们构成一个整体。

专栏 12-1

团体与随机人群及团队的区别

团体与随机人群不同，随机人群指在特定时间和空间内，两个或两个以上个体的聚集。相较于后者，团体对个体具有较高的吸引力，个体具有归属感，并对团体有所投入。在社会心理学领域，团体（group）与团队（team）的概念经常被等同使用。然而，也有学者强调它们之间的细微差别。温伯格和古尔德（Weinberg & Gould，2007）认为，"团队"必然是"团体"，而"团体"则不一定是"团队"。团队由一组为了特定目标而聚集在一起，且彼此间有互动的人构成（侯玉波，2013），如工作团体、足球队、高尔夫俱乐部等。在满足成员互动及相互影响的前提下，团队还具有四个关键特性：集体认同感，成员使用"我们"而非"我"；独特角色，所有成员都了解自己的角色及职责；结构化的沟通方式；团队规范，团队具有引导成员要做以及不要做什么的规则。

例如：几位登山者在山上偶遇，彼此没有关系，他们构成随机人群；一群接受训练的登山爱好者，每天一同接受训练，彼此互动，相互影响，则构成了团体；而一个登山队，不仅彼此互动，相互影响，且有共同的目标、结构化的沟通方式，以及团队规范，因此构成了一个团队。

团体凝聚力（group cohesion）也称团队凝聚力（team cohesion），反映团体倾向于聚集在一起、共同追求某一目标或对象的动态过程（Carron，1982）。该定义强调了凝聚力的动态性、工具性及情感性等特点。凝聚力作为团体生活中最为重要的方面之一，受到许多因素的影响，如成员需要的满足程度、团体目标与个体目标的一致程度、团体活动对个体的吸引力，以及团队领导的领导方式等（侯玉波，2013）。

（二）团体凝聚力的心理结构

团体凝聚力是一个多维结构，包括任务凝聚力和社会凝聚力两个独立的成分。任务凝聚力（task cohesion）指队员团结一致为实现某一特殊及可识别的目标做出努力的程度；社会凝聚力（social cohesion）则是团体成员相互欣赏，并愿意成为团体一员的程度（考克斯，2003），后者反映团体成员彼此喜欢及享受彼此作为同伴的程度，通常与人际吸引力等同。

对运动队而言，任务凝聚力与队员团结一致达成目标密切关联。例如，篮球队的进攻球员为球队利益承担更多的防守任务，排球队组织背飞进攻或防守背飞反击，足球比赛最后两秒时客队一记漂亮的进球，所有队员因险胜而紧紧拥抱在一起喜极而泣……这些都是任务凝聚力的体现。社会凝聚力则与队员间的相互欣赏、愿意成为团队成员有关。事实上，高任务凝聚力并不等于高社会凝聚力。创造优异成绩的目标，可以使队员团结一致，互相配合，互相支持，但队员之间未必互相欣赏，互相喜欢，彼此吸引。例如，在20世纪七八十年代的纽约洋基队和奥克兰运动家队中，球队分裂，队员形成派系，互相辱骂，打架，显示出极低的社会凝聚力；然而，他们具有极高的任务凝聚力——为赢得大赛团结一致，胜利是他们的共同目标，高任务凝聚力使得他们仍然在场上表现勇猛，战绩优异。

二、团体凝聚力的测量

问卷测量法和社会测量法是测量团体凝聚力的主要方法。

（一）问卷测量法

利用问卷测量团体凝聚力，包括间接测试法和直接测试法。间接测试法调查队员对队友的看法（如你对队友有多欣赏等），将获得的总分作为团体凝聚力的指标；直接测试法则调查成员愿意为团队效力的程度，及其对作为整体的运动队的看法。运用间接测试法的研究，一般难以发现团体凝聚力与运动队或个体成绩间有意义的联系。因此，间接测试法在当今的运动心理学研究中已非常罕见（考克斯，2003）。

1.《运动凝聚力问卷》

《运动凝聚力问卷》（Sport Cohesiveness Questionnaire，SCQ）由马腾斯和彼德森（Martens & Peterson，1971）编制，是第一个用于测量运动情境团体凝聚力的工具。该问卷共有7个题目，大部分题目测量人际吸引力或社会凝聚力。因其没有建立信效度指标，目前已经很少使用。

2.《多维运动凝聚力测验》

《多维运动凝聚力测验》（Multidimensional Sport Cohesion Instrument，MSCI）由尤凯尔森等（Yukelson et al.，1984）基于篮球项目建立。测验共有22个题目，包括4个维度，分别为：团体吸引力、目的一致性、团队合作品质及角色价值。由于该测验针对篮球项目，且其建立过程并非基于某种理论框架，其信效度受到质疑，目前也已经较少被使用。

3.《团体环境问卷》

卡伦等（Carron et al.，1985）在区分任务凝聚力和社会凝聚力的基础上，建立了团队凝聚力的概念模式。该概念模式包括“团队指向”和“运动员对团队的看法”两个维度。团队指向的两极分别为社会指向和任务指向，与社会凝聚力和任务凝聚力类似。运动员对团队的看法的两极分别为团队整合和个体吸引力。团队整合指运动员在理解凝聚力时，将团队视为一个整体（包括自己在内）；另一端的个体吸引力则指运动员理解凝聚力时，考虑对自己而言，团队所具有的魅力（如喜欢团队活动的风格），或考虑其他成员对自己的吸引力（如他们与自己是好朋友）。

基于此概念模式，卡伦等（Carron et al.，1985，1998）编制了《团体环境问卷》（Group Environment Questionnaire，GEQ）。该问卷共18个题目，题目形式为9级利克特量表，包括4个分量表，分别是团队整合——社会分量表（ATG—S，题目如，“除训练和比赛外，我们队的成员不会聚在一起”）、个体吸引力——社会分量表（GI—S，题目如，“在这个队里，有我一些最要好的朋友”）、团队整合——任务分量表（ATG—T，题目如，“我们队团结一致地尝试去达到团队的表现目标”）及个体吸引力——任务分量表（GI—T，题目如，“我不喜欢这个队的打球方式”），如图12-1所示。该问卷的编制不仅基于理论框架，并且具有符合心理测量学标准的信效度，已经成为运动心理学领域测量运动团队凝聚力的首选工具。

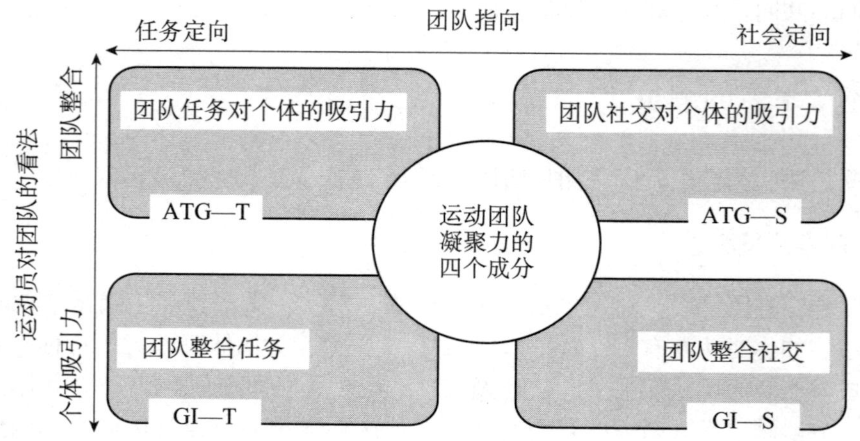

图 12-1　团队凝聚力的概念模式

资料来源：Carron et al.，1985。

4.《青少年运动环境问卷》

在将《团体环境问卷》应用于青少年运动员群体时，研究者发现了一些问题，例如，该问卷的测量学特征达不到标准，存在反向题目，以及可读性差等问题。此外，也有研究发现，青少年运动员难以区分团队整合社交（GI－S）和团队社交对个体的吸引力（ATG—S）这两个维度。因此，建议在对青少年运动员进行测量时，仅从任务和社会进行区分。

鉴于此，艾斯等（Eys et al.，2009）基于《团体环境问卷》，编制了适用于青少年（13～17岁）的《青少年运动环境问卷》（Youth Sport Environment Questionnaire，YSEQ）。该量表包括16个题目，分属于任务凝聚力和社会凝聚力两个维度。

（二）社会测量法

社会测量法（social measurement/sociometry）是研究群体互动的分析方法，能够揭示团队成员间的友好关系及人际吸引力的程度。在使用该方法时，使用者应确保团队成员的隐私受到保护，在此前提下，鼓励运动员诚实作答。常用的问题如“说出团体内三个你最想邀请他去参加派对的人，以及三个你最不想邀请的人”“说出三个你在客场旅行中最想和他住在一起的人”“说出三个你在休息期间最想和他一起练习的人，及三个你最不想和他一起练习的人”。基于运动员对这些问题的答案，可以建立社会关系图（通常将最经常被选择的个体置于中心位置，最不经常被选择的个体则被置于图的外侧）。透过社会关系图，可以发现团队成员的友谊、关键人物、孤立人物及小团体等。图 12－2 是某篮球队的社会关系图，

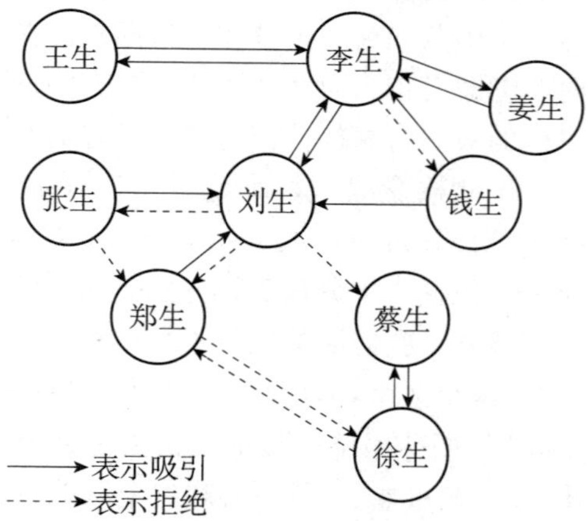

图 12-2　社会关系图示例

资料来源：Weinberg & Gould，2007，p. 189。

透过该图，可以发现：在这支篮球队中，刘生几乎得到每个人的接受，是关键人物，郑生被团队孤立，多数成员都不喜欢他，蔡生与徐生形成了一个小团体，很少与团队其他成员产生联系，这需要引起教练的重视。

社会测量法能够较好地评价一个团队的社会凝聚力水平，但在将其应用于以任务为中心目标的运动队时，则存在一定的局限性，影响了对团体凝聚力及运动成绩间关系的理解。

三、团体凝聚力发展的模型

卡伦在团队发展理论的基础上，提出了运动队团体凝聚力发展的三个模型（引自白慧婴，2006）。

（一）钟摆模型

钟摆模型（pendulum model of team cohesion development）认为，团队在形成初期，成员间产生冲突，后因冲突解决，团体凝聚力产生。然而，团队永远会面临新的问题，冲突产生，解决，不断循环。因此，一个团队在冲突和凝聚力间像钟摆一样周而复始地摆荡。例如，在运动队的初选阶段，队员来自四面八方，环境不熟悉，面临被筛选的压力，同病相怜的感觉促使凝聚力产生；进入选拔阶段后，队员间开始竞争，由此产生冲突，凝聚力下降；当选拔结束时，所有正式队员敲定，队员具有共同的目标，凝聚力再次提升。

（二）线性模型

塔克曼（Tuckman，1965）最早提出了团队发展的线性模型（linear model），他认为，一个团队的发展需要依次经历尝试及依赖（testing and dependence）、团队内冲突（intragroup conflict）、团体凝聚力建立（development of group cohesion）及发挥功能作用（functional role relatedness）等四个阶段。卡伦基于塔克曼的团队发展线性模型，提出了运动团队凝聚力发展的线性模型（linear model of team cohesion development）。他认为，一支运动队的发展至消亡包括形成期（forming）、风暴期（storming）、规范期（norming）及表现期（performing），团体凝聚力在这四个阶段中动态起伏。具体而言，在形成期，运动员开始彼此熟悉，了解团队的共同目标，开始建立团体凝聚力；在风暴期，尽管运动员竭力适应新的运动队，但仍会发生利益冲突，出现理念不合、偏离团队目标等事情，这一阶段令大多数队员感到沮丧，团体凝聚力因而降低；在规范期，为了避免冲突和偏离团队目标，团队成员在相互妥协，并保持团队目标一致的前提下，开始共同制定规则，并共同遵守制定好的规则。相比于冲突期，团队内冲突减少，团队开始整合，团体凝聚力开始增强；在最后一个阶段即表现期，团队成员的共识增多，团队成员尽全力朝共同目标努力，此阶段的团体凝聚力最高。

（三）生命周期模型

生命周期模型（life cycle model）认为，运动队成员的进出，会导致队伍的重新调整，进而影响其团体凝聚力。具体而言，一个运动队的团体凝聚力在运动队发展至消亡的五个阶段中动态变化，这五个阶段包括初识（encounter）、角色定位（creation of roles）、规范建立（creation of norms）、表现（production）及分离（separation）阶段。可见，生命周期模型与线性模型的发展阶段基本一致，但后者主要用于运动队成员基本保持不变的前提下，而生命周期模型则主要用于解释因运动队成员进入及退出所导致的团体凝聚力的动态变化。

尽管三个模型的具体主张不同，但都一致认为，团体凝聚力不是一成不变的，相反，它是随着团队的发展而动态变化的。

四、团体凝聚力的决定因素及效果

团体凝聚力是动态变化的，受到众多因素的影响，并在个体及团体层面上产生效果。卡伦等（Carron，1982）针对竞技运动领域，提出了关于团体凝聚力决定因素及效果的理论框架，涵盖了团体凝聚力的四类决定因素及对个体和团体产生的效果（见图12－3）。

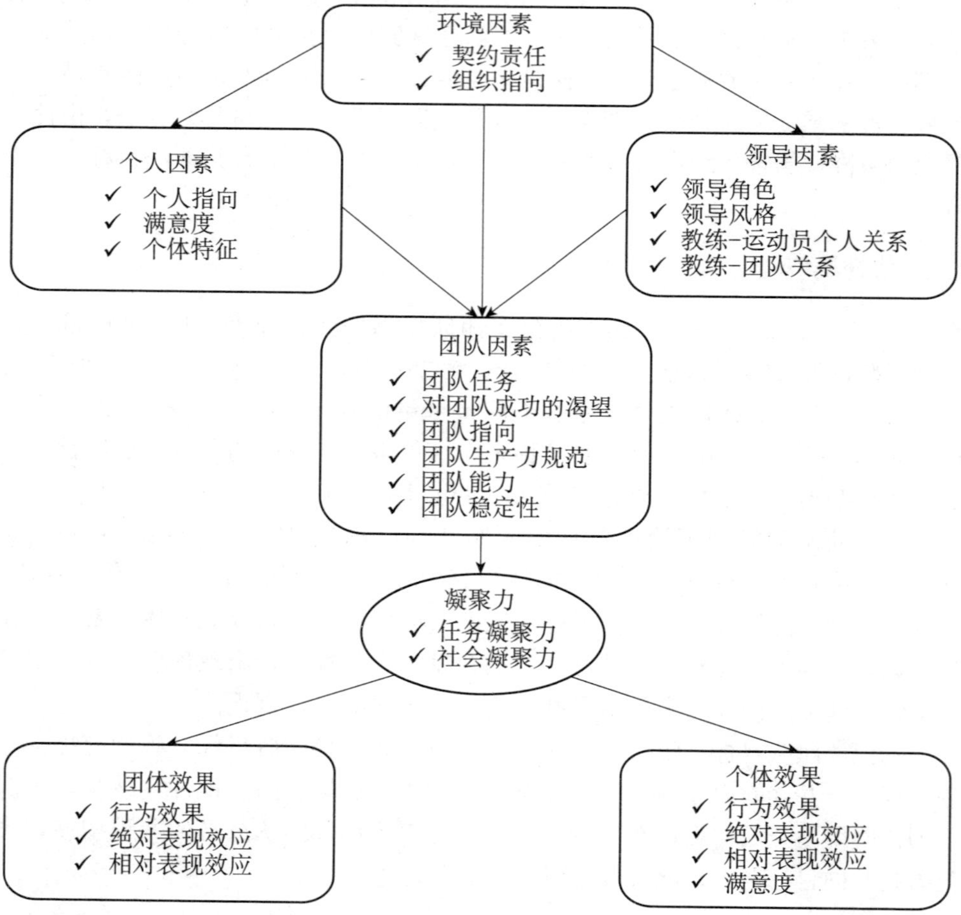

图12－3　运动团体凝聚力模型

资料来源：Carron，1982。

如图 12－3 所示，在该理论框架中，研究者将团体凝聚力的决定因素划分为四类，即环境、个人、领导及团队因素，这四类因素间存在复杂的关系，共同决定了团体凝聚力，而团体凝聚力又产生个体及团体的效果。该理论框架的主张包括以下三点：环境因素、个人因素和领导因素均以团队因素为中介，影响团体凝聚力；环境因素除直接影响团队因素，进而决定团体凝聚力外，也通过个人因素及领导因素，对团队因素产生影响，进而决定团体凝聚力；团体凝聚力产生个体和团体层面的行为及情感效果。该理论框架对团体凝聚力决定因素及产生效果的具体描述如下。

（一）环境因素

环境因素一方面指由团队规范所产生的力量，如团队与成员签订的合同、组织契约等，它们使得团队成员团结在一起。此外，物理环境的邻近性、与其他团队的区分即团队的独特性等，也可以视为环境因素，能提升团队成员的联合感。

（二）个人因素

虽然对同一运动联盟的运动队而言，环境因素相对来说较为一致，但不同运动队的个人因素则存在较大差异。具体而言，个人因素包括个体的目标指向、满意度及个体特征。在这三个个人因素中，个体的满意度与任务凝聚力及社会凝聚力关系最为密切（Carron & Dennis，2001；Eys et al.，2006）。类似地，也有研究发现，自主、能力和关系 3 种基本心理需要的满足与任务凝聚力存在正向关系，只有能力和关系需要的满足与社会凝聚力存在正向关系（Nascimento Júnior et al.，2019）。这提示，心理需要的满足与凝聚力间存在密切关系。此外，团队成员的个体特征越相似，如团队成员在态度、竞赛状态焦虑、社会懈怠及对团体投入程度方面的相似程度越高，团队凝聚力也越高。

（三）领导因素

领导因素指运动队的教练员及队长展现出的领导风格及行为，以及他们与团队成员的关系。其对团体凝聚力的影响表现为四个方面。首先，领导角色影响团体凝聚力的发展，如果教练和队长能够清楚、一致，并且不含糊地与成员沟通团队目标、团队工作及团队成员的角色，则会提升团体凝聚力（Brawley et al.，1993；Westre & Weiss，1991）。其次，领导风格影响团体凝聚力，相比于专制型的决策方式，民主型的决策方式更有利于团体凝聚力的发展。再次，领导者与团队成员的相融程度越高，对提升凝聚力越有利。最后，教练员展现出的领导行为，如高水平的训练和指导、提供社会支持及积极反馈等，都会提升任务凝聚力；而运动员对其与教练员关系的主观感受也与团体凝聚力有关。

（四）团队因素

在四类因素中，团队因素是最重要的决定因素。环境因素、个人因素和领导因素都以团队因素为中介，进而决定团体凝聚力。团队因素包括团队任务（个人或集体项目）、团队生产力规范、对团队成功的渴望、团队指向、团队能力及团队稳定性等。首先，团队稳定，成员对团队成功具有强烈的渴望，这样的团队容易发展出高水平的凝聚力（Carron，1982）。其次，团队的目标越清晰，越被团队成员接受并付出努力，团队越有效，且其团体凝聚力也越高（Eys et al.，2006）。此外，团队成员拥有共同的经历，如共同经历过一系列的成功和失败，也对发展及维持团体凝聚力具有重要作用（Brawley，1990）。

尽管在运动队团体凝聚力模型中，团体规模未被归为团队因素。然而，研究者已经注意到，团体规模与团体凝聚力呈现负向关系，团体规模的增大几乎必然导致团体凝聚力的减弱（Widmeyer et al.，1990）。这是因为，随着团体规模的增大，几乎必然伴随着成员间的交流问题，而另一个因团体规模增大，而导致的负面影响则是个人的懒散，也即社会懈怠。

专栏12-2

瑞格曼效应和社会懈怠

瑞格曼效应的命名源自一名法国农业工程师，是指随着团体规模的增大，平均个人努力程度反而下降的现象。瑞格曼观察了个人组、2人团体、3人团体和8人团体拖绳任务的完成情况。结果发现，8人团体的平均个人努力程度只是个人组的49%，3人团体为85%，2人团体则为93%。而后，林格尔曼重复了瑞格曼的实验。结果发现，当将团体规模从1人增至2人或3人时，平均个人努力程度的结果与瑞格曼的结果相似，但当团体规模从3人增加到4人、5人或6人时，瑞格曼效应却变弱了。在后三种情况下，平均个人努力程度并未出现明显下降。据此，林格尔曼认为，瑞格曼效应可能是曲线，而非直线。

社会懈怠是由拉塔内等（Latane et al.，1979）提出的，指因同伴的出现而降低个人努力的现象。自该定义提出后，研究者在实验室和非实验室条件下进行了一系列研究，都发现了社会懈怠的存在。一项基于80多个相关研究的元分析发现，社会懈怠存在于广泛的任务中，包括体力或技能、认知技能、评价、知觉能力等。而且，研究者并没有发现该现象存在种族及性别差异。由此可见，社会懈怠是一种顽固现象，威胁到各种团体的努力结果。研究者进一步指出，当以下情况发生时，个体出现社会懈怠的可能性会增加：

个体的努力无法被独立评估；

完成任务的意义较小；

个体的参与程度低；

在团体的标准下，难以比较个体努力的程度；

有陌生人促进了团体的发展；

个体预计团队中其他成员会做得更好；

个体认为自己的努力对团体是无关紧要的；

个体认为他的竞争对手是比较弱的。

资料来源：Heuze & Brunel，2003；Karau & Williams，1993。

（五）团体凝聚力的效果

在运动队团体凝聚力理论框架中，团体凝聚力的效果包括个体及团体两个层面。个体及团体效果都包括行为效果、绝对及相对表现效应。此外，个体效果还包括满意度。运动队或运动员个人的输或赢，是团体及个体绝对运动表现效应的衡量指标；而将一支运动队或运动员本人目前的表现与先前表现相比较，则衡量了团体及个体的相对运动表现效应。例如，一名高尔夫球员也许“输掉”了一场比赛（绝对运动表现效应）；但从另一个角度看，她获得了参赛以来的最高分数（相对运动表现效应）。此外，团体凝聚力也影响个体对团队其他成员及团队的满意度。

五、团体凝聚力与运动表现间的关系及其调节变量

团体凝聚力与运动表现的关系，是教练员、竞技体育官员和运动心理学家关注的共同话题。

（一）团体凝聚力与运动表现间的关系

团体凝聚力与运动表现间存在双向影响关系。一方面，凝聚力影响运动表现；另一方面，运动表现又反过来影响凝聚力。威德梅耶尔等（Widmeyer et al.，1993）分析了30篇涉及两者间关系的研究，结果发现，83%的研究支持了凝聚力与运动表现间存在正向关系。穆伦和库珀（Mullen & Copper，1994）回顾了66项在不同情境下探讨团体凝聚力与行为表现的实证研究。结果发现，92%的研究支持了两者间的正向关系，而且，在竞技运动情境中，该正向关系的程度最大。卡伦等（Carron et al.，2002）对仅使用运动团队的46项研究进行了元分析，发现，团体凝聚力与运动表现间关系的效应量为0.645；当将团体凝聚力进一步划分为任务凝聚力和社会凝聚力时，社会凝聚力的效应量提高到0.702，任务凝聚力的效应量为0.607。团体凝聚力如何促进运动表现？高水平的凝聚力导致高的努力程度，进而提升运动表现可能是其影响途径之一（Bray & Whaley，2001）。

此外，先前研究也发现，运动表现也影响团体凝聚力（Grieve et al.，2000）。在卡伦等（Carron et al.，2002）的元分析中，也发现了好的运动表现对凝聚力的提升作用。这提示团体凝聚力与运动表现间的关系是双向的：凝聚力的增加能够提升运动表现，反过来，好的表现又能够提升团体凝聚力，呈现出循环关系。

（二）团体凝聚力与运动表现间关系的调节变量

虽然多数研究都支持团体凝聚力与运动表现间存在正向关系，然而两者间的关系也受其他变量的调节，如性别、任务特征等。在卡伦等（Carron et al.，2002）的元分析中，研究者发现，相比于男性运动队，在女性运动队中，团体凝聚力与运动表现间的关系表现得更为有力，效应量为0.949，而对男性运动队，效应量则为0.556。

任务特征是两者间关系的另一重要调节变量。早期研究曾发现，对某些运动项目而

言（如保龄球），团体凝聚力与运动表现间甚至呈现负向关系（Landers & Lüschen，1974）。这使得一些研究者认为，团体凝聚力可能仅对某些项目而言（如要求团队成员交流互动、共同完成的项目，如篮球、足球等），对运动表现是重要的（Carron & Chelladurai，1981）。然而，随着研究的深入，研究者发现，团体凝聚力对集体运动项目和个人运动项目都是重要的，只是重要程度不同（Carron et al.，2002）。事实上，运动项目不同，团队的任务特征存在差异，团队成员间的依赖程度则不同，如集体项目需要成员紧密团结合作，团队成员间依赖程度高，如篮球、排球等；个人项目则很少需要成员间的交互及合作，团队成员间依赖程度低，如高尔夫球、射击等；另一些项目则兼有集体项目和个人项目的特点，成员间具有中等程度的依赖，如羽毛球、体操团体项目等。

专栏12-3

团体凝聚力与其他因素的关系

团体凝聚力除与运动表现、个体对团队的满意度具有密切关系外，也与下列因素密切相关。

团体身份地位：运动员知觉到的任务凝聚力越高，重视奖赏与想获取团体身份地位的程度就越低。

集体效能：任务凝聚力与集体效能呈现正向关系。

团体规范：个体对特定行为所设定的规范期望越高，凝聚力越强。

决策形式：个体对凝聚力的主观感受与共同参与式的决策形式有关。

自我设限：在高任务凝聚力的团队中，运动员会出现较多的自我设限行为。

社会懈怠：高凝聚力团队的运动员，自己本身较少出现社会懈怠，也较少认为队友有社会懈怠。

责任归因：在高凝聚力的团队中，成员会采用团队促进式的归因策略，例如，分享成功的荣耀，及分担失败的责任。

竞赛状态焦虑：团体凝聚力越高，运动员参加团体比赛时，其状态焦虑越低；此外，对任务凝聚力有较好认知的运动员，报告其具有较少的认知状态焦虑。

资料来源：Prapavessis & Carron，1996。

第二节 运动团队的凝聚力营造及促进

团体凝聚力不仅能够为团队营造一个积极、正向的社会氛围，提升成员的满意度，同时也能够促进个体及团体的运动表现。因此，研究者注重发展有效的团队营造策略，以提升运动队的团体凝聚力。

一、团体凝聚力的营造原则

普拉普佩维西斯等（Prappevessis et al.，1997）提出了运动队团队营造计划，并指导一些优秀男性足球教练员在赛季开始前的六周内，依据该计划发展可行的技术及程序，对自己的运动队进行团队营造。结果发现，参与团队营造计划的运动队凝聚力提高，但与控制组相比（未利用该计划进行团队营造），其凝聚力的提升未显现出优势。研究者进一步指出，这一结果可能源于控制组也使用了多种凝聚力提升的策略，以增进他们的团体凝聚力。

专栏 12-4

竞技运动中团队营造的原则

表 12-1 呈现了运动团队营造的原则。

表 12-1　运动团队营造的原则

类别	原则
团队结构	
角色清晰度及接受度	团队成员清楚地了解他们在团队中的角色时，凝聚力提高。 团队成员接受及满意于他们在团队中的角色时，凝聚力提高。
领导	团队领导者的行为影响团体的任务凝聚力及社会凝聚力，参与式的教练领导方式有助于提升凝聚力。
对规范的服从	个体对团队有关社会及工作规范的遵从有助于提升凝聚力。
团队环境	
联合感	团队成员身体接近程度提高时，凝聚力感受增强。
独特性	呈现团队的独特性有助于提升团体凝聚力。
团队运作过程	
牺牲	地位较高的成员为团队做出牺牲时，凝聚力提升。
目标和目的	相比于个体目标，团队目标与团队成功的关系更为密切。 成员参与目标设定有助于提升凝聚力。
合作	对个体及团队的表现而言，合作行为比个人行为及竞争行为更具优势，有助于提升团体凝聚力。

资料来源：Prappevessis et al.，1997。

霍尔特和斯帕克斯（Holt & Sparkes，2001）深入一支大学生足球队，在整个赛季内，采用质性研究，探讨了该运动队的团体凝聚力营造策略。在这项研究的基础上，威治和梅（Veach & May，2005）建立了 MAPS 模式，以引导不同的运动队营造团体凝聚力。该模式中包括使命感（mission）、评估（assessment）、计划（plan）及系统化评价（systematic evaluation）等四个部分。各部分的作用分别是：使命感帮助引导团队成员指向更高的团队目标，通常聚焦于表现改善、求胜、道德发展及内在动机等；通过评估，教练员能够发现团队的优势及其进步的区域，评估也可以帮助教练员发展一些策略和变革，以促进团队潜能的更好发挥；制订一个行动计划，能够使个体及团队成为一体，提高成员的努力程度及承诺感，在制订计划的过程中团队成员在完成计划的具体行为及时间进度等方面，需要达成共识；系统化评价，指团队定期对计划的执行及目标的达成情况进行反省、回顾，必要时对计划进行修正。

专栏12-5

团体凝聚力的障碍

- 团队成员间个性冲突。
- 团队成员的工作或社会角色冲突。
- 团队成员间或团队领导者与成员间沟通不畅。
- 一个或多个团队成员争夺权利。
- 团队成员频繁变动。
- 团队成员不认同团队的目标或目的。

二、促进运动队团体凝聚力的途径

教练员、官员及运动员组成了运动队，同时，运动心理学咨询人员也经常会深入运动队工作。不同角色的个体，可以从不同的角度出发，提升运动队的团体凝聚力。

（一）教练员和领导者的角度

从教练员和领导者的角度，可以采用以下策略，促进团体凝聚力的发展（古尔德，温伯格，2012）。

1. 创造有效的沟通环境

卡伦（Carron，1993）指出，团队成员沟通的增加与凝聚力提升呈现循环关系，即沟通增加能够提升凝聚力，凝聚力的提升又增加了成员间的沟通，循环往复。因此，一个有效率的团队领导者应注意创设一种开放式的沟通渠道和环境，使每个团队成员都能舒适地表达自己的思想及情感。团队成员有关工作及社会议题的沟通增加，会提升凝聚力；反过来，凝聚力的提升又使得团队成员间彼此更加开放，产生更多自动自发的交流，以及更好的倾听。

此外，在整个赛季中，教练员可以定期举行团队会议，鼓励成员将正面及负面情绪以真诚、开放及建设性的方式表达或宣泄，也可以使用团体暴露技术，让团队成员讨论他们最敬仰的团队，以及该团队之所以获得成功的特征及原因（Yukelson，1997）。归根结底，团队会议及团体暴露技术，都是为提升团体凝聚力服务的。

实证研究发现，在教练员实施“优异表现团队实践”（high performance team practices）后，大学生运动员普遍感受到与队友间的关系像家人一样紧密，表明凝聚力与运动表现间存在正向联系（Anderson & Dixon，2019）。

2. 明晰个体在团队成功中扮演的角色

运动员对自己角色的清晰觉知，有助于提升团体凝聚力。教练员需要清楚地解释每个团队成员的角色，以及每个角色对团队成功的重要性。即便对从未在比赛中上场的替补队员，教练员仍需要清楚阐述他的角色及作用，并给予他们适当的机会，让他们为团队做出贡献。此外，当成员彼此了解他人的努力及辛苦时，会增加彼此间相互支持的程度及同理心。教练员可以通过让运动员观察及记录不同位置队友的努力，促进彼此间的了解。

3. 设定具有挑战性的团队目标

设定具有挑战性的目标对个体及团体的表现都具有正向的影响作用。如果团队达到目标，成员就会获得鼓励，并因自己的成就而感到荣耀，进而促使其朝向新的目标努力，同时提升了团体凝聚力。然而，需要注意的是，设定的目标应清晰，是以表现及过程而非以结果为基础。

4. 提升成员对团体的认同感

展示团体的独特性，有助于提升团体认同感，进而提升团体凝聚力。因此，教练员可以通过一些策略，如订购统一的服装、计划社交活动、采用特殊仪式等，提升成员对团体的认同，进而提升团体凝聚力。例如，莱利（2006 赛季 NBA 冠军队伍的教练）在季后赛时使用“15 超人”方法：他在一个大碗中装入了上千张卡片，卡片的一面写有“15 strong”，另一面则印有锦标、成员的家庭及团队的照片，他将这一大碗置于更衣室中，让所有队员都可以看到。这一策略提升了成员的团体认同感，提升了团体凝聚力，为他们带来了总冠军的奖杯。

5. 避免社交派系的形成

当球队比赛失利时，某些运动员的需求没有得到满足，或受到教练员的不公平待遇，或被划分成不同的类别时，运动员就会形成社交派系。社交派系通常只对少数运动员有利，而疏离大多数的团队成员，不利于团体凝聚力的营造。因此教练员需要及时识别社交派系，采取有效的策略，如在旅游时重新分配房间等，以防止社交派系的形成。

6. 避免频繁的人事变动

频繁的人事变动使团队成员彼此感到不熟悉，不确定团队能够存在多久，难以建立亲密的支持关系，导致团体凝聚力的减弱。因此，教练员及领导者需要避免频繁的人事变动，在人事变动无法避免时，需要获得队龄较长的运动员的协助，以帮助新入选的队员融入团队，并以温馨、真诚及开放的方式分享团队对新队员的期望，消除新队员的陌生感，提高其舒适度及认同感。

（二）团队成员的角度

作为团队成员，也可以通过自己的努力，提升团体凝聚力（温伯格，古尔德，2012）。

1. 与其他成员建立和谐的人际关系

团队成员间和谐的人际关系、相互支持及帮助，都有助于提升团体凝聚力。有研究发现，即使在控制了团队运动表现对团体凝聚力的效应后，团队成员间的沟通和交流仍然能够正向预测任务凝聚力（McLaren & Spink，2018）。具体而言，作为团队成员，可以通过以下几个方面，与其他成员建立和谐的人际关系：投入时间认识队友，尤其是认识团队中的新成员；当其他成员遇到困境时，尽可能地提供帮助；与团队的其他成员、教练员及领导者进行真诚开放的沟通；给予团队其他成员正向强化，尽可能不给予消极反馈及批评；当团队成员间发生抱怨和冲突时，作为团队的一分子，主动澄清或解决问题，尽快解决冲突，避免负向情感的累积和爆发。

2. 为团队目标努力

团队成员为团队目标的达成付出百分之百的努力，这种承诺和奉献，不仅具有传染性，也有助于团队变得更加团结，提升团队的整体感。此外，在团队表现不佳，或陷入困境时，团队成员不应责怪别人，将表现不佳归因于他人，而应以负责的态度，进行积极和有建设性的改变，以帮助团队渡过难关。

（三）运动心理学家的角度

团队构建（team building）是一项新近发展出的针对运动员的心理训练技术，其目的是提升团体凝聚力，使团体运行更加顺畅有效。布鲁姆和斯蒂文斯（Bloom & Stevens，2002）指出，运动心理咨询者或运动心理学家可以通过间接途径或直接途径，帮助运动队进行团队构建。

1. 间接途径

在团队构建的间接途径（indirect approach）中，运动心理咨询者仅与教练员接触，而由教练员具体实施相应的策略，提升团体凝聚力。间接途径包括四个主要阶段：首先，运动心理咨询者向教练员阐释促进团队更加团结的益处，并与教练一同制定提升团体凝聚力的策略。其次，运动心理咨询者向教练员展示干预可能获得的理想效果，并与教练员讨论干预打造成功团队的机制及主要原则。再次，运动心理咨询者与教练员共同使用头脑风暴法，确定尽可能多的针对运动员的具体干预措施。最后是具体实施阶段，也是间接途径的最后一个阶段。在该阶段中，由教练员向运动队展示，并具体实施干预措施（Carron et al.，1997）。

2. 直接途径

运动心理学咨询者也可以直接对运动员进行心理训练，这些心理训练旨在提升团体凝聚力。扬森（Janssen，2002）指出，团队构建的直接途径（direct approach）包括四个阶段，即评估（assess）、策略（strategy）、实施（implementation）及评价（evaluation）阶段。评估阶段的任务是评估团队现状，通常要求运动员从目标、作用、投入、冲突解决、沟通、团体凝聚力及积极领导力等方面评估团队的现状；在了解现状的基础上，运动心理咨询者制定提升团体凝聚力的策略；具体实施这些干预措施；策略实施结束后，可以通过对运动员进行直接的访谈，或填写问卷，评价团队构建的效果。

专栏 12-6

团队构建中提升团体凝聚力的干预策略

让所有队员熟悉其他队员的职责。

作为教练员，花时间了解团队运动员的某些私人事情。

在规模较大的团队中，建立子团体（如由司职某场上位置的球员构成）的荣誉感。

在运动员中建立“主人翁”意识。

建立团队目标，并为达到目标，而感到自豪。

确保团队成员明晰自己的角色，并认为这一角色是重要的。

不要要求甚至期待团队成员间完全融洽。

避免社交派系的形成。

进行团队演练或前导游戏，鼓励成员合作。

即使输掉比赛，也要指出团队的成功之处。

资料来源：考克斯，2003，434－435页。

本章要点

1. 卡伦等将运动队界定为由两个或以上的个体组成的团体，其成员具有共同的身份、共同的目的和目标，命运相同，成员使用结构化的模式交流及互动，成员无论在工作还是个人方面，均互相依存、互相吸引，而且认为他们构成一个整体。

2. 团体凝聚力也称团队凝聚力，是团体倾向于聚集在一起、共同去追求某一目标或对象的动态过程。

3. 团体凝聚力是一个多维结构，包括任务凝聚力和社会凝聚力两个独立的成分。任务凝聚力指队员团结一致为实现某一特殊及可识别的目标做出努力的程度；社会凝聚力则是团体成员相互欣赏，并愿意成为团体一员的程度。

4. 卡伦等在区分任务凝聚力和社会凝聚力的基础上，建立了团队凝聚力的概念模式。该概念模式包括“团队指向”和“运动员对团队的看法”两个维度。团队指向的两极分别为社会指向和任务指向，与社会凝聚力和任务凝聚力类似。运动员对团队的看法的两极分别为团队整合和个体吸引力。团队整合指运动员在理解凝聚力时，将团队视为一个整体；另一端的个体吸引力则指运动员理解凝聚力时，考虑对自己而言，团队所具有的魅力，或考虑其他成员对自己的吸引力。

5. 卡伦等编制了《团体环境问卷》(GEQ)。该问卷包括4个分量表，分别是团队整合——社会分量表、个体吸引力——社会分量表、团队整合——任务分量表及个体吸引力——任务分量表。该问卷的编制不仅基于理论框架，并且具有符合心理测量学标准的信效度，已经成为运动心理学家测量运动团队凝聚力的首选工具。

6. 社会测量法是研究群体互动的分析方法，能够揭示团队成员间的友好关系及人际吸引力的程度。社会测量法能够较好地评价一个团队的社会凝聚力水平，但在将其应用于以任务为中心目标的运动队时，则存在一定的局限性，影响了对团体凝聚力及运动成绩间关系的理解。

7. 鉴于《团体环境问卷》适用于青少年团体时出现的问题，如测量学特征达不到标准、存在反向题目等，艾斯等基于《团体环境问卷》，编制了适用于13～17岁团体的《青少年运动环境问卷》，该问卷包括16个题目，分属于任务凝聚力和社会凝聚力两个维度。

8. 卡伦在20世纪80年代，提出了运动队团体凝聚力发展的三个模型，分别为钟摆模型、线性模型及生命周期模型。尽管三个模型的具体主张不同，但都一致认为，团体凝聚力不是一成不变的，相反，它是随着团队的发展而动态变化的过程。

9. 钟摆模型认为，团队在形成初期，成员间产生冲突，后因冲突解决，团体凝聚力产生。然而，团队永远会面临新的问题，冲突产生，解决，不断循环。因此，一个团队在冲突和凝聚力间像钟摆一样周而复始地摆荡。

10. 基于塔克曼的团队发展线性模型，卡伦提出了运动队团体凝聚力发展的线性模型。该模型认为，一支运动队的发展至消亡包括形成期、风暴期、规范期及表现期，团体凝聚力在这四个阶段中动态起伏。在规范期和表现期，团体凝聚力水平最高，而在形成期和风暴期，团体凝聚力最低。

11. 生命周期模型认为，运动队成员的进出，会导致队伍的重新调整，进而影响其团体凝聚力。一个运动队的团体凝聚力在运动队发展至消亡的五个阶段中动态变化，这五个阶段包括初识、角色定位、规范建立、表现及分离阶段。

12. 团体凝聚力是一个动态的变化过程，受到众多因素的影响，并在个体及团体层面上产生效果。卡伦等针对竞技运动领域，提出了关于团队凝聚力决定因素及效果的理论框架，涵盖了团体凝聚力的四类决定因素及其对个体及团体产生的效果。

13. 团体凝聚力与运动表现间存在双向影响关系。一方面，凝聚力影响运动表现；另一方面，运动表现又反过来影响了凝聚力。两者间的关系也受到其他变量的调节，如性别、任务特征等。

14. 威治和梅建立了MAPS模式，以引导不同的运动队营造团体凝聚力。该模式包括使命感、评估、计划及系统化评价四个部分。

15. 从教练员和领导者的角度，营造及提升团体凝聚力的途径包括：创造有效的沟通环境，明晰个体在团队成功中扮演的角色，设定具有挑战性的团队目标，提升成员对团体的认同感，避免社交派系的形成，以及避免频繁的人事变动。

16. 团队构建是一项针对运动员的心理训练技术，其目的是提升团体凝聚力，使团体运行更加顺畅有效。依据运动心理咨询者是否直接与运动接触，可以将团队构建途径划分为间接途径和直接途径。

17. 在团队构建的间接途径中，运动心理咨询者仅与教练员接触，而由教练员具体实施相应的策略，提升团体凝聚力。

18. 团队构建的直接途径指运动心理学咨询者可以直接对运动员进行旨在提升团体凝聚力的心理训练，包括四个阶段，即评估、策略、实施及评价阶段。

复习思考题

1. 将团体凝聚力划分为任务凝聚力和社会凝聚力，对研究及实践有何意义？
2. 运动团体凝聚力发展的理论模型有哪些？各自有哪些主要观点？

3. 团体凝聚力与运动表现间有何关系？

4. 请设计一项研究，探讨团体凝聚力影响运动表现的可能途径。

推荐阅读

张军. (2009). 大学生篮球运动员运动成就目标、群体凝聚力与退出意图关系研究. *成都体育学院学报*, *35* (9), 63－66.

Carron, A. V., Colman, M. M., & Wheeler, J. (2010). Cohesion and performance in sport: A meta-analysis. *Journal of Sport & Exercise Psychology*, *24* (2), 168－188.

Carron, A. V., Eys, M. A., & Martin, L. J. (2011). Cohesion. In G. Tenenbaum, R. C. Eklund, & A. Kamata (Eds.), *Measurement in sport and exercise psychology* (pp. 411－422). Champaign, IL: Human Kinetics.

Martin, L. J., Kyle, F., Eys, M. A., & Evans, B. (2013). Cohesion in sport: New directions for practitioners. *Journal of Sport Psychology in Action*, *4* (1), 14－25.

Schmidt, U., McGuire, R., Humphrey, S., Williams, G., & Grawer, B. (2005). Team cohesion. In J. Taylor & G. S. Wilson (Eds.), *Applying sport psychology: Four perspectives* (pp. 171－184). Champaign, IL: Human Kinetics.

第十三章

教练员的领导与管理

内容提要和学习指导

本章从管理和领导运动员的角度分析探讨教练员的角色，具体介绍了领导和领导者的概念、类型和功能，进一步阐述了领导行为的理论和影响领导行为的因素。学习本章时，你可以从掌握领导和领导者的概念及类型入手，在明确领导功能与影响因素的基础上，深入理解领导行为的相关理论。

2013 年 11 月 9 日，广州恒大足球俱乐部夺得了亚洲俱乐部冠军联赛的冠军（陈晨曦，雷声，2013－11－10）。在颁奖结束后，激动的球员们把他们的意大利籍主教练马塞洛·里皮抬起抛向空中，以赞颂他对球队所做的贡献。不同的运动队，教练员所起的领导作用虽然不同，但他们对于运动队和运动员的影响是毋庸置疑的。

第一节　领导及其功能

一、领导的定义

领导（leadership）是指引、影响或控制个人或组织实现某种目标的行动过程。这个动态过程由领导者、被领导者及其所处环境三种因素组成。领导者（leader），则特指行使领导职能的人。

凡有人群聚集的地方，就有领导者。任何团体或组织，无论其规模大小，总会有它的领导者。正是由于有领导者的存在，就可以对内主持和领导整个团体，对外代表整个团体同外界进行协调活动。这种领导者有的是自然产生的，有的是由团体成员推举出来的，还有的是由上级组织委派的。教练员多为上级委派的，少数是由团体成员推荐的。

领导者之所以成为领导者，关键在于他能够影响和推动一批人，通过这些人去完成团体或组织的任务及目标。

二、领导的类型

从领导的有效性出发，不同的研究者对领导方式提出了不同分类，但其共同关注的问题是领导者对工作任务、被领导者和权力的态度。

（一）勒温的分类

团体动力学创始人库尔特·勒温在实验研究的基础上，根据行使权力和发挥影响力的方式不同，将领导风格分为三类：

第一类，专制式领导（autocratic leadership）。这是将权力掌握在领导者手中，具有唯我独尊、独断专行特点的领导作风。这种领导主要依靠领导者个人的能力、经验、知识和胆略来指导团体或组织的活动。他们大多独断专行而且缺乏对下属的尊重。例如，团体或组织的活动方针都由领导者决定，团体成员的分工由领导者决定，领导者不参与团体作业，只根据个人的看法表扬或批评团体成员。在这种情况下，团体成员往往唯命是从，但士气低落，缺乏工作热情，因而工作效率不是很高。

第二类，民主式领导（democratic leadership）。这是将权力定位于团体，具有相互尊重、博采众长特点的领导作风。这种领导以平等主义思想为指导，尊重下属成员的不同能力与资历，领导者以人格感召为主，使下属由衷地愿意追随和接受其领导。例如，团体或组织的活动方针由全体成员共同讨论决定，领导者从旁予以协助与激励，成员的工作分工由团体决定，工作同伴的选择由成员自己决定，领导者与下属成员一起工作，并根据客观情况表扬或批评成员。在这种情况下，团体的士气最高，工作效率也最高。

第三类，放任式领导（laissez-faire leadership）。这是将权力定位在团体成员，具有无为而治、放任自流特点的领导作风。这种领导采取无为而治的态度，一切活动都由下属成员自我摸索，团体或组织的方针和决策也由下属自行决定，领导者不参与。除了成员要求外，一般情况下领导者对工作不提意见，对工作成果也不加评论。在这种情况下，成员的士气不高，工作效率也低。

勒温认为，在实际工作情景中，三种极端的领导方式并不常见，大多数领导者采取的领导方式往往是处于两种极端类型之间的混合型。

（二）利克特的分类

美国学者伦西斯·利克特把领导方式分为四类：

第一类，剥削式的集权领导。这种领导将权力集中在领导者身上，由领导者单独做出决定，然后下达给下属，并在必要时以强制的方法让下属执行，下属无任何发言权。领导者与所属成员之间存在着一种互不信任的气氛，从而使团体或组织的目标难以实现。

第二类，慈善式的集权领导。这种领导将权力控制在领导者身上，但授予下属部分权力。领导者对下属有一种比较和气的态度。做出决定时，领导者考虑下属的反应，执行决定的过程中奖惩并用。领导者与下属之间存在一些沟通和交流，但仍然是表面的、肤浅的。领导者对下属并无信任，下属对领导者心存畏惧，所以工作的主动性受到限制。

第三类，协商式的民主领导。这种领导将权力控制在领导者身上，授予下属部分权力。决策权虽然主要在领导者，但需在充分听取下属意见并在取得下属同意之后才做决定。有时在一些次要问题上，下属也有决定权。领导者与下属沟通程度比较深，彼此都有一定的信任感，执行决定时，能获得一定的相互支持。

第四类，参与式的民主领导。这种领导让下属参与管理和领导，上下级处于平等地位，双方有比较充分的信任，并且建立起一定的友谊。有问题时，双方民主协商讨论，由最高领导者做最后决策。按分工授权的原则，在规定的范围内，下属有自行决策权。领导者可以根据团体目标的要求，向下级提出具体目标，不过多地干涉下属如何实现目标的方法，而是给予实现目标的支持。

采用参与式的民主领导，效果最好；采用剥削式的集权领导，效果最差。

（三）三隅的分类

日本学者三隅二不二（Misumi Jifuji，1924—2002）对领导者的两种行为取向即人情取向和任务取向进行了大量研究。人情取向（socioemotion orientation）是指以职工的利益和情感为重的领导作风；任务取向（task orientation）是指以完成工作任务和达到工作目标为重的领导作风。三隅二不二把任务取向和人情取向各分为高低两种水平，进而构成了一个 2×2 维度的 4 种领导方式：

PM＝任务取向与人情取向均高
Pm＝任务取向高而人情取向低
pM＝任务取向低而人情取向高
pm＝任务取向与人情取向均低

这 4 种领导方式对生产效率和团体凝聚力有重要影响（见表 13－1）。通过对日本的一些厂矿企业进行多次现场调查，三隅发现领导行为处于 PM 型时，下属成员的生产效率和劳动积极性最高，处于 pm 时，下属成员的生产效率和劳动积极性最低。

表 13－1　领导方式与团体效果

领导方式	生产效率	对团体的信任程度	团体凝聚力
PM	最高	最高	最高
Pm	中间	第二位	第三位
pM	中间	第三位	第二位
pm	最低	最低	最低

资料来源：汤淑贞，1977，201 页。

三、教练员的领导功能

教练员的领导功能主要体现在沟通、组织、决策和激励等四个方面。

（一）沟通功能

教练员与运动员之间高质量的交流沟通和互相尊重，有助于增强运动员的满意感和提高比赛成绩。

教练员和运动员对教练员行为和环境的看法有时会出现很大差异。史密斯和斯莫尔（Smith & Smoll，1997）的一项调查表明，教练员倾向于认为环境很理想，而运动员则认为他们的现实情况距离理想环境仍有很大差距。显然，身处中心地位的教练员，在队中进行人际协调，与其他成员进行各个方面和各种方式的交流与沟通是其主要职责之一，也是使其及时了解情况、协调各种关系、提高工作效率的可靠保证。

（二）组织功能

为了实现团体的目标，教练员要进行一系列的组织策划和管理工作，要尽可能科学有效地安排计划，使用人才，调动一切积极因素。

（三）决策功能

这是教练员领导行为的基本功能。由于教练员在运动团体中占据显赫重要的位置，他要审时度势，知人善任，确定目标，制定政策，采取措施，做出最终的决断。

（四）激励功能

激励（motivate）是通过领导者的影响力和所制定的各种制度和奖惩条例，为提高被领导者的动机水平、充分发挥其积极性与创造性所进行的活动。在运动团体中建立起激励机制，就可以强化运动员的成就动机。因为，当把运动员的表现与对其奖惩与评价紧密联系在一起时，势必会促使其做出一定程度的努力，并会获得一定的成绩，奖赏自然也会同时而至（Kegelaers et al.，2019）。这样，运动员就会产生成功感和满足感，动机得到强化，进一步激励他向新的目标努力，形成良性循环。

教练员的激励功能主要表现在如下三个方面（王润平，2000b）。

1. 培养运动员接受目标和执行计划的自觉性

通常情况下，运动员的行为目标与运动队的目标并不完全一致。运动员积极性、创造性的发挥程度同个人目标、团体目标之间的一致性成正比。因此，作为领导者，教练员就要千方百计把实现团体目标与满足运动员的需要统一起来，努力创造一种环境，加强运动员对团体目标的认同，从而提高运动员执行团体目标的自觉性。

2. 激发运动员实现团体目标的热情

运动员训练热情的激发是领导激励功能的重要内容之一。在团体内部，教练员和运动员的关系不仅存在组织关系，而且存在情感关系。教练员可利用这种情感关系，满足运动员的心理需要，激发他们实现团体目标的热情。

3. 提高运动员的行为效率

运动员的行为效率，是指为实现团体目标所做贡献的大小或能力才干的发挥程度。教练员可以通过自己的领导行为，给运动员充分发挥其聪明才干创造良好的条件，使“英雄大有用武之地”，为团体目标的实现做尽可能大的贡献。

第二节　有效的领导方式

领导者在心理和行为上一定有区别于普通团体成员的独特性。为了研究这些特征，以便更有效地预测和挑选领导者，心理学家们进行了大量的研究，并发展了许多理论学说。

一、领导特质说

领导特质说（leadership trait approach）盛行于20世纪20年代。该学说认为，领导者之所以成为领导者，是因为他们具有一些相对稳定的人格倾向，如聪明、果敢、独立和自信。这些稳定的人格倾向就是“领导特质”（leadership trait）。根据这一学说，研究者们尝试着要去确定那些伟大的工商业领导者们具备哪些共同的特质。

学者们也曾依据领导特质说来描述成功的教练员。例如，具有坚强的意志，有权威，愿意承担球迷和媒体的压力，情绪成熟，独立思考，眼光现实（Ogilvie & Tutko，1966，1970）。

这一理论最大的问题是不考虑环境的作用。这就意味着，迈克尔·乔丹不仅在篮球场上是伟大的领导者，而且在棒球或其他运动项目中同样也是，但事实并不是这样。

专栏13-1

球队领袖乔丹

1996—1997年度NBA总冠军决赛的第五场之前，芝加哥公牛队和犹他爵士队战成了2∶2，爵士队赢得了前面两场主场。这是犹他的第三个主场，而他们在季后赛中主场作战还未尝败绩。迈克尔·乔丹是篮球场上最伟大的球员之一，他此时染上了肠道病毒，因身体虚弱而整天躺在床上。比赛时，他显得病恹恹的，做每个动作都有些吃力。但他总能以某种方式设法保存体力，并且专注于做什么才能赢球。不可思议的是，本场比赛他不仅独得38分，而且还投进了制胜的三分球。公牛队在后来的第六场比赛中，主场获得了NBA总冠军，乔丹也当选季后赛的最有价值球员。队友皮蓬在谈到乔丹的表现时说：“你今晚看到的是难以置信的勇气和领导表现。迈克尔是我们队的领袖，他带领每个人与他并肩作战。他以身作则，而且，他对胜利的渴望和做到最好的心感染了每一个人。”

资料来源：Weinberg & Gould，2007，p.208。

领导特质说到二战结束后就不再流行。斯托格迪尔（Stogdill，1948）曾经对100多篇领导特质说的研究进行了回顾，发现仅有少数人格特质是稳定而一致的。虽然领导者拥有某些特质对他们有帮助，但这些特质并不是成功领导的本质特征。

二、领导行为说

领导行为说（leadership behavioral approach）是继领导特质说之后出现的新学说。该学说认为，领导者是塑造出来的，不是天生的。只要学会杰出领导者普遍的行为，任何人都能成为领导者。因此，该学说注重发现优秀领导者的普遍行为（Weinberg & Gould，2015）。

为研究竞技运动与锻炼中的领导行为，运动心理学者使用了两种方法，一是事件记录技术（event recording technique），二是质性访谈法（qualitative interview approach）。

（一）使用事件记录技术的研究

美国加州大学洛杉矶分校有一位传奇篮球教练约翰·伍登，在他执教期间，该队曾史无前例地 12 次打进美国大学生篮球联赛的决赛，并 10 次获得总冠军。在众多明星中，卡里姆·阿卜杜尔-贾巴尔和比尔·沃尔顿都是他指导过的队员。伍登的执教“秘诀”是什么呢？

撒普和加利莫（Tharp & Gallimore，1976）使用事件记录技术对伍登教练行为的特点进行了研究。在事件记录研究中，调查人员先列出几种典型的执教行为，然后记录这些行为发生的时间和频度。使用事件记录技术并经过 30 个小时的观察，撒普和加利莫确认了伍登展现出的 10 种类型的行为。他的大部分行为包含在指导中（做什么、怎样做）；他同时也鼓励训练强度（intensity）和努力（effort）；在沟通方法上，他花了大约 50%的时间做口头指导（verbal instruction），12.7%用于督促球员遵循指导，8%用来斥责然后再次指导，6.9%用来赞赏和鼓励，6.6%用来简单地表示不高兴（斥责）。吉尔伯特和特鲁代尔（Gilbert & Trudel，2004）认为，这种关注指导行为，关注通过赞赏良好表现、斥责错误来传递信息的研究与当代教练行为研究的做法是一致的。

研究还发现，伍登的示范很少持续超过 5 秒钟，但却很清楚，并在球员记忆中留下深刻印象，很像教科书中的图示。最后，伍登强调通过努力来取胜，做到你能做到的最好是最重要的，因为那是你唯一能做的事情。

这项研究还得到了他人的重复。布鲁姆等（Bloom et al.，1999）用同样的方法观察了另一成功的篮球教练塔卡尼安（Jerry Tarkanian）。后者虽不如伍登那样拥有良好的执教声誉，但对他研究的结果却和伍登近似：有大约 55%的行为是指导（战术、技术和一般性内容）；表扬及鼓励（占 13%）与督促（占 16%）是另外两种最常表现出的教练行为。

（二）使用质性访谈法的研究

科特和他的同事（Côté et al.，1995）使用质性访谈法对 17 位优秀的体操教练员进行了研究。结果发现，多数优秀教练员的行为特征是：通过正向反馈提供支持性的环境；提供让体操选手进步的技术指导；传授心理技能，如处理压力、发展适当的动机并且能自我调整；提供机会来模拟比赛对心理和技能的需求；进行徒手训练以确保安全；强调状态的调整以确保体操选手做好身体准备。

对伍登和体操教练的研究一致显示：成功的教练员重视正向、支持性的反馈，并为队员的进步做技术上的、修正性的反馈。因此有效率的运动领导的关键，是在进行清楚的反馈和技术指导时注重正面反馈和指导。

此外，还有研究（Loughead & Hardy，2005）比较了教练员与同辈领导者（如正式队长、非正式领袖）的领导行为。该研究用《体育运动领导量表》（Leadership Scale for Sports，LSS）调查了15个不同项目运动队的238名运动员。研究发现：教练员与同辈领导者的领导行为不同。教练员的训练行为、指导行为以及专制行为比同辈领导者要多；而同辈领导者的社会支持、正向反馈以及民主行为比教练员更多。运动员认为有大约25%的队友是同辈领导者，因此他们把这些人看作除了正式队长之外的领导者。

三、交互作用说

领导特质说和领导行为说都强调领导者的个人因素而忽略了个人与情境的交互作用。于是许多工业和普通心理学的研究者提出了领导行为的交互作用说（interactional approach of leadership behavior；Horn，1993，2002）。基于该学说的一些理论对体育运动中的领导研究具有重要的启示。

交互作用说认为：第一，没有一种人格特质能够预测成功的领导。第二，有效的领导要适合特定的情境。例如，在一个运动队中因不成功而被解雇的教练，可能会在另一个新的运动队中取得成功，而他的领导风格大概不会发生突然的改变。第三，领导风格和行为可能也会改变，那就是适应情境的要求。假如一名教练员偏好某种领导风格，他就应该去寻找那些更适合这种风格的领导环境（Weinberg & Gould，2015）。

专栏 13-2

教练风格与情境的关系

柯林斯的经历

教练风格千差万别，什么样的教练风格好呢？看完道格·柯林斯的经历，或许你会有所感悟。

柯林斯是一个有激情的、情绪化、专制的领导者。他受聘担任芝加哥公牛队的教练时，对于这一支年轻的队伍而言，他的风格正好是合适的。他那爆炸性的性格带动了这个有些不成熟和不稳定的队伍。但在公牛队成熟后，这种爆炸性的性格特征和专制方法，就成为一个负担，他们开始想把他赶走。几年之后，柯林斯成为另一个需要指引和强力领导的队伍即底特律活塞队的教练，柯林斯带着他那爆炸性的情绪为他们提供了方向感和目标感。这又成为合适的方法，帮助活塞队成功转型。经过几个赛季的失败之后，活塞队开始转败为胜，并夺取了分区冠军。但在几个成功的赛季过后，柯林斯情绪化的领导方式对一个成熟的球队而言不再适合，他又被开除了。

福斯特的经历

福斯特（Jerry Faust）在接掌圣母大学橄榄球队之前，曾是美国最成功的高中橄榄球教练之一。然而他因无法达到圣母大学校方的胜场标准，几个赛季之后就被解雇了。也许执教大学队与执教非大学队的环境不同，大学生运动员的成熟程度可能需要他改变自己专制的执教风格，成为人情取向的教练。正如橄榄球明星乔治·索亚（George Sauer）所言："很多处于中学层次的人在谈论训练计划和如何发展小孩子的自我管理能力和责任感。我认为这些大都是谎言，因为当你到了大学或职业队时，教练还是把你当作小孩子。那些人觉得你绝对没机会变得有责任感或具备高自我管理能力。即使在职业运动中，他们也会规定你何时上床睡觉、何时关灯、何时起床、何时吃饭及吃些什么……"

资料来源：温伯格，古尔德，2012，9章，7页，9页。

第三节　基于交互作用说的领导行为研究

交互作用说的典型代表人物是美国学者弗雷德·菲德勒。他虽未直接研究运动中的领导行为，但其提出的"有效领导的权变模式"(contingency model of effective leadership)，对运动中的领导行为研究具有重要的引导和启示作用。而运动心理学者基于有效领导方式的交互作用说，提出了教练员领导行为的两种模式：一为"领导行为的认知中介模式"(cognitive-mediational model of leadership)，二为"运动领导的多维度模式"(multidimensional model of sport leadership)。

一、有效领导的权变模式

菲德勒（Fiedler，1967）经过长达15年的调查研究，提出了一种进行有效领导的权变模式（contingency model）。权变模式也叫情境模式，是根据具体情况来确定领导方式。团体的工作绩效取决于两个因素：一是领导者的人格，二是情境给予该领导者的力量、控制力以及对情境的影响。

在人格方面，菲德勒认为领导者或者是关系驱动的（relationship motivated），或者是任务驱动的（task motivated）。关系驱动是指对领导者和追随者之间关系的关注。成功完成任务对于这类领导者而言是第二重要的。任务驱动是指对完成手中任务的关注。满意地完成任务对于这类领导者而言最重要，而建立和保持正向的人际关系是第二位的。

菲德勒权变模式第二个主要因素是情境的有利性（situational favorableness）。这一构念表示情境给予该领导者控制和影响环境的程度。菲德勒认为，情境的有利性取决于三个子因素：领导者与成员的关系、任务的结构以及领导权。

领导者与成员的关系，指领导者被下属接受和欢迎的程度；任务的结构，指领导者所安排的工作任务，其结构完善、规范和明确的程度；领导权，指领导者所处地位的固有权力以及取得各方面支持的程度。

根据权变模式，领导者的人格与情境的有利性之间的交互作用如图13－1所示。以任务为中心的领导方式，在环境条件最有利和最不利的情况下工作效率较高，而在环境条件一般的情况下工作效率较低；相反，以关系为中心的领导方式，只有在环境条件一般的情况下工作效率较高，而在其他条件下工作效率较低。

领导行为的权变模式提示我们，教练员的领导方式要有弹性，必须与工作环境相适

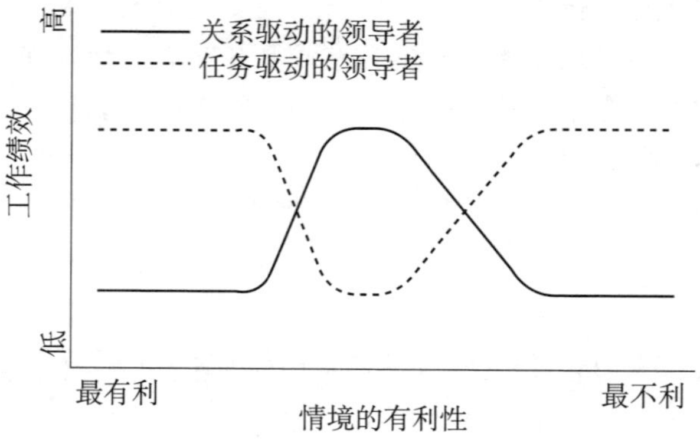

图 13-1　不同工作环境下领导方式与工作效率的关系

资料来源：Cox，2007，p. 60。

应。竞技运动领域如此，体育教学和大众健身领域也是如此。例如：在一个设施简陋、领导支持不够、教师权力有限的学校担任体育老师，可能采用任务取向的领导方式更好些；在一个设施简陋但领导支持力度大的学校担任体育教师，可能采用关系取向的领导方式更为合适。

二、领导行为的认知中介模式

斯莫尔和史密斯（Smoll & Smith，1989）提出了一个强调情境、认知、行为和个体差异之间关系的领导行为模式。领导行为的认知中介模式（见图 13-2）认为：运动员对教练行为的认知（知觉），是教练员执教行为与运动员反应的中介变量；教练员对运动员态度的知觉，是运动员的反应与教练员执教行为的中介变量；教练员行为和运动员反应之间的关系，受执教环境、教练员的个人风格，以及运动员的个体差异的调节。换言之，教练员的执教行为通过运动员的认知（对教练行为的感知与回忆）影响运动员的反应；运动员的反应（执教效果）反过来影响教练员的认知（对运动员态度的知觉）并进而影响教练员的行为；而教练员的执教行为效果受执教环境、教练员的个人特征（personal characteristics）以及运动员的个体差异的影响。该模式强调情境、认知、行为和个体差异对领导行为及其效果的共同影响。但该理论模型存在维度过多和实用性问题，需要在今后的应用研究中说明其对领导者发展的有效性（Smoll & Smith，1989）。

为了能在自然训练、竞赛环境中客观地评价教练员的实际行为，他们研发了“教练行为评估系统”（Coaching Behavior Assessment System，CBAS）。用这个评估系统，数名经过训练的观察人员在观察教练员行为时，使用袖珍录音机记下教练行为发生时的情境。这些行为可以归纳为反应行为（reactive behaviors）和自发行为（spontaneous behaviors）（见表 13-2）。反应行为是教练员对某个特定的运动员行为的回应，如在队员出现错误时给予的指导；自发行为是教练员自己发动的行为，如教练员通过大喊来鼓励即将上场的队员。

许多研究表明：若教练员经常使用“因错误而做的鼓励”和“强化”的方法，也就是说教练员对运动员的错误不是横加指责而是鼓励，或是运动员表现好或努力时得到教

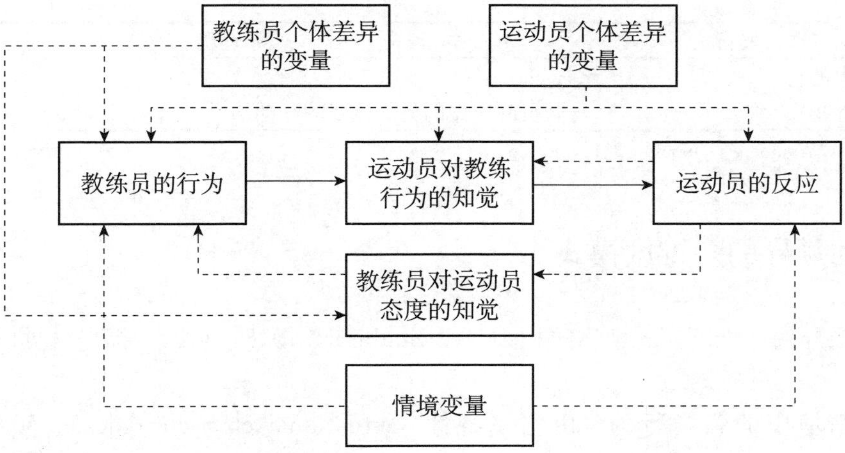

图 13-2　领导行为的认知中介模式

资料来源：Cox，2007，p. 66。

练员肯定，在赛季结束后会提高运动员的自尊心；若教练员较多使用“一般性技术指导”时，运动员会对自己的队友和比赛有更多肯定的评价。自尊心不强（低自尊）的运动员喜欢支持性的和重视指导的教练，不喜欢批评性的和不重视指导的教练；相反，自尊心强（高自尊）的运动员却不会因为教练员的支持和指导水平的不同而受影响。看来，对于教练员的领导行为来说，重要的是去支持那些低自尊的年轻人，以使他们在竞技运动中最大限度地产生潜在的正面体验（Barnett et al.，1992）。

表 13-2　教练行为评价系统对教练行为的分类

类别一：反应行为	外部表现
对正确表现的反应	
强化	对好的表现或努力的表现做出肯定的、奖赏式的回应（口头或非口头的）
不强化	忽略对良好表现的回应
对错误的反应	
因错误而做的鼓励	运动员出错之后给予鼓励
因错误而做的技术指导	对运动员的指导和示范，教其如何改正所犯错误
惩罚	运动员出错后给予否定的回应（口头或非口头的）
类别二：自发行为	**外部表现**
对正确表现的反应	
惩罚式的技术指导	运动员出错后用惩罚或敌对的方式给予技术指导
忽视错误	忽略对错误的回应
对不正当行为的反应	
保持克制	为在队员中恢复或保持秩序所做的反应
与比赛有关的行为	
一般性技术指导	对运动技术和策略的主动指导（不是在出现错误之后）
一般性鼓励	不是在出现错误之后的主动鼓励
组织	根据比赛进程分派位置或责任的行政管理行为

续前表

类别二：自发行为	外部表现
与比赛无关的行为	
一般性沟通	与队员间所做的无关比赛的互动

资料来源：Weinberg & Gould，2015，p. 423。

三、运动领导的多维度模式

运动领导的多维度模式由谢拉杜莱（Chelladurai，1978，1990）提出（见图 13－3），他认为：

运动情境中的领导行为，由情境特性（situational characteristics）、领导者特性（leader characteristics）和团队成员特性（member characteristics）等三个因素（图中第 1、2 和 3 号方格）决定。

运动情境中的领导行为包括三个组成部分，即被要求的行为（required behavior）、实际行为（actual behavior）和被喜爱的行为（preferred behavior）（图中第 4、5 和 6 号方格）。被要求的行为是组织系统的既定规范和原则相一致的行为，例如，由教练员制定本队比赛的战术纪律；被喜爱的行为是受运动员欢迎的领导行为，例如，教练员拥抱被替换下场的球员；实际行为是教练员在执教中实际表现出来的领导行为。

谢拉杜莱假设：这三个组成部分如果彼此一致，运动员就会有理想的表现和满足感（satisfaction and performance，图中第 7 号方格）；三种领导行为如果互不一致，就会出现放任自流的结果。如果被要求的行为与实际行为一致，但与被喜爱的行为不一致，运动员也许会有上佳表现，但他们并不满意；如果实际行为与被喜爱的行为相一致，但与被要求的行为不一致时，运动员也许会感到满意，但场上表现可能不会令人满意（见表 13－3）。

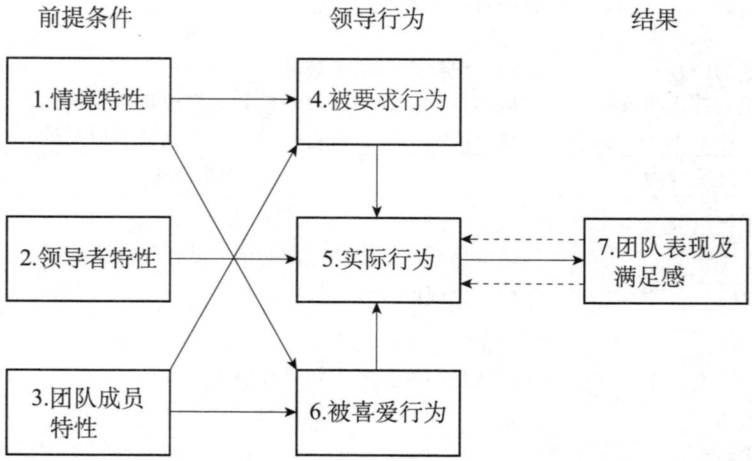

图 13－3 运动领导的多维度模式

资料来源：Weinberg & Gould，2007，p. 216。

表 13－3　领导行为一致性的结果

领导行为			结果
被要求的行为	实际行为	被喜爱的行为	
＋	＋	＋	理想
—	—	—	自由放任
＋	—	＋	免除领导者
＋	＋	—	良好表现
—	＋	＋	满意

注：＋表示与其他类型的行为一致；—表示与其他类型的行为不一致。

资料来源：考克斯，2003，452 页。

这一理论的本质仍是权变理论，但它的价值有两个：一是专门针对运动情境进行了研究；二是综合考虑了情境、行为与结果的交互作用。它对于我们全面理解教练员的领导行为具有重要的启示作用。

第四节　影响教练员领导行为的因素

教练员的领导行为是否有效，是否有助于团体目标的实现，受多种因素影响。马腾斯（Martens，1987）提出了有效领导的“四要素”，分别是：领导者的品质（leader's qualities）、领导风格（leadership styles）、情境因素（situational factors）和追随者的特点（follower's qualities）（见图 13－4）。

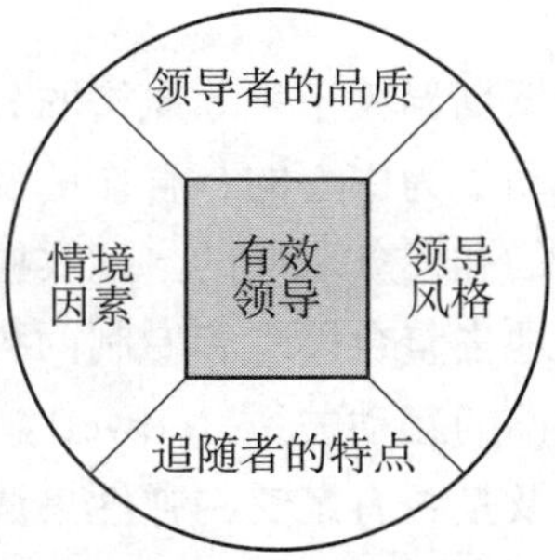

图 13－4　有效领导的四要素

资料来源：Weinberg & Gould，2015，p. 439。

一、教练员的品质

橄榄球优秀教练员比尔·帕斯尔斯在他的著作《探索成功之路》（Parcells & Coplon，1995）中认为，教练员成功的领导，关键在于以下十大品质：

第一，正直（integrity）。教练员自身必须有清晰的领导哲学，他以自己的基本价值观为根基，能使整个组织的人都知道并且接受，能对抗外界压力贯彻始终。

第二，灵活性（flexibility）。教练员不能墨守成规。假如你做事只会遵循老方法，你可能就会丧失做得更好的机会。

第三，能培养忠诚（loyalty）。做教练员的第一项任务就是提升和强化整个集体的忠诚度，也就是团队合作精神。

第四，能建立信心（confidence）。假如你想建立队员和教练组的自信心，就要让他们承担责任、培养他们自我决策的能力，并支持他们想尝试的事情。

第五，负责任（accountability）。责任是从领导自己开始的。如果自己不能承担责任，你就不能建立一个负责任的组织。

第六，直率（candor）。传达信息时，只有诚实和确切是不够的。信息的影响力关键要看谁在接收这个信息，以及他们想不想接收这个信息。

第七，准备性（preparedness）。有备无患的教练员总是对各种偶发事件都有事先的计划，包括那些他们认为不可能发生或不愿意发生的事情。

第八，足智多谋（resourcefulness）。简单地说，足智多谋是一种适应力，在形势非常不利时也要设法渡过难关，绝不放弃。

第九，自律（self-discipline）。凡事皆有解决之道，即使是对抗上级，也需要坚决坚持严谨的计划。

第十，耐心（patience）。耐心是最罕见也是最有价值的品质，尤其是当团队表现不好的时候。只知道如何去改变自己是不够的，决定改变的时机同样重要。

除了比尔·帕斯尔斯指出的重点之外，研究者们还提出了另外一些成功教练员的特征，包括智慧、乐观、内部动机、同理心等。应注意的是，这些品质是教练员成功的必要条件，而不是充分条件；这些品质需要多少，要根据团体成员的偏好以及特定的情境来确定（Weinberg & Gould，2015）。

二、教练员的领导风格

根据勒温关于领导风格的分类，可将教练员分为专制型和民主型。民主型教练一般是以运动员为中心的、合作的和关系取向的；相反，专制型教练通常是获胜取向的、结构严谨的和任务取向的。现实中，一个教练在行为上不会单纯采用一种领导风格，他可以有效地去整合民主和专制两种风格。在追求卓越的同时，教练员和运动员之间也可以维持正面的互动关系（Jowett，2017）。教练员应该懂得哪一种领导风格最符合哪一种环境，以及是否有足够的弹性去调整自己的风格以适应特定的环境。

三、执教的情境因素

教练员必须对执教情境和特定的环境因素具有足够的敏感性。在竞技运动中，有几个情境因素与领导的效率有关，应该考虑以下五个方面（Martens，1987）：

第一，是集体项目还是个人项目？团体项目的运动员通常比个人项目的运动员更喜欢专制型的领导风格。

第二，是共同活动的项目（如保龄球）还是互动的项目（如篮球）？互动项目的运动员比共同活动项目的运动员更喜欢任务取向的领导风格。

第三，团队的规模如何？团队越大，民主风格的领导越没有效率。

第四，可以利用的时间有多长？如果时间短、任务重，则任务取向的领导风格更容易发挥作用。

第五，这个团队有特殊的领导传统吗？一个有传统领导风格的团队要改成另一种领导风格通常是有困难的。

四、运动员的特点

运动员的特点也是决定教练员效率的重要因素。教练员和运动员在性格和领导风格之间的契合是十分重要的。例如，一些老运动员和有经验的运动员可能比较喜欢专制型的教练；相比于男运动员，女运动员更喜欢积极提供培训指导、正向反馈、社会支持等民主风格的教练（Kim & Cruz，2016）。

本章要点

1. 领导是指引和影响个人或组织，在一定条件下实现某种目标的行动过程。这个动态过程由领导者、被领导者及其所处环境三种因素组成。教练员的领导功能主要体现在沟通、组织、决策和激励等四个方面。

2. 从领导的有效性出发，不同的研究者对领导方式提出了不同分类，但其共同关注的问题是领导者对工作任务、被领导者和权力的态度。

3. 勒温将领导方式分为民主型领导、专制型领导和放任型领导三种类型，并认为民主型领导下的团体的士气最高，工作效率也最高。

4. 利克特将领导方式分为剥削式的集权领导、慈善式的集权领导、协商式的民主领导和参与式的民主领导四类，他认为参与式的民主领导效果最好。

5. 三隅将领导方式分为任务取向与人情取向均高、任务取向高而人情取向低、任务取向低而人情取向高和任务取向与人情取向均低四种，并认为第一种领导方式，其下属成员的生产效率和劳动积极性最高。

6. 领导特质说认为，领导者之所以成为领导者，是因为他们具有一些相对稳定的人格倾向。这些稳定的人格倾向就是领导特质。该理论的不足是未考虑环境的因素。虽然领导者拥有某些人格特质会对他们有所帮助，但这些特质并不能保证他们成功。

7. 领导行为说认为，领导者是后天塑造的，不是天生的。只要学会其他杰出领导者的行为，任何人都能成为领导者。基于领导行为说，学者们研究了成功教练员的典型的执教行为，所得的启示是：对出错的运动员进行鼓励而不是斥责，并提供技术性指导，是有效的执教行为。

8. 交互作用说认为，没有一种人格特质能够预测成功的领导；有效的领导要适合特定的情境。基于交互作用说，美国学者菲德勒提出了“有效领导的权变模式”，运动心理学者斯莫尔和史密斯提出了“领导行为的认知中介模式”，谢拉杜莱提出了“运动领导的多维度模式”。

9. 菲德勒的领导行为的权变模式认为，某种领导方式是否有效，取决于领导者与下属相互影响的方式、情境给予领导者的控制和影响程度的一致性。领导者所采取的领导方式应该与环境相适应，才能卓有成效。菲德勒的研究表明：任务取向的领导方式，在环境条件最有利和最不利的情况下工作效率较高；关系取向的领导方式，只有在环境条件一般的情况下工作效率较高。

10. 斯莫尔和史密斯的领导行为的认知中介模式认为：教练员的执教行为通过运动员的认知影响运动员的反应；运动员的反应反过来影响教练员的认知并进而影响教练员的行为；而教练员的执教行为效果受执教环境、教练员的个人特征以及运动员的个体差异的影响。

11. 美国学者谢拉杜莱的运动领导的多维度模式认为：情境、领导者和团队成员的特性，是决定运动情境中领导行为的三个因素。运动情境中的领导行为包括三个组成部分，即被要求的行为、实际行为和被喜爱的行为。这三个组成部分如果彼此一致，运动员就会有理想的表现和满足感；互不一致，就会出现放任自流的结果。如果被要求的行为与实际行为一致，但与被喜爱的行为不一致，运动员也许会有上佳表现，但他们并不满意；如果实际行为与被喜爱的行为相一致，但与被要求的行为不一致，运动员也许会感到满意，但场上表现可能不会令人满意。

12. 美国学者马腾斯提出了有效领导的“四要素”，分别是：领导者的品质、领导风格、情境因素和追随者的特点。

复习思考题

1. 在报纸、杂志、书籍中寻找一篇关于优秀教练员的报道，分析他/她的领导方式，探讨这种领导方式成功的原因。

2. 如果你是运动员，你希望你的教练员采取哪种领导方式？为什么？

3. 如何根据运动员的性别、年龄、运动水平等特征，采取最有效的领导方式？

4. 如何根据训练和比赛的不同特点，采取最有效的领导方式？

5. 以“有效领导”（effective coaching）、“领导行为”（leadership behavior）为关键词查询国内外文献并综述研究进展。

推荐阅读

Cox, R. H. (2007). Leadership and communication in sport. In R. H. Cox, *Sport psychology: Concepts and applications* (6th ed., pp. 52 - 78). New York, NY: McGraw-Hill.

Weinberg, R. S., & Gould, D. (2015). Leadership. In R. S. Weinberg & D. Gould, *Foundations of sport and exercise psychology* (6th ed., pp. 407 - 448). Champaign, IL: Human Kinetics.

Laios, A., Theodorakis, N., & Gargalianos, D. (2003). Leadership and power: Two important factors for effective coaching. *International Sports Journal*, *7* (1), 150 - 154.

Keegan, R. J., Harwood, C. G., Spray, C. M., & Lavallee, D. (2014). A qualitative investigation of the motivational climate in elite sport. *Psychology of Sport & Exercise*, *15*, 97 - 107.

名词解释

暗示调节（self-suggestion intervention）：通过言语暗示控制情绪和行为的方法，也可以借助手势、表情或其他暗号来进行暗示调节。[第八章]

暗示训练（self-suggestion training）：利用语言等刺激物对主体的心理施加影响，进而控制行为的过程。[第七章]

悲伤反应过程（grief response process）：运动员或锻炼者严重受伤后情绪反应的变化过程，包括五个阶段：多数人开始时否认，后经愤怒、讨价还价和抑郁阶段，最终达到接受现实与改变行为的积极情绪状态。[第十章]

比赛方案（competition plan）：教练员和运动员根据比赛目标而为比赛进程制订的详细计划，主要包括比赛心理净化程序、比赛行为活动程序、比赛思维活动程序以及比赛心理调控策略库等。[第八章]

表情调节（expression intervention）：通过有意识地改变自己的面部和姿态表情以控制情绪的方法。[第八章]

表现增强性药物（performance-enhancing drugs）：能够提高运动成绩的药物，主要包括类固醇、β 阻断剂以及用以增加肌力、镇静神经或隔绝疼痛刺激的药物。[第十一章]

表象调节（imagery intervention）：通过表象控制情绪和行为的方法。[第八章]

表象训练（imagery training）：在暗示语的指导下，在头脑中反复想象某种运动动作或运动情境，从而提高运动技能和情绪控制能力的过程。[第七章]

冰山图像（iceberg profile）：摩根等于 20 世纪 70 年代提出的心理健康模型的主要内容之一，反映了心境状态与运动表现间的关系。与不太成功的运动员相比，成功运动员《心境状态剖面图》（POMS）的消极心境状态的五个维度得分更低，而积极心境状态维度（活力）得分更高，剖面图像形似陡峭的冰山。[第六章]

挫折-攻击理论（frustration-aggression theory）：由多拉德等在 20 世纪 30 年代提出。该理论认为，攻击行为是个体目标受到阻碍或失败的直接结果之一，挫折引发了攻击动机，进而导致攻击行为的产生。但有研究表明，挫折只是引起攻击行为的原因之一，但不是唯一原因。[第十一章]

单一认同发展和外部控制模型（unidimensional identity development and external control model）：柯克利于 1992 年提出的解释青少年运动员产生心理耗竭的社会原因的理论模型。该模型认为，心理耗竭的产生有两个社会原因：一是运动员发展体育运动以外的才能的愿望无法实现；二是运动员感到自己在生活中的选择权几乎都被训练和竞赛控制。这两个原因很可能导致他们心理耗竭，使其最终退出运动场。[第九章]

倒 U 形假说（inverted U hypothesis）：由耶克斯和多德森提出的关于唤醒水平与操作成

绩关系的假说。该理论有两个理论假设：一是认为个体的唤醒水平与运动表现呈现倒U形关系，即当个体处于较低的唤醒水平时，运动表现较低；处于中等唤醒水平时，运动表现最高；当唤醒水平超过中等水平的临界点后继续发展时，运动表现将会逐渐恶化。二是认为不同性质的运动表现，其所需唤醒水平不同，在这个水平之上或之下都有可能使成绩不理想。倒U形假说存在以下问题：一是现实中理想唤醒水平难以准确测量；二是没有考虑运动员的个体差异；三是在影响运动表现的多种因素中，只简单考虑唤醒水平是不充分的。[第三章]

道德归因理论（moral reasoning theory）：由布莱德梅尔在20世纪90年代提出的关于道德发展与攻击行为关系的理论主张。该理论认为，个体进行攻击的意愿与其所处的道德发展阶段有关，个体所处的道德发展阶段越高，其攻击意愿越弱。在竞技运动中，运动员将适用于日常生活的道德准则搁置，采用另一套准则——自我中心化的道德准则，被称为竞赛归因。道德归因理论重视归因在攻击行为中的重要作用，提示教练员、管理人员乃至全社会应重视竞技体育环境中道德氛围的建设，预防或减少竞技运动中攻击行为的发生。[第十一章]

敌意性攻击（hostile aggression）：以伤害对手为直接目的的行为。攻击者的目的是使受害者痛苦，伤害他人，而非获取比赛胜利，攻击者通常伴有愤怒情绪。[第十一章]

动机（motivation）：推动一个人进行活动的心理动因或内部动力。其基本含义是能引起并维持人的活动，并将该活动导向一定目标，以满足个体需要的念头、愿望或理想等。[第二章]

多维焦虑理论（multidimensional anxiety theory）：马腾斯等将莫里斯等提出的测验焦虑多维理论移植到运动领域，用于解释焦虑与运动表现的关系。该理论认为：当认知焦虑增加时，操作成绩水平相应降低，两者呈线性关系；当积极的成功期望增加时，自信心增强，从而间接提高操作成绩水平；以生理特征为主的躯体焦虑与操作活动之间呈倒U形关系。该理论提示，用认知焦虑和躯体焦虑预测运动成绩，比仅用生理唤醒预测运动成绩具有更好的生态学效度。[第三章]

放任式领导（laissez-faire leadership）：勒温关于领导作风分类的一种，指将权力定位在团体成员，具有无为而治、放任自流特点的领导作风。[第十三章]

放松训练（relaxation training）：以一定的暗示语集中注意，调节呼吸，使肌肉得到充分放松，从而调节中枢神经系统的兴奋性的一种训练方法。[第七章]

符号学习理论（symbolic learning theory）：用以解释表象训练机制的一种理论。该理论认为，表象训练对动作执行具有促进作用，是因为它可以帮助动作执行者理解并形成动作图式的心理编码，进而从认知上为动作执行做好准备，制订计划。该理论侧重从认知心理角度解释表象练习的作用，但未涉及已经熟练的运动技能的提高问题。[第七章]

个人最佳功能区理论（individual zone of optimal function，IZOF）：由苏联学者汉宁提出的关于焦虑水平与运动成绩关系的一种理论。该理论认为，每个运动员在操作过程中都存在着一个理论上的理想机能区段，当焦虑水平处于这一区段内时，可以获得最佳的成绩。个人最佳功能区理论注重个体差异，能够进行定量研究，且具有较好

的生态学效度。[第三章]

攻击的本能理论（instinct theory of aggression）：以弗洛伊德有关攻击的理论主张为基础，认为攻击属于人与生俱来的一种内驱力，当个体的攻击能量积累到一定程度时，可以通过攻击另一个生物体使其攻击内驱力得到宣泄或释放。本能理论并未得到相关证据的有力支持。[第十一章]

攻击的社会学习理论（social learning theory of aggression）：由班杜拉在 20 世纪 60 年代提出。该理论认为，攻击是个体经由观察他人的行为，后在出现类似行为时得到强化而习得的；当个体自身或榜样的攻击行为受到强化时，会相应增加个体的攻击行为。该理论对攻击行为的解释，因强调重要他人在攻击行为发展及控制中的重要性而对竞技运动中攻击行为的预防及干预具有实践意义。[第十一章]

攻击行为（aggression）：以损害或伤害另一个生命体为直接目的的任何形式的行为，受伤害的生物体意图回避这种行为。[第十一章]

工具性攻击（instrumental aggression）：为实现某些外在目的，而故意伤害他人的行为。工具性攻击的目的并非伤害他人，而是达到某些其他目的，攻击者未必伴有愤怒情绪，且行为可能并未违反竞赛规则。[第十一章]

归因（attribution）：人们对自己或他人行为原因的推论过程。[第二章]

呼吸调节（respiration intervention）：通过调节呼吸的频率、深度和方式以控制情绪的方法。[第八章]

唤醒（arousal）：有机体总的生理性激活（或者兴奋）的不同状态或不同程度。唤醒有三种表现，即脑电唤醒、行为唤醒和植物性唤醒。[第三章]

活动调节（activity intervention）：通过改变身体活动方式调节和控制情绪的方法。[第八章]

激化调节（sharpening intervention）：通过刺激和唤醒自尊意识控制情绪和行为的方法。[第八章]

渐进式放松训练（progressive relaxation training）：强调放松要循序渐进地进行，要求训练者先使肌肉收缩，继而放松，通过比较肌肉收缩和放松后的不同感受进而体验到放松感的方法。[第七章]

焦虑（anxiety）：由于不能克服障碍或不能实现目标，而体验到身体和心理的平衡状态受到威胁，形成的一种紧张、担忧并带有恐惧的情绪状态。焦虑状态含三种主要成分，分别为生理唤醒、情绪体验以及威胁、不确定性和担忧的认知表征。[第三章]

焦虑方向理论（anxiety direction theory）：由琼斯和斯温在多维焦虑理论基础上提出。该理论认为，应当重视运动员对焦虑的方向解释，即他们是将焦虑体验为积极的、对运动成绩具有促进作用的，还是将竞赛焦虑体验为消极的、对运动成绩具有阻碍作用的。同时，还应重视运动员焦虑体验的发生频率，即某种强度的焦虑体验是经常出现，还是不经常出现。[第三章]

警戒（vigilance）：在相对较长的时限内在一定环境中觉察特定的、不能预期出现的事件的准备状态。[第四章]

警觉（alertness）：在相对较短的时限内在一定环境中觉察特定的、不能预期出现的事件

的准备状态。[第四章]

角色定位（role positioning）：运动员比赛前和比赛中对自己、队友、对手之间关系的认识倾向，它直接影响着运动员对自己比赛表现正常与否的判断，影响着运动员的自信心和比赛应变能力。[第八章]

领导（leadership）：指引、影响或控制个人或组织实现某种目标的行动过程，由领导者、被领导者及其所处环境三种因素组成。[第十三章]

领导特质说（leadership trait approach）：盛行于 20 世纪 20 年代的有效领导方式学说。该学说主张，领导者之所以成为领导者，是因为他们具有一些相对稳定的人格倾向，如聪明、果敢、独立和自信等。这些“领导特质”决定一个人能否成为成功的领导者。该学说忽略领导者与情境的交互作用。[第十三章]

领导行为的交互作用说（interactional approach of leadership behavior）：工业和普通心理学的研究者提出的领导行为学说。该学说认为，没有一种人格特质能够预测成功的领导；有效的领导要适合特定的情境；领导风格和行为可能因情境的要求而改变。[第十三章]

领导行为的认知中介模式（cognitive-mediational model of leadership）：由斯莫尔和史密斯提出的强调情境、认知、行为和个体差异之间关系的领导行为模式。该模式认为：教练员的执教行为通过运动员的认知（对教练行为的感知与回忆）影响运动员的反应；而运动员的反应反过来影响教练员的认知（对运动员态度的知觉）并进而影响教练员的行为；执教环境、教练员的个人风格，以及运动员的个体差异，均影响教练员的执教行为和运动员的反应。[第十三章]

领导行为说（leadership behavioral approach）：继领导特质说之后出现的新学说。该学说主张领导者是塑造出来的，不是天生的；只要学会杰出领导者普遍的行为，任何人都能成为领导者。该学说注重发现优秀领导者的普遍行为。[第十三章]

领导者（leader）：行使领导职能的人。[第十三章]

民主式领导（democratic leadership）：勒温关于领导作风分类的一种，指将权力定位于团体、具有相互尊重、博采众长特点的领导作风。[第十三章]

模拟训练（simulation training）：针对比赛中可能出现的情况或问题进行模拟实战的反复练习，目的是使运动员适应各种比赛条件，保证技战术在变化的情境中也能得到正常发挥。[第七章]

目标定向理论（goal orientation theory）：由杜达和尼克尔斯提出。该理论从活动目标的角度对运动动机进行了分析，探讨哪些心理和行为因素会影响人的主观能力，这种主观能力又如何影响人的后继行为及其效率。该理论认为，指向活动本身并以自身进步为参照的任务定向可以激发对任务的直接兴趣，而指向将自己同他人进行能力比较的自我定向则会导致内部动机的下降。[第二章]

目标设置（goal setting）：对动机性活动将要达到的最后结果所进行的规划，其关系到比赛动机的方向和强度。[第八章]

内驱力理论（drive theory）：最初由赫尔提出，后来得到斯彭斯夫妇的修正。该理论推测，操作成绩（performance，P）是内驱力（drive，D）与习惯强度（habit，H）

的乘积，即$P=D\times H$。当习惯强度为正向时，内驱力越大，操作成绩越好。该理论用内驱力解释唤醒与学习效率及运动表现之间的关系，否定倒U形假说。但很多时候复杂运动反应的习惯强度或习惯等级难以清楚确定，因此，不适用于解释复杂或新的活动任务的执行。[第三章]

女运动员三联征（female athlete triad）：由饮食失调、闭经和骨质疏松三方面构成。是指可利用的能量、月经功能及骨骼健康三方面相互联系、相互影响，而出现的一种病理征象。每一方面都包括从健康到疾病的变化范围，并表现出不同程度的症状，主要临床症状可表现为饮食紊乱、功能性下丘脑性闭经和骨质疏松。[第十一章]

气味调节（odor intervention）：通过气味调节控制情绪的方法。[第八章]

气质（temperament）：表现在心理活动的强度、速度、灵活性和指向性等方面的一种稳定的心理特征。[第六章]

情志转移（interest shift）：通过转移注意来调节控制情绪的方法。[第八章]

躯体焦虑（somatic anxiety）：焦虑的生理成分，直接由自发的唤醒引起，通过心跳加快、呼吸急促、手心出汗、肠胃痉挛以及肌肉紧张等表现出来。[第三章]

人格（personality）：构成一个人的思想、情感及行为的特有模式，包含一个人区别于他人的稳定而统一的心理品质。[第六章]

人情取向（socioemotion orientation）：三隅二不二对领导者的行为取向分类的一种，指以职工的利益和情感为重的领导作风。[第十三章]

认知焦虑（cognitive anxiety）：焦虑的认知性特征，由对内外刺激的评价引起，是含有担忧和干扰性视觉表象成分的一种不愉快的感受。[第三章]

认知评价理论（cognitive evaluation theory）：由德西和莱恩于20世纪七八十年代提出。该理论认为，任何一个事件均具有两种功能：控制性功能和信息性功能。事件的控制性功能影响人的自我决策，信息性功能影响人的能力感；控制性功能和信息性功能的交互作用影响动机。低控制性的积极信息可以提高人的内部动机，高控制性的积极信息可以提高人的外部动机，消极信息损害内部动机和外部动机；一个事件的控制性和信息性功能，取决于个体对该事件的认知评价。[第二章]

认知-情感应激模型（cognitive-affective stress model）：由史密斯提出的解释心理耗竭产生原因的理论模型。该模型认为，运动员或锻炼者对训练或竞赛中应激情境的持续消极评估所产生的消极的情绪反应和行为反应，是最终导致心理耗竭的原因。[第九章]

任务凝聚力（task cohesion）：团体凝聚力的独立成分之一，指团体成员团结一致为实现某一特殊及可识别的目标做出努力的程度。[第十二章]

任务取向（task orientation）：三隅二不二对领导者的行为取向分类的一种，指以完成工作任务和达到工作目标为重的领导作风。[第十三章]

社会测量法（social measurement/sociometry）：研究团体（特别是小团体）内成员之间人际关系和人际互动模式的一种测量方法。该方法是通过向团体中的每个成员提出一些问题，要求他们按照一定的标准选择自己的朋友，然后根据这些选择来分析团体中的人际关系。用该方法能够初步揭示团体成员间的友好关系及人际吸引力的程

度。［第十二章］

社会凝聚力（social cohesion）：团体凝聚力的独立成分之一，指团体成员相互欣赏，并愿意成为团体一员的程度。［第十二章］

神经性贪食症（bulimia nervosa）：饮食失调的表现形式之一。主要表现为一种无法控制的暴饮暴食的进食模式，在暴食后通常伴随着催吐、节食或过度锻炼等补偿性行为，个体的自我评价受到体重及体型的严重影响。神经性贪食症患者的体重通常因补偿性行为而并不超标。［第十一章］

神经性厌食症（anorexia nervosa）：一种过度节食，极度恐惧自己变胖，对身体形象感到困扰，伴随严重的体重下降，拒绝保持正常体重的心理疾病。女性通常伴随着月经失调。［第十一章］

生物反馈训练（biofeedback training）：利用仪器将与心理生理过程有关的生物学信息（如肌电、皮电、皮温、心率、血压、脑电等）以视觉或听觉方式呈现给受训者，训练其有意识地调控自身的心理生理活动的过程。［第七章］

胜任动机（competence motivation）：个体在成就领域获取成功的内在动机。［第五章］

胜任动机理论（competence motivation theory）：由哈特于20世纪七八十年代提出，是适用于成就领域（如竞技运动领域及其他专业领域）的动机理论。哈特认为，胜任动机影响个体在特定的成就领域进行掌握性尝试，尝试的结果则影响个体的认知、情感及行为。如果尝试成功或得到重要他人的赞赏或强化，其胜任感及控制感会提升，会体验到更多积极的感受，并将促使产生更多的掌握性尝试；如果尝试失败，或从重要他人处得到了不恰当的强化，胜任感及控制感会降低，会体验到更多的焦虑，导致尝试行为的减少，甚至彻底退出该领域。该理论与自我效能理论本质上都认为，成功表现能够提升个体的自信。［第五章］

使用兴奋剂（doping）：为提高运动成绩而使用某种对运动员健康具有潜在危害的临时性物质或方法。［第十一章］

双重任务技术（dual-task technique）：研究注意分配的一种实验范式，要求被试在完成一项主任务的同时，也完成一项次任务（通常为简单反应时任务）。此种条件下测得的简单反应时比正常条件下简单反应时减慢的程度，可作为主任务占用认知资源的指标，减慢越多，说明资源占用越多。［第四章］

特质焦虑（trait anxiety）：在各种情境中产生焦虑反应的情绪倾向和行为倾向。［第三章］

特质运动自信（trait sport confidence）：运动员对自己具有的能力，能够在竞技运动中赢得胜利的信念及确信程度。［第五章］

投入模型（investment model）：由施密特和斯坦因提出的解释心理耗竭产生原因的理论模型。该模型认为，个体对参与体育运动的投入与产出的评价，可以用来预测心理耗竭。运动员通过对参与某项运动所获得的回报、所付出的代价、满意度、时间与精力的投入以及其他选择等五个因素的评价，决定自己对参与体育运动的看法。如果他/她将所参与的运动看作是一种约束，则可能会产生心理耗竭。［第九章］

突变模型（catastrophe model）：哈迪和法齐在突变理论数学模型的启发下提出的关于行

为和唤醒之间关系的理论。该理论认为，认知焦虑水平较低时，生理唤醒和操作成绩之间的关系呈一条柔和的倒U形曲线；随着认知焦虑水平升高，生理唤醒和操作成绩之间的关系变得复杂。认知焦虑水平较高，且生理唤醒升高至某一点时，个体的行为表现会出现突变式的下降。该模型注重认知焦虑与生理唤醒对运动表现的共同影响，强调对认知焦虑的控制，与运动情境相符，但所述认知焦虑、生理唤醒与操作成绩的共变关系需进一步验证。[第三章]

团队构建（team building）：一项针对运动员的心理训练技术，其目的是提升团体凝聚力，使团体运行更加顺畅有效。依据运动心理咨询者是否直接与运动员接触，可以将团队构建途径划分为间接途径和直接途径。间接途径指运动心理咨询者仅与教练员接触，由教练员具体实施提升团体凝聚力的相应策略；直接途径指运动心理咨询者可以直接对运动员进行旨在提升团体凝聚力的心理训练，包括评估、策略、实施及评价四个阶段。[第十二章]

团体凝聚力（group cohesion）：也称团队凝聚力（team cohesion），是团体成员倾向于聚集在一起、共同去追求某一目标或对象的动态过程。[第十二章]

消极训练应激反应模型（negative-training stress response model）：由席尔瓦提出的解释心理耗竭产生原因的理论模型。该模型认为，对训练应激的消极反应是产生心理耗竭的原因。对训练应激的消极适应会导致训练收获的滞后，而缺乏训练收获会使运动员出现疲惫、过度训练和心理耗竭。[第九章]

心理不应期（psychological refractory period）：当相继给予被试两个刺激并对两个刺激分别产生反应时，如果两个刺激间隔时间缩短，第二个反应的时间出现延长的现象。[第四章]

心理定向（mental set）：个体在某种情境下习惯性的心理准备状态和反应倾向，也可以理解为运动员赛前和赛中注意力的焦点。[第四章]

心理耗竭（burnout）：也称身心耗竭或崩溃，是由于经常不能有效适应训练或比赛应激的要求而产生的一种耗竭性的心理生理反应。[第九章]

心理技能训练（psychological /mental skills training）：可分为广义的心理技能训练与狭义的心理技能训练。广义的心理技能训练指有目的、有计划地对运动员的心理过程和个性心理特征施加影响的过程；狭义的心理技能训练指采用特殊的方法和手段使运动员学会调节和控制自己的心理状态并进而调节和控制自己的运动行为的过程。[第七章]

心理健康模型（mental health model）：由摩根等于20世纪70年代后期提出。该模型认为，与不太成功的运动员相比，成功的世界水平的运动员一般具有更加积极的心理图像。运动员的成功与积极的心理状况呈正比关系，与消极的心理状况呈反比关系。具体来看，具有神经质、焦虑、抑郁、内向、困惑、疲劳等特征的运动员比没有上述心理特征的运动员成绩差。[第六章]

心理神经肌肉理论（psychoneuromuscular theory）：一种解释表象训练作用的理论。该理论认为，在进行动作表象训练时，与此动作有关的肌肉会产生细微的神经支配活动，其活动模式与实际完成此动作时完全一致，只是强度较弱。这种神经活动模式会存储在记忆中，并作为反馈调整以后的动作执行。该理论在得到肌电（EMG）研究证据及生物电控制技术研究成果支持的同时，也受到了一些质疑。[第七章]

兴奋剂（dope）：全称运动兴奋剂，国际体育组织规定的禁用药物和方法的总称。[第十一章]

性格（character）：是与社会关系最为密切的人格特征，表现了人们对现实和周围世界的态度，并表现在行为举止中。[第六章]

修正的挫折-攻击理论（formulated/revised frustration-aggression theory）：由伯克维茨基于挫折-攻击理论在20世纪60年代提出。该理论认为，挫折并不必然导致攻击行为，而是提供了攻击的准备状态。实际攻击行为的发生，依赖于与攻击相联系的刺激因素，这些刺激因素是个体在后天习得的，促使受挫个体产生攻击行为的线索。虽然该理论基于挫折-攻击理论，但两者存在本质区别。挫折-攻击理论将挫折作为攻击动机及行为产生的原因；而修正的挫折-攻击理论认为挫折只是导致了攻击准备状态，环境线索才是攻击行为的决定因素。[第十一章]

宣泄调节（discharge intervention）：以适当的方式及时、充分地宣泄情绪的方法。[第八章]

颜色调节（color intervention）：通过颜色控制情绪的方法。[第八章]

一般攻击模式（general aggression model）：安德森和布施曼于2002年提出的攻击行为模式。根据该模式，攻击行为的输入即来源，包括个人因素和情境因素。个人因素、情境因素以及两者的交互作用决定个体的攻击倾向，进而导致了个体内部状态的改变。而攻击行为的产生取决于个体对这一过程的评估与决策。[第十一章]

音乐调节（music intervention）：通过音乐控制情绪的方法。[第八章]

饮食失调（eating disorder）：也叫进食障碍，是一种由不正常的饮食习惯或一组以异常进食行为为主的精神障碍，会对人的身体和心理健康产生不良影响。临床主要表现为神经性贪食症和神经性厌食症，亚临床主要表现为节食或贪食。[第十一章]

应对（coping）：个体为了控制自己认为负有压力或者超出其自身资源的内外刺激而进行的不断的认知和行为努力。[第十章]

应对资源（coping resources）：可用于应对压力的方式、手段或工具。[第十章]

应激（stress）：有机体在遇到干扰自己平衡状态或超越自己应对能力的刺激事件时所表现出的特定或非特定性的反应过程，包括应激刺激、对威胁的知觉评价和应激反应三种主要成分。[第三章、第十章]

应激刺激（stressor）：也称应激源，指对有机体形成威胁并引起有机体严重变化的各种内在及外在的影响因素。[第十章]

应激反应（stress response）：有机体对应激刺激做出的适应性变化，包括生理的、行为的、情绪的以及认知上的改变。[第十章]

应激-损伤模型（stress and injury model）：由威廉姆斯和安德森提出的解释运动损伤的心理原因的理论模型。该模型认为，预测运动损伤的核心因素是运动员的应激反应。当运动员主观上感到训练或比赛任务要求超过了自己的应变能力时，会产生明显的应激反应，导致肌肉紧张加剧，视野变窄及注意力分散等。这种变化会增加其受伤

的风险。[第十章]

应激源史（history of stressors）：有机体过去承受过的应激刺激的情况。[第十章]

有效领导的权变模式（contingency model of effective leadership）：由菲德勒提出的有效领导行为模式。该模式主张：某种领导方式是否有效，取决于领导者与下属相互影响的方式、情境给予领导者的控制和影响程度的一致性。领导者所采取的领导方式应该与环境相适应，才能卓有成效。任务驱动的领导方式，在环境条件最有利和最不利的情况下工作效率较高；关系驱动的领导方式，只有在环境条件一般的情况下工作效率较高。[第十三章]

娱乐性药物（recreational drugs）：人们用来追求个人快乐的药物，这类药物能产生快感或幻觉。[第十一章]

运动动机（sport motivation）：推动人们参与运动训练或身体锻炼活动的内部心理动因或内部动力。[第二章]

运动领导的多维度模式（multidimensional model of sport leadership）：由谢拉杜莱提出的运动领导行为模式。该模式认为：情境、领导者和团队成员的特性，是决定运动情境中领导行为的前提条件。运动情境中的领导行为包括三个组成部分，即被要求的行为、实际行为和被喜爱的行为。这三个组成部分如果彼此一致，运动员就会有理想的表现和满足感；互不一致，就会出现放任自流的结果。如果被要求的行为与实际行为一致，但与被喜爱的行为不一致，运动员也许会有上佳表现，但他们并不满意；如果实际行为与被喜爱的行为相一致，但与被要求的行为不一致，运动员也许会感到满意，但场上表现可能不会令人满意。[第十三章]

运动团队（sport team）：也称运动队，指由两个或两个以上的个体组成的团体，其成员具有共同的身份、共同的目的和目标，命运相同，成员使用结构化的模式交流及互动，成员无论在工作还是个人方面，均互相依存、互相吸引，而且认为他们构成一个整体。[第十二章]

运动团体凝聚力发展的生命周期模型（life cycle model of team cohesion development）：由卡伦在 20 世纪 80 年代提出的运动团体凝聚力发展模型。根据该模型，运动队成员的进出会导致队伍的重新调整，进而影响其团体凝聚力。一个运动队的团体凝聚力在运动队发展至消亡的五个阶段中动态变化，这五个阶段包括初识、角色定位、规范建立、表现及分离阶段。[第十二章]

运动团体凝聚力发展的线性模型（linear model of team cohesion development）：由卡伦在 20 世纪 80 年代提出的运动团体凝聚力发展模型。该模型认为，一支运动队的发展至消亡包括形成期、风暴期、规范期及表现期。团体凝聚力在这四个阶段中动态起伏，在规范期和表现期，团体凝聚力水平最高；在形成期和风暴期，团体凝聚力最低。[第十二章]

运动团体凝聚力发展的钟摆模型（pendulum model of team cohesion development）：由卡伦在 20 世纪 80 年代提出的运动团体凝聚力发展模型。该模型认为，团队在形成初期，成员间产生冲突，后因冲突解决，团体凝聚力产生。然而，团队永远会面临新的问题，产生冲突，解决问题，不断循环。因此，一个团队在冲突和凝聚力间像钟

摆一样周而复始地摆荡。[第十二章]

运动情境的药物威慑模型（drugs in sport deterrence model，DSDM）：由斯塔德兰和伯克曼以威慑理论为基础提出。该模型认为，运动员对三方面因素的主观感知影响其兴奋剂使用的决策过程，即对付出代价的主观感知、对获得利益的主观感知，以及对一些特殊情境因素的主观感知。该模型有助于相关人员了解哪些因素影响运动员兴奋剂使用的决策过程，进而有效检测和制止运动员使用兴奋剂。[第十一章]

运动心理疲劳（mental fatigue）：运动员在应对内源性压力和外源性压力时，心理资源及生理资源被不断消耗而没有得到及时补充时所出现的心理机能下降的现象，表现在情绪、认知、动机、行为和生理维度的改变上。[第九章]

运动心理学（sport psychology）：应用心理学的分支学科之一，是研究人在体育运动中心理活动的特点及规律的科学。其主要研究任务包括：人在体育运动中心理和行为的特点与规律，体育活动对人的心理和行为的影响，掌握运动知识、形成运动技能、进行技能训练的心理学规律，运动竞赛中人的心理状态问题等。其所涉领域包括竞技运动、体育教育和大众健身。[第一章]

运动中的攻击行为（aggression in sport）：在运动竞赛情境中，运动员有意识地对对手造成身心伤害的行为。[第十一章]

运动自信（sport confidence）：运动员对通过自己所具有的能力在竞技运动中获取胜利的信念及确信程度。[第五章]

运动自信多维模型（multidimensional sport confidence model）：维亚利等在 2002 年将运动自信模型发展为运动自信多维模型。该模型将运动自信视为包含三个维度的多维结构，即身体技能与训练自信、认知效能及韧性，建立了涵盖运动自信的类型、来源、结果及影响因素四个方面的整合模型。该模型认为，运动自信来源于成就、自我调节及社会气氛三大类因素，同时受个人及组织文化因素的影响；运动自信的结果包括其对个体的认知、情感及行为产生的效应，进而影响运动表现。该模型放弃了对运动自信进行特质及状态的区分，与新近的研究结果更为一致，并为竞技运动领域自信的研究提供了可参考的理论框架。[第五章]

注意（attention）：心理活动或意识对一定对象的选择、指向和集中。[第四章]

注意范围（attention range，attention span）：也称注意广度，指在一瞬间能清楚把握的对象的数量。[第四章]

注意方式理论（attention styles theory）：由奈德弗在 20 世纪 70 至 90 年代提出并发展的有关注意结构、个体差异与操作成绩关系的理论。该理论将注意的结构分为注意范围和注意方向两个维度，注意范围指在瞬间能清楚把握的刺激的数量，由非常狭窄到非常广阔。注意方向指人正在关注外部的环境信息还是内部的身心情况。这两个维度经交叉组合后形成 4 种注意方式，即广阔-内部注意、广阔-外部注意、狭窄-内部注意、狭窄-外部注意。不同的运动任务需要不同的注意类型做支持。[第四章]

注意分配（distribution of attention）：在同一时间内将注意指向不同的对象。[第四章]

注意训练（attention training）：通过各种方法提高注意的稳定性、抗干扰性或注意集中程度的过程。[第七章]

专制式领导（autocratic leadership）：勒温关于领导作风分类的一种，是指将权力掌握在领导者手中，具有唯我独尊、独断专行特点的领导作风。［第十三章］

状态焦虑（state anxiety）：个人在特定的情境和特定的时间内直接表现出来的，并带有明显的外显行为的焦虑情绪，是一种暂时波动的情绪状态。［第三章］

状态运动自信（state sport confidence）：定向于“此时此刻”，强调个体在某一特定时刻具有的信念及确信程度。［第五章］

自生放松训练（autogenic relaxation training）：通过暗示语使身体各部位直接放松，最后达到全身放松的方法。［第七章］

自我效能（self-efficacy）：一个人对自己能否成功地完成一项任务所持的信心和期望，或对自己成功完成一项任务所具备的潜能的认识。［第二章］

自我效能理论（self-efficacy theory）：由班杜拉于 20 世纪七八十年代提出的关于自我效能的来源，及其与行为表现的关系的理论。该理论认为，个体的自我效能信息来源于四个方面，即成功表现、替代经验、言语说服及情绪唤醒。在运动领域中，个体的自我效能信息来源于六个方面，依次为成功表现、替代经验（也称模仿学习）、言语说服、生理状态、情绪状态及表象经验。个体的自我效能对个体的行为具有预测作用。该理论对于理解运动自信的来源、探索有效提升运动自信的策略具有重要的意义。［第五章］

参考文献

《心理学百科全书》编辑委员会(编).(1995).*心理学百科全书*.杭州:浙江教育出版社.

阿喜.(2008-8-16).菲尔普斯最爱音乐曝光　奥运期间醉心〈我就是我〉.搜狐体育.http://2008.sohu.com/20080816/n258917399.shtml

安燕,郑樊慧,王德建,吴晓俊.(2013).运动损伤后的心理反应及其心理康复策略.*体育科研*,*34*(1),54-56.

白慧婴.(2005).*桌球运动选手背景变项与团队凝聚力之相关研究*.台北:秀威出版(秀威资讯).

毕晓婷.(2009).*运动性心理疲劳概念的再解构*(硕士学位论文).北京:北京体育大学.

波林.(1981).*实验心理学史*(高觉敷译).北京:商务印书馆.

柴文袖.(1991).我国古代运动心理学思想再探.*体育科学*,*11*(5),89-92.

陈晨曦,雷声.(2013-11-10).广州恒大问鼎亚冠　中超球队创最佳战绩.*人民日报*,1版.

陈静,温红博,郑海燕,莫雷.(2006).乒乓球运动员人格特征对比赛成绩及专业发展的影响.*心理科学*,*29*(4),986-990.

陈艳兰,全国华.(2017).不同水平羽毛球运动员视觉注意选择的眼动研究.*当代体育科技*,*7*(32),162-163.

魑魅.(2012-4-25).NBA官网评史上10大球场暴力　野蛮右勾拳阿泰二犯.新浪体育.http://sports.sina.com.cn/k/2012-04-25/00056036766.shtml

戴群,吉承恕,李宗浩.(2005).人格特征对棒球运动员运动损伤的影响.*天津体育学院学报*,*20*(2),11-13.

丁雪琴.(2007).比赛心理准备程序.见张忠秋(主编).*优秀运动员心理训练实用指南*(201-210页).北京:人民体育出版社.

杜吟,李京诚.(2011).心率变异性在运动领域应用研究的现状.*首都体育学院学报*,*23*(1),89-96.

段再复,张力为.(2017).解释比赛“Choking”的新视角:心智游移理论.*体育科学*,*37*(2),37-46.

方娅.(2004).高水平运动员运动损伤的心理反应.*体育学刊*,*11*(2),57-59.

冯鑫,张小华.(2011).大学生运动员完美主义与自尊及训练比赛满意感的关系.*武汉体育学院学报*,*42*(2),47-51.

高德耀.(1991).不良心理的自我调节.*大众心理学*(3),25-26.

高士竣,黄崇儒,洪聪敏.(2009).较佳精准运动表现中专注的脑波特征.*中华体育季刊*,*23*(3),1-16.

何颖,徐明.(2012).高水平运动员运动损伤的心理康复研究.*成都大学学报(自然科学版)*,*31*(3),301-303.

赫葆源,张厚粲,陈舒永等(编).(1983).*实验心理学*.北京:北京大学出版社.

贺梦阳.（2017）. *优秀网球选手注意资源分配方式的ERP研究*（硕士学位论文）. 湖北：武汉体育学院.

侯玉波.（2013）. 团体心理与行为. 见侯玉波（编著），*社会心理学*（第3版，171－199页）. 北京：北京大学出版社.

胡涛，周伟鸣，朱晓琴.（2010）. 上海优秀击剑运动员和跳水运动员注意特征比较. *体育科研*，*31*（6），65－67.

黄心豪，陈思彤.（2006－4－3）. 中国射击队高科技抗压，四个绝招医治"老毛病". 搜狐体育. https://sports. sohu. com/20060403/n242603994. shtml

霍恩.（2011）. 运动自信. 见霍恩（主编），*运动心理学前沿*（彭凯平等译，66－99页）. 北京：北京体育大学出版社.

季浏，符明秋.（1994）. *当代运动心理学*. 重庆：西南师范大学出版社.

季浏.（1994）. 运动中目标设置研究的现状和存在的问题. *山东体育学院学报*，*10*（4），1－6.

剑波.（2012－7－29）. 英国媒体赞郭文珺成功卫冕　称中国枪手超级冷静. 搜狐体育. http://2012. sohu. com/20120729/n349307659. shtml

江宇，张力为，陈荔.（2006）. 颜色对人的温度感的影响：对运动员心理调节的启示. *北京体育大学学报*，*29*（10），1348－1350.

姜媛.（2011a）. 绪论. 见毛志雄（主编），*体育运动心理学简编*（2页）. 北京：北京体育大学出版社.

姜媛.（2011b）. 运动中的心理疲劳. 见毛志雄（主编），*体育运动心理学简编*（148－167页）. 北京：北京体育大学出版社.

蒋长好，王晓，李波，田盈雪.（2013）. 心理疲劳对射击运动员整体-局部加工的不同影响. *心理科学*，*36*（3），540－546.

蒋丰，储石生.（2007）. 渐进式心理放松训练对于降低江苏男子花剑运动员焦虑水平的效果的研究. *南京体育学院学报（社会科学版）*，*21*（3），44－45.

矫健，贾巍.（2008）. 心理暗示调解法在恢复期中的运用. *山东体育科技*，*30*（1），57－59.

考克斯.（2003）. *运动心理学：概念与应用*（第5版，张力为等译）. 北京：清华大学出版社.

赖斯.（2000）. *压力与健康*（第2版，石林等译）. 北京：中国轻工业出版社.

勒昂斯，内森.（2005）. *运动心理学导论*（第3版，姚家新等译）. 西安：陕西师范大学出版社.

李静，宋宏伟，刘晓海，刘贺.（2012）. 优秀运动员心理韧性量表的编制. *天津体育学院学报*，*27*（4），355－359.

李清正，徐新保，李增民.（2013）. 不同训练周期中运动员疲劳诊断的研究. *体育科学*，*33*（7），31－35.

李涛，刘礼艳，刘电芝.（2015）. 世界级水平冠军运动员的心理韧性要素分析及其相互关系. *体育与科学*，*36*（3），98－107.

李文思.（2018）. 注意焦点对运动技能表现影响的研究综述. *辽宁体育科技*，*40*（4），74－78.

李小兵.（2007）. 跆拳道比赛运动员临场心理失态及调节. *贵州民族学院学报（哲学社会科学版）*（4），196－198.

李小萌，张力为.（2013）. 运动员的完美主义可以预测心理疲劳吗. *天津体育学院学报*，*28*（2），129－132.

李永瑞，梁承谋，张厚粲.（2005）. 不同运动项目高水平运动员注意能力特征研究. *体育科学*，*25*（3），19－21.

栗然.（2006－7－15）. 齐达内马特拉齐谁是说谎者?. 新浪体育. http://sports. sina. com. cn/s/2006-07-15/1230919876s. shtml

梁建增（主编）.（2004）. *王者归来：中央电视台东方之子奥运冠军访谈录*. 南昌：江西教育出版社.

梁添祥.（2001）. 试论运动心理学中的目标设置. *体育科技*，*22*（3），56－58.

梁艳华，何强，李强.（2008）. 武术南拳运动员比赛行为程序的试验研究. *搏击·武术科学*，*5*(7)，34－35.

林琳，吕晓昌，孙研红，林宁.（2011）. 我国优秀皮划艇运动员人格特质的研究. *山东体育学院学报*，*27*(3)，48－51.

林岭.（2006）. *运动性心理疲劳的概念模型、多维检测、影响因素及干预措施*(博士学位论文). 北京：北京体育大学.

刘方琳.（2005）. *运动情境中心理疲劳的性质、原因及应对*(硕士学位论文). 北京：北京体育大学.

刘昊.（2014）. 高水平运动员运动损伤的心理因素及预防研究. *当代体育科技*，*4*(35)，16－18.

刘淑慧等(编著).（1993）. *实用运动心理问答*. 北京：人民体育出版社.

刘向前.（2012－7－29）. 首金赛前减压各有绝招　易思玲听音乐俞丹看小说. 搜狐奥运. http://2012.sohu.com/20120729/n349309004.shtml

刘欣华，吴文侃，刘旭华.（2006）. 我国女子乒乓球运动员个性特征研究. *武汉体育学院学报*，*40*(2)，57－60.

刘训.（2019）. 应激对运动员心理疲劳的影响：一个有中介的调节模型. *沈阳体育学院学报*，*38*(3)，100－105.

刘运洲，张忠秋.（2009）. 竞赛中的 Choking 现象分析. *上海体育学院学报*，*33*(5)，77－82.

路燕，梁枢.（2012）. 运动损伤心理因素研究综述及其思考. *南京体育学院学报(自然科学版)*，*11*(1)，154－157.

吕晓昌，李学强.（2003）. 关于目标设置难度与罚定位球成绩、努力程度和状态焦虑关系的研究. *聊城大学学报(自然科学版)*，*16*(3)，58－60.

罗睿.（2008）. 心理技能训练研究综述. *体育世界(学术)*(6)，43－46.

陆建峰，李珍妮，冯绍桢.（1995）. 儿少体操、技巧运动员个性特征与急性运动损伤关系的探讨. *体育科学*，*14*(3)，53－56.

马启伟，张力为.（1996）. *体育运动心理学*. 台北：东华书局.

马群.（2009）. *不同程度运动性心理疲劳心率变异性与脑电图特征*(硕士学位论文). 北京：北京体育大学.

马忠.（2004）. 目标设置对篮球投篮成绩和努力程度的影响. *许昌学院学报*，*23*(2)，68－71.

毛志雄.（2001）. *中国部分项目运动员对兴奋剂的态度和意向：TRA 与 TPB 两个理论模型的检验*(博士学位论文). 北京：北京体育大学.

毛志雄.（2003）. 运动活动的动机. 见张力为，毛志雄(主编)，*运动心理学*(23－50 页). 上海：华东师范大学出版社.

毛志雄.（2007a）. 运动损伤的心理分析. 见张力为，毛志雄(主编)，*运动心理学*(287－302 页). 北京：高等教育出版社.

毛志雄.（2007b）. 使用兴奋剂的心理分析. 见张力为，毛志雄(主编)，*运动心理学*(329－357 页). 北京：高等教育出版社.

梅磊.（1995）. *ET：脑功能研究新技术*. 北京：国防工业出版社.

孟海江，周成林，郭玉成.（2009）. 模拟比赛情景训练对优秀散打运动员注意分配能力的影响. *天津体育学院学报*，*24*(1)，69－71.

孟海江，周成林，王树明.（2007）. 注意分配训练对优秀散打运动员反应速度和动作准确性影响研究. *体育科学*，*27*(12)，33－37.

孟献峰，许彩明，姜忠于.（2004）. 心理状态对比赛的影响及其调节方法研究. *湖北体育科技*，*23*(4)，486－488.

孟昭兰(主编).（2005）. *情绪心理学*. 北京：北京大学出版社.

闵东旭, 王越. (2013). 大学生运动员完美主义与失败恐惧的关系：自尊的中介作用. *沈阳体育学院学报*, *32*(1), 69－73.

纳达尔, 卡林. (2013). *拉法：纳达尔自传*（陈超,赵伟佳译）. 上海：上海译文出版社.

潘正坤, 赵厚华. (2014). 受伤运动员的社会支持、心理困扰与情绪反应研究. *沈阳体育学院学报*, *33*(1), 63－68.

裴彩利. (2013). 运动员完美主义、失败恐惧与自我妨碍的关系. *天津体育学院学报*, *28*(2), 134－137.

裴力. (2012－7－29). 张山解密：手枪偶然性大　结束前郭文珺不知第几. 搜狐体育. http://2012.sohu.com/20120729/n349307659.shtml

彭聃龄(主编). (2001). *普通心理学*(修订版). 北京：北京师范大学出版社.

彭聃龄(主编). (2004). *普通心理学*(第 3 版). 北京：北京师范大学出版社.

漆昌柱, 郭远兵, 徐培. (2012). 体育情境下完美主义人格黑暗面研究述评. *体育学刊*, *19*(2), 55－58.

乔建中. (2003). *情绪研究：理论与方法*. 南京：南京师范大学出版社.

邱宜均, 贝恩渤. (1984). 对我国优秀短跑运动员个性特征的初步研究. 见武汉体育学院运动心理学研究室(主编), *优秀运动员个性特征研究*(23－46 页). 武汉：武汉体育学院.

全国体育学院教材委员会(编). (1988). *运动心理学*. 北京：人民体育出版社.

任未多. (1996). 绪论. 见马启伟(主编), *体育心理学*(1－26 页). 北京：高等教育出版社.

单小东. (1999). 论音乐功能在运动员赛前心理紧张的调节作用. *安徽体育科技*, *20*(2), 48－50.

石岩. (2006). 心理技能训练概述. 见季浏(主编), *体育心理学教与学指导*(223－252 页). 北京：高等教育出版社.

石岩, 刘崇庚. (1992). 运动员感觉寻求特质与人格特征的研究. *山西体育科技*(4), 51－57.

石岩, 周浩. (2017). 体育运动与人格三大研究主题述评及展望. *体育科学*, *37*(7), 60－72.

姒刚彦. (1990). 体育运动焦虑与归因的诊断. 见邱宜均(主编), *运动心理诊断学*(157－176 页). 武汉：中国地质大学出版社.

孙海光. (2012－5－20). 林丹汤杯前听音乐放松　透露伦敦奥运会后要小孩. http://news.cntv.cn/20120520/102327.shtml

孙锦绣. (2010). *运动性心理疲劳的HRV 和ERP 特征*(博士学位论文). 北京：北京体育大学.

孙宁. (2007). *不同放松方法对优秀运动员焦虑水平的影响研究*(硕士学位论文). 重庆：西南大学.

汤淑贞. (1977). *管理心理学*. 台北：台北成功大学.

田径大本营. (2017－12－5). 迈克尔·约翰逊的奥运双金. 腾讯视频. https://v.qq.com/x/page/w0514ths9fj.html

汪如锋, 杨斌. (2007). 体育比赛中的"choking" 现象：一个亟待解决的心理学问题. *体育科技*, *28*(1), 49－52.

王进. (2004). 解读"反胜为败"的现象：一个"choking"过程理论. *心理学报*, *36*(5), 621－629.

王晴晴. (2017). 江苏省部分运动员运动性心理疲劳现状调查与分析. *武术研究*, *2*(5), 145－149.

王润平. (2000a). 运动员的攻击性行为. 见张力为, 任未多(主编), *体育运动心理学研究进展*(436－454 页). 北京：高等教育出版社.

王润平. (2000b). 教练员的领导行为. 见张力为, 任未多(主编), *体育运动心理学研究进展*(500－519 页). 北京：高等教育出版社.

王秀强, 姬庆春, 毛丽娟. (2016). 运动员的人格类型研究. *上海体育学院学报*, *40*(1), 67－73.

王秀香, 明大阳. (2004). 体能主导类健将级运动员艾森克个性调查分析. *北京体育大学学报*, *27*(7), 900－902.

王智, 张伟, 李雅红, 张晖, 洪平. (2009). 女子篮球运动员的人格特质、自我效能感和应激应对之间的关系. *体育科学*, *29*(11), 59-71.

谓谓. (2008-7-27). 奥运史上五大兴奋剂丑闻. 网易2008奥运报道. http://2008.163.com/08/0727/16/4HSE11HF00742Q00.html

魏烨, 张中豹, 田宝山. (2006). 大学生运动员运动损伤与心理应激因素及人格特征的相关性研究. *哈尔滨体育学院学报*, *24*(4), 135-138.

温伯格, 古尔德. (2012). *竞技与健身运动心理学*(第5版, 季力康等译). 台北: 禾枫书局.

吴汉一, 窦月盈. (2018). 高水平体操运动员运动损伤心理致因的研究. *当代体育科技*, *8*(21), 196-198.

西沃德. (2008). *压力管理策略: 健康和幸福之道*(第5版, 许燕等译). 北京: 中国轻工业出版社.

肖苑玫. (2008-6-16). 佟文"一本"揽金牌. *中国体育报*, A6版.

小兵. (2018). 翻旧账——21年前泰森"咬耳". *拳击与格斗*(7), 10-13.

解缤, 姚家新. (2010). 专业运动员心理疲劳和心理耗竭的社会学成因分析. *天津体育学院学报*, *25*(3), 234-237.

徐建清. (2019). 精英运动员运动损伤的心理预防: 理论模型和研究展望. *河北体育学院学报*, *33*(6), 78-85.

徐显强, 贺顿. (2012-10-3). 教练小纸条, 李娜制胜秘籍. *南方都市报*, AA23版.

闫东旭, 于晶. (2019). 运动性疲劳的研究进展. *当代体育科技*, *9*(11), 14-15.

颜军. (1997). 体操专项大学生中运动损伤者的个性特征. *上海体育学院学报*, *21*(1), 37-41.

颜军. (2000). 运动损伤与运动性疲劳的心理因素. 见张力为, 任未多(主编), *体育运动心理学研究进展*(345-360页). 北京: 高等教育出版社.

晏宁. (2003). *运动员训练状态监测量表的研制*(硕士学位论文). 北京: 北京体育大学.

杨阿丽. (2012). 我国单板滑雪U型项目运动员人格、赛前情绪的类型及关系研究. *沈阳体育学院学报*, *31*(2), 101-105.

杨芳, 李艳翎, 李先雄. (2005). 关于蹦床运动员注意特征的研究. *北京体育大学学报*, *28*(7), 914-916.

杨芳, 许之屏. (2012). 蹦床运动员注意的影响因素研究. *山东体育科技*, *34*(2), 27-29.

杨华东. (2013). 乒乓球新手-熟手-专家注意特征比较研究. *沈阳体育学院学报*, *32*(4), 61-64.

杨绿, 宋丽媛, 张为. (2011). 优秀冰壶运动员专项心理能力研究. *冰雪运动*, *33*(5), 46-50.

杨念恩, 李世昌, 周燕, 黄文英. (2013). 优秀竞技健美操和啦啦操运动员16PF常模及特征分析. *成都体育学院学报*, *39*(3), 65-68, 77.

杨士荣. (2010). 不同类型运动员饮食障碍的比较研究. *武汉体育学院学报*, *44*(3), 87-92.

杨艳芳, 陈铁成, 高顺利. (2006). 竞技运动领域自我效能感研究现状分析. *首都体育学院学报*, *18*(6), 73-76.

杨治良(编). (1984). *实验心理学简编*. 兰州: 甘肃人民出版社.

姚俐竹. (2006-9-24). 超级丹终成羽坛世界冠军——告诉你一个真实的林丹. 新浪体育. http://sports.sina.com.cn/o/2006-09-24/22032474789.shtml

殷恒婵(主编). (2012). *体育心理学*. 北京: 开明出版社.

殷恒婵, 丁雪琴, 陈勇嘉. (2000). 生物反馈技术在运动员心理训练过程中的应用. *体育与科学*, *21*(3), 44-47.

于淼, 刘忆冰, 杨光, 罗跃嘉. (2019). 不同线索类型诱发不同运动技能类型运动员注意网络功能的差异: 基于fNIRS的研究. *首都体育学院学报*, *31*(6), 570-576.

岳子淇. (2016). 不同运动水平的网球学习者目标定向与注意品质比较研究. *军事体育学报*, *35*(3),

45 - 49.

曾凡星. (1998). 天使还是恶魔：什么是兴奋剂. 见杨天乐，金季春(主编)，*对兴奋剂说“不”！反兴奋剂教育读本*(1 - 30 页). 北京：北京体育大学出版社.

曾芊，曾琳娜，郭惠先. (1994). 本院学生导致运动损伤的心理因素分析. *广州体育学院学报*，*14*(1)，58 - 61.

湛慧. (2016). 花样游泳教练员领导行为与运动员一般自我效能：运动员性格的中介作用. *成都体育学院学报*. *42*(1)，96 - 102.

张鼎昆，方俐洛，凌文辁. (1999). 自我效能感的理论及研究现状. *心理学动态*，*7*(1)，39 - 43.

张凯. (2013). 运动员的心理训练：中国文化修为方式的贡献. *心理科学*，*36*(3)，524 - 531.

张珂. (2005). 优秀艺术体操运动员的人格特质、运动焦虑状态对运动表现的影响. *成都体育学院学报*，*31*(5)，45 - 49.

张力为. (2007a). 运动心理学的性质与任务. 见张力为，毛志雄(主编)，*运动心理学*(3 - 20 页). 北京：高等教育出版社.

张力为. (2007b). 唤醒、焦虑与运动表现. 见张力为，毛志雄(主编)，*运动心理学*(47 - 67 页). 北京：高等教育出版社.

张力为. (2007c). 运动活动的注意状态. 见张力为，毛志雄(主编)，*运动心理学*(212 - 227 页). 北京：高等教育出版社.

张力为. (2007d). 运动员的自信. 见张力为，毛志雄(主编)，*运动心理学*(97 - 112 页). 北京：高等教育出版社.

张力为. (2007e). 心理技能训练. 见张力为，毛志雄(主编)，*运动心理学*(231 - 260 页). 北京：高等教育出版社.

张力为. (2007f). 比赛的心理准备和心理调节. 见张力为，毛志雄(主编)，*运动心理学*(261 - 283 页). 北京：高等教育出版社.

张力为. (2007g). 心理疲劳与过度训练. 见张力为，毛志雄(主编)，*运动心理学*(302 - 328 页). 北京：高等教育出版社.

张力为. (2010). 心理学研究的七个方向：以运动性心理疲劳为例. *体育科学*，*30*(10)，3 - 12.

张力为(主编). (2008). *中国运动员奥运夺冠经典案例心理分析*. 北京：北京体育大学出版社.

张力为，符明秋. (2000). 焦虑、唤醒与运动操作关系的重要理论. 见张力为，毛志雄(主编)，*体育运动心理学研究进展*(249 - 284 页). 北京：高等教育出版社.

张力为，梁展鹏. (2002). 运动员的生活满意感：个人自尊与集体自尊的贡献. *心理学报*，*34*(2)，160 - 167.

张力为，任未多(主编). (2000). *体育运动心理学研究进展*. 北京：高等教育出版社.

张力为，任未多，毛志雄，李铂. (1992). *竞技运动心理学简编*. 北京：北京第五运动技术学校.

张力为，石岩. (2003). 运动员的人格特征. 见张力为，毛志雄(主编)，*运动心理学*(118 - 142 页). 上海：华东师范大学出版社.

张力为，石岩. (2007). 运动员的人格. 见张力为，毛志雄(主编)，*运动心理学*(126 - 152 页). 北京：高等教育出版社.

张力为，陶志翔，孙红标. (1994). 中国女子游泳运动员个性特征的研究. *体育科学*，*14*(4)，73 - 78.

张力为，王晋，张凯. (2013). 自由式滑雪空中技巧队备战温哥华冬奥会的心理训练. *体育科研*，*34*(1)，58 - 66.

张连成. (2008). *技能类项目运动员心理疲劳的评价*(硕士学位论文). 北京：北京体育大学.

张明(主编). (2004). *洞察危机的惊魂：应激心理学*. 北京：科学出版社.

张庆忠.（2014）. 运动疲劳的评价与消除方法. *中国学校体育*（S2）, 80 - 81.
张禹.（2011）. 运动活动的注意状态. 见毛志雄（主编）, *体育运动心理学简编*（87 - 98 页）. 北京：北京体育大学出版社.
张忠秋.（2007）. 参赛目标设定与参赛心理定向. 见张忠秋（主编）, *优秀运动员心理训练实用指南*（173 - 183 页）. 北京：人民体育出版社.
张忠秋, 王智.（2000）. 大赛前的心理定向与决赛定位. 见中国体育科学学会运动心理学分会, 北京体育大学（主编）, *中国代表团参加悉尼奥运会心理咨询手册*（137 - 146 页）. 北京：国家体育总局科教司.
章建成.（1994）. 用探针法预测大学网球队员的名次. *上海体育学院学报*, *18*（2）, 14 - 20.
章建成.（2000）. 比赛中的注意. 见张力为, 任未多（主编）, *体育运动心理学研究进展*（140 - 174 页）. 北京：高等教育出版社.
章建成, 坂手照宪.（1988, 10 月）. 乒乓球运动员正手攻球时的注意特征. *日本国体育学会第 39 届大会论文集 A*（185 页）. 福岛, 日本.
章建成, 调枝孝治, 坂手照宪, 财满义辉, 矢作晋.（1989）. 用探针法测定乒乓球运动员技能水平的尝试. *日本国运动心理学研究*, *16*（1）, 88 - 91.
章志光（主编）.（1996）. *社会心理学*. 北京：人民教育出版社.
赵福兰.（2007）. *感知到的教练员社会支持与运动员心理疲劳之间的关系*（硕士学位论文）. 北京：北京体育大学.
郑清喜.（2006）. 韩国国家射箭队备战奥运会的心理训练. *中国射击射箭*（2）, 11 - 19.
周工, 姒刚彦, 刘莅昕.（1987）. 中国划艇运动员个性特征的研究. *体育科学*, *7*（2）, 65 - 68.
周晶.（2002）. 田径训练中运动损伤的心理学因素分析. *上海体育学院学报*, *26*（6）, 109 - 112.
周亚琴.（2003）. 运动员的注意力及其训练. *武汉体育学院学报*, *37*（6）, 148 - 150.
朱丹, 杨道宁, 曲润杰.（2010）. 摔跤运动员认知方式与注意广度、注意分配特征的相关研究. *沈阳体育学院学报*, *29*（3）, 113 - 116.
朱磊.（2010）. *归因模式在哈尔滨师范大学网球教学中的实验研究*（硕士学位论文）. 长春：东北师范大学.
朱为民.（2006）. 目标定向理论在运动领域的研究述评. *扬州教育学院学报*, *24*（4）, 95 - 96.
朱智贤（主编）.（1989）. *心理学大辞典*. 北京：北京师范大学出版社.
祝蓓里.（1986）. 体育运动心理学的历史与现状. *心理学报*, *18*（2）, 224 - 226.
祝蓓里.（1995）. POMS 量表及简式中国常模简介. *天津体育学院学报*, *10*（1）, 35 - 37.
祝蓓里（主编）.（1995）. *体育心理学新编*. 上海：华东师范大学出版社.
祝大鹏, 胡亦海, 余银, 李爱玲.（2013）. 我国优秀男子拳击运动员赛前心理状态及其关系研究. *北京体育大学学报*, *36*（5）, 78 - 82, 88.
庄锦彪.（1992）. 应激的灾难模型. *山西体育科技*（2）, 30 - 34.
作者不详.（2004 - 6 - 30）. 体操名将易患厌食症. 新浪网. http://news.sina.com.cn/s/2004-06-30/12322950429s.shtml
Abernethy, B. (1991). Visual search strategies and decision making in sport. *International Journal of Sport Psychology*, *22*(3 - 4), 189 - 201.
Adie, J. W., Duda, J. L., & Ntoumanis, N. (2012). Perceived coach-autonomy support, basic need satisfaction and the well- and ill-being of elite youth soccer players: A longitudinal investigation. *Psychology of Sport & Exercise*, *13*(1), 51 - 59.
Adling, R. B. (2017). Importance of sports psychology in physical education and sports. *International Journal of Yoga, Physiotherapy & Physical Education*, *2*(5), 215 - 218.
Ajzen, I. (1991). The theory of planned behavior. *Organizational Behavior & Human Decision Processes*, *50*

(2), 179 - 211.

Allen, J., & Howe, B. L. (1998). Player ability, coach feedback, and female adolescent athletes' perceived competence and satisfaction. *Journal of Sport & Exercise Psychology*, *20*(3), 280 - 299.

Amorose, A. J. (2003). Reflected appraisals and perceived importance of significant others' appraisals as predictors of college athletes' self-perceptions of competence. *Research Quarterly for Exercise & Sport*, *74*(1), 60 - 70.

Amorose, A. J., & Horn, T. S. (2000). Intrinsic motivation: Relationships with collegiate athletes' gender, scholarship status, and perceptions of their coaches' behavior. *Journal of Sport & Exercise Psychology*, *22*(1), 63 - 84.

Andersen, M. B., & Williams, J. M. (1988). A model of stress and athletic injury: Prediction and prevention. *Journal of Sport & Exercise Psychology*, *10*(3), 294 - 306.

Anderson, A. J., & Dixon, M. A. (2019). How contextual factors influence athlete experiences of team cohesion: An in-depth exploration. *European Sport Management Quarterly*, *19*(3), 353 - 372.

Anderson, C. A., & Bushman, B. J. (2002). Human aggression. *Annual Review of Psychology*, *53*(1), 27 - 51.

Anderson, D. A., Williamson, D. A., Duchmann, E. G., Gleaves, D. H., & Barbin, J. M. (1999). Development and validation of a multifactorial treatment outcome measure for eating disorders. *Assessment*, *6*(1), 7 - 20.

Annesi, J. J. (1998). Application of the individual zones of the optimal functioning model for the multimodal treatment of precompetitive anxiety. *Sport Psychologist*, *12*(3), 300 - 316.

Anshel, M. H. (1990). *Sport psychology: From theory to practice*. Scottsdale, Arizona: Gorsuch Scarisbrick.

Arent, S. M., & Landers, D. M. (2003). Arousal, anxiety, and performance: A reexamination of the inverted-U hypothesis. *Research Quarterly for Exercise & Sport*, *74*(4), 436 - 444.

Aronson, E., Wilson, T. D., & Akert, R. M. (2002). *Social psychology*(4th ed.). New York, NY: Prentice-Hall.

Arthur-Cameselle, J. N., & Baltzell, A. (2012). Learning from collegiate athletes who have recovered from eating disorders: Advice to coaches, parents, and other athletes with eating disorders. *Journal of Applied Sport Psychology*, *24*(1), 1 - 9.

Arthur-Cameselle, J. N., & Quatromoni, P. A. (2010). Factors related to the onset of eating disorders reported by female collegiate athletes. *Sport Psychologist*, *25*(1), 1 - 17.

Balyan, K. Y., Tok, S., & Tatar A. (2016) The relationship among personality, cognitive anxiety, somatic anxiety, physiological arousal, and performance in male athletes. *Journal of Clinical Sport Psychology*, *10*(1), 48 - 58.

Bandura, A. (1965). Influence of models' reinforcement contingencies on the acquisition of imitative responses. *Journal of Personality & Social Psychology*, *1*(6), 589 - 595.

Bandura, A. (1977). Self efficacy: Toward a unifying theory of behavioral change. *Psychological Review*, *84*(2), 191 - 215.

Bandura, A. (1982). Self efficacy mechanism in human agency. *American Psychologist*, *37*(2), 122 - 147.

Barnes, J., Prescott, T., & Muncer, S. (2012). Confirmatory factor analysis for the Eating Disorder Examination Questionnaire: Evidence supporting a three-factor model. *Eating Behaviors*, *13*(4), 379 - 381.

Barnett, N. P., Smoll, F. L., & Smith, R. E. (1992). Effects of enhancing coach-athlete relationships on youth sport attrition. *Sport Psychologist*, *6*(2), 111 - 127.

Baron, R. A., & Richardson, D. R. (1994). *Human aggression*. New York, NY: Plenum Press.

Bäumler, G. (2009). The dawn of sport psychology in Europe, 1880 - 1930: Early pioneers of a new branch of applied science. In C. D. Green & L. T. Benjamin (Eds.), *Psychology gets in the game* (pp. 20 - 77).

Lincoln, NE: University of Nebraska Press.

Beattie, S., Hardy, L., & Woodman, T. (2004). Precompetition self-confidence: The role of the self. *Journal of Sport & Exercise Psychology*, *26*(3), 427 - 441.

Behzadi, H., & Sanatjoo, A. (2019). Attributional style of emotions and its relationship with users' search behaviour. *Journal of Information Science*, *45*(1), 105 - 116.

Berkman, N. D., Lohr, K. N., & Bulik, C. M. (2010). Outcomes of eating disorders: A systematic review of the literature. *International Journal of Eating Disorders*, *40*(4), 293 - 309.

Berkowitz, L. (1965). The concept of aggressive drive: Some additional considerations. In L. Berkowitz (Ed.), *Advances in experimental social psychology* (Vol. 2, pp. 301 - 329). New York, NY: Academic Press.

Berkowitz, L. (1969). *Roots of aggression*. New York: Atherton Press.

Berkowitz, L. (1993). *Aggression: Its causes, consequences, and control*. Philadelphia, PA: Temple University Press.

Bexton, W. H., Heron, W., & Scott, T. H. (1954). Effects of decreased variation in the sensory environment. *Canadian Journal of Psychology*, *8*(2), 70 - 76.

Bhushan, S., & Agarwal, V. (1978). Personality characteristics of high and low achieving Indian sports persons. *International Journal of Sport Psychology*, *9*(3), 191 - 198.

Biddle, S. J. H., Wang, J. C. K., Kavussanu, M., & Spray, C. (2003). Correlates of achievement goal orientations in physical activity: A systematic review of research. *European Journal of Sports Science*, *3*(5), 1 - 19.

Black, S. J., & Weiss, M. R. (1992). The relationship among perceived coaching behaviors, perceptions of ability, and motivation in competitive age-group swimmers. *Journal of Sport & Exercise Psychology*, *14*(3), 309 - 325.

Blomstrand, E. (2006). A role for branched-chain amino acids in reducing central fatigue. *Journal of Nutrition*, *136*(2), 544S - 547S.

Bloom, G. A., Crumpton, R., & Anderson, J. (1999). A systematic observation study of the teaching behaviors of an expert basketball coact. *Sport Psychologist*, *13*(2), 157 - 170.

Bloom, G. A., & Stevens, D. E. (2002). Case study: A team building mental skills training program with an intercollegiate equestrian team. *Athletic Insight*, *4*(1), 1 - 16.

Boggiano, A. K., & Barrett, M. (1985). Performance and motivational deficits of helplessness: The role of motivational orientations. *Journal of Personality & Social Psychology*, *49*(6), 1753 - 1761.

Bohon C., & Stice, E. (2015). Eating Disorder Diagnostic Scale. In T. Wade (Ed.), *Encyclopedia of feeding and eating disorders* (pp. 1 - 4). Singapore: Springer.

Botwinick, J., & Thompson, L. W. (1966). Premotor and motor components of reaction time. *Journal of Experimental Psychology*, *71*(1), 9 - 15.

Brawley, L. R. (1990). Group cohesion: Status, problems, and future direction. *International Journal of Sport Psychology*, *21*(4), 355 - 379.

Brawley, L. R., Carron, A. V., & Widmeyer, W. N. (1993). The influence of the group and its cohesiveness on perceptions of group goal-related variables. *Journal of Sport & Exercise Psychology*, *15*(3), 245 - 260.

Bray, C. D., & Whaley, D. E. (2001). Team cohesion, effort, and objective individual performance of high school basketball players. *Sport Psychologist*, *15*(3), 260 - 275.

Bredemeier, B. J. L. (1994). Children's moral reasoning and their assertive, aggressive, and submissive tendencies in sport and daily life. *Journal of sport & exercise psychology*, *16*(1), 1 - 14.

Bredmeier, B. J. L., & Shields, D. L. (1986a). Athletic aggression: An issue of contextual morality. *Sociolo-*

gy of Sport Journal, *3*(1), 15 - 28.

Bredmeier, B. J. L., & Shields, D. L. (1986b). Game reasoning and interactional morality. *Journal of Genetic Psychology*, *147*(2), 257 - 275.

Brewer, B. W. (1994). Review and critique of models of psychological adjustment to athletic injury. *Journal of Applied Sport Psychology*, *6*(1), 87 - 100.

Brichin, M., & Kocian, M. (1970). Comparison of some personality traits of women participating and not participating in sports. *Ceskoslovenska Psycholigie*, *14*, 309 - 321.

Brown, D. M. Y., & Bray, S. R. (2019). Heart rate biofeedback attenuates effects of mental fatigue on exercise performance. *Psychology of Sport & Exercise*, *41*, 70 - 79.

Brown, R. B. (1971). Personality characteristics related to injury in football. *Research Quarterly. American Association for Health, Physical Education & Recreation*, *42*(2), 133 - 138.

Bull, S. J., Shambrook, C. J., James, W., & Brooks, J. E. (2005). Towards an understanding of mental toughness in elite English cricketers. *Journal of Applied Sport Psychology*, *17*(3), 209 - 227.

Burton, D. (1988). Do anxious swimmers swim slower? Reexamining the elusive anxiety-performance relationship. *Journal of Sport & Exercise Psychology*, *10*(1), 45 - 61.

Burton, D., & Weiss, C. (2008). The fundamental goal concept: The path to process and performance success. In T. Horn(Ed.), *Advances in sport psychology*(3rd ed., pp. 497 - 528). Champaign, IL: Human Kinetics.

Bushman, B. J., & Wells, G. L. (1998). Trait aggressive and hockey penalties: Predicting hot tempers on the ice. *Journal of Applied Psychology*, *83*(6), 969 - 974.

Buss, A. H., & Perry, M. (1992). The Aggression Questionnaire. *Journal of Personality & Social Psychology*, *63*(3), 452 - 459.

Butcher, J. N., Graham, J. R., Williams, C. L., & Ben-Porath, Y. S. (1990). Development and use of the MMPI-2 content scales. Minneapolis, MN: University of Minnesota Press.

Buzzini, S. R. (2007). Abuse of growth hormone among young athletes. *Pediatric Clinics of North America*, *54*(4), 823 - 843.

Carpenter, W. B. (1894). *Principles of mental physiology*. New York, NY: Appleton.

Carron, A. V. (1982). Cohesiveness in sport groups: Interpretations and considerations. *Journal of Sport & Exercise Psychology*, *4*(2), 123 - 138.

Carron, A. V. (1993). The Coleman Roberts Griffith Address: Toward the integration of theory, research, and practice in sport psychology. *Journal of Applied Sport Psychology*, *5*(2), 207 - 221.

Carron, A. V., Brawley, L. R., & Widmeyer, W. N. (1998). The measurement of cohesion in sport groups. In J. L. Duda(Ed.), *Advances in sport and exercise psychology measurement*(pp. 213 - 226). Morgantown, WV: Fitness Information Technology.

Carron, A. V., Bray, S. R., & Eys, M. A. (2002). Team cohesion and team success in sport. *Journal of Sports Sciences*, *20*(2), 119 - 126.

Carron, A. V., & Chelladurai, P. (1981). Cohesiveness as a factor in sport performance. *International Review of Sport Sociology*, *16*(2), 21 - 43.

Carron, A. V., & Dennis, P. (2001). The sport team as an effective group. In J. M. Williams(Ed.), *Applied sport psychology: Personal growth to peak performance*(4th ed., pp. 120 - 134). Mountain View, CA: Mayfield.

Carron, A. V., Hausenblas, H. A., & Eys, M. (2005). *Group dynamics in sport*(3rd ed.). Morgantown, WV: Fitness Information Technology.

Carron, A. V., Spink, K. S., & Prappevessis, H. (1997). Team building and cohesiveness in the sport and exercise setting: Use of indirect interventions. *Journal of Applied Sport Psychology*, *9*(1), 61－72.

Carron, A. V., Widmeyer, W. N., & Brawley, L. R. (1985). The development of an instrument to assess cohesion in sport teams: The Group Environmental Questionnaire. *Journal of Sport Psychology*, *7*(3), 244－267.

Castiello, U., & Umilta, C. (1988). Temporal dimensions of mental effort in different sports. *International Journal of Sport Psychology*, *19*(3), 199－210.

Chaikin, T., & Telander, R. (1988). The nightmare of steroids. *Sports Illustrated*, *69*(18), 82－102.

Chase, M. A., Feltz, D. L., & Lirgg, C. D. (2003). Sources of collective and individual efficacy of collegiate athletes. *International Journal of Sport & Exercise Psychology*, *1*(2), 180－191.

Chelladurai, P. (1978). *A contingency model of leadership in athletics*(Unpublished doctoral dissertation), Department of Management Sciences, University of Waterloo, Canada.

Chelladurai, P. (1990). Leadership in sports: A review. *International Journal of Sport Psychology*, *21*(4), 328－354.

Cho, S. L., & Baek, W. Y. (2020). Coach-autonomy support and youth sport team efficacy mediated by coach-athlete relationship. *Social Behavior & Personality*, *48*(2), 1－9.

Clausen, L., Rosenvinge, J. H., Friborg, O., & Rokkedal, K. (2011). Validating the Eating Disorder Inventory-3 (EDI-3): A comparison between 561 female eating disorders patients and 878 females from the general population. *Journal of Psychopathology & Behavioral Assessment*, *33*(1), 101－110.

Coakley, J. (1992). Burnout among adolescent athletes: A personal failure or social problem? *Sociology of Sport Journal*, *9*(3), 271－285.

Cobin, C. B., & Nix, C. (1979). Sex-typing of physical activities and success predictors of children before and after cross-sex competition. *Journal of Sport Psychology*, *1*(1), 43－52.

Cofer, C. N., & Johnson, W. R. (1960). Personality dynamics in relation to exercise and sports. In W. R. Johnson(Ed.), *Science and medicine of exercise and sport* (pp. 525－559). New York, NY: Harper & Row.

Cooper, L. (1969). Athletics, activity, and personality: A review of the literature. *Research Quarterly. American Association for Health, Physical Education & Recreation*, *40*(1), 17－22.

Cooper, Z., & Fairburn, C. G. (1987). The Eating Disorder Examination: A semi-structured interview for the assessment of the specific psychopathology of eating disorders. *International Journal of Eating Disorders*, *6*(1), 1－8.

Côté, J., Salmela, J. H., & Russell, S. J. (1995). The knowledge of high performance gymnastic coaches: Competition and training considerations. *Sport Psychologist*, *9*(1), 76－95.

Cox, A. E., & Whaley, D. E. (2004). The influence of task value, expectancies for success, and identity on athletes' achievement behaviors. *Journal of Applied Sport Psychology*, *16*(2), 103－117.

Cox, R. H. (1994). *Sport psychology: Concepts and applications*(3rd ed.). Madison, WI: Brown & Benchmark.

Cox, R. H. (1998). *Sport psychology: Concepts and applications*(4th ed.). Madison, WI: McGraw-Hill.

Cox, R. H. (2002). *Sport psychology: Concepts and applications*(5th ed.). Boston, MA: McGraw-Hill.

Cox, R. H. (2007). *Sport psychology: Concepts and applications*(6th ed.). New York: NY: McGraw-Hill.

Cox, R. H. (2011). *Sport psychology: Concepts and applications* (7th ed.). New York, NY: McGraw-Hill.

Craft, L. L., Magyar, T. M., Becker, B. J., & Feltz, D. L. (2003). The relationship between the Competitive State Anxiety Inventory-2 and sport performance: A meta-analysis. *Journal of Sport & Exercise Psychology*, *25*(1), 44－65.

Crust, L. (2008). A review and conceptual re-examination of mental toughness: Implications for future researchers. *Personality & Individual Differences*, *45*(7), 576 – 583.

Crust, L. & Swann, C. (2013). The relationship between mental toughness and dispositional flow. *European Journal of Sport Science*, *13*(2), 215 – 220.

Cumella, E. J. (2006). Review of the Eating Disorder Inventory-3. *Journal of Personality Assessment*, *87*(1), 116 – 117.

Dahlgren, C. L., Walsh, B. T., Vrabel, K., Siegwarth, C., & Rø, Ø. (2020). Eating disorder diagnostics in the digital era: Validation of the Norwegian version of the Eating Disorder Assessment for DSM-5 (EDA-5). *Journal of Eating Disorders*, *8*, 30.

Dale, J., & Weinberg, R. S. (1990). Burnout in sport: A review and critique. *Journal of Applied Sport Psychology*, *2*(1), 67 – 83.

Daniel, G., Knisten, D., & Aaron, M. (2002). Psychological characteristics and their development in Olympic champions. *Journal of Applied Sport Psychology*, *14*(3), 172 – 204.

Darcy, A. M., Hardy, K. K., Crosby, R. D., Lock, J., & Peebles, R. (2013). Factor structure of the Eating Disorder Examination Questionnaire (EDE-Q) in male and female college athletes. *Body Image*, *10*(3), 399 – 405.

Davis, J. O. (1991). Sport injuries and stress management: An opportunity for research. *Sport Psychologist*, *5*(2), 175 – 182.

Deci, E. L. (1975). *Intrinsic motivation*. New York, NY: Plenum Press.

Deci, E. L., & Ryan, R. M. (1980). The empirical exploration of intrinsic motivational processes. In L. Berkowitz (Ed.), *Advances in experimental social psychology* (pp. 39 – 80). New York, NY: Academic Press.

Deci, E. L., Schwartz, A. J., Sheinman, L., & Ryan, R. M. (1981). An instrument to assess adults' orientations toward control versus autonomy with children: Reflections on intrinsic motivation and perceived competence. *Journal of Educational Psychology*, *73*(5), 642 – 650.

Didymus, F. F., & Backhouse, S. H. (2020). Coping by doping? A qualitative inquiry into permitted and prohibited substance use in competitive rugby. *Psychology of Sport & Exercise*, *49*, 101680.

Dollard, J., Miller, N., Doob, I., Mowrer, O. H., & Sears, R. R. (1939). *Frustration and aggression*. New Haven, CT: Yale University Press.

Donati, S. (2004). The silent drama of the diffusion of doping among amateurs and professionals. In J. M. Hoberman & V. Miller (Eds.), *Doping and public policy* (pp. 59 – 62). Odense: University Press of Southern Denmark.

Donovan, R. J., Egger, G., Kapernick, V., & Mendoza, J. (2002). A conceptual framework for achieving performance enhancing drug compliance in sport. *Sports Medicine*, *32*(4), 269 – 284.

Driskell, J. E., Cooper, C., & Moran, A. (1994). Does mental practice enhance performance?. *Journal of Applied Psychology*, *79*(4), 481 – 492.

Duda, J. L. (1992). Motivation in sport setting: A goal perspective analysis. In G. C. Roberts (Ed.), *Motivation in sport and exercise* (pp. 57 – 91). Champaign, IL: Human Kinetics.

Duda, J. L. (2005). Motivation in sport: The relevance of competence and achievement motivation. In A. J. Elliot & C. S. Dweck (Eds.), *Handbook of competence and motivation* (pp. 318 – 335). New York, NY: Guilford.

Duda, J. L., & Nicholls, J. G. (1992). Dimensions of achievement motivation in schoolwork and sport. *Journal of Educational Psychology*, *84*(3), 290 – 299.

Duda, J. L., & Whitehead, J. (1998). Measurement of goal perspectives in the physical domain. In J. L. Duda(Ed.), *Advances in sport and exercise psychology measurement*(pp. 21 – 48). Morgantown, WV: Fitness Information Technology.

Eades, A. M. (1990). *An investigation of burnout in intercollegiate athletes: The development of the Eades Athlete Burnout Inventory*. Berkeley, CA: University of California.

Elliot, E. S., & Dweck, C. S. (1988). Goals: An approach to motivation and achievement. *Journal of Personality & Social Psychology*, *54*(1), 5 – 12.

Ells, J. G. (1973). Analysis of temporal and attention aspects of movement control. *Journal of Experimental Psychology*, *99*(1), 10 – 21.

Evans, L., & Hardy, L. (1995). Sport injury and grief responses: A review. *Journal of Sport & Exercise Psychology*, *17*(3), 227 – 245.

Ewing, M. E., & Seefeldt, V. (1989). *Participation and attrition patterns in American agency-sponsored and interscholastic sports: An executive summary. Final Report*. North Palm Beach, FL: Sporting Goods Manufacturers Association.

Eys, M. A., Beauchamp, M. R., & Bray, S. R. (2006). A review of team roles in sport. In S. Hanton & S. D. Mellalieu(Eds.), *Literature reviews in sport psychology*(pp. 227 – 255). New York, NY: Nova Science.

Eys, M., Loughead, T., Bray, S. R., & Carron, A. V. (2009). Development of a cohesion questionnaire for youth: The youth sport environment questionnaire. *Journal of Sport & Exercise Psychology*, *31*(3), 390 – 408.

Eysenck, M. W., & Wilson, G. D. (1984). *A handbook of cognitive Psychology*. Hillsdale, NJ: Lawrence Erlbaum Associates.

Fairburn, C. G., & Beglin, S. J. (1994). Assessment of eating disorders: Interview or self-report questionnaire?. *International Journal of Eating Disorders*, *16*(4), 363 – 370.

Fairburn, C. G., & Beglin, S. J. (2008). Eating Disorders Examination Questionnaire (EDE-Q 6.0). In C. G. Fairburn (Ed.), *Cognitive behaviour therapy and eating disorders* (pp. 309 – 313). New York, NY: Guildford.

Fenz, W. D. (1967). Gradients of physiological arousal in parachutists as a function of an approaching jump. *Psychosomatic Medicine*, *29*(1), 33 – 51.

Fenz, W. D. (1968). Specific and general inhibitory reactions associated with mastery of stress. *Journal of Experimental Psychology*, *77*(1), 52 – 56.

Festinger, L., Pepitone, A., & Newcomb, T. (1952). Some consequences of de-individuation in a group. *Journal of Abnormal & Social Psychology*, *47*, 382 –389.

Fiedler, F. E. (1967). *A theory of leadership effectiveness*. New York, NY: McGraw-Hill.

First, M. B., Williams, J. B. W., Karg, R. S., & Spitzer, R. L. (2016). *Structured Clinical Interview for DSM-5 Disorders-Clinician Version (SCID-5-CV)*. Arlington, VA: American Psychiatric Publishing Inc.

Fishbein, M., & Ajzen, I. (1975). *Belief, attitude, intention and behavior*. Don Mills, NY: Addison-Wesley.

Fletcher, D., & Hanton, S. (2001). The relationship between psychological skills usage and competitive anxiety responses. *Psychology of Sport & Exercise*, 2(2), 89 – 101.

Fortier, M. S., Vallerand, R. J., Briere, N. M., & Provencher, P. J. (1995). Competitive and recreational sport structures and gender: A test of their relationship with sport motivation. *International Journal of Sport Psychology*, *26*(1), 24 – 39.

Franken, R. E. (1982). *Human motivation*. Belmont, CA: Wadsworth.

Freud, S. (1932/1964). Why war?. In J. Strachey(Eds.), *The Standard edition of the complete psychological works of Sigmund Freud, vol. XXII: New introductory lectures on psycho-analysis and other works*(*1932 – 1936*) (pp. 197 – 218). London: Hogarth.

Gallimore, R., & Tharp, R. (2004). What a coach can teach a teacher, 1975 – 2004: Reflection and reanalysis of John Wooden's teaching practices. *Sport Psychologist*, *18*(2), 119 – 137.

Garner, D. M. (1991). *Eating Disorder Inventory-2: Professional manual*. Odessa, FL: Psychological Assessment Research.

Garner, D. M. (2004). *Eating Disorder Inventory-3: Professional manual*. Lutz, FL: Psychological Assessment Resources.

Garner, D. M., & Garfinkel, P. E. (1979). The Eating Attitudes Test: An index of the symptoms of anorexia nervosa. *Psychological Medicine*, *9*(2), 273 – 279.

Garner, D. M., Olmsted, M. P., & Polivy, J. (1983). Development and validation of a multidimensional EDI for anorexia nervosa and bulimia. *International Journal of Eating Disorders*, *2*(2), 15 – 34.

Gat, I., & McWhirter, B. (1998). Personality characteristics of competitive and recreational cyclists. *Journal of Sport Behavior*, *21*(4), 408 – 420.

Gaudreau, P., & Verner-Filion, J. (2012). Dispositional perfectionism and well-being: A test of the 2 × 2 model of perfectionism in the sport domain. *Sport, Exercise, & Performance Psychology*, *1*(1), 29 – 43.

George, T. R., & Feltz, D. L. (1995). Motivation in sport from a collective efficacy perspective. *International Journal of Sport Psychology*, *26*(1), 98 – 116.

George, T. R., Feltz, D. L., & Chase, M. A. (1992). Effects of model similarity on self-efficacy and muscular endurance: A second look. *Journal of Sport & Exercise Psychology*, *14*(3), 237 – 248.

Geukes, K., Mesagno, C., Hanrahan, S. J., & Kellmann, M. (2012). Testing an interactionist perspective on the relationship between personality and performance under public pressure. *Psychology of Sport & Exercise*, *13*, 243 – 250.

Gilbert, W. D., & Trudel, P. (2004). Analysis of coaching science research published from 1970 – 2001. *Research Quarterly for Exercise & Sport*, *75*(4), 388 – 399.

Gill, D. (2000). *Psychological dynamics of sport and exercise*. Champaign, IL: Human Kinetics.

Girouard, Y., Dessureault, J., Ferland, P., & Lafortune, M. (1981). Double approach to the study of high jumping: Attention demands and biomechanics. *Canadian Journal of Applied Sport Sciences*, *6*(3), 126 – 131.

Glencross, D. J., & Gould, J. H. (1979). The planning of precision movements. *Journal of Motor Behavior*, *11*(1), 1 – 9.

Gould, D., Greenleaf, C., & Krane, V. (2002). The arousal-athletic performance relationship: Current status and future directions. In T. Horn(Ed.), *Advances in sport psychology*(2nd ed., pp. 207 – 241). Champaign, IL: Human Kinetics.

Gould, D., Hodge, K., Peterson, K., & Glannini, J. (1989). An exploratory examination of strategies used by elite coaches to enhance self-efficacy in athletes. *Journal of Sport & Exercise Psychology*, *11*(2), 128 – 140.

Gould, D., Pertlichoff, L., Simons, J., & Vevera, M. (1987). Relationship between Competitive State Anxiety Inventory-2 subscale scores and pistol shooting performance. *Journal of Sport Psychology*, *9*(1), 33 – 42.

Graham, T. R., Kowalski, K. C., & Crocker, P. R. E. (2002). The contributions of goal characteristics and causal attributions to emotional experience in youth sport participants. *Psychology of Sport & Exercise*, *4*, 273 – 291.

Gregg, E., & Rejeski, J. (1990). Social Psychobiologic dysfunction associated with anabolic steroid abuse: A review. *Sport Psychologist*, *4*(3), 275 – 284.

Grieve, F. R., Whelan, J. P., & Meyers, A. W. (2000). An experimental examination of the cohesion-performance relationship in an interactive team sport. *Journal of Applied Sport Psychology*, *12*(2), 219 – 235.

Grove, J. R., & Prapavessis, H. (1992). Preliminary evidence for the reliability and validity of an abbreviated profile of mood states. *International Journal of Sport Psychology*, *23*(2), 93 – 109.

Grove, J. R., Hanrahan, S. J., & McInman, A. (1991). Success/failure bias in attributions across involvement categories in sport. *Personality & Social Psychology Bulletin*, *17*(1), 93 – 97.

Gucciardi, D. F. (2010). Mental toughness profiles and their relations with achievement goals and sport motivation in adolescent Australian footballers. *Journal of Sport Sciences*, *28*(6), 615 – 625.

Gucciardi, D. F., Jalleh, G., & Donovan, R. (2013). Personality psychology and doping susceptibility among elite australian athletes. In Beijing Sport University(Ed.), *Abstracts of the ISSP 13th World Congress of Sport Psychology*(p. 10). Beijing: Beijing Sport University.

Gucciardi, D. F., & Jones, M. I. (2012). Beyond optimal performance: Mental toughness profiles and indicators of developmental success in adolescent cricketers. *Journal of Sport & Exercise Psychology*, *34*(1), 16 – 36.

Guillot, A., Lebon, F., Rouffet, D., Champely, S., Doyon, J., & Collet, C. (2007). Muscular responses during motor imagery as a function of muscle contraction types. *International Journal of Psychophysiology*, *66*(1), 18 – 27.

Hackfort, D., & Spielberger, C. D. (1989). Sport related anxiety: Current trends in theory and research. In D. Hackfort & C. D. Spielberger(Eds.), *Anxiety in sports: An international perspective*(pp. 262 – 267). New York: Hemisphere.

Hagger, M. S., Chan, D. K. C., Keatley, D., Hardcastle, S., Lentillon-Kaestner, V., Dimmock, J., & Donovan, R. J. (2013). The avoidance of taking banned performance enhancing substances in sport: A perspective from self-determination theory. In Beijing Sport University(Ed.), *Abstracts of the ISSP 13th World Congress of Sport Psychology*(p. 10). Beijing: Beijing Sport University.

Hall, H. K., Kerr, A. W., & Mattews, J. (1998). Pre-competitive anxiety in sport: The contribution of achievement goals and perfectionism. *Journal of Sport & Exercise Psychology*, *20*(2), 194 – 217.

Hamilton, P. R., & Jordan, J. S. (2000). Most and least successful performances: Perceptions of causal attributions in high school track athletes. *Journal of Sport Behavior*, *23*(3), 245 – 254.

Hanin, Y. L. (1989). Interpersonal and intragroup anxiety in sports. In D. Hackfort & C. D. Spielberger(Eds.), *Anxiety in sports: An international perspective*. New York: Hemisphere.

Hanin, Y. L., & Syrjä, P. (1995). Performance affect in junior ice hockey players: An application of the individual zones of optimal functioning model. *Sport Psychology*, *9*(2), 169 – 187.

Hanson, S. J., McCullagh, P., & Tonyman, P. (1992). The relationship of personality characteristics, life stress, and coping resources to athletic injury. *Journal of Sport & Exercise Psychology*, *14*(3), 262 – 272.

Hanton, S., & Jones, G. (1999). The effects of a multimodal intervention program on performers: II. Training the butterflies to fly in formation. *Sport Psychologist*, *13*(1), 22 – 41.

Hanton, S., Mellalieu, S. D., & Hall, R. (2004). Self-confidence and anxiety interpretation: A qualitative investigation. *Psychology of Sport & Exercise*, *5*, 477 – 495.

Hardman, K. A. (1973). A dual approach to the study of personality and performance in sport. In H. T. A. Whiting, K. Hardman, L. B. Hendry, & M. G. Jones(Eds.), *Personality and performance in physical education and sport*(pp. 77 – 122). London: Kimpton.

Hardy, C. J., & Crace, R. K. (1990). Dealing with injury. *Sport Psychology Training Bulletin*, *1*(6), 1 – 8.

Hardy, J., Hall, C. R., & Hardy, L. (2004). A note on athletes' use of self-talk. *Journal of Applied Sport Psychology*, *16*(3), 251 - 257.

Hardy, L. (1996). Testing the predictions of the cusp catastrophe model of anxiety and performance. *Sport Psychologist*, *10*(2), 140 - 156.

Hardy, L., & Fazey, J. (1987). *The inverted U hypothesis: A catastrophe for sport psychology?*. Paper presented at the Annual Conference of the North American Society for the Psychology of Sport and Physical Activity, Vancouver.

Hardy, L., Jones, G., & Gould, D. (1996). *Understanding psychological preparation for sport: Theory and practice of elite performers*. Chichester, UK: Wiley.

Harter, S. (1978). Effectance motivation reconsidered: Toward a developmental model. *Human Development*, *21*(1), 34 - 64.

Harter, S. (1981). A new self-report scale of intrinsic versus extrinsic orientation in the classroom: Motivational and informational components. *Developmental Psychology*, *17*(3), 300 - 312.

Hays, K., Maynard, I., Thomas, O., & Bawden, M. (2007). Sources and types of confidence identified by world class sport performers. *Journal of Applied Sport Psychology*, *19*(4), 434 - 456.

Hays, K., Thomas, O., Maynard, I., & Bawden, M. (2009). The role of confidence in world-class sport performance. *Journal of Sports Sciences*, *27*(11), 1185 - 1199.

Herman, C. P., & Polivy, J. (1980). Restrained eating. In A. J. Stunkard (Eds.), *Obesity* (pp. 208 - 225). Philadelphia, PA: Saunders.

Heunser, W. V. (1952). *Personality traits of champion or former champion athletes* (Unpublished doctoral dissertation). University of Illinois at Urbana-Champaign.

Heuzé, J. P., & Brunel, P. C. (2003). Social loafing in competitive context. *International Journal of Sport & Exercise Psychology*, *1*(3), 246 - 263.

Highlen, P. S., & Bennett, B. B. (1979). Psychological characteristics of successful and nonsuccessful elite wrestlers: An exploratory study. *Journal of Sport Psychology*, *1*(2), 123 - 137.

Hill, A. P., Hall, H. K., & Appleton, P. R. (2010). Perfectionism and athlete burnout in junior elite athletes: The mediating role of coping tendencies. *Anxiety, Stress, & Coping*, *23*(4), 415 - 430.

Hill. A. P., Madigan, D. J., & Jowett, G. E. (2020). Perfectionism and athlete engagement: A multi-sample test of the 2 × 2 model of perfectionism. *Psychology of Sport & Exercise*, *48*, 101664.

Holt, N. L., & Sparkes, A. C. (2001). An ethnographic study of cohesiveness on a college soccer team over a season. *Sport Psychologist*, *15*(3), 237 - 259.

Homan, K. J., Crowley, S. L., & Sim, L. A. (2019). Motivation for sport participation and eating disorder risk among female collegiate athletes. *Eating Disorder*, *27*(4), 369 - 383.

Horn, T. S. (1993). Leadership effectiveness in the sport domain. In T. Horn (Ed.), *Advances in sport psychology* (pp. 151 - 200). Champaign, IL: Human Kinetics.

Horn, T. S. (2002). Coaching effectiveness in the sport domain. In T. Horn (Ed.), *Advances in sport psychology* (2nd ed., pp. 309 - 365). Champaign, IL: Human Kinetics.

Hua, J., Scanff, C. L., & Castanier, C. (2013). Personality traits as risk factors for disordered eating among French elite tennis players. In Beijing Sport University (Ed.), *Abstracts of the ISSP 13th World Congress of Sport Psychology* (p. 13). Beijing: Beijing Sport University.

Hull, C. L. (1943). *Principles of behavior*. New York, NY: Appleton Century.

Ievleva, L., & Orlick, T. (1991). Mental links to enhanced healing: An exploratory study. *Sport Psychology*, 5 (1), 25 - 40.

Irvine, M., & Gendreau, P. (1974). Detection of the fake "good" and "bad" response on the Sixteen Personality Factor Inventory in prisoners and college students. *Journal of Consulting & Clinical Psychology*, *42*(3), 465–466.

Jackson, D. W., Jarrett, H., Bailey, D., Kausek, J., Swanson, J., & Powell, J. W. (1978). Injury prediction in the young athlete: A preliminary report. *American Journal of Sports Medicine*, *6*(1), 6–14.

Jackson, S. A. (1996). Toward a conceptual understanding of the flow experience in elite athletes. *Research Quarterly for Exercise & Sport*, *67*(1), 76–90.

Jacobson, E. (1938). *Progressive relaxation.* Chicago: University of Chicago Press.

Jalleh, G., Donovan, R. J., & Jobling, I. (2014). Predicting attitude towards performance enhancing substance use: A comprehensive test of the sport drug control model with elite Australian athletes. *Journal of Science & Medicine*, *17*(6), 574–579.

Janssen, J. (2002). *Championship team building: What every coach needs to know to build a motivated, committed, and cohesive team.* Cary, NC: Winning the Mental Game.

Jerome, G. J., & Williams, J. M. (2000). Intensity and interpretation of competitive state anxiety: Relationship to performance and repressive coping. *Journal of Applied Sport Psychology*, *12*(2), 236–250.

Johes, G. (1995). More than just a game: Research developments and issues in competitive anxiety in sport. *British Journal of Psychology*, *86*(4), 449–478.

Johnson, C. (1985). Initial consultation for patients with bulimia and anorexia nervosa. In D. M. Garner & P. E. Garfinkel (Eds.), *Handbook of psychotherapy for anorexia nervosa and bulimia*(pp. 19–51). New York, NY: Guildford.

Johnson, M. B. (2011). A systemic model of doping behavior. *American Journal of Psychology*, *124*(2), 151–162.

Jokela, M., & Hanin, Y. L. (1999). Does the individual zones of optimal functioning model discriminate between successful and less successful athletes? A meta-analysis. *Journal of Sports Sciences*, *17*(11), 873–887.

Jones, G., & Hanton, S. (1996). Interpretation of competitive anxiety symptoms and goal attainment expectancies. *Journal of Sport & Exercise Psychology*, *18*(2), 144–157.

Jones, G., Hanton, S., & Connaughton, D. (2002). What is this thing called mental toughness? An investigation of elite sport performers. *Journal of Applied Sport Psychology*, *14*(3), 205–218.

Jones, G., Hanton, S., & Connaughton, D. (2007). A framework of mental toughness in the world's best performers. *Sport Psychologist*, *21*(2), 243–264.

Jones, G., & Swain, A. B. J. (1992). Intensity and direction dimensions of competitive state anxiety and relationships with competitiveness. *Perceptual & Motor Skill*, *74*(2), 467–472.

Jones, G., & Swain, A. B. J. (1995). Predispositions to experience debilitative and facilitative anxiety in elite and nonelite performers. *Sport Psychologist*, *9*(2), 202–212.

Jowett, S. (2017). At the heart of effective sport leadership lies the dyadic coach-athlete relationship. *Sport & Exercise Psychology Review*, *13*(1), 62–64.

Jowett, G. E., Hill, A. P., Hall, H. K., & Curran, T. (2013). Perfectionism and junior athlete burnout: The mediating role of autonomous and controlled motivation. *Sport, Exercise, & Performance Psychology*, *2*(1), 48–61.

Karageorghis, C. I., & Terry, P. C. (2010a). Motivation. In C. I. Karageorghis & P. C. Terry(Eds.), *Inside sport psychology*(pp. 28–58). Champaign, IL: Human Kinetics.

Karageorghis, C. I., & Terry, P. C. (2010b). Anxiety. In C. I. Karageorghis & P. C. Terry (Eds.), *Inside sport psychology* (pp. 89 - 118). Champaign, IL: Human Kinetics.

Karau, S. J., & Williams, K. D. (1993). Social loafing: A meta-analytic review and theoretical integration. *Journal of Personality & Social Psychology*, *65*(4), 681 - 706.

Kegelaers, J., Wylleman, P., & Oudejans, R. R. (2019). A coach perspective on the use of planned disruptions in high-performance sports. *Sport, Exercise, & Performance Psychology*, *9*(1), 29 - 44.

Kerr, B. (1975). Processing demands during movement. *Journal of Motor Behavior*, *7*(1), 15 - 27.

Kerr, G., & Goss, J. (1996). The effects of a stress management program on injuries and stress levels. *Journal of Applied Sport Psychology*, *8*(1), 109 - 117.

Kim, H. B., Kim, S. H., & So, W. Y. (2015). The relative importance of performance factors in Korean archery. *Journal of Strength & Conditioning Research*, *29*(5), 1211 - 1219.

Kim, H. D., & Cruz, A. B. (2016). The influence of coaches' leadership styles on athletes' satisfaction and team cohesion: A meta-analytic approach. *International Journal of Sports Science & Coaching*, *11*(6), 900 - 909.

Kim, S. I. (2018). Effect of coach's empathic communication on sports confidence and exercise satisfaction of university athletes. *Journal of Sport & Leisure Studies*, *72*, 281 - 296.

King, D., Chan, C., Hagger, M. S., Hardcastle, S., Lentillon-Kaestner, V., Dimmock, J., et al. (2013). Salient beliefs of doping and anti-doping: A qualitative investigation in western Australia. In Beijing Sport University (Ed.), *Abstracts of the ISSP 13th World Congress of Sport Psychology* (p. 10). Beijing: Beijing Sport University.

Kirkcaldy, B. (1980). An analysis of the relationship between psychophysiological variables connected to human performance and the personality variables extraversion and neuroticism. *International Journal of Sport Psychology*, *11*(4), 276 - 289.

Kolt, G. S., & Kirkby, R. J. (1994). Injury, anxiety, and mood in competitive gymnasts. *Perceptual & Motor Skills*, *78*, 955 - 962.

Kremer, J., & Moran, A. (2008). *Pure sport: Practical sport psychology*. Hove: Routledge.

Kroll, W., & Crenshaw, W. (1970). Multivariate personality profile analysis of four athletic groups. In G. S. Kenyon (Ed.), *Contemporary psychology of sport: Second international congress of sport psychology* (pp. 97 - 106). Chicago, IL: Athletic Institute.

Kutlesic, V., Williamson, D. A., Gleaves, D. H., Barbin, J. M., & Murphy-Eberenz, K. P. (1998). The Interview for the Diagnosis of Eating Disorders-IV: Application to DSM-IV diagnostic criteria. *Psychological Assessment*, *10*(1), 41 - 48.

Kyllo, L. B., & Landers, D. M. (1995). Goal setting in sport and exercise: A research synthesis to resolve the controversy. *Journal of Sport & Exercise Psychology*, *17*(2), 117 - 137.

La Place, J. (1954). Personality and its relationship to success in professional baseball. *Research Quarterly. American Association for Health, Physical Education and Recreation*, *25*, 313 - 319.

Lafavi, R. G., Reeve, T. G., & Mewland, M. C. (1990). Relationship between anabolic steroid use and selected psychological parameters in male bodybuilders. *Journal of Sport Behavior*, *13*(3), 157 - 166.

Landers, D. M., & Lüschen, G. (1974). Team performance outcome and cohesiveness of competitive co-acting group. *International Review of Sport Sociology*, *9*(2), 57 - 69.

Lane, A. M., & Terry, P. C. (2000). The nature of mood: Development of a conceptual model with a focus on depression. *Journal of Applied Sport Psychology*, *12*(1), 16 - 33.

Lang, P. J. (1977). Imagery in therapy: An information-processing analysis of fear. *Behavior Therapy*, *8*(5), 862 – 886.

Lang, P. J. (1979). A bio-informational theory of emotional imagery. *Psychophysiology*, *16*(6), 495 – 512.

Larkin, P., O'Connor, D., & Williams, A. M. (2016). Perfectionism and sport-specific engagement in elite youth soccer players. *Journal of Sports Sciences*, *34*(14), 1305 – 1310.

Larson, G. A., Starkey, C., & Zaichkowsky, L. D. (1996). Psychological aspects of athletic injuries as perceived by athletic trainers. *Sport Psychologist*, *10*(1), 37 – 47.

Latane, B., Williams, K., & Harkins, S. (1979). Many hands make light the work: The causes and consequences of social loafing. *Journal of Personality & Social Psychology*, *37*(6), 822 – 832.

Lee, M. S. (2018). The effects of coaching language on sport confidence and perceived performance of high school soccer players. *Journal of Coaching Development*, *20*(2), 32 – 39.

Lieber, J. (1991). Deep scars. *Sports Illustrated*, *75*(5), 36 – 44.

Locke, E. A., & Latham, G. P. (1985). The application of goal setting to sports. *Journal of Sport Psychology*, *7*(3), 205 – 222.

Locke, E. A., & Latham, G. P. (2002). Building a practically useful theory of goal setting and task motivation. *American Psychologist*, *57*(9), 705 – 717.

Loughead, T., & Hardy, J. (2005). An examination of coach and peer leader behaviors in sport. *Psychology of Sport & Exercise*, *6*, 303 – 312.

Lucidi, F., Zelli, A., & Mallia, L. (2013). Social-cognitive mechanisms related to doping use in individual and team sport athletes. In Beijing Sport University (Ed.), *Abstracts of the ISSP 13th World Congress of Sport Psychology* (p. 11). Beijing: Beijing Sport University.

Ma, Q. W. (1989, August). The development of sport psychology in China. In C. K. Giam, K. K. Chook, & K. C. Teh (Eds.), *Proceedings of 7th World Congress in Sport Psychology* (pp. 206 – 209). International Society of Sport Psychology, Singapore.

Maddux, J. E., & Meier, L. J. (1995). Self-efficacy and depression. In J. E. Maddux (Ed.), *Self-efficacy, adaptation, and adjustment: Theory, research, and application* (pp. 143 – 169). New York, NY: Plenum Press.

Mahoney, M. J. (1979). Cognitive skills and athletic performance. In P. C. Kendall & S. D. Hollon (Eds.), *Cognitive behavioral interventions: Theory, research, and procedures* (pp. 423 – 443). New York, NY: Academic Press.

Mahoney, M. J., Gabriel, T. J., & Perkins, T. S. (1987). Psychological skills and exceptional athletic performance. *Sport Psychologist*, *1*(3), 181 – 199.

Manzo, L. G., Ilva III, J. M., & Mink, R. (2001). The Carolina Sport Confidence Inventory. *Journal of Applied Sport Psychology*, *13*(3), 260 – 274.

Martens, R. (1977). *Sport Competition Anxiety Test*. Champaign, IL: Human Kinetics.

Martens, R. (1987). Science, knowledge and sport psychology. *Sport Psychologist*, *1*(1), 29 – 55.

Martens, R., Burton, D., Vealey, R. S., Bump, L. A., & Smith, D. E. (1982). *Competitive State Anxiety Inventory-2*. Symposium presented at the meeting of the NASPSPA, College Park, MD.

Martens, R., Burton, D., Vealey, R. S., Bump, L. A., & Smith, D. E. (1990). Development and validation of the Competitive State Anxiety Inventory-2 (CSAI-2). In R. Martens, R. S. Vealey, & D. Burton (Eds.), *Competitive anxiety in sport* (pp. 117 – 123). Champaign, IL: Human Kinetics.

Martens, R., & Peterson, J. A. (1971). Group cohesiveness as a determinant of success and member satisfaction in team performance. *International Review of Sport Sociology*, *6*(1), 49－61.

Martens, R., & Vealey, R. S., & Burton D. (1990). *Competitive Anxiety in Sport*. Campaign, IL: Human Kinetics.

Maslach, C., & Jackson, S. E. (1981). The measurement of experienced burnout. *Journal of Occupational Behavior*, *2*(2), 99－113.

Maslach, C., & Jackson, S. E. (1986). *Maslach Burnout Inventory: Manual*(2nd ed.). Palo Alto, CA: Consulting Psychologists Press.

Maslach, C., Schaufeli, W. B., & Leiter, M. P. (2001). Job burnout. *Annual Review of Psychology*, *52*(1), 397－422.

Masten, A. S. (2001). Ordinary magic: Resilience processes in development. *American Psychologist*, *56*(3), 227－238.

Mayer, J. D. (2005). A tale of two visions: Can a new view of personality help integrate psychology?. *American Psychologist*, *60*(4), 294－307.

McAdams, D. P. & Pals, J. L. (2006). A new Big Five: Fundamental principles for an integrative science of personality. *American Psychologist*, *61*(3), 204－217.

McCarthy, P. (1989). Managing bursitis in the athlete: An overview. *Physician & Sports Medicine*, *17*(11), 115－118.

McLaren, C. D., & Spink, K. S. (2018). Examining communication as information exchange as a predictor of task cohesion in sport teams. *International Journal of Sport Communication*, *11*(2), 149－162.

McNair, D. M., Lorr, M., & Droppleman, L. F. (1971). *Profile of mood states manual*. San Diego, CA: Educational and Industrial Testing Services.

Mechelen, W., Hlobil, H., & Kemper, H. C. (1992). Incidence, severity, aetiology and prevention of sports injuries: A review of concepts. *Sports Medicine*, *14*(2), 82－99.

Mischel, W. (1983). Alternatives in the pursuit of the predictability and consistency of persons: Stable data that yield unstable interpretations. *Journal of Personality*, *51*(3), 578－604.

Miserandino, M. (1998). Attributional retraining as a method of improving athletic performance. *Journal of Sport Behavior*, *21*(3), 286－297.

Mohan, J. (2013). Mindfulness: An emerging frontier of mental training for excellence and harmony. In Beijing Sport University(Ed.), *Abstracts of the ISSP 13th World Congress of Sport Psychology*(p. 20). Beijing: Beijing Sport University.

Moran, A. P. (2012). *Sport and exercise psychology: A critical introduction*(2nd ed.). New York, NY: Routledge.

Morgan, W. P. (1968). Personality characteristics of wrestlers participating in the world championships. *Journal of Sports Medicine*, *8*(4), 212－216.

Morgan, W. P. (1974). Selected psychological considerations in sport. *Research Quarterly. American Alliance for Health, Physical Education & Rereation*, *45*(4), 374－390.

Morgan, W. P. (1979). Prediction of performance in athletics. In P. Klavora & J. V. Daniel (Eds.), *Coach, athlete, and the sport psychologist* (pp. 172－186). Champaign, IL: Human Kinetics.

Morgan, W. P. (1980). The trait psychology controversy. *Research Quarterly for Exercise & Sport*, *51*(1), 50－76.

Morgan, W. P., & Costill, D. L. (1972). Psychological characteristics of the marathon runner. *Journal of Sports Medicine & Physical Fitness*, *12*(1), 42－46.

Morgan, W. P., & Johnson, R. W. (1977). Psychologic characterizations of the elite wrestler: A mental health model. *Medicine & Science in Sports*, *9*(1), 55 – 56.

Morgan, W. P., & Johnson, R. W. (1978). Psychological characteristics of successful and unsuccessful oarsmen. *International Journal of Sport Psychology*, *9*, 119 – 133.

Morris, L. W., Davis, M. A., & Hutchings, C. H. (1981). Cognitive and emotional components of anxiety Literature review and a revised Worry Emotionality Scale. *Journal of Educational Psychology*, *73*, 541 – 555.

Mottram, D. R. (2005). *Drugs in sport* (4th ed.). Abingdon, Oxon: Routledge.

Mullen, B., & Copper, C. (1994). The relation between group cohesiveness and performance: An integration. *Psychological Bulletin*, *115*(2), 210 – 227.

Munroe-Chandler, K. J., Hall, C. R., & Weinberg, R. S. (2004). A qualitative analysis of the types of goals athletes set in training and competition. *Journal of Sport Behavior*, *27*(1), 58 – 74.

Munzert, J., Maurer, H., & Reiser, M. (2014). Verbal-motor attention-focusing instructions influence kinematics and performance on a golf-putting task. *Journal of Motor Behavior*, *46*(5), 309 – 318.

Myers, N. D., Feltz, D. L., & Short, S. E. (2004). Collective efficacy and team performance: A longitudinal study of collegiate football teams. *Group Dynamics: Theory, Research, & Practice*, *8*(2), 126 – 138.

Nascimento Júnior, J. R. A. D., Granja, C. T. L., Silva, A. A. D., Fortes, L. D. S., Gonçalves, M. P., Oliveira, D. V. D., & Fiorese, L. (2019). Association between basic psychological needs of the self-determination theory and perception of group cohesion among high-performance futsai athletes. *Revista Brasileira de Cineantropometria & Desempenho Humano*, *21*, e57369.

Nattiv, A., Loucks, A. B., Manore, M. M., Sanborn, C. F., Sundgot-Borgen, J., & Warren, M. P. (2007). American College of Sports Medicine position stand: The female athlete triad. *Medicine and Science in Sports & Exercise*, *39*(10), 1867 – 1882.

Neiss, R. (1988). Reconceptualizing arousal: Psychobiological states in motor performance. *Psychological Bulletin*, *103*(3), 345 – 366.

Nicholls, A. R., Polman, R. C. J., Levy, A., & Backhouse, S. H. (2008). Mental toughness, optimism, and coping among athletes. *Personality & Individual Differences*, *44*(5), 1182 – 1192.

Nideffer, R. M. (1976a). Test of attentional and interpersonal style. *Journal of Personality & Social Psychology*, *34*(3), 394 – 404.

Nideffer, R. M. (1976b). *The inner athlete: Mind plus muscle for winning*. New York, NY: Thomas Y. Crowell.

Nideffer, R. M. (1978). *Attention control training*. New York, NY: Wyden Books.

Nideffer, R. M. (1980a). Attentional focus self-assessment. In R. M. Suinn (Ed.), *Psychology in sports: Methods and applications* (pp. 280 – 291). Minneapolis, MN: Burgess.

Nideffer, R. M. (1980b). The relationship of attention and anxiety to performance. In W. F. Straub (Ed.), *Sport Psychology: An analysis of athlete behavior* (2nd ed.). Ithaca, NY: Mouvement.

Nideffer, R. M. (1983). The injured athlete: Psychological factors in treatment. *Orthopedic Clinics of North America*, *14*(2), 373 – 385.

Nideffer, R. M. (1986). Concentration and attention control training. In J. M. Williams (Ed.), *Applied sport psychology* (pp. 257 – 269). Palo Alto, CA: Mayfield.

Nideffer, R. M. (1990). Use of the test of attentional and interpersonal style in sport. *Sport Psychologist*, *4*(3), 285 – 300.

Ntoumanis, N., Ng, J. Y. Y., Barkoukis, V., & Backhouse, S. (2013). Predictors of doping intentions and behaviours: A meta-analysis. In Beijing Sport University (Ed.), *Abstracts of the ISSP 13th World Congress of*

Sport Psychology(p. 11). Beijing: Beijing Sport University.

Ntoumanis, N., Ng, J. Y. Y., Barkoukis, V., & Backhouse, S. (2014). Personal and psychosocial predictors of doping use in physical activity settings: A meta-analysis. *Sports Medicine*, *44*(11), 1603 – 1624.

O'Dell, J. (1971). Method of detecting random answers on personality questionnaires. *Journal of Applied Psychology*, *55*(4), 380 – 383.

Ogilvie, B. C., & Tutko, T. A. (1966). *Problem athletes and how to handle them*. London: Pelham Books.

Ogilvie, B. C., & Tutko, T. A. (1970). Self-perceptions as compared with measured personality of selected male physical educators. In G. S. Kenyon(Ed.), *Contemporary psychology of sport*(pp. 73 – 78). Chicago, IL: The Athletic Institute.

O'Leary-Kelly, A. M., Martocchio, J. J., & Frink, D. D. (1994). A review of the influence of group goals on group performance. *Academy of Manage Journal*, *37*(5), 1285 – 1301.

Orbach, I., Singer, R. N., & Price, S. (1999). An attribution training program and achievement in sport. *Sport Psychologist*, *13*(1), 69 – 82.

Orlick, T. D., & Mosher, R. (1978). Extrinsic awards and participant motivation in a sport related task. *International Journal of Sport Psychology*, *9*(1), 27 – 39.

Oxendine, J. B. (1970). Emotional arousal and motor performance. *Quest*, *13*(1), 23 – 30.

Page, S. J., Sime, W., & Nordell, K. (1999). The effects of imagery on female college swimmers' perceptions of anxiety. *Sport Psychologist*, *13*(4), 458 – 469.

Parcells, B., & Coplon, J. (1995). *Finding a way to win: The principles of leadership, teamwork, and motivation*. New York, NY: Doubleday Dell.

Park, J. K. (2000). Coping strategies used by Korean national athletes. *Sport Psychologist*, *14*(1), 63 – 80.

Parker, H. (1981). Visual detection and perception in netball. In I. M. Cockerill & W. W. MacGillivary (Eds.), *Vision and sport*(pp. 42 – 53). London: Stanley Thornes.

Parker, P. C., Perry, R. P., Hamm, J. M., Chipperfield, J. G., Hladkyj, S., & Leboe-McGowan, L. (2018). Attribution-based motivation treatment efficacy in high-stress student athletes: A moderated-mediation analysis of cognitive, affective, and achievement processes. *Psychology of Sport & Exercise*, *35*, 189 – 197.

Paternoster, R. (1987). The deterrent effect of the perceived certainty and severity of punishment: A review of evidence and issues. *Justice Quarterly*, *4*(2), 173 – 217.

Patterson, E. L., Smith, R. E., Everett, J. J., & Ptacek, J. T. (1998). Psychosocial factors as predictors of ballet injuries: Interactive effects of life stress and social support. *Journal of Sport Behavior*, *21*(1), 101 – 112.

Pedro, S. D., & Veloso, S. (2018). Exploring resilience in sports. Coach's autonomy support and athletes' engagement: A contribute to literature. *Cuadernos de Psicología Del Deporte*, *18*(1), 151 – 160.

Perry, J. D., & Williams, J. M. (1998). Relationship of intensity and direction of competitive trait anxiety to skill level and gender in tennis. *Sport Psychologist*, *12*(2), 169 – 179.

Perry, P. J., Anderson, K. H., & Yates, M. R. (1990). Illicit anabolic steroid use in athletes: A case series analysis. *American Journal of Sports Medicine*, *18*(4), 422 – 428.

Pestonjee, D. M., Singh, A. P., & Singh, S. P. (1981). Attitude towards union as related to morale and job involvement. *Applied Psychology*, *30*(2), 209 – 216.

Petitpas, A., & Danish, S. (1995). Caring for injured athletes. In S. Murphy(Ed.), *Sport psychology interventions*(pp. 255 – 281). Champaign, IL: Human Kinetics.

Petrie, T. A. (1993). The moderating effects of social support and playing status on the life stress-injury relationship. *Journal of Applied Sport Psychology*, *5*(1), 1-16.

Posner, M. I., & Keele, S. W. (1969). Attention demands of movements. *Proceedings of the 16th International Congress of Applied Psychology*. Amsterdam: Swets & Zeitlinger.

Prapavessis, H., & Carron, A. V. (1996). The effect of group cohesion of competitive state anxiety. *Journal of Sport & Exercise Psychology*, *18*(1), 64-74.

Prappevessis, H., Carron, A. V., & Spink, K. S. (1997). Team building in sport. *International Journal of Sport Psychology*, *27*(3), 251-268.

Prapavessis, H., & Grove, J. R. (1991). Precompetitive emotions and shooting performance: The mental health and zone of optimal function models. *Sport Psychologist*, *5*(3), 223-234.

Raedeke, T. D., & Smith, A. L. (2001). Development and preliminary validation of an athlete burnout measure. *Journal of Sport & Exercise Psychology*, *23*(4), 281-306.

Raglin, J. S., & Hanin, Y. L. (2000). Competitive anxiety. In Y. L. Hanin(Ed.), *Emotions in sport* (pp. 93-112). Champaign, IL: Human Kinetics.

Reel, J. J., SooHoo, S., Petrie, T. A., Greenleaf, C., & Carter, J. E. (2010). Slimming down for sport: Developing a weight pressures in sport measure for female athletes. *Journal of Clinical Sport Psychology*, *4*(2), 99-111.

Reynolds, A. J., & McDonough, M. H. (2015). Moderated and mediated effects of coach autonomy support, coach involvement, and psychological need satisfaction on motivation in youth soccer. *Sport Psychologist*, *29*(1), 51-61.

Roberts, G. C., Treasure, D. C., & Kavussanu, M. (1996). Motivation in physical activity contexts: An achievement goal perspective. In P. Pintrich & M. Maehr(Eds.), *Advances in motivation and achievement*(pp. 413-447). Stamford, CT: JAI Press.

Rose, D. J., & Christina, R. W. (1990). Attention demands of precision pistol-shooting as a function of skill level. *Research Quarterly for Exercise & Sport*, *61*(1), 111-113.

Rose, J., & Jevne, R. F. J. (1993). Psychosocial processes associated with athletic injuries. *Sport Psychologist*, *7*(3), 309-328.

Rotella, R. J., & Heyman, S. R. (1986). Stress, injury and the psychological rehabilitation of athletes. In J. M. Williams(Ed.), *Applied sport psychology: Personal growth to peak performance*(pp. 343-364). Palo Alto, CA: Mayfield.

Rowley, A. J., Landers, D. M., Daniel, M. & Kyllo, L. B. (1995). Does the iceberg profile discriminate between successful and less successful athletes? A meta-analysis. *Journal of Sport & Exercise Psychology*, *17*(2), 185-199.

Russell, W. D., & Cox, R. H. (2000). Construct validity of the Anxiety Rating Scale-2 with individual sport athletes. *Journal of Sport Behavior*, *23*(4), 379-388.

Rutter, M. (2000). Resilience reconsidered: Conceptual considerations, empirical findings and policy implications. In J. P. Shonkoff & S. J. Meisels(Eds.), *Handbook of early childhood intervention*(2nd ed., pp. 651-682). New York, NY: Cambridge University Press.

Ryan, E. D. (1977). Attribution, intrinsic, motivation, and athletics. In L. I. Gedvilas & M. E. Kneer (Eds.), *Proceedings of the NCPEAM/NAPECW National Conference*(pp. 346-353). Chicago, IL: University of Illinois at Chicago Circle.

Ryan, E. D. (1980). Attribution, intrinsic, motivation, and athletics: A replication and extension. In C. H. Nadeau, W. R. Halliwell, K. M. Newell, & G. C. Roberts(Eds.), *Psychology of motor behavior and sport* (pp. 19 – 26). Champaign, IL: Human Kinetics.

Ryan, R. M., & Deci, E. L. (2000). Self-determination theory and the facilitation of intrinsic motivation, social development, and well-being. *American Psychologist*, *55*(1), 68 – 78.

Ryba, T. V., Stambulova, N. B., & Wrisberg, C. A. (2005). The Russian origins of sport psychology: A translation of an early work of A. C. Puni. *Journal of Applied Sport Psychology*, *17*(2), 157 – 169.

Sackett, R. S. (1934). The influence of symbolic rehearsal upon the retention of a maze habit. *Journal of General Psychology*, *10*(2), 376 – 398.

Şahin, M., Bülbül, A., & Karaoğlu, E. (2019). Analysis of the trait sportive self-confidence in team sports according to demographic variances. *Journal of Education & Training Studies*, *7*(3S), 43 – 50.

Salim, J., Wadey, R., & Diss, C. (2015). Examining the relationship between hardiness and perceived stress-related growth in a sport injury context. *Psychology of Sport & Exercise*, *19*, 10 – 17.

Sarason, I. G. (1984). Stress, anxiety, and cognitive interference: Reactions to tests. *Journal of Personality & Social Psychology*, *46*(4), 929 – 938.

Savelsbergh, G. J. P., Whiting, H. T. A., & Pijpers, J. R. (1992). The control of catching. In J. J. Summers (Ed.), *Approaches to the study of motor control and learning*(pp. 312 – 342). Amsterdam: North Holland.

Scanff, C. L., Andres, F., & Castanier, C. (2013). Influence of attachment, personality and alexithymia on athletes' alcohol use and eating disorders. In Beijing Sport University(Ed.), *Abstracts of the ISSP 13th World Congress of Sport Psychology* (p. 12). Beijing: Beijing Sport University.

Scanlan, T. K., & Passer, M. W. (1981). Determinants of competitive performance expectancies of young male athletes. *Journal of Personality*, *49*(1), 60 – 74.

Schinke, R. J., Si, G. Y., Zhang, L. W., Elbe, A., Watson, J., Harwood, C., & Terry, P. C. (2018). Joint position stand of the ISSP, FEPSAC, ASPASP, and AASP on professional accreditation. *Psychology of Sport & Exercise*, *38*, 107 – 115.

Schmidt, G. W., & Stein, G. L. (1991). Sport commitment: A model integrating enjoyment, dropout, and burnout. *Journal of Sport & Exercise Psychology*, *13*(3), 254 – 265.

Schultz, J. H., & Luthe, W. (1959). *Autogenic training: A psychophysiologic approach in psychotherapy*. New York: Grune & Stratton.

Schurr, K. T., Ashley, M. A., & Joy, K. L. (1977). A multivariate analysis of male athlete characteristics: Sport type and success. *Multivariate Experimental Clinical Research*, *3*(2), 53 – 68.

Schwartz, G. E., Davidson, J., & Goleman, D. J. (1978). Patterning of cognitive and somatic processes in the self-regulation of anxiety: Effects of mediation versus exercise. *Psychosomatic Medicine*, *40*(4), 321 – 328.

Scoffier, S., Corrion, K., Gernigon, C., & Darripe-Longueville, F. (2013a). Effects of approach and avoidance goals on female aesthetic athletes' disordered eating attitudes. In Beijing Sport University(Ed.), *Abstracts of the ISSP 13th World Congress of Sport Psychology*(p. 142). Beijing: Beijing Sport University.

Scoffier, S., Trottier, C., Marsollier, E., & Darripe-Longueville, F. (2013b). Psychosocial variables and disordered eating attitudes: A cross-cultural comparison between young elite figure skaters in Canada and France. In Beijing Sport University(Ed.), *Abstracts of the ISSP 13th World Congress of Sport Psychology* (p. 142). Beijing: Beijing Sport University.

Seefeldt, V., Ewing, M., & Walk, S. (1992). *Overview of youth sports programs in the United States*. Washington, DC: Carnegie Council on Adolescent Development.

Selby, C. L. B., & Reel, J. J. (2011). A coach's guide to identifying and helping athletes with eating disorders. *Journal of Sport Psychology in Action*, 2(2), 100 - 112.

Seligman, M. E. P., Nolen-Hoeksema, S., Thornton, N., & Thornton, K. M. (1990). Explanatory style as a mechanism of disappointing athletic performance. *Psychological Science*, *1*(2), 143 - 146.

Shanmugam, V., & Connell, S. (2013). Coach-athlete attachment and eating psychopathology. In Beijing Sport University(Ed.), *Abstracts of the ISSP 13th World Congress of Sport Psychology*(p. 141). Beijing: Beijing Sport University.

Shanmugam, V., Jowett, S., & Meier, C. (2013). Eating psychopathology in athletes: The importance of wider social relationships. In Beijing Sport University(Ed.), *Abstracts of the ISSP 13th World Congress of Sport Psychology*(p. 53). Beijing: Beijing Sport University.

Sheard, M., Golby, J., & van Wersch, A. (2009). Progress toward construct validation of the Sports Mental Toughness Questionnaire (SMTQ). *European Journal of Psychological Assessment*, *25*(3), 186 - 193.

Sherman, R. T., & Thompson, R. A. (2001). Athletes and disordered eating: Four major issues for the professional psychologist. *Professional Psychology: Research & Practice*, *32*(1), 27 - 33.

Shiffrin, R. M., & Schneider, W. (1977). Controlled and automatic human information processing: Ⅱ. Perceptual learning, automatic attending and a general theory. *Psychological Review*, *84*(2), 127 - 190.

Silva, J. M. (1984). Personality and sport performance: Controversy and challenge. In J. M. Silva & R. S. Weinberg(Eds.), *Psychological foundations of sport*(pp. 59 - 69). Champaign, IL: Human Kinetics.

Silva, J. M. (1990). An analysis of the training stress syndrome in competitive athletics. *Journal of Applied Sport Psychology*, *2*(1), 5 - 20.

Singer, R. N. (1969). Personality differences between and within baseball and tennis players. *Research Quarterly. American Association for Health, Physical Education & Recreation*, *40*, 582 - 587.

Singer, R. N., Cauraugh, J. H., Tennant, L. K., Murphey, M., Chen, D., & Lidor, R. (1991). Attention and distractors: Considerations for enhancing sport performance. *International Journal of Sport Psychology*, *22*(2), 95 - 114.

Slade, J. M., Landers, D. M., & Martin, P. E. (2002). Muscular activity during real and imagined movements: A test of inflow explanations. *Journal of Sport & Exercise Psychology*, *24*(2), 151 - 167.

Smith, A. L. (1999). Perceptions of peer relationships and physical activity participation in early adolescence. *Journal of Sport & Exercise Psychology*, *21*(4), 329 - 350.

Smith, M. D. (1988). Interpersonal sources of violence in hockey: The influence of parents, coaches, and teammates. In F. L. Smoll, R. A. Magill, & M. J. Ash(Eds.), *Children in sport*(pp. 301 - 313). Champaign, IL: Human Kinetics.

Smith, R. E. (1986). Toward a cognitive-affective model of athletic burnout. *Journal of Sport Psychology*, *8*(1), 36 - 50.

Smith, R. E., Schutz, R. W., Smoll, F. L., & Ptacek, J. T. (1995). Development and validation of a multidimensional measure of sport-specific psychological skills: The Athletic Coping Skills Inventory-28. *Journal of Sport & Exercise Psychology*, *17*(4), 379 - 398.

Smith, R. E., & Smoll, F. L. (1997). Coach-mediated team building in youth sports. *Journal of Applied Sport Psychology*, *9*(1), 114 - 132.

Smith, R. E., Smoll, F. L., & Ptacek, J. T. (1990). Conjunctive moderator variables in vulnerability and resiliency research: Life stress, social support and coping skills, and adolescent sport injuries. *Journal of Personality & Social Psychology*, *58*(2), 360 - 370.

Smith, R. E., Smoll, F. L., & Schutz, R. W. (1990). Measurement and correlates of sport specific cognitive and somatic trait anxiety: The Sport Anxiety Scale. *Anxiety Research*, *2*(4), 263 - 280.

Smoll, F. L., & Smith, R. E. (1989). Leadership behaviors in sport: A theoretical model and research paradigm. *Journal of Applied Social Psychology*, *19*(18), 1522 - 1551.

Solomon, M. (1996). Impact of motivational climate on students' behaviors and perceptions in a physical education setting. *Journal of Educational Psychology*, *88*(4), 731 - 738.

Spence, J. T., & Spence, K. W. (1966). The motivational components of manifest anxiety: Drive and drive stimuli. In C. D. Spielberger (Ed.), *Anxiety and behavior* (pp. 291 - 326). New York, NY: Academic Press.

Spielberger, C. D. (1972). Anxiety as an emotional state. In C. D. Spielberger (Ed.), *Anxiety: Current trends in theory and research* (Vol. 1, pp. 23 - 49). New York, NY: Academic Press.

Spielberger, C. D., Gorsuch, R. L., & Lyshene, R. E. (1970). *Manual for the State-Trait Anxiety Inventory*. Palo Alto, CA: Consulting Psychologists Press.

Stambulova, N. B., Wrisberg, C. A., & Ryba, T. V. (2006). A tale of two traditions in applied sport psychology: The heyday of Soviet Sport and wake-up calls for North American. *Journal of Applied Sport Psychology*, *18*(3), 173 - 184.

Standage, M., & Treasure, D. C. (2002). Relationship among achievement goal orientations and multidimensional situational motivation in physical education. *British Journal of Educational Psychology*, *72*(1), 87 - 103.

Starkes, J. L. (1987). Attention demands of spatially locating the position of a ball in flight. *Perceptual & Motor Skills*, *64*(1), 127 - 135.

Stavrou, N. A. M., Psychountaki, M., Georgiadis, E., Karteroliotis, K., & Zervas, Y. (2015). Flow theory-goal orientation theory: Positive experience is related to athlete's goal orientation. *Frontiers in Psychology*, *6*, Article 1499.

Steinberg, G. (1996). *The effect of different goal strategies on achievement-related cognitions, affect, and behavior during the learning of a golf-putting* (Unpublished doctoral dissertation). Gainesville: University of Florida.

Stephens, D. E. (2001). Predictors of aggressive tendencies in girls' basketball: An examination of beginning and advanced participants in a summer skills camp. *Research Quarterly for Exercise & Sport*, *72*(3), 257 - 266.

Stephens, D. E., & Bredemeier, B. (1996). Moral atmosphere and judgments about aggression in girls' soccer: Relationships among moral and motivational variables. *Journal of Sport & Exercise Psychology*, *18*(2), 158 - 173.

Stephens, D. E., & Kavangh, B. (2003). Aggression in Canadian youth ice hockey: The role of moral atmosphere. *International Sport Journal*, *7*(2), 109 - 119.

Stice, E., Telch, C. F., & Rizvi, S. L. (2000). Development and validation of the Eating Disorder Diagnostic Scale: A brief self-report measure of anorexia, bulimia, and binge-eating disorder. *Psychological Assessment*, *12*(2), 123 - 131.

Stogdill, R. M. (1948). Personal factors associated with leadership: A survey of the literature. *Journal of Psychology*, *25*(1), 35 - 71.

Strelan, P., & Boeckmann, R. (2003). A new model for understanding performance-enhancing drug use by elite athletes. *Journal of Applied Sport Psychology*, *15*(2), 176 - 183.

Strelan, P., & Boeckmann, R. (2006). Why drug testing in elite sport does not work: Perceptual deterrence theory and the role of personal moral beliefs. *Journal of Applied Social Psychology*, *36*(12), 2909 - 2934.

Stunkard, A. J., & Messick, S. (1985). The three-factor eating questionnaire to measure dietary restraint, disinhibition, and hunger. *Journal of Psychosomatic Research*, *29*(1), 71 – 83.

Sunday, S. R., Halmi, K. A., & Einhorn, A. (1995). The Yale-Brown-Cornell Eating Disorder Scale: A new scale to assess eating disorder symptomatology. *International Journal of Eating Disorders*, *18*(3), 237 – 245.

Swain, A., & Jones, G. (1993). Intensity and frequency dimensions of competitive state anxiety. *Journal of Sports Sciences*, *11*(6), 533 – 542.

Swain, A., & Jones, G. (1996). Explaining performance variance: The relative contribution of intensity and direction dimensions of competitive state anxiety. *Anxiety, Stress, & Coping*, *9*(1), 1 – 18.

Taylor, J. (1953). A personality scale of manifest anxiety. *Journal of Abnormal & Social Psychology*, *48*(2), 285 – 290.

Tenenbaum, G., Kamata, A., & Hayashi, K. (2007). Measurement in sport and exercise psychology: A new outlook on selected issues of reliability and validity. In G. Tenenbaum & R. C. Eklund(Eds.), *Handbook of sport psychology*(3rd ed., pp. 757 – 773). Hoboken, NJ: Wiley.

Terry, P. (1995). The efficacy of mood state profiling with elite performers: A review and synthesis. *Sport Psychologist*, *9*(3), 309 – 324.

Tharp, R. G., & Gallimore, R. (1976). What a coach can teach a teacher. *Psychology Today*, *9*(8), 74 – 78.

Theodorakis, Y., Malliou, P., Papaioannou, A., Beneca, A., & Filactakidou, A. (1996). The effect of personal goals, self-efficacy, and self-satisfaction on injury rehabilitation. *Journal of Sport Rehabilitation*, *5*(3), 214 – 233.

Thomas, O., Thrower, S., Lane, A., & Thomas, J. (2019). Types, sources, and debilitating factors of sport-confidence in elite early adolescent academy soccer players. *Journal of Applied Sport Psychology*. Advance online publication.

Treasure, D. C. (2001). Enhancing young peoples' motivation in youth sport. In G. C. Roberts(Ed.), *Advance in motivation in sport and exercise*(pp. 79 – 100). Champaign, IL: Human Kinetics.

Tuckman, B. W. (1965). Developmental sequence in small groups. *Psychological Bulletin*, *63*(6), 384 – 399.

Turner, P. E., & Raglin, J. S. (1996). Variability in precompetition anxiety and performance in college track and field athletes. *Medicine & Science in Sports & Exercise*, *28*(3), 378 – 385.

Udry, E., Gould, D., Bridges, D., & Beck, L. (1997). Down but not out: Athlete responses to season-ending ski injuries. *Journal of Sport & Exercise Psychology*, *19*(3), 229 – 248.

Vallerand, R. J. (1983). The effect of differential amounts of positive verbal feedback on the intrinsic motivation of male hockey players. *Journal of Sport Psychology*, *5*(1), 100 – 107.

Veach, T., & May, J. (2005). Teamwork: For the good of the whole. In S. Murphy(Ed.), *The sport psychology handbook*(pp. 171 – 189). Champaign, IL: Human Kinetics.

Vealey, R. S. (1986). Conceptualization of sport-confidence and competitive orientation: Preliminary investigation and instrument development. *Journal of Sport Psychology*, *53*(8), 221 – 246.

Vealey, R. S. (1988). Sport-confidence and competitive orientation: An addendum on scoring procedures and gender differences. *Journal of Sport & Exercise Psychology*, *10*(4), 471 – 478.

Vealey, R. S. (2001). Understanding and enhancing self-confidence in athletes. In R. N. Singer, H. A. Hausenblas, & C. M. Janelle(Eds.), *Handbook of sport psychology*(pp. 550 – 565). Hoboken, New York: Wiley.

Vealey, R. S., Hayashi, S. W., Garner-Holman, M., & Giacobbi, P. (1998). Sources of sport-confidence: Conceptualization and instrument development. *Journal of Sport & Exercise Psychology*, *20*(1), 54 – 80.

Vealey, R. S., Knight, B. J., & Pappas, G. (2002). *Multidimensional sport-confidence: A conceptual and psychometric extension.* Paper presented at Association for the Advancement of Applied Sport Psychology Conference. Tucson, AZ.

Vlachopoulos, S., Biddle, S., & Fox, K. (1996). A social-cognitive investigation into the mechanism of affect generation in children's physical activity. *Journal of Sport & Exercise Psychology*, *18*(2), 174 – 193.

Waddington, I. (2005). Changing patterns of drug use in British sport from the 1960s. *Sport in History*, *25*(3), 472 – 496.

Wang, J. C. K., & Biddle, S. J. H. (2001). Young people's motivation profiles in physical activity: A cluster analysis. *Journal of Sport & Exercise Psychology*, *23*(1), 1 – 22.

Weinberg, R. S. (2009). Motivation. In B. W. Brewer(Ed.), *Sport psychology: Handbook of sports medicine* (pp. 7 – 17). Oxford: Wiley-Blackwell.

Weinberg, R. S., & Gould, D. (1999). *Foundations of sport and exercise psychology*(2nd ed.). Champaign, IL: Human Kinetics.

Weinberg, R. S., & Gould, D. (2007). *Foundations of sport and exercise psychology*(4th ed.). Champaign, IL: Human Kinetics.

Weinberg, R. S., & Gould, D. (2015). *Foundations of sport and exercise psychology* (6th ed.). Champaign, IL: Human Kinetics.

Weinberg, R. S., Gould, D., & Jackson, A. (1979). Expectations and performance: An empirical test of Bandura's self-efficacy theory. *Journal of Sport Psychology*, *1*(4), 320 – 331.

Weinberg, R. S., Stitcher, T., & Richardson, P. (1994). Effects of a seasonal goal setting program on lacrosse performance. *Sport Psychologist*, *8*(2), 166 – 175.

Weiss, R. M., & Amorose, A. J. (2008). Motivational orientation and sport behavior. In T. S. Horn (Ed.), *Advances in sport psychology* (3rd ed., pp. 115 – 156). Champaign, IL: Human Kinetics.

Weiss, M. R., & Horn, T. S. (1990). The relationship between children's accuracy estimates of their physical competence and achievement-related characteristics. *Research Quarterly for Exercise & Sport*, *61*(3), 250 – 258.

Weiss, M. R., Wiese, D. M., & Klint, K. A. (1989). Head over heels with success: The relationship between self-efficacy and performance in competitive youth gymnastics. *Journal of Sport & Exercise Psychology*, *11*(4), 444 – 451.

Werner, E. E. (2005). What can we learn about resilience from large-scale longitudinal studies?. In S. Goldstein & R. B. Brooks(Eds.), *Handbook of resilience in children*(pp. 91 – 105). New York, NY: Academic/Plenum Publishers.

Westre, K. R., & Weiss, M. R. (1991). The relationship between perceived coaching behaviors and group cohesion in high school football teams. *Sport Psychologist*, *5*(1), 41 – 54.

Wickens, C. D. (1984). *Engineering psychology and human performance.* Columbus, OH: Charles Merrill.

Widmeyer, W. N., Brawley, L. R., & Carron, A. V. (1990). The effects of group size in sport. *Journal of Sport & Exercise Psychology*, *12*(2), 177 – 190.

Widmeyer, W. N., Brawley, L. R., & Carron, A. V. (1993). Group cohesion in sport and exercise. In R. N. Singer, M. Murphy, & L. K. Tennant(Eds.), *Handbook of research on sport psychology*(pp. 672 – 692). New York: Macmillan.

Widmeyer, W. N., Dorsch, K. D., Bray, S. R., & McGuire, E. J. (2002). The nature, prevalence, and consequences of aggression. In J. M. Silva & D. E. Stevens(Eds.), *Psychological foundations of sport*(pp. 328 – 351). Boston, MA: Allyn & Bacon.

Wiese, D. M., & Weiss, M. R. (1987). Psychological rehabilitation and physical injury: Implications for the sports-medicine team. *Sport Psychologist*, *1*(4), 318 – 330.

Wiese, D. M., Weiss, M. R., & Yukelson, D. P. (1991). Sport psychology in the training room: A survey of athletic trainers. *Sport Psychologist*, *5*(1), 15 – 24.

Wildes, J. E., Ringham, R. M., & Marcus, M. (2010). Emotion avoidance in patients with anorexia nervosa: Initial test of a functional model. *International Journal of Eating Disorders*, *43*(5), 398 – 404.

Williams, J. M., & Andersen, M. B. (1998). Psychosocial antecedents of sport and injury: Review and critique of the stress and injury model. *Journal of Sport & Exercise Psychology*, *10*(1), 5 – 25.

Williams, J. M., Nideffer, R. M., Wilson, V. E., Sagal, M-S., & Peper, E. (2010). Concentration and strategies for controlling it. In J. M. Williams (Ed.), *Applied sport psychology: Personal growth to peak performance* (6th ed., pp. 336 – 358). Boston, MA: McGraw-Hill.

Williams, L. R., & Parkin, W. A. (1980). Personality profiles of three hockey groups. *International Journal of Sport Psychology*, *11*(2), 113 – 120.

Williams, J. M., Tonyman, P., & Andersen, M. B. (1991). The effects of stressors and coping resources on anxiety and peripheral narrowing. *Journal of Applied Sport Psychology*, *3*(2), 126 – 141.

Willis, J. D., & Campbell, L. F. (1992). *Exercise psychology*. Champaign, IL: Human Kinetics.

Winder, P., O'Dell, J. W., & Karson, S. (1975). New motivational distortion scales for the 16PF. *Journal of Personality Assessment*, *39*, 532 – 537.

Wonderlich, S. A., Joiner Jr, T. E., Keel, P. K., Williamson, D. A., & Crosby, R. D. (2007). Eating disorder diagnoses: Empirical approaches to classification. *American Psychologist*, *62*(3), 67 – 180.

Woodman, T., & Hardy, L. (2001). Stress and anxiety. In R. Singer, H. Hausenblas, & C. Janelle (Eds.), *Handbook of sport psychology* (2nd ed., pp. 290 – 318). New York, NY: Wiley.

Woodman, T., & Hardy, L. (2003). The relative impact of cognitive anxiety and self-confidence upon sport performance: A meta-analysis. *Journal of Sports Sciences*, *21*(6), 443 – 457.

World Anti-Doping Agency. (2013). *The 2013 prohibited list: International standard*. http://www.wada-ama.org/en/World-Anti-Doping-Program/Sports-and-Anti-Doping-Organizations/International-Standards/Prohibited-List/

Wrisberg, C. A., & Shea, C. H. (1978). Shifts in attention demands and motor program utilization during motor learning. *Journal of Motor Behavior*, *10*(2), 149 – 158.

Xiang, P., & Lee, A. (1998). The development of self-perceptions of ability and achievement goals and their relations in physical education. *Research Quarterly for Exercise & Sport*, *69*(3), 231 – 241.

Yerkes, R. M., & Dodson, J. D. (1908). The relation of Strength of stimulus to rapidity of habit-formation. *Journal of Comparative Neurology of Psychology*, *18*(5), 459 – 482.

Yukelson, D. (1997). Principles of effective team building interventions in sport: A direct services approach at Penn State University. *Journal of Applied Sport Psychology*, *9*(1), 73 – 96.

Yukelson, D., Weinberg, R., & Jackson, A. (1984). A multidimensional group cohesion instrument for intercollegiate basketball teams. *Journal of Sport Psychology*, *6*(1), 103 – 117.

Zelaznik, H. N., Shapiro, D. C., & McClosky, D. (1981). Effects of a secondary task on the accuracy of single aiming movements. *Journal of Experimental Psychology: Human Perception & Performance*, *7*(5), 1007 – 1018.

关联课程教材推荐

书号	书名	作者	定价（元）
978-7-300-32716-7	普通心理学（第3版）	张钦	69.00
978-7-300-28095-0	心理学基础	白学军	55.00
978-7-300-26722-7	心理学（第3版）	斯宾塞·拉瑟斯	79.00
978-7-300-30451-9	认知心理学（第3版）	丁锦红 等	58.00
978-7-300-25882-9	生理心理学（第2版）	隋南 等	49.90
978-7-300-32539-2	实验心理学（第3版）	白学军 等	59.90
978-7-300-30715-2	社会心理学（第4版·数字教材版）	乐国安 管健	68.00
978-7-300-28928-1	发展心理学（第4版·数字教材版）	雷雳	58.00
978-7-300-25588-0	变态心理学（第3版）	王建平 等	59.80
978-7-300-27212-2	教育心理学：原理与应用	刘儒德	58.00
978-7-300-32062-5	人格心理学导论（第2版）	许燕	59.00
978-7-300-28457-6	心理学专业英语	苏彦捷	49.00
978-7-300-27971-8	心理学研究方法：从选题到论文发表	王轶楠	45.00
978-7-300-26721-0	心理与教育论文写作：方法、规则与实践技巧（第2版）	侯杰泰 等	38.00

配套教学资源支持

尊敬的老师：

衷心感谢您选择使用人大版教材！相关配套教学资源，请到人大社网站（http：//www. crup. com. cn）下载，或是随时与我们联系，我们将向您免费提供。

欢迎您随时反馈教材使用过程中的疑问、修订建议并提供您个人制作的课件。您的课件一经入选，我们将有偿使用。让我们与教材共成长！

联系人信息：

地址：北京海淀区中关村大街31号802室　翟然 收　邮编：100080

电子邮件：lgcbfs@crup. com. cn　电话：010－62511967　QQ：492788991

如有相关教材的选题计划，也欢迎您与我们联系，我们将竭诚为您服务！

选题联系人：张宏学　电子邮件：zhanghx@crup. com. cn　电话：010－62512127

人大社网站：http：//www. crup. com. cn

心理学专业教师QQ群：259019599

欢迎您登录人大社网站浏览，了解图书信息，共享教学资源

期待您加入专业教师QQ群，开展学术讨论，交流教学心得